D1731668

Am Anfang war das Staunen

Wirklichkeitsentwürfe in der Kinder- und Jugendliteratur

Herausgegeben

von

Gerhard Härle und Gina Weinkauff

Schneider Verlag Hohengehren GmbH

Titelbild:
Die Titelgrafik von Rotraut Susanne Berner wurde aus *Wo ist das Meer* (Text: Jürg Schubiger, Weinheim: Beltz 2000, S. 33) entnommen. Der Abdruck erfolgt mit freundlicher Genehmigung der Künstlerin.

Gedruckt auf umweltfreundlichem Papier (chlor- und säurefrei hergestellt).

Bibliografische Information Der Deutschen Bibliothek

Die Deutsche Bibliothek verzeichnet diese Publikation in der Deutschen Nationalbibliografie; detaillierte bibliografische Daten sind im Internet über ›http://dnb.ddb.de‹ abrufbar.

ISBN 3-89676-963-4

Schneider Verlag Hohengehren, Wilhelmstr. 13, D-73666 Baltmannsweiler

© Schneider Verlag Hohengehren, 73666 Baltmannsweiler 2005
   Printed in Germany – Druck: Frech, Stuttgart

Inhaltsverzeichnis

Staunen als ästhetische Kategorie

Entwürfe von Wirklichkeit(en) in der Kinder- und Jugendliteratur

Autobiographische Lese- und Schreiberfahrungen

Bildungstheoretische Ausblicke

Anhang

Bernhard Rank
zum 60. Geburtstag

GERHARD HÄRLE und GINA WEINKAUFF

Von erstaunlichen Wirklichkeiten und wahrem Staunen

Einleitung der Herausgeber

> [...] Eine Meermuschel liegt auf dem Schrank meiner Bas':
> Da halte dein Ohr d'ran, dann hörst du etwas!
> (Gottfried Keller)

Literatur, erzählende zumal, bewegt sich im Spannungsfeld zwischen Wirklichkeit und Wahrheit. Indem Literatur eine Welt entwirft, die wir *fiktional* nennen, verlässt sie jene Wirklichkeit, die für uns real ist, und lädt uns in die Welt möglicher Wahrheiten ein – nicht der letztgültigen Wahrheit versteht sich, sondern der Wahrheitsentwürfe, die sich uns als besonders prägnant, besonders fragens- oder nachdenkenswert anbieten. Gleichwohl besteht eine geheimnisvolle, unhintergehbare Beziehung zwischen der Welt der Fiktion, des Scheins und des Möglichen einerseits und jener realen Welt andererseits, in der wir leben, uns bewegen und all die Bücher lesen, die uns aus der Wirklichkeit in die Sphäre der Wahrheiten locken. Die Beziehung zwischen diesen Welten besteht nicht zuvörderst aus den Motivarsenalen und Handlungsmustern, die aus der realen Welt Einzug gefunden haben in die fiktionale Welt, auch wenn gerade sie es sind, die erheblich zu der Fixierung der Interpretation auf den Abbildcharakter von Literatur beitragen. Vielmehr ist es in erster Linie und unverzichtbar die Dimension der *Sprache*, aus der die fiktionale Welt besteht und die doch zugleich auch der realen Welt zugehört. Die literarische Fiktion, über die wir nach Umberto Eco einen „Pakt" mit dem Text schließen, gibt es nur in der Sprache und als Sprache. Die Sprache in ihrer je eigenen Gestalt, ihrem individuellen „Stil", bildet das geistige Band, das zwischen der Welt der wahrheitserkundenden Möglichkeiten und der Welt der Gegebenheiten vermittelt. Sie bildet die Brücke, über die wir vom einen in das andere Reich überwechseln können; eine Lebensader, durch welche die vitalen Gedanken- und Erlebensströme zwischen den beiden Welten fließen.

Nimmt man die Äußerungen Bernhard Ranks zur Vermittlung und zum Erwerb literarischer Kompetenzen durch schulischen Unterricht ernst, dann muss man ein besonderes Augenmerk auf diese Schnittstelle zwischen dem Abbild- und dem Entwurfscharakter von – auch und gerade kind-orientierter – Literatur lenken. In einem seiner neuesten Beiträge zur Bedeutung der Kinderliteratur für die literarische Sozialisation innerhalb und außerhalb der Schule betont Rank das „ästhetische Vergnügen", das er nicht als Ableger einer pädagogisch fortgeschriebenen Spaßkultur versteht, sondern als „Zentrum einer literarisierenden

Didaktik der Kinder- und Jugendliteratur".[1] Dieses Vergnügen leitet er gerade aus der komplexen sprachlichen Verfasstheit literarischer Texte ab, nicht aus der Unterwerfung kindgemäßer Texte unter eine betonte oder gar gewollte Alltagssprachlichkeit. Schon in seinen früheren Überlegungen zum Erzähl- und Literaturerwerb entwickelt Rank die Grundlagen einer ästhetischen Bildung durch Kinderliteratur: „Der Umgang mit Kindergeschichten ist Literaturunterricht; es geht um die Geschichten *selbst*. Je mehr sie in ihrem Eigengewicht und in ihrer spezifischen Funktion zur Geltung kommen, umso eher dienen sie dann indirekt auch anderen Zielen des Deutschunterrichts."[2] Dass es dazu auch solcher Textgrundlagen bedarf, die sowohl in Blick auf ihr „Eigengewicht" als auch in Blick auf das von ihnen geweckte „Vergnügen" am Entdecken des Schwierigen die in sie gesetzten Erwartungen erfüllen können, müsste sich eigentlich von selbst verstehen. Da es mit dieser Selbstverständlichkeit nicht weit her ist, investiert Bernhard Rank einen großen Teil seiner Energien als Forscher, Autor und Hochschullehrer in die Vermittlung jener Prinzipien, die er – unter anderem mit wiederholter Bezugnahme auf Peter Härtling, Jürg Schubiger und Maria Lypp – als „Wege zur Literatur" versteht. Es sind Wege nicht zum Spaß, sondern zum Glück: zu einem Lesevergnügen des Verstehens nämlich, das die Kinder anregt zu eigenständigem Weiterdenken, zum Weiterreden, Weitererzählen und Weiterlesen; zu einem geistigen Wachstum also, für das der Begriff „Bildung" zwar allmählich obsolet zu werden beginnt, dessen Wert jedoch erhalten bleiben muss.

Damit erweist sich Ranks Position, die Cornelia Rosebrock in ihrem Beitrag zu diesem Band eingehender würdigt, als die eines Mittlers zwischen einerseits einer Literaturdidaktik, die sich an den Bedürfnissen der Lernenden ausrichtet und dabei bisweilen die Anforderungen reduziert, die ein ästhetisch anspruchsvolles Vorhaben wie das der literarischen Bildung mit all ihren emanzipatorischen Intentionen nun einmal mit sich bringt, will es sich nicht selbst verraten, und andererseits einer Literaturdidaktik, die den literarischen Gegenstand als lohnendes Ziel nicht aus den Augen verliert, ohne der Vereinseitigung einer bürgerlichen Bildungsnorm zu erliegen. Dass es dieser Mittlerschaft dringend bedurfte und weiterhin bedarf, wurde auch beim Abschlusskolloquium des Studientags sichtbar, der zu Ehren von Prof. Dr. Bernhard Rank anlässlich seines 60. Geburtstags am 11. Mai 2004 an der Pädagogischen Hochschule Heidelberg stattfand: Die in der konkreten Unterrichtspraxis oft vorherrschende und in didaktischen Reflexionen vielfach unterschwellig virulente Behauptung, dass Kinder und Jugendliche als Leserinnen und Leser komplexe ästhetische Zeichen-

---

[1] Bernhard Rank: Kinderliteratur, literarische Sozialisation und Schule oder: Vom Vergnügen am Umgang mit kinderliterarischen Texten. In: Wege zum Lesen und zur Literatur. Hg. von Gerhard Härle und Bernhard Rank. Baltmannsweiler: Schneider Verlag Hohengehren 2004, S. 187–213; hier S. 199f.

[2] Bernhard Rank: Wege zur Grammatik und zum Erzählen. Grundlagen einer spracherwerbsorientierten Deutschdidaktik. Baltmannsweiler: Schneider Verlag Hohengehren 1995; hier S. 155.

systeme ablehnen bzw. von ihnen überfordert seien und sich ein aktueller Literaturunterricht auf die Stufe des unmittelbar Verständlichen zu begeben habe, findet in Ranks Arbeiten nicht nur ein wichtiges, theoretisch fundiertes Korrektiv,
sondern auch ein engagiertes, praxisrelevantes Gegenmodell. Dieser Intention
wissen sich auch die Beiträge des vorliegenden Bandes verpflichtet.

Ungewöhnlich für eine Aufsatzsammlung genuin literaturwissenschaftlicher und
literaturdidaktischer Provenienz, aber dann doch wieder dem Verständnis von
Literaturvermittlung, wie Bernhard Rank sie vertritt, sehr angemessen, ist die
Aufnahme von Texten der so genannten „Primärliteratur". Das Ungewöhnliche
ist hier zugleich das Reizvolle. Der Schweizer Schriftsteller JÜRG SCHUBIGER ist
dadurch mit dem vorliegenden Buchprojekt vielfach verbunden: Zum einen
durch seine freundschaftliche Beziehung zu Bernhard Rank und durch seine Bedeutung für dessen kinderliterarische Didaktik, zum anderen durch seine Präsenz in etlichen Beiträgen des Bandes, die sich mit Schubiger-Texten auseinandersetzen, und zu guter Letzt schließlich auch mit jenen sechs Originaltexten, die
den Band eröffnen und hier erstmals veröffentlicht werden. Die *Drei Geschichten – drei Gedichte* lassen allesamt den unverkennbaren Schubiger-Ton erkennen, der so charakteristisch ist für diese wahrhaft staunende Welterkundung und
das Entwerfen ungeahnter, staunenswerter Gedankenhorizonte, an denen kindliche und erwachsene Leser gleichermaßen ihr Vergnügen finden.

Nahtlos schließt daran die erste Abteilung der Aufsätze unter der Überschrift
Staunen als ästhetische Kategorie an, die insbesondere die Möglichkeit neuer
Weltsichten in der Kinder- und Jugendliteratur thematisieren, die durch ästhetische Prinzipien angestoßen werden. KASPAR H. SPINNER entwickelt in seinem
Essay *Staunen als ästhetische Kategorie literarischer Sozialisation* die Dimension des „Staunens" als zweckfreie, gleichsam kontemplative Haltung zur Welt.
Ausgangspunkt ist ein Gedicht von Martin Merz über das Staunen (in) der
Kindheit. Spinner grenzt das kategorial ästhetische Staunen gegen ein pures
Sensationsinteresse ab und fragt nach den sozialisatorischen Rahmenbedingungen des spezifisch kindlichen Staunens. Aus ihm entwickelt er sein Plädoyer für
einen Literaturunterricht, der genügend Freiräume zum Staunen und zum
repressionsfreien Umgang mit Kindern offen hält.

Der Beitrag von MARIA LYPP, *Philosophisch-poetische Schnittpunkte in der Kinderliteratur*, beschäftigt sich mit philosophischen Aspekten der Kinderliteratur
und ausdrücklich nicht mit kinder- und jugendliterarischen Texten, die philosophische Themen zum Gegenstand haben. Voraussetzung dieser Herangehensweise ist ein entsprechend weit gefasster Begriff des Philosophischen, der „jedwedes Nachdenken über Welt- und Lebensfundamente einschließt". Die Verfasserin zeigt, wie sich innerhalb der Kinderliteratur eine mit genuin „kindlichen"
Weltsichten korrespondierende Bildersprache entwickelt hat, die eine jenseits
didaktischer Konstrukte liegende philosophische Dimension besitzt.

In seiner gewissermaßen themenadäquaten philologischen Miniatur *Großes Vergnügen an kleiner Prosa* demonstriert EDUARD HAUEIS die Produktivität der Anwendung linguistischer Verfahren auf die Analyse literarischer Texte am Beispiel epischer Kleinstformen der Kinderliteratur. Gegenstand sind drei sehr kurze Erzählungen von Jürg Schubiger und Ingrid Huber, deren „Faszination […] sich viel weniger aus dem Arrangement thematischer Konstellationen zu Ereignisfolgen" ergibt „als aus einer Gestaltung, durch die indirekt literarästhetische Aspekte zur Sprache gebracht werden."

Mit den Möglichkeiten, ästhetische Erfahrungen im Literaturunterricht anzubahnen, setzt sich GERHARD HÄRLE in seinem Aufsatz „*Der guckt in das Auge wie in 'n Fernseh'*" anhand von Daniel Pennacs kinderliterarischem Roman *Afrika und Blauer Wolf* auseinander. Dieser Roman auf der Grenze zwischen Phantastik, Problemorientierung und poetischer Selbstreflexion entführt in staunenswerte Welten und entwirft unterschiedliche Wirklichkeitsmodelle, die vor allem – in einer kindgemäßen Form der Selbstreferentialität – im Erzählen der Figuren selbst entstehen. Der Beitrag diskutiert unterschiedliche Zugangsweisen, mit denen SchülerInnen der Jahrgangsstufen 4 und 5 den ästhetischen Reiz dieses vielschichtigen Textes sinnlich und kognitiv erfahren können.

In seinem Beitrag *Nachdenken statt nach denken. Kriterien und Möglichkeiten des Philosophierens mit Kinder- und Jugendbüchern* rekurriert HANS-BERN-HARD PETERMANN auf seine gemeinsame Lehrtätigkeit mit Bernhard Rank sowie auf dessen Beitrag über *Philosophie als Thema von Kinder- und Jugendliteratur* im Taschenbuch der Kinder- und Jugendliteratur (2000). Unter Bezugnahme auf die philosophische Tradition versucht Petermann eine Bestimmung des Staunens als Erkenntnisform und eine Abgrenzung der Begriffe „Philosophie" und „Philosophieren". Mit Blick auf die Kinder- und Jugendliteratur unterscheidet er den bloßen Nachvollzug überlieferten philosophischen Wissens von der dem Staunen verwandten Nachdenklichkeit, die der Utopie einer Überbrückung der Differenz von Sein und Denken bildhaft Ausdruck verleiht. Petermann findet in der neueren Kinderliteratur entsprechende Sprachbilder und Elemente einer (druckgraphischen) Bildersprache bei Jürg Schubiger, Rotraut Susanne Berner, François Place und Wolf Erlbruch.

In der zweiten Abteilung des Bandes, *Entwürfe von Wirklichkeit(en) in der Kinder- und Jugendliteratur*, finden sich vor allem Beiträge, die die Konfrontation der erzählten mit der realen Welt als Problemstellung kinderliterarischer Texte behandeln. Dabei gibt zunächst die panoramaartige Gesamtdarstellung *Vom Anschauen zum Erleben – Wirklichkeitskonzepte in der Kinder- und Jugendliteratur von der Aufklärung bis zur Spaßgesellschaft* von HANS-HEINO EWERS einen profunden Überblick über pädagogisch, philosophisch oder ästhetisch begründete Konzepte von Kinderliteratur seit dem 18. Jahrhundert im Hinblick auf deren Funktionsbestimmung zwischen Affektstimulierung und Erkenntnis der

Wirklichkeit. „Mit Wirklichkeitskonstruktionen wartet die Kinderliteratur von dem Zeitpunkt an auf, an dem sie beherzigt, dass Kinder und Jugendliche nicht ohne Anschauung zur Wahrheit, zu Verstand, zur Vernunft gelangen können." Dabei sind nach Ewers die Wirklichkeitsentwürfe der Kinderliteratur bis an die Wende zum zwanzigsten Jahrhundert eher als idealistische „Wesensschau" denn als realistische Wirklichkeitserkundung angelegt. Das emotionale Wirkungspotential von Literatur sei demgegenüber nicht nur den rationalistischen Pädagogen des 18. Jahrhunderts mehrheitlich suspekt erschienen; vielmehr bilde bis in die unmittelbare Gegenwart die Geringschätzung des Amüsements, der Zerstreuung und der auf spannende Unterhaltung erpichten identifikatorischen Lektüre einen zentralen Topos kulturpessimistischer Rhetorik.

Der Aufsatz von GERHARD HAAS, *Literarische Phantastik. Strukturelle, geistesgeschichtliche und thematische Aspekte*, bietet eine umfassende Auseinandersetzung mit aktuellen, an Todorov anknüpfenden Phantastiktheorien. Haas wendet sich entschieden gegen normative Bestimmungen der Phantastik und deren „fast ausschließliche Akzentuierung des Existentiellen und Dunklen" als ihr Signum, „durch das die generellen Möglichkeiten des Genres, nicht zuletzt im Bereich der Kinder- und Jugendliteratur, verkürzt werden". Dem gegenüber versucht er eine kultur- und geistesgeschichtliche Verortung der Phantastik, bei der er sowohl an seinen eigenen, auf die *pensée sauvage* rekurrierenden Ansatz, als auch an die Zürcher Abschiedsvorlesung Peter von Matts anknüpft und Bezug nimmt zu unterschiedlichen Varianten nicht-realistischer fiktionaler Entwürfe in der klassischen und aktuellen Kinder- und Jugendliteratur, in Fantasy und Science-Fiction. Anstelle definitorischer Engführungen benennt Haas die Entfaltung einer Typologie des Phantastischen als Desiderat – insbesondere im Spannungsfeld von Komik und Phantastik, wobei er den parodistischen Roman *Der Fall Jane Eyre* von Jasper Fforde (2004) als Beispiel für einen Text heranzieht, der die Grenzen des engen Phantastikbegriffes sprengt.

REINBERT TABBERTs „Fallstudien über Phantastik, Kitsch und gesellschaftliche Normen" setzen sich mit dem Motivfeld *Engel in der Kinderliteratur* auseinander. Der Beitrag kreist um (kinder-)literarische Engelsfiguren im Spannungsfeld von Mythos und Fiktion. Am Beispiel von Liedern und Gedichten, Bilderbüchern und epischen Großformen stellt Tabbert „sowohl gelungene als auch problematische Fälle der Engeladaption in der Kinderliteratur" vor und operiert dabei auch mit dem Begriff des Kitsches. Auf einen Vergleich englischer und deutscher Schlaflieder aus der Überlieferung und der modernen Kinderliteratur (Jutta Bauer) folgt die Behandlung von originellen, künstlerisch eigenständigen und religiös ungebundenen Engeldarstellungen im zeitgenössischen Bilderbuch, die zum Gegenstand von Verdikten wurden, die sich teils auf religiöse Dogmen, teils auf die Gebote der „political correctness" stützten. Der Aufsatz wird durch eine kontrastierende Darstellung der Engels-Romane von Christa

Kožik (*Engel mit dem goldenen Schnurrbart*, 1983) und David Almond (*Skellig*, 1998) einerseits sowie Jutta Richters *Hinter dem Bahnhof beginnt das Meer* (2001) andererseits abgeschlossen: „Es ist bemerkenswert, wie […] eine wissenschaftlich begründete Auffassung der Welt, konkretisiert als herrschende Doktrin in der Schule, herausgefordert wird durch eine prägnante Engelgestalt."

Spätestens seit Herder wird Kindern in besonderer Weise eine magisch-animistische Weltsicht zugeschrieben. GINA WEINKAUFF versteht in „*Verzähl Er doch weiter Herr Urian*", einer Untersuchung über das Motiv der „phantastischen Weltreisen in der Kinderliteratur", diese Zuschreibung als Voraussetzung für ein doppelsinniges Spiel, das innerhalb einer Reihe von Bildergeschichten, Liedern und Gedichten mit narrativer Komponente betrieben wird, eine Art Maskerade mit Versatzstücken des mythischen Wirklichkeitsmodells, wie es für die in Form von Sagen, Erzählungen und Berichten überlieferte ältere Reiseliteratur charakteristisch ist. Ausgangspunkt des Spiels war die von den Fortschritten bei der Erschließung und Kolonisierung der Erde ausgehende Irritation. Die behandelten Texte – das Lied *Urians Reise um die Welt* von Matthias Claudius und einige Varianten einer Kasperliade von Franz Graf von Pocci – stehen am Beginn eines bis heute fortgeschriebenen kinderliterarischen Stoff- und Motivkomplexes. Sie werfen Fragen auf über den Zusammenhang von textexternen Wirklichkeitsmodellen und textinternen Realitätssystemen, die für die gegenwärtige Diskussion um eine Theorie der phantastischen Literatur von Interesse sind.

Die „didaktische Skizze" von PETER JENTZSCH *Auf den Spuren des Rulaman – Jugendbuchlektüre und „Kultur vor Ort"* untersucht und entwirft Möglichkeiten eines komplexen fächerverbindenden Unterrichts, in dem die Lektüre eines traditionsreichen Jugendbuchs zum Ausgangspunkt für eine erlebnisorientierte Erkundung historischer Differenzen und für die Anwendung aktueller schreibdidaktischer Verfahren wird. Gestützt auf eigene Umsetzungsbeispiele entwickelt Jentzsch eine praxisnahe Unterrichtsreihe, in der sowohl klassische Unterrichtsformen als auch Exkursionen, lokalgeschichtliche Erkundungen und spielerische Elemente ihren Platz finden.

Auf der methodologischen Grundlage des tiefenhermeneutischen Verstehens begibt sich JÖRG STEITZ-KALLENBACH in seinem Aufsatz „*Sie haben mir meine Pippi kaputt gemacht!*" – *Kindliche Entgrenzung und adoleszente Begrenzung im Werk Astrid Lindgrens* auf die Suche nach einem innerhalb von Lesebiographien aktualisierten latenten Textsinn im Werk Astrid Lindgrens. Er findet dort Modelle von Kindheit auf der einen und Adoleszenz auf der anderen Seite, in denen die Aporien der autobiographischen Konstruktion Astrid Lindgrens in irritierender Weise zum Ausdruck kommen. Angesichts dessen sei es unumgänglich „das Leiden, die ungestillte Sehnsucht, die Differenz und die Brüche als Bestandteil und vielleicht sogar als Bedingung dessen zu sehen, was den Erfolg [der Bücher Astrid Lindgrens] ausmacht." Steitz-Kallenbach geht dabei von einer

Prämisse aus, die auch für die übrigen Beiträge dieser Abteilung wichtig ist, dass nämlich die Unterscheidung in faktuale und fiktionale Konzepte von Literatur bei der tiefenhermeutischen Interpretation von literarischen Texten an Bedeutung verliert.

THOMAS MÖBIUS beschäftigt sich in *„Von jetzt an bleib ich in der Wirklichkeit"* *– Zum Einfluss des Internets auf die Modellierung von Wirklichkeit in der aktuellen realistischen Kinder- und Jugendliteratur* mit den Auswirkungen der Thematisierung des Internet auf Erzählformen, Wirklichkeitsmodelle und Gattungsmuster realistischer Jugenderzählungen. Grundlage ist ein 26 Titel umfassendes Korpus entsprechender Texte aus den Erscheinungsjahren 1995 bis 2003, darunter etliche Serien und knapp die Hälfte Übersetzungen aus dem Englischen und dem Französischen. Möbius kommt zu dem Befund, dass die Mehrzahl der Texte einem linearen Erzählmuster folgt; nur in seltenen Ausnahmen gibt es Versuche einer Adaption der Hypertextstruktur des Internet. Die fiktionale Welt der „Internet-Erzählungen" ist mit geringen Abweichungen auf realistischer Grundlage konstruiert. Dennoch sieht Möbius Parallelen zur Phantastik: Einerseits in Gestalt der dualen Struktur der erzählten Welt, die eine relativ autonome Sphäre der virtuellen Realität des Netzes vorsieht und andererseits mit Blick auf Figuren und Figurenkonstellationen. Das innovative Potential der Thematik werde jedoch nur in wenigen Ausnahmen und auch dort eher ansatzweise ausgeschöpft.

In persönlich gehaltenen Skizzen, die unter der Überschrift *Autobiographische Lese- und Schreiberfahrungen* zusammengestellt wurden, berichten zwei Kollegen, Weggefährten und Freunde von Bernhard Rank, MARTIN RAUCH und THEODOR KARST, von der Faszination, die die Kultur der Schrift für sie von früh an ausgeübt hat. Auch wenn sie sich nicht explizit auf den wunderbaren Essay *Tage des Lesens* von Marcel Proust berufen, sind die beiden Beiträge doch genau dieser existentiellen Erfahrung verpflichtet, die Prousts Essay so eindrucksvoll beschreibt, wenn er mit den leitmotivischen Worten beginnt: „Es gibt vielleicht keine Tage unserer Kindheit, die wir so voll erlebt haben wie jene, die wir glaubten verstreichen zu lassen, ohne sie zu erleben, jene nämlich, die wir mit einem Lieblingsbuch verbracht haben."[3] In diesem Geist und im Sinne einer gelebten und reflektierten Zeitgenossenschaft sprechen die beiden Autoren nicht nur ihre individuellen Erfahrungen mit Text und Schrift an, sondern stellen zugleich auch Verbindungen zur Lebens- und Arbeitssphäre des Adressaten her, indem sie über das Erlebte hinaus auch Gemeinsamkeiten und Unterschiede ihrer Erlebens*weisen* betonen.

Die vier zukunftsweisenden Beiträge der Abteilung *Bildungstheoretische Ausblicke* runden den Band thematisch ab. Sie beleuchten aus unterschiedlicher Perspektive die Frage einer bildungstheoretischen Begründung des Literaturunterrichts und skizzieren durchaus im Sinne einer konkreten Utopie Aufgabenfelder,

---

[3] Marcel Proust: Tage des Lesens [Journées de Lecture, 1925]. Frankfurt a. M.: Suhrkamp 1963, S. 9.

die über den augenblicklichen Stand der Deutschdidaktik hinausreichen. So entwirft CORNELIA ROSEBROCK in ihrem programmatischen Aufsatz *Literaturunterricht zwischen Bildungsnormen und Leseleistung* die Aufgaben einer Literaturdidaktik, die sich an Bernhard Ranks Kategorie des „ästhetischen Vergnügens" orientiert. Unter Bezugnahme auf die ästhetische Theorie Adornos stellt Rosebrock Begründungszusammenhänge literarischer Bildungsnormen den Konzepten eines Literaturunterrichts gegenüber, „der den Erfahrungsraum, den literarische Texte bereithalten, zugänglich machen will". Sie weist das Desiderat eines systematischen, kognitionstheoretisch begründeten Lesecurriculums für die Sekundarstufen sowie die zweite Hälfte der Grundschulzeit auf und plädiert für Leseförderung und Vermittlung sowohl elementarer als auch elaborierter Lesekompetenzen als Aufgabe des Deutschunterrichts. Der Aufsatz versteht sich zugleich auch als Laudatio auf den Widmungsträger des Bandes, dessen vielfältige Anstöße für eine innovative Didaktik der Kinder- und Jugendliteratur und dessen bleibende wissenschaftliche Verdienste darin gewürdigt werden.

STEFFEN VOLZ stellt in *Literaturunterricht im Bildungskeller* ein von ihm durchgeführtes Forschungsprojekt zum Literaturunterricht an Förderschulen für Lernbehinderte vor, mit dem er das Ziel verfolgt, „Befunde zu den literarischen Kompetenzen der SchülerInnen zu erheben und Möglichkeiten einer Erarbeitung literarischer Texte mit lernschwachen SchülerInnen jenseits von Lesetraining und moralischer Erziehung zu erproben". Die Schülerinnen und Schüler erhielten den Auftrag, eine kurze Erzählung von Paul Maar fortzuschreiben, die ihnen bis zu einem das textimmanente Wirklichkeitsmodell offen lassenden Wendepunkt der Handlung vorgelesen wurde. Die Ergebnisse dokumentieren ein verblüffendes Maß an Vertrautheit mit narrativen Mustern, die die leseschwachen Schülerinnen und Schüler offensichtlich durch die Rezeption audiovisueller Medien internalisierten, und belegen eindrucksvoll die These, dass literarische Kompetenz und Lesekompetenz in einem nicht-hierarchischen Verhältnis zueinander stehen. Daraus leitet Volz die Forderung ab, auch an Förderschulen „literarische Texte" nicht als „bloßes Material für Leseübungen" zu instrumentalisieren. Vielmehr können sie als Ausgangspunkte von Erfahrungen dienen, die dazu beitragen, „dem mühevollen Prozess des Schriftspracherwerbs einen subjektiven Sinn zu verleihen und den Gebrauchswert des Lesens zu vermitteln".

Auch SUSANNE GÖLITZER stemmt sich gegen eine rein pragmatische Auffassung von Literaturvermittlung in der Schule, indem sie einer rhetorischen Frage nachgeht: *„Es gibt keine Hilfe!" oder doch?* Auf der Basis von theoretischen Bestimmungen der Fiktionalität, daraus abgeleiteten literarischen Bildungszielen und eigenen empirischen Untersuchungen setzt sie sich mit dem „Erwerb von Literatur und Wirklichkeitsmodellen im Literaturunterricht" auseinander. Sie modelliert die entsprechenden Fähigkeiten und Fertigkeiten, die Schülerinnen und Schüler im Umgang mit literarischen Texten erwerben können, und nimmt dabei durchaus kritisch Bezug auf die Tauglichkeit verbreiteter Verfahren des Deutsch-unterrichts. Auch der Primat des Themas als bestimmende Größe der Lektüre-auswahl in Grundschule und Sekundarstufe I wird von Gölitzer kritisch beleuch-tet. Sie stellt ihm ihr Konzept eines von der ästhetischen Spezifik des Gegen-standes bestimmten Literaturunterrichts gegenüber, das sie am Beispiel des Abenteuerromans *In geheimer Mission durch die Wüste Gobi* von Fritz Mühlen-weg [EA 1950] erläutert. Dieser lasse nur an der Oberfläche „die Erwartung auf Wirklichkeitsentsprechung zu", mache aber auf einer tieferen Schicht, die sich in der bildhaften Sprache und dem dialogintensiven Erzählen manifestiere, ein zweites, nicht-referentielles Wirklichkeitsmodell und einen Modellautor zugäng-lich, der gemäß Ranks Postulat „zugleich Erzähler und (sokratischer) Philo-soph" sei.

Den „Versuch einer Neubestimmung der literarischen Bildung in der Medien-kultur" unternimmt ULF ABRAHAM in seinem auf Kafka anspielenden Aufsatz *„Dieser Eingang war nur für dich bestimmt."* Dieser Beitrag liefert wichtige Be-gründungsargumente für die kulturelle Funktion des Literaturunterrichts ange-sichts der zunehmenden Bedeutung von Non-Print-Medien in der außerschuli-schen literarischen Kommunikation. Dabei problematisiert Abraham den Be-griff der „literarischen Bildung" und plädiert für die Vermittlung medienspezifi-scher Rezeptionskompetenzen sowie für eine Verortung des Literaturunterrichts im Schnittpunkt von Alltagsdiskurs und Fachdiskurs. Im Mittelpunkt des Litera-turunterrichts sollte daher ihm zufolge die Verständigung über die in literari-schen Texten enthaltenen „Denkbilder" stehen und nicht die „Belehrung über Literatur".

∗∗∗

Als Herausgeber widmen wir diesen Band Prof. Dr. Bernhard Rank in großer Anerkennung für sein wissenschaftliches Werk und in Dankbarkeit für die Er-fahrungen der inspirierenden Zusammenarbeit und der freundschaftlichen Ver-bundenheit! Wir danken allen Beiträgerinnen und Beiträgern vielmals für ihre großzügige Beteiligung an dem gemeinschaftlichen Projekt. Darüber hinaus gilt unser besonders herzlicher Dank Rotraut Susanne Berner für die freundliche Überlassung der Titelgrafik, der Fakultät für Kultur- und Geisteswissenschaften der Pädagogischen Hochschule Heidelberg für die finanzielle Unterstützung des Projekts sowie den Wissenschaftlichen Mitarbeitern Mischa Strümpel, Marcus Steinbrenner und Johannes Mayer für ihre Mitwirkung bei der redaktionellen Bearbeitung und für das sorgfältige Korrekturlesen.

Heidelberg, im März 2005   *Gerhard Härle* und *Gina Weinkauff*

JÜRG SCHUBIGER

Drei Geschichten – drei Gedichte

Der weiße und der schwarze Bär

Die Puppen haben Angst, wenn sie die Augen schließen, sagte das Mädchen.
Sie glauben dann, es werde nie mehr hell.
Wie kommst du denn darauf?, fragte die Mutter.
Der weiße Bär hat es mir gesagt.
Der was?
Der weiße Bär.

Der weiße Bär aber hatte gar nichts gesagt. Er sagte nie etwas.
Nachts saß er am Bett des Mädchens. Er schimmerte ein wenig im Dunkeln.

Wenn das Mädchen auf dem Klo war, stand der weiße Bär vor dem Spiegel und putzte sich die Zähne.

Und wenn von nebenan Musik kam, tanzte er.

Der weiße Bär, sagte die Mutter. Möchte mal wissen, wer das ist, dieser weiße Bär.
Der weiße Bär ist der weiße Bär.
Ein Eisbär?, fragte die Mutter.
Nein, einfach ein Bär, nur eben weiß, damit er im Dunkeln schimmern kann.
Ach so, sagte die Mutter.

In der nächsten Nacht blieb der weiße Bär aus.
Das Mädchen dachte: Er macht eine Pause. Morgen Abend kommt er wieder.
Der weiße Bär kam aber nicht.
Es war stockfinster um das Bett herum.

Das Mädchen dachte: Wenn jetzt ein Bär neben meinem Bett sitzt, muss es ein schwarzer sein.
Das Mädchen horchte. Tatsächlich konnte es das Schnaufen einer feuchten Nase hören.

Der schwarze Bär schimmerte nicht im Dunkeln.
Und wenn das Mädchen auf dem Klo war, stand der schwarze Bär nicht vor dem Spiegel und putzte sich nicht die Zähne.
Und wenn von nebenan Musik kam, tanzte er nicht.

Aber er schwieg. Genau wie der weiße Bär.

Die Nacht ist zutraulich, sagte das Mädchen. Die Kinder fürchten sich nicht. Nur
die Räuber und Diebe.
Wie kommst du denn darauf?, fragte die Mutter.
Der schwarze Bär hat es mir gesagt.
Der was?

Der schwarze Bär.

Die Mutter lächelte. Möchte mal wissen, wer das wieder ist, dieser schwarze Bär.
Der schwarze Bär ist der schwarze Bär, sagte das Mädchen. Er kommt jede
Nacht.
Er lässt keine aus.
Das Mädchen flüsterte der Mutter ins Ohr: Der weiße Bär, der ist erfunden.

Der Prinz und die Katze

Immer am ersten Mittwoch im Monat hatte der Prinz seinen Unglückstag. So
auch heute. Es war erst neun Uhr, und schon ging er mit einem zerrissenen
Schuhband herum, schon fehlte seiner Tasse ein Henkel, und das vordere Rad
seines Fahrrads, das ein runde Null gewesen war, hatte sich zu einer Acht ver-
bogen.

Der Prinz stand im Park. Wo ist denn die Katze hin? fragte er. Die Tränen flossen
ihm aus den Augen und aus der Nase geradewegs in den Mund hinein. Außerdem
regnete es. Wenn das mein Leben ist, dachte der Prinz: Danke, ohne mich.

Nass und niesend ging er ins Schloss zurück. Er stellte sich an ein offenes Fenster.
Er trocknete sich die Wangen und schnäuzte sich. Er schaute hinaus. Die Katze
lief unten zwischen den alten Bäumen vorbei. Der Prinz rief ihren Namen:
Isabelle!

Zieh dir erst mal was Trockenes an, rief die Katze zurück, ohne sich umzusehen.

Drei Träume

Ein Mann träumt, er werde verfolgt. Um sich zu retten, wühlt er sich in einen Heustock ein. Aber zu spät. Schon hört er Schritte auf der Leiter. Er erwacht vor Schreck.

Ein Zweiter träumt, er verfolge einen Mann über eine Leiter empor und sehe gerade noch, wie dieser in einem Heustock verschwindet. Der Zweite erwacht hier nicht, er träumt weiter. Er fasst den Ersten an einem zappelnden Bein und zieht ihn aus dem Heu heraus und weiß dann nicht, was er mit ihm anfangen soll. Ratlos erwacht er.

Ein Dritter träumt, er sein ein Heustock. Ein Verfolgter wühle sich in ihn ein. Der Verfolger komme die Leiter empor und fasse den Verfolgten an einem zappelnden Bein und ziehe daran. Der Dritte steht ganz auf der Seite des Ersten. Er will ihm helfen. Er kann aber nichts für ihn tun, er ist ja ein Heustock.

Wenn der Dritte hier doch erwachen könnte! Doch er schläft weiter, verzweifelt, dass er nichts ausrichten kann, und duftet weiter nach Heu. Er ahnt nicht, dass der Erste längst wach ist und im Bad seinen Schreck vom Gesicht wäscht, und dass der Zweite den Traum schon vergessen hat.

Das beste wäre, der Erste und der Zweite würden den Dritten wecken. Der sähe dann, dass die ganze Geschichte für alle drei zu einem guten Ende gekommen ist.

Anderes jedoch

Ach, das meiste
ist doch hundsgewöhnlich.
Dieser Hund zum Beispiel,
oder dass die Vögel fliegen,
dass die Flüsse fließen
und die Ufer bleiben.

Anderes jedoch
ist höchst erstaunlich.
Dieser Hund zum Beispiel,
oder dass die Vögel fliegen,
dass die Flüsse fließen
und die Ufer bleiben.

Dass uns solche Dinge
durch die Köpfe gehen.

Das

Der Schnee fällt leicht und licht,
als fiele er gar nicht,
aufs grüne, graue Gras,
tut weiter nichts als das.

Er fällt mir ins Gesicht,
er fällt und sieht mich nicht.
Er ist aus leisem Glas,
und weiter nichts als das.

Fragen

Woher?
Vom Meer.
Wohin?
Nach Wien.
Was willst du dort?

Gleich wieder fort.

Staunen als
ästhetische Kategorie

KASPAR H. SPINNER

Staunen als ästhetische Kategorie literarischer Sozialisation

Staunen

Ich staune
über die Traumzeit,
die mich sucht.
Traumzeit
auf dem leuchtenden Zifferblatt
einer Uhr,
die still steht.
Ihr Stillstehn
ist schön.
Man denkt nicht an die Wirklichkeit.
Es würde mir leid tun.
Das Staunen meiner Kindheit:
Etwas,
das ich nie vergessen kann.

Das ist ein Gedicht von Martin Merz (Merz 2003, S. 11), von ihm geschrieben im Alter zwischen 15 und 18 Jahren. Es sind Verse eines jungen Menschen, nicht mehr Kind und noch nicht Erwachsener, sie sprechen vom Staunen der Kindheit und seinem Fortbestand in der Erinnerung. Wirklichkeit und Traum, Zeit und Stillstehen der Zeit sind weitere Themen, die im Text enthalten sind.

Die Verse von Martin Merz sollen hier Ausgangspunkt sein für einige Überlegungen zu Grundvoraussetzungen literarästhetischer Empfänglichkeit, fokussiert auf den Begriff des Staunens. Soll man noch erwähnen, dass Martin Merz von Geburt an behindert war, belastet im wörtlichen und übertragenen Sinn mit einem Wasserkopf und zeitlebens auf den Rollstuhl angewiesen? Die Motive des Gedichts erhalten vor diesem Hintergrund einen besonderen Sinn, aber das Gedicht soll hier nicht auf das Biographische reduziert werden.

Das Staunen der Kindheit

Dass Kinder in ganz besonderem Maße des Staunens fähig sein können, bedarf kaum ausführlicher Begründung. Wir können es im Umgang mit ihnen immer wieder beobachten und Erinnerung an entsprechende Kindheitserfahrungen dürften die meisten Erwachsenen haben. Dem Kind ist die Welt in viel stärkerem

Maße als dem Erwachsenen überwältigend neu. Ihr staunend zu begegnen ist allerdings auch von Voraussetzungen abhängig, von einem mitmenschlichen Umfeld, das eine solche Haltung zulässt und unterstützt. Staunen heißt, der Erfahrung von Welt gegenüber offen zu sein, neugierig zu sein und eigene Empfindungen zuzulassen. Ein Kind, das durch seine erzieherische Umwelt eingeschüchtert wird, das sich selbst nichts wert ist und deshalb seine Wahrnehmungen gering achtet, wird sich dem Staunen verschließen. Es ist eine Frage der Sozialisation, ob das, wovon das Gedicht von Martin Merz spricht, stattfinden kann.

Wie sich ein Kind der Umweltwahrnehmung aufgrund seiner Lebensumstände verschließen und wie es sich dann doch durch Unterstützung von Erziehungspersonen aus seiner psychischen Zurückgezogenheit lösen kann, hat Mirjam Pressler in ihrem Kinderbuch *Wenn das Glück kommt, muss man ihm einen Stuhl hinstellen* (1994) gestaltet. Im Park von Schwetzingen erfährt das Heimkind Halinka (die Ich-Erzählerin im Roman), was Schönheit sein kann: „Noch nie habe ich so etwas gesehen, ich habe überhaupt nicht gewußt, daß es so etwas gibt, so etwas Schönes, Weites." (*Wenn das Glück kommt*, S. 161; der gleiche Satz steht dann noch einmal auf S. 171 am Ende das Kapitels).

Staunen als ästhetische Kategorie

Was aber verbindet den Begriff des Staunens mit dem des Ästhetischen? Staunen ist ein Verhältnis zu Welt, das nicht von einer Handlungsintention, von Zweckrationalität bestimmt ist. Es ist eine Form der Wahrnehmung, die ganz dem Erscheinen des Wahrgenommenen zugewandt ist und die dem Wahrnehmenden ohne Gedanken an ein Wozu wertvoll ist. Damit entspricht es den Bestimmungen, die in der Ästhetik, z. B. bei Martin Seel, der ästhetischen Wahrnehmungssituation zugesprochen werden (vgl. Seel 2000).

Abzugrenzen ist ein solches Staunen allerdings vom bloßen Sensationsbedürfnis; das Staunen über Rekorde z. B. ist nicht ein Wahrnehmen um des Wahrnehmens willen, sondern lebt vom Vergleich zu anderen Leistungen und ist darauf ausgerichtet, dass der Rekord wieder überboten wird. Sensationsstaunen verweilt – anders als das ästhetische Staunen – nicht beim Wahrgenommenen.

Otto Friedrich Bollnow hat für das staunende Wahrnehmen den Begriff der Anschauung verwendet und in ihr den Ausdruck eines ästhetischen Verhältnisses zur Welt gesehen. Er veranschaulicht seine Gedanken an einem Beispiel:

> Nehmen wir das bekannte Beispiel vom Wald: Der Förster, der Holzhändler, der Spaziergänger, der Soldat, der Hygieniker usw., sie alle nehmen den Wald in einer ihrem Beruf entsprechenden Weise. Sie bemerken, wenn sie durch den Wald gehen, mancherlei: daß das Unterholz gelichtet werden muß, daß die Bäume als Bauholz verwendbar sind […] Aber dann kann es plötzlich einmal geschehen, wenn die Abendsonne hinter den geschwungenen Linien des Horizonts untergeht und die Ferne im goldenen Licht verdämmert, daß der Mensch stehen bleibt und alle Gedanken an Festmeter und Holz-

preise, an die Aufgaben des Pflanzens und Schlagens […] vergißt und wie benommen empfindet: Wie schön das ist! Und dieser Augenblick ist die Geburtsstunde der Anschauung. […] Die Welt liegt plötzlich da wie am ersten Schöpfungstag, noch durch keinerlei menschliches Zweckdenken befleckt. Es liegt etwas Ehrfürchtiges in diesem reinen Anschauen. So etwas scheint auch Platon mit seinem Staunen gemeint zu haben. (Bollnow 1970, S. 72f.)

Das Stillstehn der Zeit

Die Uhr im Gedicht von Martin Merz steht still und dieses „Stillstehn" wird schön genannt. Damit ist ein Grundcharakteristikum ästhetischer Erfahrung ins Bild gefasst. Sie ist ein Innehalten im geschäftigen Abwickeln des Lebens. Dass man sich beim Hören von Musik oder dem Lesen eines Buches oft wie herausgehoben aus der Realzeit fühlt, dass man, wenn sich ein Regenbogen über die Landschaft spannt, stehen bleibt und staunend zum Himmel blickt, dass ein Fetzen Melodie oder ein Geruch plötzlich eine intensive Erinnerung wachruft, zeigt, wie wir ästhetische Situationen immer wieder als Heraustreten aus der Zeit erleben. In der Metaphorik des Gedichts kann man auch sagen, dass sich die Aufmerksamkeit bei der Uhr nicht mehr auf die laufenden Zeiger richtet, sondern auf das Leuchten des Ziffernblattes. Die Uhr ist damit zum ästhetischen Objekt geworden. Weil man sich als Erwachsener oft allzu sehr eingebunden in ein unausweichliches Zeitmanagement fühlt und sich des Vergehens der Zeit bewusst ist, können Kindheitserinnerungen an Situationen des selbst- und zeitvergessenen Staunens so intensiv weiterwirken; sie sind in doppeltem Sinne zeitlos: Sie sind nicht dem Vergessen anheimgefallen und sind Ausdruck eines Zeitgefühls, das Gegenwart noch nicht als flüchtig erlebt hat. Das Bedürfnis nach ästhetischen Erfahrungen – durch Lektüre, durch Musik, durch Bilder und Filme, durch Landschaft – speist sich immer auch aus solchen Erinnerungen. Im Roman von Mirjam Pressler phantasiert Halinka zu der Statue, vor der sie wie verzaubert stehen bleibt, die Zeitlosigkeit mit folgender Vorstellung:

> Wie eine wirkliche Frau sieht sie aus. Als wäre irgendwann einmal eine wunderschöne Frau aus einem Teich gestiegen und durch diesen prachtvollen Park gegangen, und irgendein Zauberer war so begeistert von ihr, daß er sie erhalten wollte. Du sollst nie alt werden, hat er gesagt. So wie du jetzt bist, jetzt in diesem Augenblick, sollst du bleiben. Und dann hat er sie versteinert." (*Wenn das Glück kommt*, S. 162)

Augenblick und Ewigkeit scheinen im ästhetischen Erleben eins zu sein.

Traumzeit

Der Zeit, die die Uhren anzeigen, wird im Gedicht von Martin Merz die Traumzeit gegenübergestellt. Ästhetische Erfahrung ist nicht nur ein Innehalten in der Geschäftigkeit, sondern eröffnet andere Dimensionen von Zeit. Das ist beim

Lesen von Büchern besonders deutlich, weil man in die Zeit der erzählten Geschichten eintritt. Die Traumzeit im Gedicht meint aber noch mehr, nämlich dass es für den Menschen noch etwas anderes gibt als das gegebene Hier und Jetzt mit seiner Gebundenheit an Raum und Zeit, dass sich im Traum, in der Erinnerung, in der Phantasie und eben in den Künsten andere Vorstellungen auftun. Damit ist ein Aspekt des Ästhetischen angesprochen, der über die Wahrnehmung des Erscheinenden hinausgeht. Martin Seel spricht davon, dass ästhetische Wahrnehmung „jederzeit für eine imaginative Ausführung, Fortführung und Erweiterung offen" sei (Seel 2000, S. 147). „Man denkt nicht an die Wirklichkeit", heißt es im Gedicht. Auch Halinka verharrt vor der Statue im Park nicht beim bloßen Anschauen: Sie hängt Phantasien über die Entstehung der Skulptur nach, wie die oben wiedergegebene Stelle zeigt. Der entsprechende Abschnitt endet dann mit den Sätzen: „Vielleicht hat der Zauberer sie auch nur geträumt, und sie ist so, wie er sich Schönheit vorstellte? Ein steingewordener Traum." So ist das ästhetische Objekt, um mit dem Gedicht von Martin Merz zu sprechen, in eine Traumzeit entrückt, die sich von den Einengungen der Wirklichkeit löst.

Dass sich Erwachsene so oft mit Sehnsucht an das Staunen der Kindheit erinnern, dürfte in diesem Sinne also auch damit zu tun haben, dass sich Kinder besonders intensiv der Imagination hingeben können. Und das Lesen von Literatur ist für manche ein Wiedereintauchen in diese früh erfahrene, Staunen erregende Traumzeit der Phantasie. Wer ihr als Kind nicht begegnet ist, bringt zweifellos weniger Voraussetzungen mit, ein Leser von Literatur zu werden.

Die Angst und das Staunen

Überraschendes, Fremdartiges, Unvertrautes kann Staunen auslösen. Der Held des Märchens und der Abenteuergeschichten zieht hinaus in die Welt, weg von der Sicherheit des Vertrauten, und was er erlebt, ist staunenswert. Aber das Fremde und Unvorhergesehene ist auch mit Gefahr verbunden und löst Angst aus. Staunen heißt deshalb immer auch, dass man sich vom Großen, Überwältigenden nicht einschüchtern lässt und dass man den Mut zur Neugier hat. In ihrem Bilderbuch *Nora und der Große Bär* (1989) hat Ute Krause den Motivkomplex von Erzählen, Phantasieren, Angst und ästhetischem Bewundern entfaltet. Nora hört den Leuten im Dorf zu, wie sie vom Großen Bären erzählen, vor dem sie sich fürchten. Nora möchte den Bären besiegen, sie übt dafür einen ganzen Sommer lang und darf im Herbst mit auf die Jagd. Im Wald, wo die Jäger übernachten, träumt sie vom Bären. Aber die Suche der Jäger nach dem Bären bleibt erfolglos. Da macht sich Nora alleine auf und ruft in den Wald: „Zeig dich, Großer Bär!". Sie findet Spuren im Schnee, folgt ihnen, verliert sie und hat sich verirrt. Sie fühlt sich verlassen – und da sieht sie einen Schatten und dann den Bären, der „unvorstellbar groß" ist. „Nora hielt den Atem an. Noch nie hatte sie sich so gefürchtet." (*Nora und der Große Bär*, S. 26) Aber sie nimmt ihren ganzen Mut zusammen, und je länger sie den Bären anschaut, desto weniger Angst hat sie und kann den Bären bewundern: „Wie schön der Bär war!" (*Nora und der Große Bär*, S. 26) Der Bär wendet sich dann ab, geht davon, Nora folgt ihm, da sieht sie in der Ferne das Lager der Jäger – der Bär aber ist verschwunden.

Ute Krauses Bilderbuch zeigt, wie die Voraussetzung des Staunens sowohl Neugier und Selbstbewusstsein (Nora traut sich die Jagd des Bären zu) sind als auch Überwindung von Angst. Man kann hier eine der elementarsten Entwicklungsaufgaben des Kindes sehen: Ihm ist aufgegeben, aus der Behütung herauszutreten in die fremde Welt. Dies ist mit ambivalenten Gefühlen verbunden, mit Neugier, Drang zur Selbstständigkeit, aber auch mit Angst. Staunen ist möglich, wenn die Angst nicht dominiert, wenn, um mit Ute Krauses Bilderbuch zu sprechen, Nora sich nicht mehr aus Furcht hinter dem Baum verstecken muss (vgl. Krause 1989, S. 25), sondern den Bären anschauen kann.

Verfremdung und Staunen

Staunen erregt, was nicht alltäglich erscheint. Bei der phantastischen Literatur ist dies besonders deutlich. Aber auch Alltägliches kann aus der routinierten, automatisierten Wahrnehmung herausgehoben werden; Viktor Šklovskij hat dafür den Begriff der Verfremdung geprägt (vgl. Šklovskij 1971). Ein Kinderbuch, das Phantastik als fremde Welt und einen fremden Blick auf Vertrautes auf geradezu prototypische Weise kombiniert, ist Otfried Preußlers *Der kleine Wassermann* (1956). In Rezeptionsdokumenten, die ich gesammelt habe (kurze Aufschriebe von Studierenden zu Lese- und Hör-Erinnerungen), wird immer wieder von der Faszination gesprochen, die dieser Text ausgeübt habe; z. B.: „Ich habe das Buch als Kind sehr oft gelesen und versucht die Geschichten in Bilder umzusetzen; fasziniert war ich von der Unterwasserwelt – dem Gegensatz zur Realität über dem Wasser." Die Verfremdung, die durch die Kombination von realistischen Bezügen zur Lebenswelt einerseits und Phantastik andererseits entsteht, kommt in Äußerungen wie den folgenden zum Ausdruck: das „hat mich fasziniert, weil die Welt aus einer ganz anderen Perspektive heraus geschildert wurde." Und ausführlicher: „Ich fand es faszinierend, dass die Familie des kleinen Wassermannes problemlos unter Wasser leben konnte ohne zu ertrinken: Eine ganz 'normale' Familie, nur eben unter Wasser! Für mich als Kind eine neue und recht unvorstellbare Erfahrung. Aber gerade deshalb fand ich die Erzählung sehr interessant." Im Buch von Preußler wird bekanntlich auch geschildert, wie der kleine Wassermann die Welt der Menschen erkundet; dadurch entsteht ein fremder Blick auf das Gewohnte. Der erste Ausflug ans Land wird wie folgt von Preußler erzählt:

> Als sie das Schilf hinter sich hatten, machte der kleine Wassermann große Augen. Da sah er zum erstenmal eine Wiese, zum erstenmal Blumen, zum erstenmal einen Baum.

Und er spürte zum erstenmal, wie es ist, wenn der Wind weht und einem das Haar zer-
zaust. Alles war anders hier oben, als unten bei ihnen im Teich. Alles war neu und ver-
wunderlich, was er da sah. (*Der kleine Wassermann*, S. 38 f.)

Sich einzulassen auf ein solches Sehen, das neu ist und Neues wahrnimmt, ist ein
Grundprinzip ästhetischen Verhaltens, zu dem die Literatur (und bildende
Kunst) anleiten kann. Wie intensiv sich solche literarischen Erfahrungen in die
Erinnerung einschreiben können, zeigen die Rezeptionsdokumente, die von der
Faszination am Buch von Preußler sprechen.

Literaturpädagogische Folgerungen

Dass literarisches Lernen lange vor dem Schrifterwerb beginnt, ist uns durch eine Vielzahl von Forschungen in den letzten Jahren deutlich ins Bewusstsein ge-
treten. Der Erwerb der Fähigkeit, Wirklichkeit und Imaginiertes zu unterscheiden, gilt dabei als ein besonders wichtiger Aspekt, der durch Vorlesegespräche in
Familie und Kindergarten gestützt wird (vgl. Wieler 2003). Die Kategorie des
Staunens verweist darauf, dass auch ein grundsätzlich ästhetisches Verhältnis zur
erfahrbaren Welt zu den Voraussetzungen für einen Zugang zum Literarischen
gehört. Angesichts der Tatsache, dass in der schulpädagogischen und deutschdidaktischen Diskussion gegenwärtig sehr stark handlungs- und interaktionsorien-
tierte Erklärungsmuster vorherrschen, ist mir der Hinweis auf das eher kontemplative und imaginationsorientierte Staunen im Sinne einer Ergänzung (nicht im
Sinne einer Kritik anderer Erklärungsansätze) wichtig. Zur Bereitschaft, sich
auf Literatur einzulassen, gehört es, auch mal still zu sein, etwas auf sich wirken
zu lassen, sich einem Phänomen zu öffnen.

Staunen als ästhetische Erfahrung kann man Kindern nicht beibringen. Aber
man kann unterstützend zu seinen Voraussetzungen beitragen. Was kann das
konkret heißen?

– Wir sollten als Erwachsene aufmerksam wahrnehmen, was Kinder beeindruckt, und sie darin ernst nehmen. Sie spüren unsere Aufmerksamkeit und
  sie ist ihnen Ermunterung.

– Wir sollten Kinder nicht bedrängen, unsere eigenen positiven Gefühle gegenüber dem, was wir staunenswert finden, zu teilen. Wir können und sollen
  sagen, was uns beeindruckt – aber Kinder sollen sich frei fühlen in ihren
  Präferenzen. Staunen kann nicht aufoktroyiert werden.

– Im nicht-repressiven Umgang allerdings kann die Kundgabe eigener Begeisterung ansteckend sein. Das gilt durchaus in beiden Richtungen, vom Erwachsenen zum Kind und vom Kind zum Erwachsenen.

– Die kindliche Phantasie ist sprichwörtlich; aber auch sie bedarf der Unterstützung, z. B. dadurch, dass jemand da ist, der zuhört, wenn ein Kind etwas
  Ausgedachtes erzählen will. Sich von Kindern verlocken zu lassen, ihr Spiel

der Phantasie mitzuspielen, ist nicht die schlechteste Maxime für eine Hinführung zur Literatur.

– Wenn Geschichten zu einseitig im Hinblick auf eine Lehre (vor-)gelesen werden, ist das für einen ästhetisch-staunenden Zugang hinderlich. Zu diesem gehört es, auch aushalten zu können, dass bei einem Text etwas rätselhaft bleiben kann.

Literatur

Bollnow, Otto Friedrich (1970): Philosophie der Erkenntnis. Das Vorverständnis und die Erfahrung des Neuen. Stuttgart: Kohlhammer

Krause, Ute (1989): Nora und der große Bär. Zürich: Diogenes

Merz, Martin (2003): Zwischenland. Innsbruck: Haymon

Pressler, Mirjam (1994): Wenn das Glück kommt, muss man ihm einen Stuhl hinstellen. Weinheim: Beltz

Preußler, Otfried (1956): Der kleine Wassermann. Stuttgart: Thienemann

Seel, Martin (2000): Ästhetik des Erscheinens. München: Hanser

Šklovskij, Viktor (1971): Kunst als Verfahren. In: Russischer Formalismus. Hg. von Jurij Striedter. München: Fink, S. 3–35

Wieler, Petra: (2003): Varianten des Literacy-Konzepts und ihre Bedeutung für die Deutschdidaktik. In: Deutschdidaktik und Deutschunterricht nach PISA. Hg. von Ulf Abraham u. a. Freiburg: Fillibach, S. 47–68

MARIA LYPP

Philosophisch-poetische Schnittpunkte in der Kinderliteratur

Manchmal erkennt man eine Sache erst richtig, wenn sie in der falschen Schublade liegt. Das lässt sich von der Philosophie sagen, die im Taschenbuch der Kinder- und Jugendliteratur in der Themen-Rubrik unter „Familie", „Schule", „Dritte Welt" zu stehen kam. Bernhard Rank, Verfasser des Beitrags *Philosophie als Thema von Kinder- und Jugendliteratur* (Rank 2000), erkannte, dass die Philosophie da nicht einzuordnen war, und machte eine Randbemerkung in dem Sinne, dass Philosophie als zu vermittelndes Wissensgebiet für die Kinderliteratur nur begrenzte Bedeutung habe, dass sie aber, wenn sie – ohne thematisiert zu sein – in Form einzelner Aspekte in einem Text implizit anwesend ist, kinderliterarisch hochinteressant sei. Bernhard Rank hat das in demselben Beitrag umgesetzt und begonnen, die Modi des philosophisch-literarischen Zusammenwirkens zu erfassen, ungeachtet dessen, dass die zuständige Rubrik dafür die Poetik wäre.

Dieses Sich-Abstoßen von der Themenorientierung ist, so meine ich, ein erfrischender Anstoß für unser Forschungsgebiet. Denn Philosophie als Thema der Kinderliteratur ist eine Welle, die verebbt wie andere Themen auch. Die Rolle der Philosophie als literarische Substanz wird uns dagegen lange beschäftigen. Wie viel genauer können wir über den Rang eines Textes befinden, wenn wir die Ausstrahlung seiner gedanklichen Fundierung bis in seine sprachästhetische Schicht hinein verfolgen; und wie viel präziser können wir unter diesem Aspekt literarische Bildung als Bildung der geistigen Existenz des Kindes einfordern! Philosophie und Kinderbuch – das ist keine Überspanntheit, kein elitärer Luxus, sondern eine Perspektive mit didaktischem Gebrauchswert. Eine poetologische „Welle" wird es in der Kinderliteratur vermutlich kaum geben, wie es eine philosophische gibt; aber durch ihre Öffnung zur Philosophie hin tritt nun auch die Poetik der Kinderliteratur bestimmter hervor und gewinnt als ästhetisches Instrument der Auseinandersetzung mit Welt und Leben, das dem Kind unentbehrlich ist, allgemeinere Anerkennung.

Die Begriffe Philosophie und Philosophieren werden im Folgenden in einem nichtwissenschaftlichen, absichtlich erweiterten Sinn gebraucht, der jedwedes Nachdenken über Welt- und Lebensfundamente einschließt; dies, um die Annäherung an den Gegenstand nicht von vornherein durch Fachgrenzen zu beengen. Mein Beitrag, als Teil des Workshops zu Ehren Bernhard Ranks entstanden, steht in arbeitsteiligem Zusammenhang mit dem Beitrag von Hans-Bernhard

Petermann in dieser Festschrift, der das Philosophieren mit Kindern aus der wissenschaftlichen Bestimmung des Begriffs entwickelt.

Am Anfang braucht man Strukturen. Das früheste philosophisch-ästhetische Bündnis

Wenn ein Kind, das nicht zu Bett gehen will, fragt: „Warum muss ich schlafen?", ist das weniger eine Frage als ein Protest. Man kann ihn begrüßen, denn er zeigt, dass das Kind statt aufs Randalieren nun schon aufs Argumentieren setzt und sich einen Vorteil davon verspricht, wenn es den Grund einer Sache weiß. In der Regel antwortet man dann, dass jetzt alle schlafen müssen, die Tiere, die Puppen, die Menschen. Darauf das Kind: „Warum müssen alle schlafen? Wozu muss man schlafen?" – Antwort: „Ohne Schlaf wird man krank, dann muss man im Bett liegen, muss den Doktor rufen, muss Medizin schlucken, muss … muss …" Nun schwingt sich das Kind zu der letzten Frage auf: „Warum muss man müssen?" Jetzt würde der Erwachsene lieber schlafen, als darauf antworten zu müssen.

Das philosophische Denken des Kindes ist fest im Alltagsleben verankert. Es hat eine eminent praktische Funktion und kommt dennoch so erstaunlich schnell bei den Fundamenten des Daseins an, wie der kleine Dialog zeigt, der sich mir-nichts-dir-nichts von der situativen (warum muss ich?) über die normative (warum muss man?) zur Stufe der Conditio humana (warum muss man müssen?) bewegt, vom Alltag zum „allgemeinen Gesetz". Die Flut der Erscheinungen, der zumal das kleinere Kind ausgesetzt ist, die es durchdringen und ordnen muss, fordert das Denken zur Begrenzung der Vielheit heraus. Die Reduktion der empirischen Welt auf ihre Grundlagen ist deshalb für Kinder eine Lebensnotwendigkeit. Das Kind fragt in erster Linie nach einer praktikablen Weltformel, die ihm Entlastung, vielleicht sogar Überlistung ermöglicht. Insofern würde ich dem Anfang des Philosophierens, dem Staunen, noch einen Anfang vorordnen, der allerdings weniger poetisch als pragmatisch ist. Das Staunen ist bereits ein zweiter Blick, dem das schon Eingeordnete, bisher als normal Hingenommene fragwürdig erscheint. Ganz am Anfang aber ist das Chaos, das strukturiert werden muss und die Frage nach den Grundlagen geradezu erzwingt. Das philosophische Fragen des Kindes ist insofern keine Sache der Muße oder des individuellen Temperaments, sondern die Behauptung gegen die Übermacht der Dinge.

Dafür stehen dem Kind verschiedene Mittel zur Verfügung. In den Spielriten und Versen des ersten Alters übt es Regeln und Regelüberschreitungen in einer streng formalisierten Weise und vergewissert sich damit fundamentaler Gegebenheiten wie: allein – gemeinsam, außen – innen, mein – dein, da sein – weg sein usw. Es sind ästhetische Strukturen, die es dabei verwendet. Sie ermöglichen die Reduktion komplexer Realität durch die Erschaffung eines virtuellen Raumes, der ausschließlich das Prinzipielle enthält. Vom Fingervers („Das ist der Daumen …": individuelle Differenzierung der Gemeinschaft), übers Hüpf-kästchen (die Welt zwischen Himmel und Hölle) bis zum Poesiealbum (Freund-schaft und Gedächtnis) werden sprachästhetische Strukturen bekanntlich wäh-rend der gesamten Kindheit gebraucht, um Sinnkonzentration herzustellen und zu durchleben (vgl. Lypp 1999).

Wie ein Kind Denkstrukturen mit poetischen Strukturen verbindet, kann man folgender Äußerung entnehmen, die ein fünfzehnjähriger, also heranwachsen-der Junge schriftlich verfasst hat; nicht für die Schule, sondern zur privaten Selbstklärung. Der Satz lautet: „Entschluß ist, was man muß!"

Das durchgestrichene „ist" zeigt die Weiterentwicklung des philosophischen zu einem dichterischen Satz. Man kann die Überstrukturierung der natürlichen Sprache durch die poetische Regel hier in statu nascendi erleben: Der Schreiber macht aus dem Binnenreim, den der Satz mitbringt, einen Endreim und erzeugt damit zwei Zeilen mit einem interessanten Metrum: Auf „Entschluß" folgt eine lange Zäsur, dann stürmen die drei Senkungen mit erheblicher Geschwindigkeit auf das „muß" zu, wie der Anlauf zum Weitsprung: xx'/xxxx'. Beide Zeilen stehen in einem gespannten Verhältnis zueinander. Das gibt der Aussage etwas Forciertes und zugleich Ambivalentes: Zweifel meldet sich, ob subjektive Ent-schlossenheit und objektiver Zwang sich so harmonisch verhalten, wie sie sich reimen, oder ob es nicht Gegensätze sind, die nur unter dem Druck der Form zu-sammengezwungen werden. Der Satz erlaubt mehrere Lesarten. Aussagen der poetischen Form sind indirekt und sie sind mehrdeutig. Das ist der Beitrag der Literatur zum philosophischen Denken generell: Sie fordert den Leser auf, Be-deutung herzustellen.

Lehrreiches Nichtgelingen

Wie kann die Kinderliteratur dem Nachdenken des Kindes über die Welt, das zu-dem poetisch ist, gerecht werden? Zunächst möchte ich Skepsis äußern gegen-über einigen forschen Versuchen im Stil „Denken ist in". Die Entdeckerfreude über das kindliche Denken und der Eifer, es als brachliegendes Bildungspotenzi-al zu aktivieren, verführt leicht dazu, Kinder auf den Weg des „richtigen" Philo-sophierens bringen zu wollen und dies in Form von Fragensammlungen zu täti-gen. Die Gattung des Fragenbuchs, in der Kinderliteratur bewährt, vermittelt

Wissenswertes in elementarisierter Form. „Was ist Zeit?", „Warum bin ich ich?"
– solche Fragen ohne verbindenden Kontext suggerieren dem jungen Leser, dass
er sie just habe stellen wollen und nun – bitte kurz – infomäßige Antworten im
Zehnerpack erwarte.

Die Kinderliteratur kann nichts Falscheres tun, als dem Kind, das sich zum Denken aufgemacht hat, einen Begriffsapparat schenken zu wollen. Das genuine
Denken des Kindes ist vorbegrifflich. Wenn einem – als sehr kleinem Kind – das
Wort „Welt" noch leer ist und man sich fragt, wo in aller Welt Hänschen-klein da
eigentlich hineingeht, dann ist man schon lange vorher denkend mit der Welt (im
Sinne des Liedes: als etwas, worin man leicht verloren gehen kann) befasst: mit
fremd und vertraut, fern und nah, daheim und woanders. Der Erwerb des Begriffs „Welt" beendet dieses Forschen, man lässt die Dinge vorerst auf ihrem
Begriff beruhen, wird erwachsen.

Ein geglückter Ansatz, kindliches Denken anzusprechen, um es zur Sprache zu
bringen, scheint mir dagegen zu sein, eine Reihe von Phänomenen, materielle
und immaterielle, nicht isoliert, sondern durch ein geistiges Band zusammenge-
halten, vor Augen zu führen und zu befragen. Dieses Konzept verfolgt eine kleine Anthologie mit dem Titel *Lebens-Mittel. Was Kinder brauchen* (herausgegeben von Armin Abmeier und Rotraut S. Berner, 2003). Ihr Ziel ist es, die für ein
Kinderleben notwendigen Dinge ins Bewusstsein zu heben, im Alltäglichen das
Wesentliche zu buchstabieren. Nach der Reihenfolge des Alphabets erstreckt
sich von Ball bis Wasser ein Kontinuum kaum beachteter, existenzerhaltender
Güter. Die einzelnen Autoren setzen das auf unterschiedliche Art um: fabulie-
rend, reflektierend, witzig, belehrend... Neben Geglücktem findet sich auch
manches Nichtgeglückte, das uns Einblick in die Schwierigkeit des Unter-
nehmens gewährt. Zum Stichwort „Freunde" beispielsweise heißt es:

> Freunde hat keiner zu viel. Selbst die reichsten Leute nicht, denn richtige Freunde sind
> sehr selten. Und man kann sie nicht kaufen. Einen Freund sollte jeder haben. Ein
> Freund das ist der, mit dem man nicht nur über Filme und Bücher und Mode und über
> die Mädchen und die Jungen reden kann. Mit einem Freund kann man über alles das re-
> den, worüber man eigentlich mit keinem sprechen kann. [Es folgt eine allgemein gehal-
> tene Beschreibung eines Stimmungstiefs des angesprochenen Du. Anm. der Verf.]
> Dann hast du noch immer deinen Freund. Der sagt dann nur: „Hey, Mann, du steckst
> aber ganz schön tief in der Scheiße. Komm, gehen wir ein Eis essen und lass uns mitein-
> ander reden." So einer ist das. Freunde sind selten und sie können abhanden kommen,
> wenn man nicht aufpasst. [...] Also geh sorgsam mit deinem Freund um. Du brauchst
> ihn nämlich. Und er braucht dich. Das ist Freundschaft. (Hein 2003)

Dieser Text erinnert an die historische Gattung der Hausvaterliteratur des pädagogischen Zeitalters; genremäßig ist es ein Traktat. Problematisch ist aber hier
nicht die Didaxe; warum sollte Ratgeben nicht auch in autoritätsferner Zeit seinen Platz haben? Christoph Hein, der Autor von hinreißend phantasievollen
Kinderbüchern, wagt es. Problematisch ist nur, dass er seinen Gegenstand nicht
im geringsten problematisiert, sondern im Bestreben, ihn zu vereinfachen, so

banalisiert, dass er an die Ratgeberspalte eines bunten Blattes erinnert. Dies scheint mir signifikant dafür zu sein, dass der Kinderliteratur weitgehend die Sicherheit gegenüber dem relativ neuen Gegenstand der Welt- und Lebensbetrachtung fehlt. Hein gibt seinem Text Gesprächsform, traut aber offensichtlich der Literatur ein solches Gespräch nicht zu. Die Sprache dieses Textes, betont alltäglich, rückt den Begriff Freundschaft, der den Kindern nahe ist wie keiner, so nah an den Leser heran, dass kein Abstand bleibt, ihn zu betrachten, so dass nicht einmal angedeutet wird, dass Freundschaft kein Lebensmittel ist, wenn man es für sich allein verspeist. Kann man diesen Gedanken jedoch ohne Aufwand einem kindlichen Publikum vermitteln? Ein kleines Bild, das das Buch zum Thema Freunde bietet, erfasst mit den einfachsten Mitteln der Kinderzeichnung – Pünktchen, Komma, Strich – das Einssein im Zweisein und deutet sogar etwas von der siamesischen Problematik des Freundseins an.

Grafik aus dem Poster *Lebens-Mittel. Was Kinder brauchen* von Michael H. Matke (Beilage zu der Anthologie von Armin Abmeier und Rotraut Susanne Berner 2003)

Woher Muster für die Weltbetrachtung mit Kindern nehmen

Die Unsicherheit, Kinder mit Welt- und Lebensfragen literarisch anzusprechen, rührt daher, dass dem heutigen Autor keine Form dafür zur Verfügung steht. Der literarische Erz-Hausvater Matthias Claudius beherrschte die Kunst der literarischen Unterweisung, die dem Leser allemal das Gefühl gibt, etwas Bedeutsames und Kostbares geboten zu bekommen, das auch ihm, der an diesen Betrachtungen teilhat, Wert verleiht. Claudius' berühmte Betrachtung über die Freundschaft würde durchaus eine gute Figur in *Lebens-Mittel* machen (der sprachliche Verfremdungseffekt eingerechnet). Selbstverständlich plädiere ich nicht für die Wiederbelebung der Hausvaterliteratur, aber dafür, dass wir bisweilen einen neugierigen Blick zurück werfen auf eine Kinderliteratur, die darauf verpflichtet war, Kinder in ihrer geistigen Existenz zu kräftigen. Die geistige Existenz der Kinder heute ist eine andere als damals. Unser Wissen von ihr hat zugenommen, der Mut, mit ihr zu kommunizieren, hat abgenommen. Die Befangenheit hat ihren Grund: das Bewusstsein von der erdrückenden Aufgabe, die kulturellen Bestände zu überprüfen, auf denen wir nicht mehr fraglos fußen, auf die aber die existenziellen Fragen der Kinder hinzielen.

Was man trotz aller Selbstzurücknahme heute für die geistige Existenz der Kinder tun kann, das ist: die gespannte Aufmerksamkeit dafür aufzubringen, worauf das kindliche Denken hinaus will, was es anstrebt und wie es das tut. Aus solchem Wissen kann eine adäquate Form der literarischen Weltbetrachtung für Kinder hervorgehen, wofür der Kinderroman *Mutter, Vater, ich und sie* von Jürg Schubiger (1997) das Paradigma liefert.

Freilich geht es nicht darum, kindliches Denken zu reproduzieren – wenn dies überhaupt möglich wäre. Statt um Imitation des kindlichen Philosophierens geht es vielmehr um die Frage, wie die Kinderliteratur die Inspiriertheit, die das Denken der Kinder enthält und ausstrahlt, in sich aufnehmen kann. Kinderliterarisches Philosophieren ist deshalb eine zarte Sache des gegenseitigen Gebens und Nehmens. Es ist darin vergleichbar mit der Sprache im Kinderbuch, wenn auch nur bedingt: Die noch nicht automatisierte Sprache des Kindes, sein intensives und materielles Verhältnis zum Wort wirkt auf den Erwachsenen „poetisch" und kann die Sprache des Kinderbuchs inspirieren, das Kindersprache freilich nicht imitieren darf. Ähnlich das Philosophieren, nur dass die Naivität des kindlichen Fragens, die sich beim Heranwachsen verliert, nicht einer Norm weicht, wie die Originalität der Kindersprache der Sprachnorm weicht. Die Philosophie wird auf treffende Weise institutionalisierte Naivität genannt, ein Ausdruck für die reflektierte Rückwendung zu dem unverstellten Blick des kindlichen Alters. Inspiration der Kinderliteratur durch das kindliche Philosophieren bedeutet daher: Überwachsenes freizulegen – durch den Impuls, den der denkende Erwachsene von der Berührung mit der geistigen Welt des Kindes empfängt; ein beidseitig gewinnbringendes Unternehmen.

Das Weltanfangsspiel

Spricht man vom schöpferischen Denken des Kindes, weckt das Vorstellungen der Romantik: der Nähe des Kindes zu den Ursprüngen, der Verkörperung der Poesie im Kind. All das ist hier nicht gemeint, sondern die ganz diesseitige und zielgerichtete Kindheitsaufgabe, ein Weltbild aufzubauen. Das Kleinkind beginnt damit, wenn es im Kuckuckspiel Personen, die es sieht, zum Verschwinden bringt, um sie quasi eigenschöpferisch wieder erscheinen zu lassen und sich so ihres Daseins zu vergewissern. Dieses Umkehrverfahren beim Aufbau des Weltbildes hat Jürg Schubiger in seinem oben genannten Roman in eine faszinierende Form gebracht. Er verfolgt den kindlichen Blick, der alles um ihn her Vorhandene probeweise negiert, um es voraussetzungslos, aus dem Nichts heraus wieder aufzubauen. Der zehnjährige Held denkt sich am Anfang des Buchs als neugeboren und fingiert nun die Unkenntlichkeit und Fremdheit der Dinge, die er, um sie zu erkennen, weit von sich weghält. Am Ende des Romans erlebt er im Traum die Weltentstehung im Zeitraffer. Nachdem alles, was ihm wesentlich ist, in seinem Weltbild wieder entstanden ist, vermisst er noch ein Letztes, Unbekanntes, nach dem er wartend ausschaut. Die Schöpfung ist nicht abgeschlossen.

Der Aufbau der Welt, alles dessen, was schon da ist, aus dessen virtueller Abwesenheit heraus entspricht der Grundhaltung des Philosophen, seinem Zweifel am Daseienden. Zugleich entspricht es dem Verhalten der Literatur zu ihrem Gegenstand; sie stellt ihn fern, verfremdet das Vertraute, macht es oft unkenntlich bis zur Groteske, um es zu begreifen. Das Schöpferische des kindlichen Denkens ist kein uferloses Phantasieren, das sich in anderen Welten bewegt – wo sich Kinder wie Erwachsene natürlich auch ausgiebig aufhalten –, sondern das der Philosophie wie auch der Dichtung verwandte Weltanfangsspiel, das gespielt wird, um sich hier zurecht zu finden. Schubigers Roman ist ein ganz und gar philosophischer Kinderroman, insofern er diese Form der Erkenntnis reflektiert.

Mit der Denkbewegung des Weltanfangsspiels haben wir einen gemeinsamen Nenner für die kindliche, poetische und philosophische Weltdeutung gefunden, eine Trias, die ins Feld geführt werden kann gegen die Separierung philosophischer und poetischer Gehalte, die sich u. a. in der verbreiteten Meinung artikuliert, dass je mehr ein Buch dem Denken zuarbeite, ein Problembuch etwa, desto mehr habe das „spezifisch Literarische" zurückzutreten, weil es für die Erfassung des tieferen Sinnes nur hinderlich sei und von ihm ablenke. Dem muss immer wieder entgegengehalten werden: Je höher der poetische Gehalt eines Buches ist, je mehr also sein Gegenstand den dichterischen Verfahren der Verfremdung unterliegt, desto höher ist seine philosophische Substanz. Diese sehr allgemeine Feststellung soll im Folgenden an einzelnen elementarpoetischen Verfahren konkretisiert werden.

Das Bild ist die Frage

Das poetische Bild fordert den Leser heraus, ein Sinnpotenzial zu erschließen und mit der eigenen Erfahrungswelt in Bezug zu setzen. Darin gleicht es dem philosophischen Fragen: Es geht so wenig in einer Bedeutung auf wie der abgezogene Begriff im „Leben". „Für das elementare Philosophieren der Kinder sind alle Arten bildhafter Vermittlung besonders ergiebig, weil sie [...] eine symbolische Tiefenstruktur enthalten, wie auch am entschiedensten nach einer Entschlüsselung verlangen, die ihrerseits je neues Nachfragen ermöglicht", betont Hans-Bernhard Petermann (Petermann 2003, S. 107). Überspitzt kann man sagen: Das Bild ist die Frage.

Ein weiterer Text zum Thema Freundschaft soll zeigen, mit welcher Prägnanz das poetische Bild kraft der ihm innewohnenden Polyvalenz seine – indirekte – Frage stellt:

Freundschaft verbindet

Ein Bonbon verbrachte seine Zeit in einer Hosentasche. Er fürchtete sich vor seiner Zerlutschung. Außer ihm waren da noch: ein Schräubchen, ein Knopf, ein Pfennig und Krümel. Sie vertrugen sich gut miteinander. Die Schraube sagte: Was können wir tun, damit ich nicht verschraubt werde, damit du nicht angenäht wirst, damit du nicht in ein Sparschwein mußt, damit ihr nicht weggefegt werdet und damit du nicht genascht wirst? Als das der Bonbon hörte, wurde er vor Aufregung ganz klebrig. Sie rückten dicht zusammen und hingen für alle Zeit aneinander. (Spohn 1982, S. 5)

Der Verfasser des Textes, Jürgen Spohn, greift zu bewährten Mustern der Kinderliteratur: die Animation lebloser Gegenstände, die narrative Kette, die den Erzählverlauf strukturiert, das Schema Gefahr und Rettung. Dieser vertraute Rahmen ist nun aufs fragwürdigste bebildert. Welchem drohenden Schicksal verweigern sich die Dinge: der Fremdbestimmung, dem Ingebrauchgenommen- und Verbrauchtwerden? Oder verweigern sie sich ihrer jeweils individuellen Verwirklichung entsprechend ihrer Bestimmung als haltbare Schraube, angenähter Knopf, gesparter Pfennig? So fragwürdig wie die Gefahr ist die Rettung: Verklumpung. Glück oder Albtraum?

Die Ambivalenz des Bildes öffnet das Portal zum Nachdenken über das Selbstsein. Man kann dieses Portal durchschreiten, kann sich aber eben so gut weiter mit dem Bild beschäftigen. Die Literatur spricht in erster Linie das Vorstellungsvermögen an und hält es in Bewegung, hier z. B. im Zweifel, ob die Geschichte in Rettung oder Unfall endet. Dieses Nachleben des Bildes kann zum – nichtintellektuellen – Erkenntnisweg werden; aber nur dann, wenn das Bild Genauigkeit und Kraft besitzt. Gerade die Mehrdeutigkeit eines Bildes muss genau sein, will sie den Leser beim Bild – das heißt bei der Frage – festhalten (Freundschaft als Klumpen?).

Dem Bild kommt in der Kinderliteratur eine andere Funktion zu als in der Literatur für den geschulten Leser (vgl. Lypp 2000, S. 209 ff.). Dieser genießt das Oszillieren von Bild und Bedeutung, das seinen Kunstcharakter ausmacht. Die Kinderliteratur dagegen braucht das Bild vor allem, um zu sagen, was anders nicht gesagt werden könnte, z. B. das Sams: Herausforderung und Befreiung des Erwachsenen (Maar 1973); die Wilden Kerle: Anarchie der Innenwelt (Sendak 1967); ein Paar Schuhe, die auseinander laufen: Elternscheidung (Hannover 1973). Bilder sind in der Kinderliteratur so etwas wie diplomatische Vertreter von Ländern, die dem Kind zwar kaum bekannt sind, von denen es aber fest überzeugt ist, dass sie Weltbedeutung haben.

Das Weltmodell

Wie wird aber der unausgesprochene Anspruch der Kinder auf die universelle Geltung von Geschichten eingelöst? Wie wird die Kindergeschichte zur Welt-Geschichte? Die größte Chance dazu hat die kürzeste Erzählung. Ihr knapper

Raum begünstigt das philosophische Denken, indem er zur Reduktion realer Komplexität zwingt und statt extensiver Individualisierung ihrem Gegenstand eine stilisierte, explizit künstliche, realitätsabweichende Form gibt. Diese neigt von vornherein zum Prinzipiellen. Jede erzählte Welt ist ein Weltmodell, die kurze Erzählung aber stellt das Hypothetische ihrer Welt besonders heraus. Sie ist oft nur einer einzigen Bedingung unterworfen und entwickelt sich gleich einer Versuchsanordnung aus deren Folgeerscheinungen. „Das Auto hier heißt Ferdinand und steht an eines Berges Rand. Es will den Berg besteigen und sich den Leuten zeigen" (Janosch 1964). Diese Grundgegebenheit – von Janosch so großartig wie einfach gereimt, lange bevor er sich den Knuddelbuddelstil zulegte – wird in einem Autokorso stationenweise entwickelt, bis Ferdinand von „der steilen Höh' in einen tiefen See" fällt und nun etwas von seinen Grenzen erfahren hat. Bilderbuch- und Kleinkindgeschichten rollen auf diese Weise die tiefgründigsten Themen auf.

Dem philosophierenden Denken kommt die Episodenstruktur solcher Texte sehr entgegen, da sie eine Sache durch potenziell unabschließbar viele Varianten laufen lässt und damit ein intensives – auch produktives – Durcharbeiten der konstanten Gegebenheit ermöglicht. Während die längere Erzählung in ein fiktives Vor- und Nachher eingebettet ist, tritt die kurze Geschichte voraussetzungslos aus dem Nichts hervor – um sie herum ist alles leer – und setzt die Koordinaten für den Weltanfang: zum Beispiel zwei Inseln im Meer als zwei polare Verhaltensweisen des Menschen gegenüber dem Planeten Erde, in Jörg Müller und Jörg Steiners Bilderbuch *Die Menschen im Meer* (1981); oder der Kahn des Herrn Adam, der durch immer mehr zusteigende Tiere von Egoismen überladen zum Sinken kommt, in John Burninghams *Die Kahnfahrt* (1973).

Die günstigen Bedingungen, die die kurze Geschichte für Drei- bis Achtjährige zu einem literarischen Ort machen, an dem die Welt bewegt wird, sind von der neueren Kinderliteratur vielfach wahrgenommen worden und haben zu einem Reichtum an Texten mit weltbetrachtendem Charakter geführt. Wenn dieses philosophisch-poetische Bündnis von der Kinderliteraturforschung deutlich und anhaltend thematisiert wird, werden kurze, präzise, doch oft unscheinbar wirkende Texte in ihrem hohen Rang als Zwiesprache mit dem philosophierenden Kind erkannt und als kinderliterarischer Schatz anerkannt werden.

Die Utopie.
Das Vollkommenheitsdenken der Kinder verlangt sie

Das Weltanfangsdenken baut – wie gezeigt – die vorfindliche Welt von neuem auf und hebt sie damit ins Bewusstsein. Demgegenüber scheint die Erfindung einer anderen Welt, einer Gegenwelt als Projektion des Wunschdenkens, weniger ein Gegenstand des philosophischen Fragens als der dichterischen Phantasie zu sein. Das Phantastische, die stärkste poetische Energie der Kinderliteratur, trägt jedoch nicht unerheblich zum philosophischen Denken bei. Anderswelten als Glückswelten – dies sind sie in der phantastischen Kinderliteratur vorwiegend – haben einen elementaren Bezug zur Utopie und somit zu der Frage, was eine vollkommene Welt wäre. Freilich ist nicht jeder Realitätsbruch, nicht jedes Auswechseln realer gegen „ideale" Bedingungen schon mit einer utopischen Weltbetrachtung gleichzusetzen. Der Umgang des jungen Lesers mit möglichen Welten bereitet aber ein Welt-Veränderungs*denken* vor. Dieses kann, wenn es sich auf das Ideal der Vollkommenheit richtet, in der Utopie Gestalt gewinnen. Die Utopie als zugleich literarische und philosophische Ausdrucksweise mit Tradition ist der markanteste poetisch-philosophische Schnittpunkt in der Kinderliteratur. Er erlaubt es, den Grad der sprachlichen und gedanklichen Schärfe zu erkennen, mit der die Kinderliteratur zu ihren Lesern von Glück und Vollkommenheit spricht. Ein Text, den ich in dieser Hinsicht klassisch nennen möchte, ist Jürg Schubigers *Stift*:

> Ein Bleistift und ein Farbstift stritten sich, wer von ihnen wichtiger sei. Um zu zeigen, was er konnte, zeichnete der Bleistift ein Ruderboot, ein Segelschiff, einen Dampfer. Der Farbstift, der ein Blaustift war, malte ein Meer nach dem anderen. Als die beiden müde, durstig und fast stumpf geworden waren, sagte der Farbstift: Zeichne mir ein Glas, lieber Bleistift, damit ich mein Wasser hineinmalen kann. Hast du etwas dagegen, wenn ich zwei Gläser zeichne?, fragte der Bleistift. (Schubiger 2003)

Unter dem fast schon verbrauchten kinderliterarischen Motiv: Zwei Dinge streiten sich, „wer von ihnen der wichtigere sei", und werden dann Freunde, verbirgt sich hier eine Ethik der Freundschaft; damit nicht genug: zugleich geht es um die Versöhnung zwischen zwei konkurrierenden Weltbildern.

Homo faber befindet sich auf dem beschleunigten Kurs des technischen Fortschritts (Ruderboot – Segelboot – Dampfer). Homo religiosus / poeticus versteht dagegen etwas von der Unendlichkeit. Warum er sich auf einen solchen Konkurrenzkampf eingelassen hat, weiß er bald selbst nicht mehr. Da er etwas von der Ewigkeit versteht, ist ihm „Liebe" kein Fremdwort und er sagt zu seinem Kontrahenten „lieber Bleistift". Jetzt kommt nicht, was jeder schon in seinem kinderliterarischen Ohr hat: Mein Meer braucht Schiffe, deine Schiffe brauchen Wasser, also malen wir *ein* Bild! Das wäre ökonomisch gedacht. Der vom Grenzenlosen faszinierte Blaustift begrenzt sich, und der, der der falschen Unendlichkeit nachrennt, tut es ihm nach. Seine Antwort bezeichnet den exakten Sitz der Utopie: „… wenn ich zwei Gläser zeichne?" Nicht aus zwei mach eins, sondern jeweils etwas völlig Neues: ein gegenseitiges Überbieten in Zurücknahme, Glas und Wasser, zerbrechlich und nachgiebig, transparent beide.

Bemerkenswert ist, dass der ethische Gehalt (Selbstbegrenzung im Ich-Du-Verhältnis) nicht als Norm aufgestellt wird, sondern in einem makellos adäquaten Bild als Überlebens-Mittel überreicht wird: als ein Glas Wasser. Ohne Übertreibung kann man diesen Text im Rahmen der Frage, auf welche Weise der Folgegeneration heute eine Ethik vermittelt werden könnte und welche Aufgabe dem poetischen Bild dabei zukommt, wegweisend nennen. Unter dem Aspekt des philosophischen Denkens eröffnet dieser Text in seiner gedanklichen Schärfe und Tiefgründigkeit einen allgemeinen Ausblick auf die unverzichtbare Leistung der kinderliterarischen Poetik für die Ethik.

Die Stifte bleiben Stifte; was sich wandelt, ist ihr Verhältnis zur Welt und zueinander. Dies geschieht nicht auf dem einfachsten Weg, vorher muss der Druck des Insichselbstkreisens beider partialen Weltsichten unerträglich angestiegen sein. Für die Strenge des dichterisch-philosophischen Konzepts spricht übrigens, dass der Autor sich nicht zu dem Sprachspiel „Bleistift und Blaustift" hat hinreißen lassen, sondern trotz äußerster Knappheit der Erzählung einen ganzen Satz darauf verwendet, um explizit auszuschließen, dass beide Stifte – und sei es auch nur klanglich – von vornherein füreinander bestimmt seien und alles so kommen müsse. Die Nussschalen dieses Weltmodells enthalten zwei Weltbilder und die Entstehung eines gemeinsamen, neuen Weltentwurfs. Die restlose Vollkommenheit darzustellen, braucht es ein restlos durchdachtes Bild. Es ist hier ein dialektisches: Der Blaustift, der seine Sehnsucht nach Grenzüberschreitung durch Selbstbegrenzung realisiert.

Die Utopie ist ein bisher zu wenig beachtetes Element in der Kinderliteratur; man schlägt sich eher mit den kleineren Lösungen des happy end und des irgendwie Positiven herum. Wer möchte die Verantwortung dafür übernehmen, die Kinder mit dem Gedanken des realisierten Ideals bekannt zu machen. Solche Hemmung bezeugt, dass wir vom Denken der Kinder durch einen Abgrund getrennt sind. Peter von Matt hat jüngst auf das „harte Faktum" hingewiesen, „das uns aus der Welt der Kinder ausschließt": das Anderssein ihres Denkens und ihrer Phantasie, das er „unüberbrückbar" nennt (von Matt 2003, S. 117). Es besteht vor allem in der Vollkommenheitsvorstellung von der Welt als Zielvorstellung der Kinder, die mit der Wirklichkeit der Erwachsenen nicht vereinbar ist. Wie immer man diese grundlegende Differenz bewertet, nützlich ist sie auf jeden Fall als Anmahnung zur Distanznahme, die uns davor bewahrt, das Denken des Kindes der pädagogischen Nutzbarmachung zu unterwerfen. Stattdessen gilt es, den Spuren des kindlichen Denkens zu folgen und ihm Sprache zu geben, einem transitorischen Gut, das uns kostbar ist.

Literatur

Abmeier, Armin; Berner, Rotraut S. (Hrsg.) (2003): Lebens-Mittel. Was Kinder brauchen. München: Hanser

Burningham, John (1973): Die Kahnfahrt. Übertragen von Josef Guggenmos. Ravensburg: Otto Maier [OA Mr. Gumpy's outing, 1970]

Hein, Christoph (2003): Freunde. In: Lebens-Mittel. Was Kinder brauchen. Hg. von Armin Abmeier und Rotraut S. Berner. München: Hanser, S. 11

Janosch (1964): Das Auto hier heißt Ferdinand. München: Parabel

Lypp, Maria (2000): Vom Suppenkasper zum Dreikönig. Formel und Stereotyp im Kinder-buch. In: Vom Kasper zum König. Studien zur Kinderliteratur. Frankfurt a.M.: Lang, S. 25–40 [EA des Beitrages: 1999]

Lypp, Maria (2000): Verfremdung als Erstleseerfahrung. In: Vom Kasper zum König. Stu-dien zur Kinderliteratur. Frankfurt a.M.: Lang, S. 205–212 [EA des Beitrages: 1998]

Maar, Paul (1973): Eine Woche voller Samstage. Hamburg: Oetinger

Matt, Peter von (2003): Wer war zuerst, das Huhn oder das Ei? Über die Erschaffung der Welt durch die junge Phantasie. In: Ders.: Öffentliche Verehrung der Luftgeister. Reden zur Literatur. München: Hanser, S. 111–124

Müller, Jörg; Steiner, Jörg (1981): Die Menschen im Meer. Aarau: Sauerländer

Petermann, Hans-Bernhard (2002): Wie können Kinder Philosophen sein? Bemerkungen aus philosophischer Perspektive. In: Theologisieren mit Kindern. Hg. von Gerhard Büttner und Hartmut Rupp. Stuttgart: Kohlhammer, S. 95–127

Rank, Bernhard (2000): Philosophie als Thema von Kinder- und Jugendliteratur. In: Taschenbuch der Kinder- und Jugendliteratur. Hg. von Günter Lange. Baltmannsweiler: Schneider Verlag Hohengehren, S. 799–826

Schubiger, Jürg (1997): Mutter, Vater, ich und sie. Weinheim; Basel: Beltz

Schubiger, Jürg (2003): Stift. In: Lebens-Mittel. Was Kinder brauchen. Hg. von Armin Abmeier und Rotraut S. Berner. München: Hanser, S. 25

Sendak, Maurice (1967): Wo die wilden Kerle wohnen. Zürich: Diogenes

Spohn, Jürgen (1982): Ach so. Ganzkurzgeschichten und Wünschelbilder. München: Bertelsmann

EDUARD HAUEIS

Großes Vergnügen an kleiner Prosa

Vor einiger Zeit begann die Betreuung eines Tagespraktikums zufällig am Morgen nach einer Lesenacht. Deshalb wählte ich für zwei Klassen des 4. Schuljahres zum Vorlesen „schräge Geschichten" aus, die mir, wie ich den Kindern erklärte, besonders gut gefielen, weil man sie lesen müsse und sie nicht in Film oder Fernsehen dargestellt werden könnten. Texte dieser Art, die bei den Kindern (von denen die meisten aus zugewanderten Familien stammten) großen Anklang fanden, sind auf besondere Weise literarisch: Ihre Faszination ergibt sich viel weniger aus dem Arrangement thematischer Konstellationen zu Ereignisfolgen als aus einer Gestaltung, durch die indirekt literarästhetische Aspekte zur Sprache gebracht werden. Dieses Gestaltungspotential erschließt sich für Lesende nur über die schriftsprachlich gebundenen Konstruktionsbedeutungen von Formulierungsweisen. Ich möchte dies im Folgenden an einigen solcher Texte exemplarisch erläutern. Dabei greife ich auf Überlegungen zu schulischen Lektürepraktiken zurück, die bereits in den sechziger Jahren im Rahmen einer „operativen Didaktik" für den Deutschunterricht angestellt wurden, heute aber zum großen Teil im Schatten der didaktischen Diskussion liegen. Damals schlug Gert Kleinschmidt (Kleinschmidt 1971) vor, die Lernplanung für den Leseunterricht vom einzelnen Text ausgehen zu lassen, weil jeder Text seinen eigenen „Leseplan" enthält und somit Anhaltspunkte dafür bietet, wie der Leser bei der Lektüre zu verfahren hat. Didaktisch zu systematisieren seien lediglich Grundmuster von Texterschließungsverfahren, nicht jedoch deren Anwendung auf einzelne Texte. Ich verzichte bewusst darauf, diesen Ansatz an den gegenwärtigen literaturdidaktischen Diskurs anzuschließen. Es kommt mir vielmehr auf den Nachweis an, dass kompetente Leser sich durch das Anwenden verhältnismäßig einfacher metasprachlicher Operationen literarische Gestaltungspotentiale bewusst machen können.[1] Die didaktische Frage, ob sich Lehrkräfte für den Deutschunterricht als kompetente Leser verstehen und zur Aneignung dieses Könnens anleiten wollen, klammere ich hier aus.

---

[1] Eine funktional-pragmatisch orientierte Sprachwissenschaft erweist sich dabei als besonders hilfreich. Siehe hierzu die Beiträge in Kristin Bührig; Angelika Redder (2000).

1 Die Konstitution eines Erzählpotentials aus Typographie und Satzbau: ein Prosatext von Ingrid Huber

Daniel & *Daniel*

Daniel war im Zoo

Er hat viele Tiere gesehen. Elefanten und Nashörner, Schlangen und Löwen, Strauße und Eisbären, Robben und Giraffen, Affen und Hängebauchschweine, Papageien und Krokodile, Zebras und Wölfe, Dromedare und Antilopen, Tiger und Rotfeuerfische zählt er auf.

Daniel war auch im Zoo

Er hat lange die Eisbären beobachtet. Er weiß nun, wie sie schwimmen und ahmt ihre Bewegungen nach. Er hat zugeguckt, was sie zum Fressen bekommen und gehört, wie sie vorher gebrüllt haben.
Vom Zoowärter hat er sogar ihre Namen erfragt, erzählt er.

Um eine Geschichte im Sinne einer narrativen Verknüpfung von Ereignissen handelt es sich in diesem kleinen Text von Ingrid Huber[2] nicht. Offensichtlich beruht die literarische Gestaltung hier sowohl auf typographischen als auf sprachlichen Konstruktionen. Schon in der Überschrift springt die typographische Unterscheidung von **Daniel** und *Daniel* ins Auge. Die so gekennzeichneten Jungen legen nach einem Zoobesuch unterschiedliche sprachliche Verhaltensweisen an den Tag. Es bleibt aber offen, ob es sich um einen Jungen handelt, der den Zoo zweimal besucht hat, oder um zwei Jungen, die über einen Zoobesuch auf unterschiedliche Weise sprechen. **Daniel** zählt auf, was er im Zoo gesehen hat, *Daniel* dagegen erzählt etwas. Es geht in dem Text also zunächst einmal um den Bedeutungsunterschied der Wörter *aufzählen* und *erzählen*. Hält man sich an das, was **Daniel** und *Daniel* als Sprecher thematisieren, scheint der Unterschied darauf hinauszulaufen, dass man beim Aufzählen auf eine Reihe von Objekten referiert, ohne einen Zusammenhang zwischen ihnen herzustellen oder auf andere Weise etwas über sie auszusagen, während man beim Erzählen eines Erlebnisses über das spricht, was man dabei beobachtet oder erfahren hat, wobei es auf die Zahl der besprochenen Objekte nicht ankommt. Wenn sich der Gehalt des Textes darin erschöpfte, würde er sich gegenüber Veränderungen in der morphosyntaktischen Struktur neutral verhalten. Es käme dann nicht darauf an, welche Positionen die Begleitsätze *zählt er auf* und *erzählt er* einnehmen, ob die Redewiedergabe direkt oder indirekt erfolgt und ob die indirekte Redewiedergabe mit dem Gebrauch des Konjunktivs einhergeht.

Die Begleitsätze stehen bei Ingrid Huber parallel und sind der wiedergegebenen Rede nachgestellt. Nimmt man probeweise eine Verschiebung aus dieser Position vor, zeigt sich, dass dies die Akzeptanz des Textes beeinträchtigt:

---

[2] Ich zitiere ihn unter Beibehaltung der Interpunktion nach dem *Jahrbuch der Kinderliteratur* (Gelberg (1997, S. 59)

(1) Er hat viele Tiere gesehen. Er zählt auf: Elefanten und Nashörner, Schlangen und
     Löwen, Strauße und Eisbären, Robben und Giraffen, Affen und Hängebauch-
     schweine, Papageien und Krokodile, Zebras und Wölfe, Dromedare und Antilo-
     pen, Tiger und Rotfeuerfische.

(2) Er erzählt, er hat lange die Eisbären beobachtet, er weiß nun, wie sie schwimmen
     *und ahmt ihre Bewegungen nach. Er hat zugeguckt, was sie zum Fressen bekom-
     men und gehört, wie sie vorher gebrüllt haben.
     Vom Zoowärter hat er sogar ihre Namen erfragt.

Die eingeschobene, nicht zur Redewiedergabe gehörende Proposition

   und ahmt ihre Bewegungen nach

wäre bei der Wahl dieser Formulierungsweise und mit dieser Interpunktion
grammatisch nicht zu integrieren. Die Kennzeichnung der wiedergegebenen Rede durch den Gebrauch des Konjunktivs könnte die Akzeptabilität etwas erhö-
hen; eine völlig unproblematische Formulierung käme aber auch so nicht zustande. Wenig erfolgversprechend wäre auch eine direkte Redewiedergabe unter
Beibehaltung der Erstposition des Begleitsatzes:

(2') Er erzählt, er habe lange die Eisbären beobachtet, er wisse nun, wie sie schwim-
      men, ?und ahmt ihre Bewegungen nach. Er habe zugeguckt, was sie zum Fres-
      sen bekommen und gehört, wie sie vorher gebrüllt haben.
      Vom Zoowärter habe er sogar ihre Namen erfragt.

(2'') Er erzählt: „Ich habe lange die Eisbären beobachtet, ich weiß nun, wie sie
       schwimmen", ?und ahmt ihre Bewegungen nach. „Ich habe zugeguckt, was sie
       zum Fressen bekommen und gehört, wie sie vorher gebrüllt haben.
       Vom Zoowärter habe ich sogar ihre Namen erfragt."

Reparieren ließe sich dies sowohl in der direkten also auch in der direkten Redewiedergabe durch einen eingeschobenen und um die fragliche Proposition erweiterten Begleitsatz:

(2''') Er habe lange die Eisbären beobachtet, er wisse nun, wie sie schwimmen, er-
        zählt er und ahmt ihre Bewegungen nach. Er habe zugeguckt, was sie zum Fres-
        sen bekommen und gehört, wie sie vorher gebrüllt haben.
        Vom Zoowärter habe er sogar ihre Namen erfragt.

(2'''') „Ich habe lange die Eisbären beobachtet, ich weiß nun, wie sie schwimmen", er-
         zählt er und ahmt ihre Bewegungen nach. „Ich habe zugeguckt, was sie zum
         Fressen bekommen und gehört, wie sie vorher gebrüllt haben.
         Vom Zoowärter habe ich sogar ihre Namen erfragt."

Die Parallelführung der Begleitsätze könnte jedoch so nicht beibehalten werden,
was zu einer Abschwächung der Opposition von *aufzählen* und *erzählen* führen
würde.

Nicht nur die Position des Begleitsatzes, auch die explizite grammatische Kennzeichnung als direkte oder indirekte Rede entscheidet darüber, was dem Erzählten eindeutig zuzuordnen ist und was nicht. Diese sprachlichen Befunde spielen

für die Deutung des literarischen Textes insofern eine Rolle, als dieser durch den Verzicht auf die konjunktivische Markierung der indirekten Redewiedergabe und die Nachstellung des Begleitsatzes die Grenze zwischen tatsächlich Erzähltem und Erzählpotential offen lässt.

2 Wortgruppen in den Assoziationen einer Erzählfigur und in der Ordnung eines Erzählers: *Lore* von Jürg Schubiger

Lore

In Hamburg lebte ein Mädchen, das Lore hieß, das an einem späten Nachmittag im Regen auf einer Brücke mit seiner Schultasche zur Klavierstunde unterwegs war und über dieses und jenes nachdachte. Um noch besser nachdenken zu können, stand Lore still. Und an das nasse Geländer gelehnt, dachte sie: Hier stehe ich also, an diesem späten Nachmittag, auf dem Weg zur Klavierstunde, hier auf dieser Brücke und mit meiner Schultasche und im Regen, der auf Hamburg fällt: ich, ein Mädchen mit dem Namen Lore, das nachdenkt über dies und jenes. Ja, sagte Lore im Weitergehen zu sich selbst, so ist es.

Ein Mädchen, sagte Lore später zur Klavierlehrerin, ein Mädchen kann nass werden, wenn es regnet. Sein Name dagegen bleibt trocken.

(Schubiger 2003, S. 44)

Zwei Besonderheiten springen an diesem kleinen Text sofort in die Augen: Zum einen ist es die naiv erscheinende (und doch als das Ergebnis eines längeren Nachdenkens präsentierte) Schlusspointe, dass ein Mädchen im Regen nass werden kann, sein Name aber trocken bleibt; zum anderen die Tatsache, dass die Informationen aus dem ersten Satz, leicht paraphrasiert und in veränderter Reihenfolge, im übernächsten Satz wiederholt werden. Es ist zu vermuten, dass diese beiden Besonderheiten in einem funktionalen Zusammenhang stehen. Eine genauere sprachliche Analyse hat zum Ziel, dies aufzudecken.

In einem ersten Schritt stelle ich die Wortgruppen und Propositionen zusammen, die als Paraphrasen gelten können (Reihe A):

(1) ein Mädchen, das Lore hieß
     ein Mädchen mit dem Namen Lore,

(2) an einem späten Nachmittag
     an diesem späten Nachmittag,

(3) im Regen
     und im Regen, der auf Hamburg fällt

(4) auf einer Brücke
     hier auf dieser Brücke

(5) mit seiner Schultasche
     und mit meiner Schultasche

(6) (ein Mädchen, das)   zur Klavierstunde unterwegs (war)
     ich, ein Mädchen   auf dem Weg zur Klavierstunde

(7) (und das) über dieses und jenes nachdachte
     das nachdenkt über dies und jenes.

Die Formulierungen unterscheiden sich zunächst einmal dadurch, dass sie bei ihrer Wiederaufnahme in die Ich-hier-jetzt-Origo des Zeigfelds versetzt werden.
Dies geschieht explizit durch die Verwendung der Zeigwörter *ich* und *hier*, implizit durch den Fortfall des Präteritums und durch den Wechsel von indefiniten zu
demonstrativen Begleitern: *an einem / diesem späten Nachmittag, auf einer / dieser Brücke.* Verstärkt wird die Verankerung in der Lokaldeixis durch eine attributive Erweiterung: *im Regen, der auf Hamburg fällt.* Dass die vom Erzähler
verwendeten Wortgruppen und Propositionen bei der Wiederaufnahme als innerer Monolog Lores in Erscheinung treten, macht die genaue Kennzeichnung des
Zeigfelds nicht unbedingt erforderlich. Lore könnte sich auch sagen:

> Hier stehe ich also, an einem späten Nachmittag, zur Klavierstunde unterwegs, auf
> einer Brücke und und im Regen: ich, ein Mädchen, das Lore heißt, das über dies und
> jenes nachdenkt.

Nicht beizubehalten wäre das Possessivum in der dritten Person und der Gebrauch des Präteritums: *mit *seiner Schultasche; ein Mädchen, das Lore *hieß,
das über dies und jenes *nachdachte.* Daraus ergibt sich, dass es sich bei der
explizit gekennzeichneten Verankerung in der Ich-hier-jetzt-Origo um eine bewusste getroffene Wahl handeln muss. Verändert wird bei der Wiederaufnahme
der paraphrasierten Elemente auch deren Reihenfolge. Auch hierfür besteht insofern keine grammatische Notwendigkeit, als Lores innerer Monolog auch so
lauten könnte (Reihe B):

> Hier stehe ich also, ein Mädchen mit dem Namen Lore, an diesem späten Nachmittag,
> im Regen, der auf Hamburg fällt, hier auf dieser Brücke, mit meiner Schultasche, ich,
> ein Mädchen auf dem Weg zur Klavierstunde, das nachdenkt über dies und jenes.

Die im Text Schubigers enthaltenen Verknüpfungen einiger Einheiten durch die
Konjunktion *und* wäre so allerdings vielleicht etwas weniger akzeptabel:

> ?Hier stehe ich also, ein Mädchen mit dem Namen Lore, an diesem späten Nachmittag,
> und im Regen, der auf Hamburg fällt, hier auf dieser Brücke, und mit meiner Schul
> tasche, ich, ein Mädchen auf dem Weg zur Klavierstunde, das nachdenkt über dies und
> jenes.

Die Abfolge der Wortgruppen und Propositionen nach Reihe B ließe sich nicht
ohne weiteres im einleitenden Satzgefüge einhalten. Es besteht aus dem Matrixsatz

> In Hamburg lebte ein Mädchen

und drei koordinierten Relativsätzen

> das Lore hieß
>
> das an einem späten Nachmittag im Regen auf einer Brücke mit seiner Schultasche zur Klavierstunde unterwegs war
>
> und über dieses und jenes nachdachte

Die Wortgruppen (*auf einer Brücke*), *(mit seiner Schultasche)* und *(im Regen)* müssten aus dem syntaktischen Verband ausgegliedert und zwischen den zweiten und dritten relativischen Anschluss eingeschoben werden. Das ist grammatisch nicht gänzlich ausgeschlossen, hätte aber eine deutlich schwächere strukturelle Integriertheit der Wortgruppen zur Folge:

> ?In Hamburg lebte ein Mädchen, das Lore hieß, das an einem späten Nachmittag zur Klavierstunde unterwegs war auf einer Brücke mit seiner Schultasche im Regen und über dieses und jenes nachdachte.

Während also im inneren Monolog Lores die Gegenstände ihres Nachdenkens ohne Einbuße an Akzeptanz in unterschiedlicher Reihenfolge genannt werden können, sind sie im Gefüge des Einleitungssatzes nicht ebenso leicht vertauschbar, sondern einer syntaktischen Ordnung unterworfen.

Wenn Lore zur Klavierlehrerin sagt:

> Ein Mädchen [...] kann nass werden, wenn es regnet. Sein Name dagegen bleibt trocken,

ist dies als das Ergebnis ihres Nachdenkens auf der Brücke zu betrachten. Denn die Aussage schließt unmittelbar an das an, worauf Lore im Weitergehen als resümierend verweist:

> Ja, [...] so ist es.

Selbstverständlich kann ein Name weder nass noch auf andere Weise von Ereignissen affiziert werden. Insofern ist das Ergebnis trivial. Mitteilenswert wird es im Kontext der kleinen Erzählung. Denn in diesem Text werden Akte des Benennens und Prädizierens mit den gleichen nennenden Ausdrücken doppelt vollzogen, durch den Erzähler ebenso wie durch die Protagonistin. Mit diesen Ausdrücken kennzeichnen sie identische Ereignisse, die Handlungsträgerin, Ort, Zeit und Modalitäten, aber die sprachlichen Akte erfolgen in unterschiedlichen Handlungsräumen und Ordnungssystemen. Sie geschehen zuerst im Handlungsraum des Erzählens, dann in der Wiedergabe des Nachdenkens der Protagonistin über ihre eigene Situation, zuerst mit Bindung an die syntaktische Ordnung eines Satzgefüges, dann in einer assoziativen Reihung von Wortgruppen.

3 Das Exponieren von Erzählnormen durch das Enttäuschen dialog- und textpragmatischer Erwartungen: Walgeschichten von Jürg Schubiger

Walgeschichte

Es war einmal ein Wal.
Ausgerechnet ein Wal?
Ja. Auch ein Löwe war einmal, gewiss, ein Fuchs, ein Esel, ein Wolf, sogar mehrere Wölfe, ein ganzes Rudel, ein Vogelschwarm, ein Mann und eine Frau, ein Kind. Fast alles war einmal.
Oder auch mehrmals!
Ja. Aber einmal, da war es eben ein Wal, ein Bartenwal, ein alter Bartenwal.
Ein einziger?
Einer, ja. Es gab auch andere, aber dieses eine Mal, da war es einer.
Und was ist mit ihm?
Er sang.
Das habe ich mir gedacht: Er sang!
Ja, das tat er. Er schwamm im Meer und sang.
Und?
Und schwamm und schwamm und sang. Das war's. – Und wie er sang!
Wie denn?
Lang und schön.
Du hast ihn gehört?
Nur die Geschichte. Es sei einmal ein alter Bartenwal gewesen, habe ich gehört, der schwamm und sang. Und sein Gesang sei so –
Was?
Lang und schön gewesen.

(Schubiger 2003, S. 32 f.)

Durch die Abfolge von Einreden in Form von Fragen oder Kommentaren und deren Beantwortung ergibt sich eine dialogische Struktur dieses Textes. Explizit markiert ist sie jedoch nicht. Das liegt kaum daran, dass die Redebeiträge nicht durch Interpunktionszeichen abgegrenzt sind. Was fehlt ist vor allem die Darstellung einer Diskursebene, auf der die unterschiedlichen Sprecherrollen zu verorten wären. Man erfährt nicht, wer die Sprecher sind, wo und bei welcher Gelegenheit der Dialog stattfindet. Es könnte sich also sowohl um ein Selbstgespräch des Erzählers als auch um ein Gespräch zwischen einem Erzähler und einem oder mehreren Zuhörern handeln.

Allerdings bleibt die kontextuelle Einbettung der dialogischen Struktur nicht völlig merkmallos. Denn ein Sprecher, der seinen Redebeitrag mit der Formel

Es war einmal ein (X)

beginnt, beansprucht damit Rederecht als Erzähler. Wer ihn in dieser Funktion unterbricht, kann ihm die Erzählerrolle streitig machen oder die Einlösung von Erwartungen der Hörer anmahnen. Was davon in dem von Schubiger gestalteten Dialog zwischen Erzähler und Hörer zum Zuge kommt, ist genauer zu prüfen. Denn bei der ersten Lektüre gewinnt man den Eindruck, dass der Hörer sowohl das Rederecht für den Erzähler in Frage stellt als auch Erwartungen an den Fortgang der Erzählung formuliert. Tilgt man seine Beiträge, bleiben zwei Erzählfragmente übrig, die als unterschiedliche Versionen des Anfangs einer Erzählung über einen Wal gelten können, der im Meer schwamm und lang und schön sang.

> Es war einmal ein Wal.
> (D)er sang.
> Er schwamm im Meer und sang.
> Und schwamm und schwamm und sang. Und wie er sang!
> Lang und schön. (Das …) / (Da…)

> Es sei einmal ein alter Bartenwal gewesen, habe ich gehört, der schwamm und sang.
> Und sein Gesang sei so
> Lang und schön gewesen, (dass …).

In beiden Versionen wird ein Wal als Handlungsträger eingeführt und situiert. Die erste eröffnet zwei Möglichkeiten der Fortführung durch das Eintreten eines Ereignisses. Dieses könnte als eine Folge der eingangs geschilderten Konstellation eingetreten sein, was sprachlich durch eine pronominale Verknüpfung (z. B. durch das Demonstrativum *das*) anzuzeigen wäre. Die andere Möglichkeit besteht darin, dass etwas geschieht, das aus der Anfangskonstellation nicht hervorgeht. Das sind Ereignisse, deren Unerwartbarkeit aus Einleitewörtern wie *plötzlich* oder *da* zu erkennen ist. Die zweite Version eines Erzählanfangs dagegen schränkt die Möglichkeiten der Fortführung insofern ein, als es nahe liegt, das Wort *so* hier als Korrelat zu einem konsekutiven *dass*-Satz aufzufassen; es würde sich bei dieser Formulierung dann um einem grammatikalisierten Ausdruck der Relation von Ursache und Wirkung zwischen zwei Sachverhalten handeln.

In der dialogischen Struktur der *Walgeschichte* zielt die Frage des Zuhörers lediglich auf eine Explikation dessen, worauf das Wort *so* verweist, und mit der Antwort darauf bringt der Erzähler zu Ende, was er über den alten Bartenwal zu sagen hat. Es ist nur dies, dass sein Gesang *lang und schön* gewesen sei. Eine Geschichte ist das – entgegen seiner Ankündigung – sicher nicht. Denkbar ist jedoch eine kommunikativ funktionsfähige Erzählung, in der es um nichts anderes geht, als dass ein Wal lang und schön gesungen habe, durchaus. Sie wäre – mit einem leicht veränderten Beginn – in den Dialog einzupassen:

> (Ich habe) einmal ein(en) Wal (gehört).
> Ausgerechnet ein(en) Wal?
> Ja. Ein(en) Wal, ein(en) Bartenwal, ein(en) alt(en) Bartenwal.
> Ein(en) einzig(en)?
> Ein(en), ja. Es gab auch andere, aber dieses eine Mal, da war es einer.

Und was ist mit ihm?
Er sang.
Das habe ich mir gedacht: Er sang!
Ja, das tat er. Er schwamm im Meer und sang.
Und?
Und schwamm und schwamm und sang. Das war's. – Und wie er sang!
Wie denn?
Lang und schön.

Erzählt würde damit ein Ereignis, das als eigenes Erlebnis Erzählrelevanz haben kann. Mit der Formel

Es war einmal ein Wal.

erhebt Schubigers Erzähler jedoch Anspruch auf das Recht, eine Geschichte zu erzählen. In einer so konstituierten Erzählsituation würde man die Frage:

Ausgerechnet ein Wal?

als Einwand gegen die Relevanz des Sujets verstehen. Der Erzähler geht in seiner Antwort nicht explizit darauf ein, sondern zählt das, was *einmal war*, so auf, als gelte es, Zweifeln an der Existenz des Erzählgegenstandes zu begegnen:

Ja. Auch ein Löwe war einmal, gewiss, ein Fuchs, ein Esel, ein Wolf, sogar mehrere Wölfe, ein ganzes Rudel, ein Vogelschwarm, ein Mann und eine Frau, ein Kind. Fast alles war einmal.

Eine kommunikative Ausgestaltung der Erzählsituation wird mit dieser Formulierung ebenso verfehlt wie durch den Kommentar des Dialogpartners, dass es alles eben auch mehrmals gegeben haben könne. Schubigers Text spielt demnach auf mehrfache Weise das Scheitern des Erzählens durch: wegen mangelnder Kooperation zwischen Erzähler und Zuhörer, wegen nicht eingelöster Erwartungen an das Erzählen einer Geschichte und wegen des Übertragens von Merkmalen einer Alltagserzählung auf das Erzählen einer Geschichte. Durch das spielerische Durchbrechen solcher normativer Erwartungen rückt er sie ins Feld der Aufmerksamkeit.

Nach dem gleichen Prinzip, allerdings bezogen auf andere Erzählnormen, funktioniert eine weitere Walgeschichte des Autors:

Der andere Wal

Es war ein anderes Mal ein anderer Wal. Der sang zwar auch aber falsch. Um seine Brüder und Schwestern nicht zu erschrecken, sang er nur, wenn er allein war. In Gesellschaft blieb er stumm. Denn auch seine gewöhnlichsten Sätze – gute Reise, viele Grüße – hatten etwas Schwarzes und Schweres an sich.

Er schwieg also, der andere Wal. Er schwamm und schwieg. Viele hielten ihn für stumm, taubstumm sogar. Sie winkten ihm mit den Flossen und stupften ihn mit den Schnauzen, um ihm etwas klarzumachen, was er längst verstanden hatte.

Doch es gab ein Tier, ein einziges im ganzen Stillen Ozean, dem die Stimme des anderen Wals sehr gefallen hätte. Seine gewöhnlichsten Sätze wären ihm schon angenehm gewesen: gute Reise, viele Grüße und auf Wiedersehn. Dieses einzige Tier war eine Walin. Die Lieder des anderen Wals hätten ihr ganzes großes Herz erwärmen können. Es waren Liebeslieder, die der andere Wal gerade für sie, die Walin, sang, aber nur, wenn er allein war. So erfuhr sie nicht, dass er sie liebte. Und er erfuhr nicht, dass sie ihn liebte – mehr als alles im Ozean. In seiner Nähe schwieg die Walin nämlich auch. Sie schwammen in der Strömung, die den Fischschwärmen ihre Richtung gab, in den Wellen, die das Seegras kämmten. Die Walin mochte das Schweigen des anderen Wals sehr gern.

Es hatte eine besondere Art. Etwas von der größeren Stille des Stillen Ozeans war darin zu hören. Und im Schweigen der Walin vernahm der andere Wal ein Summen wie von Meerhummeln, falls es so etwas gibt. Sie schwammen Seite an Seite mit kurzem Flossenschlag und kleinen Augen. Und das war so schön und so traurig, dass manchmal der eine, manchmal der andere, manchmal beide weinten. Sie merkte nicht, dass er traurig war, er merkte nicht, dass sie traurig war, denn im Meer geweinte Tränen sind unsichtbar und sie schmecken wie das Wasser ringsherum.

Ein schönes Bild trotz allem: Zwei Tiere, über fünfundzwanzig Meter lang und so schwer wie sechzehn Elefanten, in denen der Schmerz viel Platz hat. Und die Freude natürlich auch. Und das alles in einem weiten bauchigen Ozean, der einen nicht ans andere Ufer sehen lässt.

(Schubiger 2003, S. 34–36)

Dass dieser Text Erzählnormen durchbricht, kündigt sich bereits im ersten Satz an. Er ist insofern abweichend, als er zwei normkonforme Erzählanfänge kontaminiert:

Es war einmal ein anderer Wal.
Es war ein anderes Mal ein Wal.
* Es war ein anderes Mal ein anderer Wal.

Aus der so eingeleiteten Eingangssituation entwickelt Schubiger zwar keine Geschichte im Sinne einer Ereignisfolge, doch behält er wesentliche Elemente einer „story grammar" bei. Der Text enthält eine komplette Orientierung mit der Einführung und Situierung potentieller Handlungsträger und der Exponierung eines Konfliktpotentials. Ausgespart sind aber Ereignisse, die Anlass zu einer positiven oder negativen Veränderung der Ausgangssituation geben könnten. Nicht eingelöst wird also das durch die Ausgangssituation eröffnete Repertoire an Erzählmuster-Varianten:

A liebt B; B liebt A
A weiß nicht, dass B A liebt,
    weil A die Liebeslieder von B nicht hören kann
    weil A die Liebeslieder von B hören kann, aber nicht weiß, dass B A meint

> B weiß nicht, dass A B liebt
>> weil A in B's Nähe schweigt
>
> Es tritt etwas ein, sodass A und/oder B wissen, dass der/die andere sie liebt
> (mit zwei Ausgangsvarianten, einer glücklichen und einer unglücklichen):
>> das Ereignis tritt so rechtzeitig ein, dass A und B sich finden
>> A und B erkennen (zu spät), dass der/die andere sie/ihn liebt

Die beiden Protagonisten werden nicht gleichzeitig eingeführt, sondern nacheinander:

> Es war ein anderes Mal ein anderer Wal. […] Doch es gab ein Tier, ein einziges im ganzen Stillen Ozean, dem die Stimme des anderen Wals sehr gefallen hätte. […] Dieses einzige Tier war eine Walin.

Mit dem Gebrauch des Irrealis bei der Einführung der Walin als Protagonistin ist ein glücklicher Ausgang des Erzählmusters von vornherein ausgeschlossen. Der bliebe mit folgender Formulierung zunächst offen:

> Doch es gab ein Tier, ein einziges im ganzen Stillen Ozean, dem die Stimme des anderen Wals sehr gefiel. Seine gewöhnlichsten Sätze waren ihm schon angenehm: gute Reise, viele Grüße und auf Wiedersehn. Dieses einzige Tier war eine Walin. Die Lieder des anderen Wals hatten ihr ganzes großes Herz erwärmen können. Es waren Liebeslieder, die der andere Wal gerade für sie, die Walin, sang, aber nur, wenn er allein war.

Dass aber der Walin die Stimme des anderen Wals sehr gefallen hätte, dass ihr seine Sätze angenehm gewesen (wären), dass die Lieder des anderen Wals ihr ganzes großes Herz (hätten) erwärmen können, bedeutet, dass nichts von dem, was hätte eintreten können, auch eingetreten ist. Infolgedessen kommt bereits hier eine Fortführung des Erzählmusters zu einem glücklichen Ende nicht mehr in Frage. Abgeschlossen wird lediglich eine Exposition, aus der hervorgeht, dass beide nichts davon wissen, dass die/der andere sie liebt:

> Es waren Liebeslieder, die der andere Wal gerade für sie, die Walin, sang, aber nur, wenn er allein war. So erfuhr sie nicht, dass er sie liebte. Und er erfuhr nicht, dass sie ihn liebte – mehr als alles im Ozean. In seiner Nähe schwieg die Walin nämlich auch.

Gleichwohl wäre eine Fortführung der Geschichte als Ereignisfolge auch bei diesem Abschluss der Exposition noch möglich, freilich nur noch mit der unglücklichen Ausgangsvariante des Erzählmusters:

> Es tritt etwas ein, sodass A und/oder B wissen, dass der/die andere sie liebt
> A und B erkennen (zu spät), dass der/die andere sie/ihn liebt

Stattdessen wird mit einer detaillierten Beschreibung das Konfliktpotential der Ausgangssituation verschärft. Ein veränderndes Ereignis bleibt nicht nur deswegen aus, weil die Protagonisten ihr Schweigen nicht durchbrechen, sondern auch aufgrund der objektiven Unmöglichkeit, den Gefühlsausdruck des anderen im Wasser des Ozeans wahrzunehmen. Schubiger organisiert den Text also dergestalt, dass im Fortgang der Lektüre alle denkbaren Varianten des eingangs aufgerufenen Erzählmusters ausgeschlossen werden. Auf diese Weise fixiert er die deskriptiv entwickelte Ausgangssituation als einen Zustand, den als traurig zu bewerten in Kenntnis der Konstellation nahe liegt. Dass der Autor ihn abschlie-ßend als ein trotzdem schönes Bild präsentiert, stellt sich durchaus als eine „glückliche Wende" dar, die sich jedoch nicht aus den Ereignissen ergibt, an denen die Protagonisten des potentiellen Erzählmusters beteiligt sind, sondern aus der Konstellation zwischen dem Autor als dem Verweigerer einer Geschichte und seiner Leserschaft.

Literatur

Kleinschmidt, Gert (1971): Theorie und Praxis des Lesens in Grund- und Hauptschule. Frankfurt a. M.: Diesterweg, 2. Auflage

Bührig, Kristin; Redder, Angelika (Hrsg.) (2000): Sprachliche Formen und literarische Texte. OBST, H. 61

Gelberg, Hans-Joachim (Hrsg.) (1997): Oder die Entdeckung der Welt. Frankfurt a. M.; Wien: Lizenzausgabe für die Büchergilde Gutenberg (10. Jahrbuch der Kinderliteratur)

Schubiger, Jürg (2003): Wo ist das Meer? Weinheim; Basel: Beltz (Gulliver Taschenbuch 554)

GERHARD HÄRLE

„Der guckt in das Auge wie in 'n Fernseh'"

Literarische Begegnungen von Kindern mit Daniel Pennacs
Afrika und Blauer Wolf

> Den Kindern der Chris Hani Independent School in
> der Langa-Township, Kapstadt, gewidmet.

Der kinderliterarische Roman *Afrika und Blauer Wolf* stammt von dem französischen Autor Daniel Pennac und trägt im Original den Titel *L'œil du loup – Das Auge des Wolfes* oder auch *Wolfsauge*. Der Roman ist erstmals 1984 in Paris erschienen, hat aber erst nach seiner Neuauflage 1994 eine weitere Verbreitung gefunden, wurde 1995 ins Deutsche übersetzt und erschien 1998 in der auflagenstarken Reihe „Fischer Schatzinsel" als Taschenbuch. Die Erzählung gehört zu jenen Beispielen der Kinderliteratur, die ich andernorts als „lohnende Lektüre" bezeichne, weil sie über die rein inhaltliche Ausrichtung hinaus auch eine poetische Qualität, ja Herausforderung bietet und deswegen für den Literaturunterricht besonders geeignet ist (vgl. Härle; Steinbrenner 2003, S. 258 ff.). Die ästhetische Differenziertheit der Erzählung ist Leserinnen und Lesern, ungeübteren schon gar, nicht unmittelbar zugänglich – um so mehr bietet sie deswegen unter didaktischem Blickwinkel interessante Möglichkeiten, die in diesem Aufsatz erkundet werden sollen. Dieses Buch als „Ganzschrift" in einer Schulklasse zu lesen stellt gewiss eine Herausforderung dar. Es bietet aber zugleich auch einen hohen Reiz und vielfältige Zugangsmöglichkeiten zu literarischem Lernen und literarischer Erfahrung.

Afrika und Blauer Wolf ist beim ersten Hinsehen eine Kind-Tier-Geschichte und gehört damit einem Genre an, das gemeinhin bei kindlichen LeserInnen beliebt ist. Visuelle Anreize liefern das angenehme Druckbild und die eingängigen Illustrationen, die die Leselust anregen können. Die spannende Erzählweise, die Einladung zur Empathie mit einem geheimnisvollen Jungen und einem gefangenen Wolf sowie die Schilderungen ferner Welten tragen ebenfalls dazu bei, dass das Buch bei etwa zehnjährigen Kindern Anklang finden kann. Anspruchsvollere kindliche LeserInnen können zudem in der poetischen Struktur des Textes neue Entdeckungen machen, sodass auch differenzierte Lernschritte mit diesem Buch möglich sind.

In diesem Beitrag skizziere ich zunächst im Sinne einer Textanalyse Inhalt, Erzählform und Besonderheiten der Übersetzung wie der Illustrationen sowie Bezugnahmen zu größeren Erzähltraditionen (Kapitel 1). In Kapitel 2 werden zentrale Themen des Buches vorgestellt und unter didaktischem Blickwinkel kommentiert. Auf der Grundlage eigener Unterrichtserfahrungen und -materialien, die aus meiner Arbeit mit Praktikumsgruppen an der Pädagogischen Hochschule Heidelberg stammen, dient das 3. Kapitel der Entwicklung methodischer Überlegungen, konkreter Arbeitsaufgaben und Arbeitsformen, mit denen sich die Lektüre des Romans in den Klassenstufen 4 und 5 lohnend gestalten lässt.

1   Textanalyse

1.1 Handlungsgerüst

Im Zoo einer ungenannten Stadt begegnen sich ein alter Wolf aus Alaska und ein etwa zehn Jahre alter afrikanischer Junge, beide Fremdlinge an diesem unwirtlichen und kalten Ort. Schweigend beobachten sie einander durch die Gitterstäbe des Wolfsgeheges hindurch, tagelang: der Wolf misstrauisch und ablehnend, der Junge geduldig und aufmerksam. Als der Junge endlich das Vertrauen des Wolfs gewonnen hat, entstehen in den Augen der beiden die Geschichten ihres Lebens, die sie auf diese stumme und doch beredte Weise einander erzählen. Im Auge des Wolfs kann der Junge die Abenteuer der Wolfsfamilie lesen: er sieht die kleinen Wölfe aufwachsen, er erlebt mit, wie die Sippe des blauschimmernden Timber-Wolfs aus den Schneeweiten Alaskas von den Menschen verfolgt, gejagt und beinahe ausgerottet wird, und er erfährt, wie der Blaue Wolf selbst in Gefangenschaft gerät, dabei ein Auge verliert und schließlich im Zoo vereinsamt.

Dem Wolf wiederum erzählt das Auge des Jungen die Geschichte dieses ungewöhnlichen Waisenkindes aus Afrika, das genau so heißt wie der Kontinent, von dem es stammt. Der Junge hat seine Eltern bereits als Säugling verloren, wird von dem geldgierigen und geschäftstüchtigen Wanderhändler Toa aufgenommen aber auch ausgebeutet und entwickelt schon sehr früh sein großes Talent zum Geschichtenerzählen und zum Gespräch mit den Tieren. Afrika verliert seinen Freund „Alter Topf", ein weises Dromedar, das ihm seine Träume erzählt, und wird als Ziegenhirte ins Graue Afrika verkauft. Von dort gelangt er schließlich zur Familie Bia, die aus Afrika auswandert und den Jungen mitnimmt.

Beide Helden der Erzählung hat es ins fremde Europa verschlagen, in „die Andere Welt", in der sie nicht freiwillig leben, die aber nun ihr Begegnungsraum ist. Durch ihre Geschichten, die sie einander in stummen Augen-Dialogen erzählen, entsteht ihre Freundschaft, die ihrem Leben wieder Sinn und Inhalt gibt. Zu guter Letzt finden sich durch diese Geschichten auch all die verlorenen und toten Freunde der beiden im Zoo ein, und diese Schluss-Begegnung wird zur traumhaften Versöhnung aller Trennung und allen Leides, angesiedelt zwischen äußerer und innerer Wirklichkeit.

1.2 Erzählform, Aufbau und Stil

Das Buch ist ein Buch des Einander-Sehens und des Aufeinander-Hörens – ein stilles Buch also, das auch durch seine Erzählweise zur stillen Aufmerksamkeit verlockt. Die Lebensgeschichten des Wolfs und des Jungen werden nicht linear von einem einzigen Erzähler berichtet, sondern aus vielfältigen Perspektiven dargeboten. Das erlaubt es, unterschiedliche Sichtweisen kennen zu lernen und sich in die ihnen jeweils zugrunde liegende Erlebensmöglichkeit einzufühlen. Dieses moderne poetische Verfahren des polyperspektivischen Erzählens ist für die Kinderliteratur ungewöhnlich und zeigt, dass Pennac die Grenze zwischen den Erzählformen durchlässig machen will.

Afrika und Blauer Wolf ist in 4 Kapitel gegliedert. Das 1. Kapitel, *Der Junge und der Wolf* (S. 9–23), handelt von den ersten Begegnungen zwischen den beiden Hauptakteuren, bei denen überwiegend die personale Perspektive des Wolfs und dessen Innensicht vorherrscht. Das 2. Kapitel, *Im Auge des Wolfs* (S. 25–73), erzählt die Lebensgeschichte des Wolfs, worauf im 3. Kapitel, *Im Auge des Jungen* (S. 75–133), die Geschichte des Jungen folgt. Im Wechsel der Erzählperspektiven bildet sich der langsame Annäherungsprozess ab, in dessen Verlauf der anfangs verschlossene und ablehnende Wolf sich dem Jungen mehr und mehr öffnet. Während zu Beginn des 2. Kapitels noch aus der Außenwahrnehmung des Jungen erzählt wird – er betrachtet das Auge des Wolfs und wird immer stärker von dessen Glanz angezogen –, tritt nach und nach die Innensicht des Wolfs in den Vordergrund. Indem der Wolf sich dem Jungen preisgibt, findet er sich selbst. Er wird vom Objekt der Betrachtung zum Subjekt seiner Geschichte. Je tiefer er den Jungen in sich einlässt, desto direkter kommen auch andere Figuren aus seiner Wolfsgeschichte zu Wort und übernehmen passagenweise die Funktion von Ich-Erzählern; der Junge – und mit ihm der Leser – wird unmittelbar in die Geschehnisse hineingezogen.

Im 3. Kapitel dominiert die Perspektive eines Erzählers der 3. Person, der die wechselhafte Geschichte des kleinen Afrika mit einfühlsamer, gleichwohl auch distanzierter Genauigkeit erzählt. Dadurch wird die Einsamkeit des Jungen unterstrichen, der in seinen frühen Lebensjahren einem harten Überlebenskampf ausgesetzt war und fortan weitgehend auf sich selbst gestellt ist. Einen besonderen 'Trick' wendet Pennac an, um die außergewöhnliche Begabung Afrikas fürs Geschichtenerzählen darzustellen: Der Erzähler berichtet von diesem Talent, Afrikas Zuhörer kommentieren es – aber wir LeserInnen erfahren keine einzige der Geschichten selbst! Durch diese Aussparung wird um Afrikas Geschichten ein magischer Kreis gezogen, der sie ins Un-Erhörte überhöht und die Phantasie der LeserInnen anregt.

Das kurze Schlusskapitel, *Die Andere Welt* (S. 137–149), schließt die Geschichte des Jungen ab, erläutert seine Anwesenheit im Zoo und bringt in einer surrealistischen Phantasiesequenz, die auch an die Grenzen des Kitsches rührt, all die verlorenen und verstorbenen tierischen und menschlichen Begleitfiguren wieder zurück. Schließlich lüftet der Blaue Wolf selbst das Geheimnis seiner Einäugigkeit, von der noch die Rede sein wird.

Die gesamte Handlung ist auf mehreren ineinander übergehenden Erzählebenen angesiedelt, die die folgende Tabelle darstellen soll:

Erzählebene	Thema	Erzähler
1 (Zoo 1)	Begegnung Junge und Wolf	Blauer Wolf
2 (Wolfsauge)	Die Geschichte des Wolfs (Rahmen)	Er-Erzähler
2.1	Schwarze Flamme erzählt vom Menschen	Wolfsmutter
2.2	Die Geschichte von Blauer Wolf seiner Familie	Blauer Wolf / Erzähler
2.3	Die Geschichte von Tollpatsch, dem kleinen Wolf	Wolfsmutter
2.4	Die Geschichte von Paillette, der Schwester	Blauer Wolf / Erzähler / Schneehuhn
2.5	Die Gefangennahme und die Gefangenschaft von Blauer Wolf	Erzähler / Blauer Wolf
3 (Jungenauge)	Die Geschichte des Jungen (Rahmen)	Erzähler
3.1	Das Waisenkind wird weggegeben	Erzähler
3.2	Das Gelbe Afrika: Der Junge, der Händler, das Kamel	Erzähler
3.3	Das Graue Afrika: Der Junge, der Ziegenkönig, die Tiere	Erzähler
3.4	Das Grüne Afrika: Der Junge in der Familie Bia	Erzähler
3.5	Die Zerstörung der afrikanischen Heimat, Flucht nach Europa	Erzähler
4 (Zoo 2)	Der Junge im Zoo	Erzähler
4.1	Die Begegnung mit den Tieren aus Afrika	Erzähler
4.2	Die Begegnung mit dem Wolf	Blauer Wolf

Die Erzählzeit lässt sich im Übergang vom Winter zum Frühjahr bestimmen, in der kurzen Zeitspanne zwischen frostigen Tagen und dem ersten Aufblühen der Natur. Der Bogen der erzählten Zeit indes spannt sich von der unmittelbaren Gegenwart über rund zehn Jahre zurück in die früheste Kindheit der beiden Hauptfiguren, um schließlich wieder in die Jetztzeit zu führen, in der sich der Erzählkreis schließt.

Auf der Suche nach gattungsspezifischen Merkmalen treten einerseits eine Reihe von Themen aus dem Spektrum der realistischen Kinderliteratur zutage –

z. B. Elternlosigkeit, Fremdheit, Ausbeutung der Umwelt, Umgang der Menschen mit Tieren – und andererseits etliche Motive aus der Tradition der Phantastik – z. B. die sprechenden Tiere, das übergangslose Gleiten von einer Bewusstseinssphäre in die andere und die traumhaft-surreale Schlusssequenz. Die Erzählung lässt sich am treffendsten beschreiben als poetische Prosa mit realistischen und phantastischen Zügen, in der zum einen die Grenzen zwischen der wirklichen und der phantastischen Welt, der Realität und dem Traum fließend sind und in der zum anderen anspruchsvolle Sprachbilder, Metaphern und Symbolisierungen dasselbe Gewicht haben wie der Fortgang der Handlung im engeren Sinn.[1]

Die besondere Qualität dieses Buches liegt nicht in erster Linie in dem, *was* es erzählt, sondern mindestens ebenso darin, *wie* es erzählt –: in seiner poetischen und kunstvollen Erzählweise und in der Vielschichtigkeit der Bedeutungen. Da sich hieraus für die didaktische Reflexion und für die Umsetzung im Unterricht Konsequenzen ergeben, sollen im 2. Kapitel exemplarisch drei dieser Bedeutungs- oder Themenbereiche dargestellt und unter einer didaktischen Perspektive kommentiert werden.

1.3 Übersetzung und Illustrationen

Eine Übersetzung stellt immer auch eine Interpretation dar – dies ist im Fall von *Afrika und Blauer Wolf* nicht anders. Aber die Übersetzung von Almuth Piene setzt das Original in einer angemessenen poetischen Sprache um, auch wenn sie bisweilen der Wirkung jener Redundanzen misstraut, die dem französischen Text einen insistierenden Charakter geben:

CHAPITRE PREMIER LEUR RENCONTRE	DER JUNGE UND DER WOLF
Debout devant l'enclos du loup, le garçon ne bouge pas. Le loup va et vient. Il marche de long en large et ne s'arrête jamais. (Pennac 1994, S. 5)	Der Junge steht vor dem Wolfskäfig und rührt sich nicht. Der Wolf läuft unentwegt hin und her. (S. 9)

Sieht man von solchen gelegentlichen Verstößen gegen den erzählerischen Rhythmus und die sprachliche Komplexität ab, bewahrt die deutsche Fassung

---

[1] Nach Dorothea Schmidt-Supprian weist das Erzählen Pennacs auch in seinen zur Erwachsenenliteratur zählenden Romanen eine „Nähe zum Märchen" auf, die vor allem durch zwei Faktoren bedingt ist: Zum einen durch die „Kontamination der normalen Alltagswelt mit dem Übernatürlichen, Phantastischen. Die realistische Wirklichkeitsdarstellung in den Malaussène-Romanen wird regelmäßig durchbrochen von phantastischen Ereignissen, die deutlich märchenhafte Züge tragen, innerhalb der Romanwelt jedoch kein nennenswertes Aufsehen erregen" (Schmidt-Supprian 2003, S. 210 f.). Diese phantastische Dimension ist „eine Art 'Korrektiv' zu einer durchrationalisierten Welt" und bedient „eine geradezu kindliche Freude am Wunderbaren" (Schmidt-Supprian, S. 216). Der andere Faktor ist eine klare dualistische Unterteilung der Figuren in gute und böse.

durchaus die Vielschichtigkeit und Vielstimmigkeit der Erzählung und entfaltet ihren eigenen sprachlichen Reiz.

Beide Ausgaben sind mit zahlreichen schwarz-weißen Tuschezeichnungen ausgestattet. Die deutsche Ausgabe, die reicher und großflächiger illustriert sowie in größerem Schriftgrad gesetzt ist, wirkt, als wende sie sich an ein jüngeres Lesepublikum als die französische. Wesentliche Unterschiede in der Art der Illustrationen zeigen sich zum einen in der Auffassung der Hauptfigur, des Jungen Afrika, und zum anderen in der Gestaltung der Augen-Metapher. Jacques Ferrandez, der Illustrator der deutschen Ausgabe, befriedigt stärker die Seh-Erwartung des Publikums, indem er einen afrikanischen Knaben mit Kraushaar, großen runden Augen und vollen Lippen zeichnet. „Afrika" wirkt hier zudem deutlich jünger und lädt stärker zur Identifikation ein als in den distanzierteren Illustrationen von Catherine Reisser; ihr „Afrika" scheint etwas älter zu sein und ist typologisch nicht so eindeutig als „negroid" codiert:

Afrika am Käfiggitter   Afrika am Käfiggitter (französische Ausgabe)
(deutsche Ausgabe)

In der Umsetzung der Metapher vom geschlossenen Auge bleibt Ferrandez eher bei einer realistischen Gestaltung (Wolfsgesicht hinter Maschenzaun), während Reisser – jedenfalls andeutungsweise auf dem Cover – eine surrealistische Zeichnung wagt, auf der ein Gitterstab mitten durchs Auge des Wolfes ragt.

Der Wolf hinter Gittern   Der Wolf hinter Gittern
(deutsche Ausgabe)   (französische Ausgabe)

Die „Lesbarkeit“ der Augen hingegen setzen beide Illustratoren mit dem Versuch um, die Pupille als schwarze Wölfin und die Iris als Gewusel von Wolfsbabys zu gestalten:

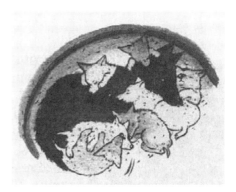

Das Auge des Wolfs   Das Auge des Wolfs
(deutsche Ausgabe)   (französische Ausgabe)

Als autonome künstlerische Begleitung des Textes oder gar als bereichernde Auseinandersetzung mit ihm kann man die Illustrationen nicht bezeichnen. Sie übernehmen jedoch eine Entlastungs- und Auflockerungsfunktion, die der Lesbarkeit des Buches dient, auch wenn nicht auszuschließen ist, dass sie die innere Imagination eher dominieren als fördern.

2 Zentrale Themen der Erzählung

Pennacs *Afrika und blauer Wolf* schließt an weitgespannte diskursive Traditionslinien an. Die parabolische Mensch-Tier-Erzählung konstelliert eine erzählte Welt, in der Wert- und Kulturkonflikte auf eine zeitlose existentielle Weise zur Sprache gebracht werden können. Sie spricht – etwa im Gefolge der Tierge-

schichten Jack Londons – auch den nicht-menschlichen Lebewesen einen eigenen Kulturkreis zu, mit dem der Mensch behutsam in Kontakt treten sollte statt
besitzergreifend und zerstörerisch in ihn einzudringen. Diesem Kulturkreis des
„freien Tieres" steht der Kulturkreis Afrika gegenüber, der sich hier nicht nur als
Handlungsort für die Geschichte des Knaben, sondern auch als traditionsreicher
literarischer Topos bewährt. So wie der Kulturkreis des wilden Tieres metony-
misch für das Freiheitsstreben des Menschen einstehen kann, so verweist der
Kulturkreis *Afrika* auf eine ins Exotische projizierte Sehnsucht nach Sinnlich-
keit, Vollkommenheit und Versöhntheit. Die Figur des Jungen Afrika und das erzählte Land Afrika greifen gleichermaßen auf jene Motive des Exotismus zurück, die teils stereotyp, teils kulturkritisch „Fehlentwicklungen in der zumeist
europäischen Ausgangskultur" anzuprangern und zu korrigieren versuchen und
dafür eine fremde Kultur imaginär überschreiben und überformen (Horatschek
1998, S. 138; zu den gesellschaftskritischen Tendenzen bei Pennac vgl. Schmidt-
Supprian 2003, S. 245). In der Konstruktion der scheinbar naturgegebenen Differenzen – zwischen Mensch und Tier, zwischen Schwarz und Weiß – kann deren
Überwindung entworfen und damit auch die Versöhnung des europäischen Menschen mit sich selbst inszeniert werden.

Ein literarisches Bild dieser Differenz ist der Zaun, der den Jungen und den Wolf
voneinander trennt. Auf der Handlungsebene stellt er eine unverzichtbare
Schutzmaßnahme dar; auf der Symbolebene wird er zum Hindernis, das durch
geistige Anstrengung und seelische Zuwendung überwunden werden kann. Das
Fremde ist dadurch fremd, dass es *hinter dem Zaun* angesiedelt und durch den
Zaun ausgegrenzt wird, während das Eigene, vom Zaun geschützt, *diesseits des
Zauns* liegt.[2] Der Zaun bildet die gleichermaßen differente wie verbindende
Funktion des exotischen Fremden (als Mensch, als Tier und als Land) aus.

Durch die Introjektion des Fremden in das (noch unentdeckte) Eigene bzw.
durch dessen Spiegelfunktion für das (noch verdrängte) Eigene erfolgt die Verla-
gerung der Auseinandersetzung aus der Außenwelt in das Innere des Ich. Gerade
der Topos Afrika steht in der literarischen Überlieferung nicht (nur) für den so
genannten „Schwarzen Kontinent" ein, sondern für ein Afrika in den Köpfen
und Sinnen der Europäer. Die viel zitierte Formel, das „Unbewußte" sei das
„wahre innere Afrika" (Jean Paul [1827] 1963, S. 1182) verweist auf diesen Prozess der Internalisierung, die ihrerseits oszilliert zwischen der Neugier auf das
Fremde und dessen Einverleibung.[3] Auch Gundel Mattenklott warnt einerseits
vor den „verdinglichten Trivialisierungen des Exotismus" und räumt doch andererseits ein, dass wir nicht „auf diese Triebfeder verzichten (können), die die

---

[2]   Ein anderes, sehr schönes Kinderbuch trägt den programmatischen Titel *Afrika hinter dem Zaun*
      (Moeyaert; Höglund 1999), der hier gewissermaßen leitmotivisch funktioniert.
[3]   Die Wirksamkeit dieser Formel erweist sich in intertextuellen Referenzen, die bis heute aktuell ge-
      blieben sind, so z. B. bei dem gleichnamigen Gedicht von Volker Braun (Braun 1987; vgl. dazu z. B.
      Heukenkamp 1991). Auch eine jüngst erschienene psychoanalytische Aufsatzsammlung bedient
      sich der Anspielung auf Jean Paul (Lütkehaus 2005).

Kehrseite der Fremdenangst ist" (Mattenklott 1993, S. 69). Das Stichwort Exotismus macht, ohne dass dies hier weiter ausgeführt werden soll, darauf aufmerksam, dass auch dieser Kinderroman in seinen tieferen Schichten Anteil hat an dem zentralen europäischen Diskurs um die Differenz und ihre Überwindung, in den er sich in einer kindgemäßen Form einschreibt und der ihm gleichermaßen eingeschrieben ist.

2.1 Thema „Fremdheit akzeptieren – Vertrauen gewinnen: Eine lohnende Anstrengung"

2.1.1 Darstellung der Thematik

Afrika und Blauer Wolf handelt von einem Kind und einem Tier, die beide auf Grund schlimmer Erfahrungen in eine fremde Welt verschlagen wurden, einander in ihrer Einsamkeit begegnen, Vertrauen zueinander fassen und nach und nach Freundschaft schließen. Sie verkörpern unterschiedliche Charaktere. Der Wolf lehnt die fremde Welt des Zoos ab, in den ihn die Menschen verschleppt haben. Die Verfolgungen, die er erleiden musste, der Verlust seiner Familie, der Tod seiner Partnerin und die Einbuße seines einen Auges haben ihn verbittern lassen. Misstrauisch, abweisend und voller Hass gegen den Menschen zieht er seine Bahnen durch den Käfig, er verweigert die Nahrung und ist dabei, sich ganz und gar selber aufzugeben. Der Junge aus Afrika hat sich auf geheimnisvolle Weise sein Zutrauen bewahrt, er verfügt über eine innere Ruhe und Sicherheit, die es ihm möglich macht, sich Mensch und Tier vertrauensvoll, mutig und einfühlsam zu nähern. Er ist ein „besonderes" Kind, das sich den Glauben an das Gute nicht zerstören lässt, sondern auch in Anderen Gutes hervorzubringen versteht.[4] Diese Fähigkeiten des Jungen legen den Grundstein für die Freundschaft, in die der Junge den Wolf gegen dessen Sträuben hineinzieht:

> Der Junge steht vor dem Wolfskäfig und rührt sich nicht. Der Wolf läuft unentwegt hin und her.
>
> „Der nervt mich, der Typ …"
>
> Das denkt der Wolf. Seit gut zwei Stunden steht der Junge vor dem Gitter, starr wie ein gefrorener Baum, und verfolgt den Wolf mit den Augen.
>
> „Was will er von mir?"

---

[4] Der Junge kann als ein „fremdes Kind" gedeutet werden, wie es als Motiv häufig in kinderliterarischen Texten vorkommt (vgl. hierzu Kümmerling-Meibauer 1997; Mattenklott 1993). Diese „exotisch-attraktiven fremden Kinder, umgeben mit der Aura des Geheimnisses unbekannter Herkunft, fremden oft leidvollen Geschicks" können durch ihre besonderen Fähigkeiten und „mit der anderen Ordnung, die sie mitbringen, unsere erstarrten, verdinglichten Ordnungen auf […] brechen, […] uns andere und neue Wege zeigen" (Mattenklott 1993, S. 68f.). Die besonderen Fähigkeiten Afrikas sind das *Erzählen* von Geschichten und das *Lesen* im Auge des Wolfes – die Fähigkeit ruhig hinzusehen, aufmerksam wahrzunehmen, Zeit zu haben. Damit steht er als Gegenbild einer auf Tempo, rasche Befriedigung und Oberflächlichkeit angelegten europäischen Zivilisation ein.

Das fragt sich der Wolf. Dieser Junge ist ihm ein Rätsel. Er beunruhigt ihn nicht, denn ein Wolf hat keine Angst, aber er ist ihm ein Rätsel.

„Was will er von mir?" (S. 9; Beginn der Erzählung)[5]

Mehrere Tage lang wiederholt sich der stumme Kampf, in dem die inneren Monologe des Wolfs dessen Zorn und Verbitterung offenbaren, während der Junge beharrlich vor dem Käfig steht, „starr wie ein gefrorener Baum" (S. 9) oder „wie ein 'i' ", dessen I-Punkt der weiße Dampf des Atems in der kalten Winterluft bildet (S. 17).

Diese Beharrlichkeit weckt den Wolf aus seiner Lethargie, erfüllt ihn mit unruhigen Fragen, macht ihn neugierig. Aber den eigentlichen Umschlag ihrer Begegnung leitet der Junge ein, indem er sich auf die Einäugigkeit des Wolfs einstellt:

> Doch etwas stört den Wolf. Eine dumme Kleinigkeit. Er hat nur ein Auge, und der Junge hat zwei. So weiß der Wolf nicht, in welches Auge des Jungen er hineinstarren soll. Er zögert. Sein Auge springt: links-rechts, links-rechts. Die Augen des Jungen hüpfen nicht. Kein Wimpernschlag. Der Wolf fühlt sich schrecklich unwohl. Um nichts in der Welt würde er jetzt den Kopf abwenden oder wieder hin- und herlaufen. So schmerzt ihn sein Auge immer mehr. Und bald erscheint unter der Narbe des toten Auges eine Träne. Nicht aus Kummer, aber aus Ohnmacht und Wut.
>
> Da macht der Junge etwas Merkwürdiges. Es beruhigt den Wolf, flößt ihm Vertrauen ein.
>
> Der Junge schließt ein Auge.
>
> Und so sehen sie sich jetzt an, Auge in Auge, im verlassenen, stillen Zoo, und alle Zeit liegt vor ihnen. (S. 22 f.)

Auf der Basis dieser Gleichheit kann der Wolf zulassen, dass der Junge in seinem Auge die Geschichte seines Lebens liest. Und schließlich beginnt der Wolf sogar, sich auch für die afrikanische Welt zu interessieren, wobei er sich beim ersten Anblick der Wüste – im Auge des Jungen – seiner eigenen Erfahrungen erinnert:

> Der Tag bricht an über einer fremden Landschaft. Blauer Wolf traut seinem Auge nicht.
> „Schnee!"
> Kein Baum, kein Felsen, kein Grashalm. Nur Schnee. Nur blauer Himmel. Riesige Schneeberge, so weit das Auge reicht. Ein seltsamer, gelber Schnee, der aber auch bei jedem Schritt knirscht und rieselt und in großen Placken wegrutscht, wie der Schnee der Arktis. Und mitten am Himmel eine grelle Sonne. (S. 83)

Im Verhalten des Wolfs und im Verhalten des Jungen werden exemplarisch zwei gegensätzliche Möglichkeiten beschrieben, wie Menschen mit extremen Belastungen durch Leid, Einsamkeit und Tod umgehen können: Die einen verbittern und kapseln sich ab, gepanzert durch den Vorwand, sie bräuchten ohnehin niemanden; die anderen gewinnen durch die eigenen Erfahrungen an Einfühlungsvermögen für andere, sie suchen Kontakt und geben ihrem Leben durch Zuwendung und Hilfsangebote einen Sinn.

---

[5] *Afrika und Blauer Wolf* wird im Folgenden mit reiner Seitenangabe zitiert nach Pennac (1998).

Aber jeder der beiden bedarf auch des Anderen, als Ergänzung, Herausforderung, Bereicherung. Dadurch, dass sie das entdecken, können diese beiden grundverschiedenen Charaktere aus einander fremden Kultur- und Lebenskreisen ihre Fremdheit überwinden und zu Freunden werden. Freundschaft, so legt diese Erzählung nahe, ist ein oft mühseliger Annäherungsprozess, der aber eine Fülle neuer Erfahrungen mit sich bringen kann.

Die Empathie des Jungen mit der Notlage des Wolfs, seine Fähigkeit, hinter dem abweisenden Gebaren auch das Leid und die Einsamkeit zu erkennen, drückt sich in einer Symbolhandlung aus: Er schließt eines seiner Augen und stellt sich so dem Wolf gleich. Damit verzichtet er freiwillig auf seine Überlegenheit und lässt sich von der Stufe des „Dompteurs", der mit der Gewalt seines Blickes den Willen des Tieres bricht, herab auf die Stufe des leidenden Tieres. Beide sind nun „behindert", wodurch sich zugleich ihre Blick-Begegnung intensiviert. Und dies führt schließlich zur „Heilung" –: von der Konsequenz des Jungen beeindruckt und gerührt, beschließt der Wolf zu guter Letzt, auch sein vermeintlich totes Auge wieder zu öffnen, das jedoch längst verheilt ist:

> Der Junge sieht nur noch mit einem Auge. Das andere ist seit Monaten geschlossen. Sogar morgens, wenn er aufwacht, öffnet Afrika nur ein Auge. […]
> Der Arzt verordnete Tropfen. Afrikas Wimpern waren ganz verschmiert davon. Er sah aus, als ob er von morgens bis abends weinte. Aber das Auge öffnete sich trotzdem nicht. […]
> Blauer Wolf tut das alles sehr Leid.
> Und der Junge, der ihn weiter ansieht, mit nur einem Auge!
> Blauer Wolf schüttelt den Kopf und fragt: „Wie hast du es gemerkt?"
> Schweigen. Nur ein leises Lächeln auf den Lippen des Jungen.
> „Dennoch, ich hatte mir schließlich geschworen, dieses Auge geschlossen zu halten!"
> In Wahrheit ist das Auge des Wolfs hinter seinem heruntergezogenen Lid längst verheilt. Aber dieser Zoo, die traurigen Tiere, die Besucher … „Was soll's", hatte sich der Wolf gesagt, „ein Auge reicht dafür bei weitem aus."
> „Ja, aber jetzt bin ich da!"
> Das stimmt. Jetzt gibt es diesen Jungen. […]
> „Wirklich", denkt Blauer Wolf, „das ist wirklich verlockend und wert, mit beiden Augen gesehen zu werden."
> „Klick", macht der Augendeckel des Wolfs und öffnet sich.
> „Klick", macht der Augendeckel des Jungen.
> „Ich verstehe das nicht", sagt der Tierarzt.
> „Ich auch nicht", sagt der Doktor. (S. 146–149; Ende der Erzählung)

2.1.2 Didaktischer Kommentar

Für Menschen jedes Lebensalters stellen Themen wie Fremdheit und Freundschaft, Angst und Vertrauen oder Leid und Versöhnung existentielle Herausforderungen dar. Nicht zuletzt deswegen finden sie in Literatur aller Zeiten und

Gattungen immer wieder neu Gestaltungen. Insofern bietet die Erarbeitung dieser Thematik für die Kinder gleichermaßen die Chance zur Auseinandersetzung mit dem eigenen Leben wie die Möglichkeit zur kindgemäßen Hinführung an zentrale literarische Themen.[6]

Afrika und Blauer Wolf bietet dafür besonders reiche Möglichkeiten an, insbesondere auch deswegen, weil hier die Fremdheit zwischen den beiden Hauptfiguren weder geleugnet noch gewaltsam überwunden wird, sondern weil beide auf ihre je eigene Weise die Fremdheit aushalten, akzeptieren und sich ganz behutsam annähern. – Für die Bestimmung von Lernfeldern und Lernzielen erscheinen mir dabei folgende Aspekte besonders wichtig:

- In den Figuren des Jungen und des Wolfs eigene und fremde Umgangsweisen mit Angst, Leid und Einsamkeit erkennen;
- auf der symbolischen Ebene der Literatur die Auseinandersetzung mit diesen Formen der Lebensbewältigung einüben;
- durch Einfühlung in die unterschiedlichen Charaktere die Akzeptanz für die Unterschiedlichkeit bei der Verarbeitung von schwierigen Erfahrungen entwickeln und deren prinzipielle Gleichwertigkeit wahrnehmen;
- Empathie als eine Form der Vertrauensentwicklung kennen lernen und Vertrauen als eine Fähigkeit erfahren, sich behutsam für den anderen zu öffnen, ohne sich dabei selbst zu verlieren;
- im symbolischen Raum der Literatur sinnlich erspüren, dass sich die Anstrengung lohnt, den fremden Anderen kennen zu lernen und als Bereicherung des eigenen Lebens zu erfahren.

2.2 Thema „Das Auge: Ein Tunnel der Entdeckungen"

2.2.1 Darstellung der Thematik

Das zentrale sinngebende Bild dieser Erzählung ist das des Auges. Der Erzähler greift damit mehrere Traditionslinien auf, in denen dem Auge eine besondere Bedeutung zukommt:

- die bannende Macht des Auges bzw. des Blicks, mit dem der Junge den Wolf verfolgt und schließlich zur Begegnung „zwingt";
- das Verschließen des Auges vor der unendlichen Tristesse der Realität als eine Metonymie der überlebensnotwendigen Verdrängung;
- der Blick als intensive und gleichzeitig distanzierte Begegnungsform, in der sich Freundschaft, Liebe und Verlangen anbahnen und realisieren können;

---

[6] Auch Heide Schrader thematisiert *L'œil du loup* im Fremdsprachenunterricht als „faszinierendes Gleichnis für Fremdverstehen": „Pennacs Erzählung *L'œil du loup* lehrt, Geduld miteinander zu haben, sich Zeit zu lassen, den anderen nicht 'aus dem Auge zu verlieren'. Der Lohn sind Geschichten, die einen mit fremden Welten vertraut machen" (Schrader 1998, S. 352f.).

– das Auge des Anderen als Spiegel, in dem das Ich als „Du" des anderen zu sich selbst kommen kann (Martin Buber);

– das Auge als Spiegel oder Fenster der Seele, durch das sich das innerste Wesen offenbart.

All diese Nuancen geben der Augensymbolik in *Afrika und Blauer Wolf* eine facetenreiche Bedeutung, in der die Geschichte vom blinden und dann wieder sehenden Auge auch die Geschichte einer seelischen Gesundung darstellt. In diesem Heilungsprozess bilden die Augen der beiden Helden den eigentlichen Handlungsraum. Sie spielen insofern eine zentrale Rolle, als sie zuerst den Kontakt durch die Gitterstäbe hindurch überhaupt ermöglichen. Die Augen bieten sodann in ihrer schillernden Oberfläche ein Bild, dessen nähere Betrachtung Details aus dem Leben des Anderen freigibt.

Dies wird in der Erzählung dadurch sehr überzeugend gestaltet, dass die Farbspiele der Pupille und der Iris sich auflösen in die Gestalten, die zur Lebensgeschichte des Wolfs gehören, seine Mutter Schwarze Flamme, seine Schwester Paillette, die kleinen Rotpelze und er selbst, der Blaue Wolf:

> Ein gelbes Auge, ganz rund, mit einer schwarzen Pupille in der Mitte. Ein Auge, das niemals blinzelt. Es ist, als würde der Junge nachts in eine brennende Kerze schauen: Er sieht nur noch dieses Auge. […] Und das Auge wird immer größer, runder und runder, wie ein rostroter Mond am weiten Himmel, und mittendrin eine Pupille, schwärzer und schwärzer, mit kleinen farbigen Flecken drum herum, die im Gelbbraun der Iris erscheinen. Hier ein Fleck (blau wie gefrorenes Wasser unter dem Himmel), da ein goldener Blitz, glitzernd wie eine Paillette. Aber das Wichtigste ist die Pupille. Die schwarze Pupille! […] Sie funkelt in einem schrecklichen Glanz. Wie eine Flamme. „Das ist es", denkt der Junge, „eine schwarze Flamme." (S. 25f.)

Und schließlich wirkt das Auge auch wie ein Tunnel, durch den man eintauchen kann in die Seele des Anderen, wie ein Tor zu seiner Vergangenheit, an der man teilhat als erlebe man sie selbst mit:

> Und diesmal verwandelt sich das Auge des Jungen. Es ist wie ein Licht, das verlöscht. Oder wie ein Tunnel, der sich in die Erde gräbt. Das ist es! Ein Tunnel, in den Blauer Wolf hineinkriecht wie in einen Fuchsbau. Je weiter er vordringt, desto weniger sieht er. Bald gibt es keinen Lichtschimmer mehr. Blauer Wolf sieht seine Pfote nicht vor Augen. Wie lange versenkt er sich schon in das Auge des Jungen? Schwer zu sagen. Minuten erscheinen wie Jahre. Bis zu dem Augenblick, als eine dünne Stimme aus der Dunkelheit widerhallt: „Hier, Blauer Wolf, hier ist der Ort meiner ersten Erinnerung!" (S. 77f.)

2.2.2 Didaktischer Kommentar

Die Bildsprache des Auges erschließt sich kindlichen Leserinnen und Lesern, indem sie auf deren bewusste und vorbewusste Erfahrungen rekurriert: Der von Lacan geprägte Begriff des „Spiegelstadiums" (Lacan 1973; vgl. Härle 2004, S. 140) bezeichnet jene Phase der Entwicklung des kindlichen Ich, in der sich die Konstituierung des Selbst vor allem im Blickkontakt zwischen der Mutter und

dem Säugling ereignet; diese Phase re-inszenieren Kinder beispielsweise in den
vielen beliebten Augenspielen, die wir alle kennen. Pennac knüpft an die Verständlichkeit dieser Bildsprache an und vermischt mit ihr kunstvoll unterschiedliche Traditionslinien der Augensymbolik. Damit schafft er ein poetisch anspruchsvolles Gewebe von Bedeutungen, das das für die Kinderliteratur so wichtige Kriterium der „Einfachheit" (Maria Lypp) erfüllt, weil die Komplexität in
einer sehr anschaulichen und stimmungsvollen Bildhaftigkeit verdichtet wird, zu
der die kindliche Leserschaft unmittelbar Zugang hat. So gewinnt die Augensymbolik auch noch die Bedeutung einer symbolischen Wunscherfüllung, weil
mit ihr archaische Sehnsüchte reaktiviert und (ansatzweise) befriedigt werden. –
Wichtige Lernthemen und Lernziele sind in diesem Themenbereich:

– Ein bedeutendes Symbol unserer kulturellen Tradition kennen lernen;

– die Doppelwertigkeit des Auges als reales Organ und als literarisches Bild erkennen;

– Gespür entwickeln für das Auge als jenes Organ, mit dem der Mensch aus sich
  heraussieht und durch das man in ihn hineinsehen kann; das Auge als „Spiegel
  der Seele" erleben;

– die eigene Ich-Entwicklung (sog. „Identität") in symbolisierter Form wieder
  erleben und ggf. weiterführen;

– die für die psycho-soziale Entwicklung notwendige Fähigkeit zur „Symbolisie-
  rung" weiterentwickeln;

– bildhafte Vorstellungen vom Begriff 'Sprache' in seinem metaphorischen Gebrauch gewinnen (Augensprache, Sprache des Herzens, stummes Sprechen).

2.3 Thema „Erzählen: Wirklichkeit abbilden, Wirklichkeit erschaffen"

2.3.1 Darstellung der Thematik

In einer dritten Themen- und Bedeutungsschicht erzählt die Erzählung *Afrika
und Blauer Wolf* vom Erzählen selbst und reiht sich damit würdig in die moderne
Literatur und ihre poetologische Selbstreflexion ein. Streng genommen gibt es
nämlich in dem ganzen Buch keine „Handlung" im eigentlichen Sinn, sieht man
vom stummen Gegenüberstehen der beiden Helden einmal ab. Alles, was geschieht, ereignet sich in Form von Erzählungen – oder anders gesagt: in Form
von „Augen-Lektüre". In ihr werden die Lebensgeschichten der Hauptfiguren
entfaltet. Eingebettet in die eher realistisch erzählten Partien sind einzelne weitere Erzählungen, die nicht die Lebenswirklichkeit der handelnden Figuren abbilden. Es sind vor allem diese Partien, die dem Buch seinen besonderen
Charakter verleihen, denn in ihnen realisiert Pennac eine für die Kinderliteratur

seltene Verdichtung des Fiktionalen: Das Erzählen bildet nicht eine Wirklichkeit ab, sondern es erschafft sie neu.[7]

Eine dieser Erzählungen ist die Geschichte vom Menschen, die die Wolfsmutter Schwarze Flamme ihren Kindern erzählt und in der sie die mitleidlose Grausamkeit des Menschen in Bilder fasst. Gefragt, ob das „eine wahre Geschichte" sei, antwortet sie mit dem rätselhaften Satz: „Auf jeden Fall wahrer als das Gegenteil" (S. 42 f.). Damit wird ganz nebenbei zum einen die klassische Leser-Gier nach „wahren Geschichten" persifliert und unterlaufen und zum anderen das Erzählen *wahrer* Geschichten vom Erzählen *wirklicher* Geschichten unterschieden. Wenn eine Geschichte nicht „wahr" ist, aber „wahrer" als die Wirklichkeit, dann erschafft sie – im Sinne der *poesis* – eine neue Wirklichkeit, nämlich die Wahrheit der sprachlichen Fiktion, von der her die Wirklichkeit gedeutet und verstanden werden kann.[8]

Eine andere Gruppe dieser Wirklichkeit erschaffenden Erzählungen bilden die Geschichten, die der kleine Afrika als begabter Geschichtenerzähler an den Lagerfeuern der Beduinen erzählt. Ihr besonderer Reiz besteht darin, dass sie Leerstellen der Phantasie bleiben, denn keine dieser Erzählungen wird uns inhaltlich mitgeteilt. Wir erfahren nur, dass Afrika ein Junge ist, der auf Träume hören kann und dessen Talent immer wieder formelhaft beschworen wird mit der Satzfolge: „'Er erzählt gut, nicht wahr?' 'Erzählt er nicht gut?' 'Ja, er erzählt gut.'" (S. 89 f. u. ö.):

> Dann erzählte der Junge ihnen Geschichten, die in seinem Kopf entstanden, wenn er oben auf dem Höcker von Alter Topf saß. Oder aber er erzählte ihnen die Träume des Dromedars. Es träumte jede Nacht, und manchmal sogar, während es in der Sonne voranschritt. Alle diese Geschichten erzählten vom Gelben Afrika, von der Sahara, dem Afrika des Sandes, der Sonne, der Einsamkeit, der Skorpione und der Stille. Und wenn die Karawanen unter dem glühenden Himmel von dannen zogen, sahen jene, die die Geschichten gehört hatten, ein anderes Afrika, oben vom Rücken ihrer Kamele. Der Sand dort war weich, die Sonne eine Quelle, und sie waren nicht mehr allein: Die sanfte Stimme des Jungen begleitete sie überall hin, durch die ganze Wüste. „Afrika!" (S. 90 f.)

Weil er *von* Afrika erzählt, erhält der Junge den Namen Afrika – gewissermaßen als Personifikation dieses Kontinents (und damit auch als Verkörperung des Nationaldichtertums). Aber Afrika erzählt nicht nur *von* Afrika, sondern er erzählt *ein* Afrika, „ein anderes Afrika", das die Menschen nur in seinen Erzählungen erleben: ein Afrika der Fülle, Harmonie und Begegnung.

Diese magische Fähigkeit des Geschichtenerzählers, Wirklichkeit zu erschaffen, bewährt sich auch in der Apotheose des Schlusskapitels, in dem realistische, sur-

---

[7] Vergleichbar wäre damit etwa die Funktion des Erzählens in Ursula Wölfels *Feuerschuh und Windsandale* ([1961] 1996), in dem auch die Ich-Entwicklung des Jungen weniger durch die Handlung selbst als durch die in die Handlung eingebauten Erzählungen des Vaters gefördert wird.

[8] Dass Pennac mit diesem Satz der Wolfsmutter sein eigenes Erzähl-Konzept skizziert, sei nur am Rande vermerkt; vgl. dazu auch Pennac 1994.

reale und phantastische Erzählelemente sich miteinander vermischen. Das Auge des Jungen erzählt dem Wolf auch die Geschehnisse kurz vor ihrer Begegnung, mit der die Geschichte einsetzt: aus der Zeit, als Afrika im Zoo all jenen Tieren – und sogar den wenigen Menschen – wieder begegnet war, die er in Afrika hatte zurücklassen müssen. Und als der Wolf bereit ist, diese *Wahrheit* um sich herum – gegen alle triste *Wirklichkeit* – wahrzunehmen, da entdeckt er, dass auch seine verlorenen Freunde im Zoo, der „Anderen Welt", leben und glücklich sind:

> Blauer Wolf schaut dem Jungen das erste Mal über die Schulter, und da sieht er sie, sieht sie ganz deutlich: Paillette und den Gepard, wie sie miteinander herumtollen, mitten im Zoo, im goldenen Sand der Sahara.
>
> Bald kommt Schneehuhn dazu und auch die Rotpelze, die um das […] Dromedar tanzen. P'pa Bia öffnet die Türen des Tropenhauses, und die herrlichen Bäume des Grünen Afrika überwuchern die Alleen. Auf dem höchsten Ast sitzen Vetter Grau und der Waldgorilla nebeneinander.
>
> Und die Besucher merken nichts … (S. 148)

Die kleine Wendung „und die Besucher merken nichts" verdeutlicht, dass dieses Geschehen ein Produkt der erzählerischen Kunst und der Imaginationskraft ist, der Entwurf einer tröstlichen, paradiesischen Gegenwelt, in der die Leiden überwunden und in ihr Gegenteil verwandelt werden – die Goldene Zeit, für die es nur *einen* realen Ort gibt: den der Sprache.

Erzählen – und zwar die besondere Form des *mündlichen* Erzählens – schlägt die Brücke zwischen der Bewahrung der erinnerten Welten und der Beschwörung der erhofften Welten. Damit wird auch der Dichtung selbst ihr Wert zugemessen und sie wird weit über ihre Abbildfunktion hinausgehoben. Pennac thematisiert das Erzählen als den ästhetischen Symbolisierungsvorgang, durch den der Mensch eine neue Wirklichkeit beschwört – *gegen* alle erlebte Wirklichkeit. Auf eine kindgemäße Weise lässt Pennac seine Helden eine Utopie entwerfen, und die Erzählung lässt uns spüren, dass es genau diese erzählte Utopie ist, die den entwurzelten Helden Halt gibt, Geborgenheit und Lebensmut. Mit Blick auf das Gesamtwerk Pennacs spricht Dorothea Schmidt-Supprian von einer „regelrechten Apologie des Erzählens", wobei die Betonung insbesondere auf der mündlichen Erzählung und den Erzählhandlungen selbst liege, die genutzt würden, „um die sozialen Funktionen des Erzählens aufzuzeigen, das Erzählen als ureigenste Form menschlicher Kommunikation zu würdigen". Damit erscheinen „gerade die fiktiven Geschichten als ein notwendiges Korrektiv zu einer mitunter schwer zu ertragenden Realität" (Schmidt-Supprian 2003, S. 235 ff.).

In dieser Bedeutungsschicht lässt sich *Afrika und Blauer Wolf* auch lesen als eine Erzählung über den Wert und die Funktion von Dichtung für den Menschen, für seine seelische Entwicklung und seine schöpferischen Fähigkeiten – hier in der den Kindern besonders nahen und vertrauten Form der mündlichen Erzählung, die nicht nur die archaische Form der Dichtung ist, sondern sich zugleich auch als jene Form erweist, in der sich die in ihr entworfene Utopie verwirklicht, denn Erzählen *ist* Begegnung, Kommunikation und Nähe.[9]

2.3.2 Didaktischer Kommentar

Erzählen als mündliche und schriftliche Ausdrucksform stellt in mehrfacher Hinsicht eine der ursprünglichsten Möglichkeiten des Menschen dar, sein eigenes Leben und die Welt auf einer symbolischen Ebene zur Sprache zu bringen. Es öffnet immer, auch wenn es in Thematik und Stil realistisch erscheint, einen fiktionalen Raum, in dem die erzählten Ereignisse ihre Bedeutung als *Sinndeutung* erhalten. Dies gilt für die alten Erzählungen der Menschheitskultur, die als mündlich tradierte Texte überliefert sind; es gilt nicht minder für die Erzählungen, die für Kinder oder von Kindern erdichtet werden: Auch hier steht die mündliche Form am Anfang und gehört zu den Urerfahrungen des Kindes, mit denen es die Welt erkunden kann.[10]

Mit *Afrika und Blauer Wolf* können die Schülerinnen und Schüler besonders hoch entwickelte Formen des Erzählens kennen lernen, da das Buch selbst vom Erzählen erzählt. Die Tatsache, dass die Geschichten des Jungen Afrika dabei inhaltlich nicht wiedergegeben werden, bietet einen besonders geeigneten Ansatzpunkt für eine „Didaktik des Weitererzählens", wie sie Bernhard Rank für den Umgang mit Kinderliteratur einfordert. Ein solches Weitererzählen hat für ihn immer auch eine für den Sprach- und Literaturerwerb entscheidende kommunikative Dimension:

> Unterrichtsphasen, in denen eine Klasse gemeinsam eine Geschichte hört, sie zu verstehen sucht und an ihr mit Hilfe textadäquater produktiver Verfahren weitererzählt, sind solche dem familiären Alltag nachgebildete (nicht mit ihm identische!) Unterstützungssysteme. Sie lassen sich organisieren nach dem Modell der Geflechterzählung: Jede und jeder trägt im Unterrichtsdialog 'weitererzählend' etwas zu dem Erzählprozeß bei, der durch die Geschichte ausgelöst wurde, und die Klasse wird zu einer 'Erzählgemeinschaft', in der man den positiv bewerteten Charakter der Erzählsituation erfahren kann. (Rank 1995, S. 158)

Zum Erzählen gehört immer der kommunikative Aspekt des Redens und Hörens, ursprünglich als Gruppenerlebnis, zumindest aber als Paarsituation konstelliert. Deswegen ist es unverzichtbar, dass in der Klasse auch die von den Kindern schriftlich verfassten Erzählungen mündlich vorgetragen werden, um

---

[9] Ingrid Mummert (1994, S. 16f.) empfiehlt in einer fremdsprachdidaktischen Perspektive den Roman *L'œil du loup* „besonders als erste Erfahrung mit Literatur in der Fremdsprache", „*weil er die Literatur selbst zum Thema macht*" und zwar in Form des Erzählens und des Lesens. „Der Schlüssel zu diesem Lesen-Erzählen ist die Fähigkeit des Jungen, ruhig hinzusehen und aufmerksam zu warten, Zeit zu haben." Diese Fähigkeiten „werden als Nähe und Freund schaffende Gaben dargestellt, nicht als 'kognitive Fertigkeiten', die Schüler erwerben und als Leistung nachweisen müssen".

[10] Auf diese anthropologische Bedeutung des Erzählens verweist auch Bernhard Rank (1995, S. 105) im Anschluss an Walter Benjamin; vgl. auch Ewers 1988; Härle 2004, S. 137f.

sie wieder in den kommunikativen Zusammenhang zurückzuholen. – Wichtige Lernthemen und Lernziele im Bereich des Erzählens sind:

– Freude am Lesen und Hören von Erzählungen entwickeln; Erzählen als kommunikatives Ereignis erleben;

– den fiktionalen Charakter von Erzählungen auf eine kindgemäße Weise kennen lernen;

– Passagen, die im Buch nicht oder nur andeutungsweise erzählt werden, selbst ausphantasieren und weitererzählen;

– zu Entdeckungen und Erfindungen passender anderer Geschichten angeregt werden;

– mit der Produziertheit des fiktionalen Erzähltextes durch eigene (Ko-)Produktion umgehen lernen;

– die Macht der Fiktion als wirklichkeitsschaffende Kraft erfahren.

3   *Afrika und Blauer Wolf* im Unterricht: Vorschläge und Beispiele

3.1 Einstieg in die Lektüre

Die Illustrationen von Jacques Ferrandez in der deutschen Ausgabe von *Afrika und Blauer Wolf* eignen sich gut, eine Hinführung zum Buch zu gestalten. Bevor Titel oder Inhalt genannt werden, erhalten die Kinder die Möglichkeit, zu den ersten Zeichnungen ihre Assoziationen zu nennen und mit spielerischen Ideen zum Thema und zum Titel des Buchs einzusteigen. Folgende Zeichnungen mit unterschiedlichen Perspektiven sind geeignet; sie können auf Overheadfolie an die Wand projiziert oder vergrößert an die Tafel geheftet werden:

Das Gespräch mit den Kindern kann im Halbkreis vor der Tafel stattfinden. Dabei könnte das leitende Thema etwa lauten: Betrachtet die Bilder und stellt Vermutungen über die Geschichte an, zu der sie passen könnten. Als stützende Impulse bieten sich an: Wo könnten sich der Junge und das Tier aufhalten? Was denkt und fühlt das Tier? Was denkt und fühlt der Junge? Was ist vorgefallen?

Was wird als nächstes geschehen? Denkt Euch Bildunterschriften für die Bilder aus.

Im Anschluss an diese Einstimmung, in der mögliche Anfänge der Erzählung assoziativ gesammelt werden, liest die Lehrerin / der Lehrer den Anfang des Buchs vor (bis S. 17). Dazu kann die Begleitaufgabe gestellt werden: Achtet darauf, was über den Wolf und den Jungen erzählt wird und welche anderen Tiere oder Menschen noch auftauchen. Die SchülerInnen äußern die ihnen wichtigen Beobachtungen und ergänzen sich gegenseitig. Ein weiterer Impuls im Gespräch könnte sein: Hat jemand von Euch eine Idee, weshalb das Buch „Afrika und Blauer Wolf" heißt? Allerdings sollte sich die „Ratephase" nicht verselbständigen, sondern bald vom Austeilen des Buchs abgelöst werden, damit die Kinder erste eigene Entdeckungen darin machen können.

3.2 Die Faszination des Auges

Zur Einstimmung auf die Bedeutung der Augen für die Begegnung des Jungen mit dem Wolf eignet sich eine kleine Übung: Die Kinder werden gebeten, sich jeweils zu zweit gegenüberzustellen (bei ungerader Zahl gleicht die Lehrperson das aus) und einander stumm in die Augen zu schauen. Nach einigen Momenten soll eines der beiden Kinder sein linkes Auge mit der Hand abdecken und beide sollen wahrnehmen, was sich dadurch verändert. Nach einigen Momenten folgt ein Wechsel. Schließlich soll jedes der beiden Kinder das linke Auge schließen und wieder wahrnehmen, was sich dadurch verändert. Anschließend werden die Erfahrungen im Sitzkreis besprochen. Eine weiterführende Frage könnte hier sein: Was erleben wir, wenn wir einem anderen tief in die Augen schauen? Und wenn uns selber jemand tief in die Augen schaut?

Die Kinder können nun in stiller Einzel- oder in Partnerlektüre (wichtig ist hier Wahlfreiheit!) das 1. Kapitel zu Ende lesen. Einzeln oder zu zweit stellen sie danach Vermutungen darüber an, weshalb der Junge sein Auge schließt und was das für den Wolf bedeutet. Sie halten ihre Ideen schriftlich auf einem kleineren Blatt Papier fest. Im Kreisgespräch tragen die Kinder diese Vermutungen zusammen und legen ihre Blätter in die Mitte: So ergibt sich ein Eindruck von den ähnlichen und unterschiedlichen Interpretationen. Die Zettel können auf ein großes Plakat mit einem Auge in der Mitte geklebt und aufgehängt werden.

Mögliche weitere Aufgabengestaltungen, die sich anschließen können: Male das Bild von einem Auge, in dem du etwas Interessantes entdecken kannst. Erzähle von dieser Entdeckung einem Freund / einer Freundin oder schreibe sie auf.

Ein Beispiel kann zeigen, dass SchülerInnen einer 4. Klasse durchaus in der Lage sind, eigene lebensweltliche Erfahrungen mit der Augen-Metaphorik des Romans zu verknüpfen und diese Erfahrung wiederum in einer Art Metapher zur Sprache zu bringen. Im Gespräch über die Augen-Erfahrung der Kinder und deren Verknüpfung mit der Erzählung trug Stefan[11] als Erklärung seine plötzliche Einsicht bei: „Der guckt in das Auge wie in 'n Fernseh'". Das ist auf der Oberfläche ein trivialisierender Transfer der poetischen Dimension in die Sphäre des Medienalltags. Aber zugleich offenbart dieser Gesprächsbeitrag des Zehnjährigen auch einen Ansatz des literarischen Verstehens und des literarischen Sprechens, denn er erklärt das poetische Phänomen nicht in der Form eines definitorischen Zugriffs, sondern in der Form einer neuen Metaphorisierung, die sich sogar in dem *Als-Ob* der Satzstruktur wiederholt. Etwas umformuliert könnte die Interpretationsaussage lauten: 'Afrika schaut in das Auge des Wolfs als ob er in einem Fernseher einen Film sehen würde' – womit sie ihrerseits zwar ihres poetischen Charakters entkleidet, aber in ihrem Erkenntnisgehalt bestätigt würde.

3.3 Mündliches Erzählen und Interkulturalität

Für die gesamte Atmosphäre und Wirkung des Buchs ist das *mündliche Erzählen* selbst ein zentraler Faktor. Deswegen sollte der Lehrer / die Lehrerin immer wieder einzelne Passagen des Buchs im Sitzkreis frei nacherzählen. Dies kann durch den Einsatz von Bilderfolgen unterstützt werden, aber auch das reine mündliche Erzählen als alte Kulturtradition sollte zum Zuge kommen. Wie wichtig und Beispiel gebend die Fähigkeit der Lehrenden ist, literarische Texte persönlich in die Klasse einzubringen und die eigene Beteiligung dabei erkennen zu lassen, macht Ute Andresen (2004) überzeugend deutlich: Ihr zufolge sollen Lehrende das Vorlesen und freie Nacherzählen als Unterrichtsformen ernst nehmen und üben, weil hier der dreifache Kontakt zwischen Lehrenden, Lernenden und Text ausschließlich mittels der Stimme hergestellt wird. Auch Pennac selbst unterstreicht in seinem programmatischen Essay *Wie ein Roman* (Pennac 1994) die Bedeutung des Vorlesens und Erzählens von Literatur im Unterricht (vgl. dazu auch Härle 2004, S. 142f.). Gerade eine Erzählung, die ihrerseits das mündliche Erzählen als zentrales Motiv behandelt, lässt es nahe liegend erscheinen, dieselbe Form in der Vermittlung als Lehrende(r) anzuwenden und mit den SchülerInnen einzuüben.

Die orale Literaturtradition stellt auch deswegen ein zentrales Motiv des Romans dar, weil sie einen wesentlichen Bestandteil der literarischen afrikanischen Kultur bildet. Unter dieser Prämisse kann man die Lektüre – ohne die Intention des Textes aus den Augen zu verlieren – zu einem umfassenderen interkulturellen Projekt ausgestalten, in dem den SchülerInnen auch andere Texte und Zeugnisse der Kunst aus Afrika zugänglich gemacht werden.[12] Zu denken ist

---

[11] Die Namen der Kinder wurden geändert.

[12] Anregungen zu Afrika-Projekten im Literaturunterricht bieten Bräunlein (1995) mit afrikanischen Märchen im Unterricht sowie Massingue (2000) und Kampmann (2000) mit einem allgemeinen Überblick über Literatur aus Afrika. Harms (2000) rekurriert auf die afrikanische Erzähltradition.

etwa an weitere afrikanische Märchen und Erzählungen, an Bücher aus der afrikanischen Kultur und über sie sowie im Fächerverbund an Musik, Plastik, Malerei und Tanz aus Afrika.[13] Ein Projekt dieser Art lässt sich deswegen so gut mit dem Roman verbinden, weil die Geschichten des kleinen Afrika selbst – wie bereits ausgeführt – als Leerstellen dazu einladen, den eigenen Vorstellungshorizont von Afrika zu erweitern. Mit der Einbeziehung originärer Zeugnisse afrikanischer Kultur kann man auch den negativen Begleiterscheinungen des Exotismus entgegensteuern, indem man nicht bei der „imaginativen Überschreibung des Fremden" bleibt, sondern das Fremde auch in seinen eigenen Erscheinungsweisen auf sich wirken lässt.

Ein Beispiel aus dem Pennac-Projekt: Als eine produktive Anregung, die Fähigkeiten der Lernenden zum mündlichen Erzählen zu schulen, hat sich die Idee einer Studentin erwiesen: Sie ließ die Kinder einer 5. Klasse ein kurzes afrikanisches Märchen auswählen, das sie gern den MitschülerInnen erzählen würden. Um dabei eine Gedächtnisstütze zu haben, durften sich die Kinder wichtige Stichworte auf kleine längliche Zettel schreiben, etwa einen Zettel pro Erzählabschnitt. Zur Weiterarbeit erfand die Praktikantin ihrerseits eine „afrikanische Tradition": Erzählschnur und Erzählrohr. Dafür wurden die Gedächtnis-Zettel an den Enden gelocht und mittels einer Schnur – man denke an den 'roten Faden' einer Geschichte – in selbst gewählten Abständen aneinander geknüpft. Sodann durfte sich jedes Kind, das erzählen wollte, selbst eine farbig gestaltete Röhre als „Erzählrohr" basteln, aus dem beim Erzählen die Erzählschnur Stück für Stück herausgeholt wurde, wobei sich die Erzählenden an den Zetteln orientieren konnten.

Anna erzählt ein afrikanisches Märchen mit Hilfe ihres Erzählrohrs und der Erzählschnur

---

[13] Eine ästhetisch besonders reizvolle Verbindung unterschiedlicher kultureller Aspekte bietet das französische Bilderbuch *L'Afrique, petit Chaka ...* (Sellier; Lesage 2000).

Als Ausgangstexte für das mündliche Erzählen der SchülerInnen haben sich die kurzen afrikanischen Märchen bewährt, wie sie sich etwa in der Sammlung *Kjambaki* (Geelhaar; Appelmann 1990) oder in *Babamkhulu erzählt* (Reichhart 1986) sowie anderen Märchenanthologien finden (z.B. Mandela 2004; die Märchen in dieser sehr attraktiven Anthologie sind aber m.E. für jüngere Kinder ziemlich schwierig).

3.4 Schriftliches Erzählen

Faszinierender Weise ist das Erzählen in *Afrika und blauer Wolf* ein mündliches Erzählen, das in schriftsprachlicher Form dargeboten wird. Denn im Unterschied zum historischen Prozess der Literaturentwicklung geht in der Moderne das Mündliche gegenläufig vom schriftsprachlichen Textzeugnis aus und kehrt von dort ins Mündliche zurück. Damit sie die analogen und unterschiedlichen Formen und Funktionen des mündlichen und des schriftlichen Erzählens besser kennen lernen, können die SchülerInnen angeregt werden, eigene schriftliche Erzählungen auszuspinnen, die in den Kontext des Romans passen und die sie als Begleittexte in einer Mappe sammeln oder zur Präsentation vorlesen und aushängen.[14]

Wir haben den Kindern einen Arbeitsauftrag etwa im folgenden Sinn gestellt: Im Buch heißt es, dass der Junge Afrika so schöne Geschichten über das Land Afrika erzählen kann. Kennst du auch Geschichten aus Afrika? Kannst du eine erzählen? Es könnte eine Geschichte über die Freundschaft zwischen einem ungewöhnlichen Kind und einem wilden Tier sein. Schreibe sie auf oder sprich sie auf den Kassettenrecorder. Wenn du Ideen brauchst, kannst du dir Bilder oder Einfälle beim Lehrer holen.

Beispiele für Schülerproduktionen in einer 4. Klasse:

DIE LÖWEN

Eines Abends saß Afrika am Feuer, um ihn herum hatten sich viele Menschen versammelt. Afrika erzählte eine Geschichte:

„Es war einmal eine Löwenmutter. Sie hatte drei Kinder. Sie lebten im gelben Afrika, der Savanne. Anfangs waren sie noch munter und vergnügt, doch es wurde immer heißer und die Hitze immer drückender. Schließlich war es so heiß, dass die Luft flimmerte. Die Kinder hörten auf zu toben. Jede Bewegung war zu viel. Sehnlichst wünschten sie sich den Abend her, an dem es sich immer etwas abkühlte, doch unter 30 °C wurde es nie. Doch vorerst war es nicht Abend, die Sonne brannte glühend auf den Sand; es war Trockenzeit. Langsam wurden alle Kräuter und Zweige braun und vertrockneten. Seit drei Tagen hatten die Löwen nichts mehr gegessen und getrunken. Eines Tages hielten sie es nicht mehr aus. Sie beschlossen aufzubrechen. Die Mutter wollte wenigstens eine Antilope jagen und nur eine kleine Pfütze zum Trinken finden.

---

[14] Auch Knab; Schösser (1996) verweisen auf *Afrika und blauer Wolf* als ein Buch, das sehr viele und geeignete Schreibanlässe im Primarbereich bietet.

Sie hatte Glück. Noch am selben Abend entdeckte sie eine kleine Pfütze. Viele Tiere hatten sich hier versammelt und tranken. Ein Zebra stand etwas abseits von den anderen. Es war schwach und krank. Die Löwin erkannte ihre Chance. Sie stürzte sich auf das erschrockene Tier und biss ihm in den Hals. Die anderen Zebras rannten so schnell sie konnten weg. Eilig kamen die Löwenkinder angelaufen und beteiligten sich an dem erlegten Zebra. Dann legten sie sich schlafen. Sie fühlten sich behaglich. Und der Zufall wollte es: Über Nacht zogen dichte Wolken auf. Es begann zu regnen. Alle Tiere der Savanne freuten sich. Die Savanne wurde wieder grün. *(Sarah)*

DIE GESCHICHTE ÜBER DAS EINSAME ELEFANTENBABY

Es war einmal ein Junge namens Afrika. Er erzählte, als er im gelben Afrika war, über ein Elefantenbaby. Eines Tages, als er über zehn Kilometer gelaufen war, hörte er ein lautes Stampfen, das immer näher kam. Afrika drehte sich um, weil das Stampfen plötzlich aufgehört hatte, und sah ein einsames Elefantenbaby. Er nahm es bei sich auf, weil weit und breit keine Elefantenherde zu sehen war. Nach etwa zwei Kilometern kam ein Dorf, in dem das Baby erst einmal zu essen und zu trinken bekam. Während dieser Zeit erzählte Afrika den Dorfbewohnern eine Geschichte.

Der Junge und das Elefantenbaby blieben ein paar Tage als Gäste im Dorf, dann machten sie sich auch die Suche nach der Elefantenherde. Plötzlich kam ein Sandsturm auf. Das Elefantenbaby und Afrika wurden durch die Luft gewirbelt. Sie fielen hart auf den Boden und der Sturm ließ langsam nach. Als der Sturm sich völlig gelegt hatte, hörten Afrika und das Baby aus der Ferne ein leises Stampfen, das immer lauter wurde. Plötzlich sahen sie eine riesige Staubwolke. Es war die Elefantenherde. Das Elefantenbaby trötete vor Freude und rannte gleich hin. Nun hatten Mutter und Sohn sich wieder gefunden. *(Patrick)*

Die Funktion dieser Art des schriftlichen Erzählens besteht weniger in der Schulung des antizipatorischen Vermögens oder in der Einfühlung in literarische Figuren, die sonst häufig mit produktiven Aufgaben verbunden werden, sondern in der Möglichkeit, das poetische Spielangebot des Romans selbst mitzuspielen. Die Kinder können dabei zum einen die Rolle des kleinen Jungen Afrika übernehmen und sich in dieser Rollenübernahme als Erzähler üben; sie können sich andererseits auch ihre eigenen inneren Bilder, die von den Andeutungen über Afrikas Erzählungen im Roman angeregt werden, bewusst machen und zur Sprache bringen. Dabei spinnen sie genau das intertextuelle Gewebe weiter, das der Roman antizipiert und mit dem er die Dimension des Poetischen eröffnet.

3.5 Ästhetische Erfahrungen mit dem Text

An anderen Stellen habe ich ausgeführt, dass meines Erachtens der gesprächsförmige Zugang zu Texten am besten geeignet ist, deren genuin literarischen, polyvalenten Charakter erfahrbar zu machen (vgl. Härle; Steinbrenner 2003; Härle 2004). Ähnlich wie bei der Begegnung mit Gedichten kann man auch die poetische Sprache dieses Romans in ihrem Eigenwert den Kindern näher bringen. Je nach Erfahrungen der Klasse und der Lehrenden mit echten Kreisgesprächen kann man als Vorstufen für solche Gespräche auch kleinere Anregungen geben, die den Kindern die ästhetische Dimension erschließen helfen.

Als geeignet haben sich zum Beispiel Impulse erwiesen, mit denen wir die Kinder gebeten haben, sich ihre 'Lieblingsstelle' (einen oder zwei Sätze) herauszusuchen und diese Stelle dann in einer besonderen typographischen Gestaltung zu schreiben und den anderen vorzustellen. Als „Lieblingsstelle" galt dabei nicht eine für den Textverlauf besonders wichtige Stelle, sondern eine Wendung oder Passage, die die / den Lesenden in besonderer Weise angesprochen hat. Im Übrigen ist ein Impuls wie dieser besonders gut dafür geeignet, dass auch die Lehrperson selbst an geeigneter Stelle ihren Leseeindruck einbringt: Auch ein erwachsener Leser wird sich von einer Textstelle besonders angezogen oder irritiert oder neugierig gemacht fühlen – und dies lässt sich dann als authentischer Beitrag in das Gespräch einflechten. Die Anregungen, die man SchülerInnen zur Gestaltung der Lieblingsstelle geben kann, sind weitgehend bekannt: ein 'Textfenster' gestalten; den Satz mit den Mitteln der konkreten Poesie schreiben; Farben verwenden; den Satz einfach 'schön' schreiben; mit der Textstelle Karten oder Lesezeichen zum Verschenken herstellen. Sollte, wie es in einem unserer Projekte der Fall war, die Möglichkeit zum Schuldrucken bestehen, so kann man auch dies hierfür gut einsetzen.

Wichtig sind hier die Freiwilligkeit und der freie Gestaltungsraum, damit die Kinder den Umgang mit poetischer Sprache, mit Sprachbildern und Metaphern üben und sich von ihnen im Wortsinn „ansprechen lassen" können. Eine Arbeitsaufgabe oder eine Bewertung im engeren Sinne sollte keinesfalls mit dieser Form verbunden werden.

Beispiele für Textstellen, die die SchülerInnen und Schüler als besonders ansprechend herausgesucht und für sich in der Schuldruckwerkstatt gestaltet haben:

Ohne den Jungen gehe ich nicht.
Toa, du verdienst den Jungen nicht.
Der beste Mensch taugt nichts.
Toa der Händler verlangt für Afrikas Geschichten Geld.
Afrika befreundet sich mit dem Gepard und füttert den Löwen.
Klick, macht der Augendeckel des Wolfs und öffnet sich.

Selbst wenn es sich in den unteren Klassen und/oder bei Kindern mit geringer Sprachfertigkeit erst um Ansätze zu einem literarischen Gespräch in seiner vollen Entfaltung handelt, scheinen mir solche Ansätze lohnend zu sein: Zum einen als erste Stufen, auf die sich aufbauen lässt, und zum anderen auch um ihrer selbst willen. Stefans metaphorisierende Deutung einer Metapher – „Der guckt in das Auge wie in 'n Fernseh' " – habe ich oben bereits als vollwertigen Beitrag zu einem Verstehensprozess dargestellt. Den Gesprächsbeitrag des kleinen Kadir, der scheinbar nur in dem kurzen Zitat „Paillettes Fell war erloschen“ aus *Afrika und Blauer Wolf* bestand, habe ich an anderer Stelle gewürdigt (Härle 2004, S. 164ff.). In solchen Beispielen kann sichtbar werden, dass Schülerinnen und Schüler ihre ästhetische Erfahrung, die sie mit einem Text wie dem Daniel Pennacs machen, durchaus sprachlich artikulieren können und wollen, dass wir als Lehrpersonen aber unsere Fähigkeit schulen müssen, diese sprachlichen Artikulationen als Teile eines Verstehensprozesses zu verstehen, aufzugreifen und zu fördern.

Dass es bei einigen SchülerInnen gelingen kann, bei anderen jedoch misslingt, mit solchen didaktischen Zielsetzungen auch Lesevergnügen zu bewirken, zeigen zwei der Rückmeldungen, um die wir die Kinder gebeten haben – zum einen, weil wir uns für ihre Eindrücke von Buch und Unterricht interessierten, zum anderen, weil wir ihre Kritikfähigkeit fördern wollten. Den Kindern und ihren konträren Meinungen gehört das letzte Wort:

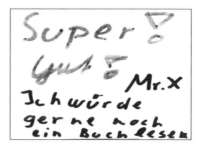

***

Schlussbemerkung

Die hier dargelegten Vorschläge basieren auf Unterrichtsreihen, die studentische Praktikumsgruppen der Pädagogischen Hochschule Heidelberg mit meiner Betreuung an unterschiedlichen Schulen durchgeführt haben. Den Klassenlehrerinnen, den Schülerinnen und Schülern sowie den Studierenden danke ich für die vielfältigen Anregungen und Erkenntnisse, die ich aus der Zusammenarbeit gewonnen habe. – Ebenso herzlich danke ich meinem Freund Bernhard Rank und der Mitherausgeberin Gina Weinkauff für ihre thematischen Anregungen zu diesem Beitrag und meinem Wissenschaftlichen Mitarbeiter Marcus Steinbrenner für seine sorgfältige und fruchtbare Text-Redaktion.

Literaturverzeichnis

Pennac, Daniel (1994): L'œil du loup. Illustrations de Catherine Reisser. Paris: Nathan; editions Pocket Jeunesse [EA 1984]

Pennac, Daniel (1998): Afrika und blauer Wolf. Aus dem Französischen von Almuth Piene. Mit Bildern von Jacques Ferrandez. Frankfurt a. M.: Fischer [Fischer Schatzinsel Nr. 80219]

Andresen, Ute (2004): Wer spricht? Was spricht? Wie spricht das Gedicht. In: Kein endgültiges Wort. Die Wiederentdeckung des Gesprächs im Literaturunterricht. Hg. von Gerhard Härle und Marcus Steinbrenner. Baltmannsweiler: Schneider Verlag Hohengehren, S. 175–189

Bräunlein, Peter (1995): Märchenreise nach Afrika. In: Praxis Deutsch, Jg. 22, H. 134, S. 33–34, 39–42

Braun, Volker ([1984] 1987): Das innerste Afrika. In.: ders.: Langsamer knirschender Morgen. Gedichte. Frankfurt a. M.: Suhrkamp, S. 61–63

Ewers, Hans-Heino (1988): Erzählkunst und Kinderliteratur. Walter Benjamins Theorie des Erzählens. In: Benjamin und die Kinderliteratur. Aspekte der Kinderliteratur in den zwanziger Jahren. Hg. von Klaus Doderer. Weinheim; München: Juventa, S. 196–212

Geelhaar, Anne (Hg.); Appelmann, Karl-Heinz (Illustrationen) (1990): Kjambaki. Afrikanische Märchen. Berlin: Junge Welt, 6. Aufl.

Härle, Gerhard (2004): Literarische Gespräche im Unterricht. Versuch einer Positionsbestimmung. In: Wege zum Lesen und zur Literatur. Hg. von Gerhard Härle und Bernhard Rank. Baltmannsweiler: Schneider Verlag Hohengehren, S. 137–168

Härle, Gerhard; Steinbrenner, Marcus (2003): Der „Parcours des Textsinns" und das „wahre Gespräch". Zur verstehensorientierten Didaktik des literarischen Unterrichtsgesprächs. In: Literatur in Wissenschaft und Unterricht, Jg. 36, H. 3, S. 247–278

Harms, Kim (2000): Geschichten erzählen. In: Informationen zur Deutschdidaktik, Jg. 24, H. 4, S. 77–94

Heukenkamp, Ursula (1991): Von Utopia nach Afrika. Utopisches Denken in der Krise der Utopie. In: Literatur in der DDR. Rückblicke. Text + Kritik Sonderband. Hg. von Heinz Ludwig Arnold und Frauke Meyer-Gosau. München: Text + Kritik, S. 184–195

Horatschek, Annegreth (1998): Art. Exotismus. In: Metzler Lexikon Literatur- und Kulturtheorie. Ansätze – Personen – Begriffe. Hg. von Ansgar Nünning. Stuttgart; Weimar: Metzler, S. 138f.

Jean Paul ([1827] 1963): Selina oder über die Unsterblichkeit der Seele. Sämtliche Werke. Hg. von Norbert Miller. München: Hanser, Abt. 1, Bd. 6, S. 1105–1236

Kampmann, Ruth (Hrsg.) (2000): Afrikanissimo macht Schule. Afrikanische Literatur im Unterricht der Sekundarstufen. Bönen: Kettler

Knab, Joachim; Schösser, Jutta (1996): Lesen macht Spaß – mit Büchern für Kinder. 2 Kinderbücher regen zum Schreiben an. In: Grundschule, Jg. 28, H. 7-8, S. 54–55

Kümmerling-Meibauer, Bettina (1997): Geschlecht und Charakter in der Kinderliteratur. In: Lesezeichen. Mitteilungen des Lesezentrums der Pädagogischen Hochschule Heidelberg, Jg. 1, H. 2, S. 27–49

Lacan, Jacques (1973): Schriften. Band I: Das Spiegelstadium als Bildner der Ich-Funktion. Olten

Lütkehaus, Ludger (Hg.) (2005): „Dieses wahre innere Afrika". Texte zur Entdeckung des Unbewußten vor Freud. Gießen: Psychosozial-Verlag; Imago

Mandela, Nelson (2004): Meine afrikanischen Lieblingsmärchen. Aus dem Englischen von Matthias Wolf. München: Beck

Massingue, Eva (2000): Afrika macht Schule. Afrikanische Literatur im Unterricht. Eine Handreichung. In: Informationen zur Deutschdidaktik, Jg. 24, H. 4, S. 68–76

Mattenklott, Gundel (1993): Fremde Kinder im Kinderbuch. In: Deutschunterricht, Jg. 46, H. 2, S. 58–-69

Moeyaert, Bart (Text); Höglund, Anna (Illustrationen) (1999): Afrika hinter dem Zaun. Aus dem Niederländischen von Mirjam Pressler. Hamburg: Carlsen [OA: Afrika achter het hek]

Mummert, Ingrid (1994): Literatur in der Lehrbuchphase – „L'œil du loup". In: Der Fremdsprachliche Unterricht. Französisch, Jg. 28, H. 4, S. 13–17

Pennac, Daniel (1994): Wie ein Roman. Köln: Kiepenheuer & Witsch

Rank, Bernhard (1995): Wege zur Grammatik und zum Erzählen. Grundlagen einer spracherwerbsorientierten Deutschdidaktik. Baltmannsweiler: Schneider Verlag Hohengehren

Reichhart, Franz (1986): Babamkhulu erzählt. Märchen aus Afrika. Freiburg: Herder

Schmidt-Supprian, Dorothea (2003): Spielräume inauthentischen Erzählens im postmodernen französischen Roman. Untersuchungen zum Werk von Jean Echenoz, Patrick Deville und Daniel Pennac. Marburg: Tectum

Schrader, Heide (1998): „Moi et toi, on n'est pas pareilles!" Wenn Fremde sich begegnen … In: Fremdsprachenunterricht, Jg. 51, H. 5, S. 349–355

Sellier, Marie (Text); Lesage, Marion (Illustrationen) (2000): L'Afrique, petit Chaka … Paris: Réunion des musées nationaux

Wölfel, Ursula ([1961] 1996): Feuerschuh und Windsandale. Stuttgart; Wien: Thienemann

HANS-BERNHARD PETERMANN

Nachdenken statt nach denken

Kriterien und Möglichkeiten des Philosophierens mit Kinder- und Jugendbüchern

Zum Ende einer meiner philosophischen Lieblingsgeschichten trifft der Protagonist im Zoo ein Panzernashorn. Das gefällt ihm sehr gut. Denn

> der Mann sah genau, wie das Panzernashorn versuchte zu denken, […] und er sah, wie sehr ihm das Mühe machte. Und jedes Mal, wenn dem Panzernashorn etwas einfiel, rannte es los vor Freude, drehte zwei, drei Runden im Gehege und vergaß dabei, was ihm eingefallen war, und blieb dann lange stehen – eine Stunde, zwei Stunden – und rannte, wenn es ihm einfiel, wieder los. Und weil es immer ein kleines bisschen zu früh losrannte, fiel ihm eigentlich gar nichts ein. „Ein Panzernashorn möchte ich sein", sagte der Mann, „aber dazu ist es jetzt wohl zu spät". (Bichsel 1969, S. 69)

Was mag dem Mann an diesem Panzernashorn gefallen? Dass es ihm Mühe macht, wenn es zu denken versucht? Dass es vergisst, wenn ihm etwas eingefallen ist? Dass ihm irgendwann, eingeholt von Schnelllebigkeit, gar nichts mehr einfällt? Wenn es darum geht, dem Reiz des Nachdenkens nachzugehen, ist das alles nicht sehr attraktiv. Warum sollte man sich um ein Denken bemühen, das letztlich darauf aus ist, Denken abzustellen?

Das aber genau ist das Thema. Das Panzernashorn vergisst ja nicht irgendetwas, sondern es vergisst, dass es vergessen hat, und denkt so, ohne zu wollen und zu wissen, dass es denkt. Gerade ein solches nichtwissendes Denken aber scheint jener Mann gesucht zu haben, hatte er sich doch aufgemacht, „nichts mehr wissen zu wollen". Ein eigentümliches Unterfangen: Wer so unmittelbar sich zu Welt verhalten will, hat wohl die Vorstellung, ganz eins sein zu können mit Welt. Er bräuchte dann nicht mehr in einer Weise zu denken, die ja doch stets nur ein nachher denken ist, was anders schon vorgedacht ist, ein Denken, das immer zu spät kommt, erst einsetzt, „nachdem die Wirklichkeit ihren Bildungsprozess vollendet und sich fertig gemacht hat" (Hegel 1821, S. 28). Hegel hat mit dieser Einsicht[1] die Tragik philosophischen Denkens auf den Punkt gebracht wie auch den ewigen philosophischen Traum, im Nachdenken ganz unmittelbar das Sein selbst denken zu können.

Warum aber ist unser Denken dem verhaftet? Einerseits ist mit unserer Fähigkeit, nicht nur zu leben, sondern Leben auch erfassen zu können, nicht nur in der Welt zu sein, sondern Welt auch erkennen zu können, immer schon eine unüber-

---

[1] Nicht zufällig wird dieser Gedanke von Hegel fast programmatisch in seiner Rechtsphilosophie (1821) entwickelt, der es wie keinem anderen Gebiet der Philosophie darauf ankommt, „das was ist zu begreifen" (S. 26), die beansprucht, als „Ergründen des Vernünftigen […] eben damit das Erfassen des Gegenwärtigen und Wirklichen" zu sein (S. 24).

brückbare Differenz zwischen Sein und Denken gesetzt. Wir nähern uns durch das Denken zwar dem Sein an, gleichwohl wird im Akt des Denkens stets auch eine Unterscheidung gesetzt, weil wir letztlich nicht das Sein selbst denken, sondern bloß sein Gedachtsein. Und so reichen wir mit Denken und auch mit Sprache nie an das Sein selbst heran.

Andererseits bleibt die Idee, ob es nicht einen (vorphilosophischen) Standpunkt geben mag, auf dem das Denken nicht (oder noch nicht) dieses zu spät kommende Nach-Denken ist, sondern ein unmittelbares Denken, ja Eingedenken des Gedachten selbst, dass also Denken und Gedachtes, Gesprochenes und das durch Sprache Gemeinte eins sind. Völlig absurd ist diese Idee nicht, zumal Erkenntnis nur möglich ist auf der Basis der Erfahrung von Sein. Wäre dies vielleicht Kindern oder auch kindlich bleibenden Erwachsenen möglich, insofern sie (noch) nicht der unmittelbaren Verhaftung der Welt entwachsen sind, und wäre eine solch kindliche Sprache möglich oder zumindest eine Sprache, die solch kindliche Unmittelbarkeit einzufangen versucht?

Mit diesem Gedanken ist der Problemhorizont exponiert, denn wir fragen nach dem Zusammenhang eines (philosophischen) Denkens mit einer entsprechenden (literarischen) Sprache. Martin Heidegger war von ihrem inneren Zusammenhang überzeugt, wenn er ein „künftiges Denken" favorisiert gegen das meta-physische, gewissermaßen nach-natürliche Nach-Denken (Heidegger 1949, S. 54). Ein solch künftiges „Denken sammelt die Sprache in das einfache Sagen" und wäre so „die Sprache des Seins, wie die Wolken die Wolken des Himmels sind" (ebd.). Wenn dergestalt Sprache wieder ein Entsprechen wäre, das dem Sein selbst entspricht, wäre solch ein Denken nicht mehr Philosophie, sondern Dichtung, dichtes Wort.

Um Gedanken zur Auslotung dieses Traums, seiner Möglichkeiten wie Grenzen, geht es in meinen Ausführungen. Prüfen will ich das jedoch nicht theoretisch-spekulativ, sondern an einigen sehr konkreten Beispielen des Philosophierens im Kinderbuch:

– In Teil 2 werde ich unter Bezug auf gemeinsame Seminare mit Bernhard Rank kurz und exemplarisch skizzieren, wie in so genannter philosophischer Jugendliteratur Philosophie zum Thema wird.

– In Teil 3 werde ich dann auch Bilderbücher betrachten und erläutern, ob und wie bereits durch sie Philosophieren mit jüngeren Kindern möglich ist.

– Beides kann jedoch nicht geschehen, ohne zuvor zumindest in Ansätzen ein Verständnis von Philosophieren zu elaborieren. Ich tue dies in Teil 1 durch eine Reflexion auf den Unterschied und den Zusammenhang von Philosophie und Philosophieren.

– Das Deutungskriterium des nichtdenkenden Nachdenkens wird hier im philosophischen Selbstverständnis verortet und darum im Schlussteil 4 über ein weiteres Bilderbuch nochmals aufgegriffen.

1 Philosophie oder Philosophieren?

„Es kann sich überhaupt keiner einen Philosophen nennen, der nicht philosophieren kann." Für sich genommen scheint diese Aussage Kants (1800, A 26) eine weitere Auseinandersetzung unserer Frage zu erübrigen. Und wirklich hat
manch einer der so genannten großen Philosophen die älteste der Wissenschaften zu einem Gerüst trockener Formeln, Deduktionen, Argumentationen, ge-
spickt mit Fremdworten und ellenlangen unverständlichen Satzkonstruktionen
oder auch zu einem „Jargon der Eigentlichkeit" (Adorno) verkommen lassen.
Da werden viele in den leicht abgewandelten Marx-Satz einstimmen: Die Philosophen haben die Welt nur kompliziert interpretiert; es kommt darauf an wieder
zu philosophieren! Und zwar durch eine Haltung von *Nachdenklichkeit*. Denn
bloß nach zu denken und wiederzukäuen, was andere schon vorgedacht haben,
setzt das eigene Denken vollkommen außer Kraft. Angesagt also wären Nachdenken, Staunen, Fragen stellen, wie es die Kinder tun, ganz lebendig, ganz
unmittelbar aus dem Leben gegriffen, natürlich wie unser gesunder Menschen-
verstand.

Man ahnt, das ist so nur dargestellt, um eine Basis zur Kritik zu gewinnen. Hegel
polemisierte Zeit seines Lebens gegen seichtes Philosophieren: „Im ruhigeren
Bette des gesunden Menschenverstandes fortfließend, gibt das natürliche Philosophieren eine Rhetorik trivialer Wahrheiten zum besten." (Hegel 1807, S. 64)
Wenn man sich die Flut kinderphilosophischer Ansätze (auch in der Literatur)
vor Augen hält,[2] mag man zuweilen Hegels Einschätzung teilen, was hier am
Werk ist: „Ein natürliches Philosophieren, das sich zu gut für den Begriff und
durch dessen Mangel für ein anschauendes und poetisches Denken hält, bringt
willkürliche Kombinationen einer durch den Gedanken nur desorganisierten
Einbildungskraft zu Markte – Gebilde, die weder Fisch noch Fleisch, weder
Poesie noch Philosophie sind" (ebd.). Bittere Worte, gerade in unserem
Kontext, wo wir doch Philosophisches im Poetischen zu suchen uns aufmachen
wollten.

1.1 Staunen als Auseinandersetzung

Ist unser Vorhaben damit verabschiedet, gar das Motto der ganzen Veranstaltung
„Am Anfang war das Staunen"? Ja, wenn wir es bei Alberto Knox' bzw. Jostein
Gaarders Anweisung beließen, was Philosophie sei: „Die Fähigkeit uns zu
wundern, ist das einzige, was wir brauchen, um gute Philosophen zu werden."
Und weiter: „Alle kleinen Kinder haben diese Fähigkeit, das ist ja wohl klar"
(Gaarder 1993, S. 23).

---

[2] Auch und gerade weil ich mich selbst dem Philosophieren mit Kindern zugehörig fühle, scheint mir
diese kritische Bemerkung notwendig, um nicht inflationär jede wundersame kindliche Bemerkung als philosophisch zu stilisieren, positiv um die Möglichkeiten eines Philosophierens mit Kindern auch ernsthaft und nachhaltig würdigen zu können.

Nein! Das ist zu wenig. Das wussten bereits die Philosophen, auf die man sich mit dem Staunen und Sichwundern gemeinhin beruft, ohne freilich genauer in ihre Texte hineinzuschauen. Für Platon ist in der Tat nichts anderes die *archê*, der Ursprung der Philosophie als das *thaumazein*, das Erstaunen (vgl. Theaitetos 155d), so sehr, dass sie das *pathos* des Philosophen ist, seine „wesenhafte Gestimmtheit" (vgl. Heidegger 1956, S. 24f.). „*Archê*" aber meint weniger Anfang, vielmehr das durchherrschende Prinzip, das Grundsätzliche. So versteht es auch Aristoteles; doch διὰ τὸ θαυμάζειν οἱ ἄνθρωποι ἤρξαντο φιλοσοφεῖν (Metaphysik 982b) heißt nicht: „Mit dem Staunen begannen die Menschen zu philosophieren", sondern: „Durch das Erstaunen hindurch gelangten die Menschen in den beherrschenden Ursprung, in die Grundlage des Philosophierens". Und er konkretisiert: „Das zufällig zur Hand Liegende (*ta procheira*) ist es, was grundsätzlich (*ex archês*) sie staunen machte, und zwar weil es ihnen mit Erklärungen letztlich unzugänglich ist (*aporon*). Allmählich machten sie auf diese Weise Fortschritte und stellten sich über größere Zusammenhänge Fragen, zweifelten." (ebd.)[3] Eine Skizze der Entwicklung des Staunens bietet uns dieser Text, was sich folgendermaßen zusammenfassen lässt:

– Das Philosophieren hat im Staunen seinen Ursprung;

– dieses Erstaunen greift im Alltäglichen, im zufällig zur Hand Liegenden, nicht in großen abstrakten Fragen;

– ein solches Staunen muss zunächst eher als Erstauntwerden verstanden werden, also als nicht aktive Äußerung des Staunenden, sondern als in den Bann gezogen werden durch etwas, was mich staunen macht;

– das tut es, weil es mir unmittelbar nicht zugänglich ist.

– Erst durch diese elementare Irritation werde ich herausgefordert, weiter zu fragen, in Frage zu stellen, zu zweifeln, zu prüfen usw. um so zu Einsicht zu kommen.

Philosophieren ist mehr als das schlichte und unmittelbare, gleichsam naive Fragen, obgleich es sich stets an solchem Fragen entzündet. Philosophieren ist der differenzierte Prozess der Auseinandersetzung damit, warum alles so ist wie es ist, also das über den unmittelbaren Eindruck hinausgehende Infragegestelltsein und Infragestellen.[4]

---

[3] Die Übersetzung stammt unter Rückgriff auf Heidegger (1956, S. 25) vom Autor.

[4] Zu einer differenzierteren Auseinandersetzung mit diesem Prozess und den folgenden Ausführungen vgl. Kapitel 2 „Vom Staunen zum philosophischen Denken" meines Buchs Petermann 2004b. Auch Maria Lypp betont, dass das Staunen „bereits ein zweiter Blick" sei, zu verstehen nur im Kontext grundsätzlicher Orientierung in der Welt (vgl. den Aufsatz von Lypp im vorliegenden Band).

1.2 Differenzierungen im philosophischen Fragen

Philosophieren gründet in einfachen, alltäglichen Erfahrungen. Wie von selbst drängen sich hier Fragen auf: Warum scheint die Sonne, warum verliert der Baum seine Blätter, warum esse ich, warum stirbt der Vogel? Solche Fragen haben elementaren Charakter; denn das, was mich fragen lässt, ist grundlegend für mein Leben. Später schließen sich schwierigere Fragen an: Warum heißt dieses Tisch, jenes Stuhl; gibt es einen oder viele Himmel; wie kommt das Haus da in mein Auge? Und auch problematische: Wo bin ich, wenn ich schlafe; wo war ich, als die Mama Kind war; kann meine Katze mich verstehen? Daraus erst entstehen die so genannten letzten Fragen: Wer bin ich, woher komme ich, wohin gehe ich, was ist Welt, gibt es einen letzten Sinn für alles …? (Vgl. Petermann 2002, S. 101 ff.)

Warum aber fragen wir so? Weil wir Menschen fragen müssen. Wir nehmen in der Begegnung mit irgendetwas, auch mit uns selbst, unserer Welt, dies nie einfach nur hin, sondern nehmen es immer schon wahr, ordnen ein, deuten, gehen damit als Wirklichkeit um und verschaffen uns so jene Orientierung, die wir brauchen. Philosophie aber differenziert und fragt, warum wir das tun und wie das geschehen kann. Sie kennt drei Ebenen, in denen sich unser Fragen und Suchen artikuliert:

– Zunächst als Staunen und Verwundern, dass alles so ist, wie es ist. So sprechen die Traditionen der Weisheit. Sie finden mythische, symbolisch-bildhafte, aber nicht begrifflich als Erkenntnis sich formulierende, sondern unmittelbar der Orientierung dienende Antworten. Ihre Sprache ist poetisch geprägt, durch Sprachbilder. In diesem noch ganz in der Geheimnishaftigkeit ihres Gegenstands befangenen Staunen hat die Philosophie ihren Ursprung.

– Doch erst der kritische und der Form des eigenen Fragens bewusste Bezug auf diese Fragen ist Philosophie – die zweite Ebene philosophierenden Fragens. Als Denken des Denkens und nicht nur einfach Nach-Denken von etwas Vorgestelltem ist Philosophie immer auch Wissenschaft. Ihre Wissenschaftlichkeit wird konkretisiert durch kritischen Zugriff auf ihren Gegenstand. Für die poetische Sprache bedeutet dies, dass sie in der Lage wäre, in ihren Formulierungen solch kritische Differenzierungen im Zu Sagenden aufzubieten.

– Als Wissenschaft unterscheidet sich Philosophie grundsätzlich von bloßer Weltanschauung, von bereits antwortender Weisheit und Mythologie,[5] aber, und dies ist die dritte Ebene philosophierenden Fragens, auch von jeglicher Form von Ideologie und Dogmatismus wie auch von den heute so mächtigen

---

[5] Diese Unterscheidung ist umstritten, weil damit vor allem die großen Traditionen religiöser Weisheit aus der eigentlichen Philosophie herausfallen. Das hat nicht den Sinn, diese Traditionen in ihrem Wert herab zu setzen. Vielmehr wird damit für den eigenen Anspruch klärend der 2500 Jahre alte Sinn der Philosophie als Denken des Denkens herausgestellt. Die Fähigkeit, mythische, metaphorische, symbolische und so auch religiöse Sprache sinnvoll philosophisch zu verstehen, ist unserer Zeit weitgehend abhanden gekommen (vgl. Petermann 2004 a).

Tatsachenwissenschaften.[6] Als *philia* ist die Philosophie ständige Auseinandersetzung mit dem, was jenes *sophon*, das Ganze der Wirklichkeit, sei, und so ist
sie sich ihres eigenen Denkens bewusst und kennt darum ihre prinzipielle
Grenze, die sie in einem vom Denken nie einzuholenden, dem Denken vor-
ausgesetzten Grund allen Denkens hat. Darum ist sie immer auch Wissen des
Nichtwissens und wesentlich skeptisch und kritisch gegen so genannte Letzt-
antworten. Das aber ist sie als wissende und darum Wissen des Nichtwissens.[7]
Philosophisch interessante Literatur müsste eben dies leisten: Im Benennen
zugleich den Raum offen zu halten für das, was sich dem sprachlichen Zugriff
verweigert.

1.3 Wege zum Philosophieren

Philosophieren ist wie poetisch philosophierende Literatur ein komplexes und
kompliziertes Unterfangen. Doch zum Denken kann jeder Mensch sich ausbilden, hat sogar ein Recht darauf. Zu Beginn hatte ich Kant unvollständig zitiert.
Genau heißt es: „Es kann sich überhaupt keiner einen Philosophen nennen, der
nicht philosophieren kann. Philosophieren lässt sich aber nur durch Übung und
selbsteigenen Gebrauch der Vernunft lernen." Vier Anweisungen sind förderlich
zum Lernen und zur Kultivierung philosophischer Nachdenklichkeit:[8]

– über *Alltägliches* in Erstaunen geraten: das heißt zuerst einmal die Sinne zu
 öffnen und zu schärfen, dann Eindrücke zu Wahrnehmungen zu machen und

---

[6] In ihrer Auseinandersetzung mit der aktuellen Forderung nach Interdisziplinarität erinnern sich die
Einzelwissenschaften wieder ihres Ursprungs im philosophischen Fragen. Die sich vor allem im 19.
und 20. Jh. entfaltende Emanzipation der Wissenschaften von der Philosophie lieferte zwar einerseits den Vorzug größerer Klarheit und Verlässlichkeit gegenüber vagen Spekulationen, führte aber
andererseits zur Hypertrophie des so genannten Tatsachenwissens (historistischer, positivistischer
und naturwissenschaftlicher Provenienz), gegenüber dem Deutungswissen. Erst in den letzten Jahren wird dies wieder selbstkritisch zur Sprache gebracht.

[7] Mit dieser Formulierung nehme ich Bezug auf das Selbstverständnis abendländischer Philosophie
seit Sokrates, dessen ganzes Bestreben darauf ausgerichtet war, Scheinwissen in seinem Anspruch
aufzubrechen, und zwar in Orientierung an einer letzten Wahrheit, die wir stets nur anstreben, nie
aber für sich selbst erfassen können, obgleich wir durch unser Streben von ihrer Existenz überzeugt
sein dürfen.

[8] Die Anweisungen (2), (3) und (4) gehen wörtlich auf Kants *Anthropologie* zurück (Kant 1798,
A 122). Sie liegen inzwischen als didaktisches Gerüst einigen bundesdeutschen Bildungsplänen für
das Schulfach Philosophie / Ethik zugrunde. Ich habe sie ganz im Sinne Kants ergänzt um die erste
Anweisung, im Konkreten zu beginnen, weil Begriffe ohne Anschauung leer bleiben müssen, alle
Erfahrung mithin in der sinnlichen Wahrnehmung zu beginnen hat. Diese philosophische Phänomenologie spielt als Theorie der Aufmerksamkeit eine wichtige Rolle in der neueren Philosophiedi-
daktik (vgl. Werner 2001). Mit gleicher Intention betont Maria Lypp: „das philosophische Denken
des Kindes ist fest im Alltagsleben verankert" (vgl. den Aufsatz von Lypp im vorliegenden Band).

schließlich aus Wahrnehmungen Erfahrungen werden zu lassen:[9] das ist konkretes, im Unmittelbaren verwurzeltes Lernen; für die Sprache bedeutet das, Aufmerksamkeit zu üben gegenüber der Vielfalt des mit der Sprache phänomenal Einzufangenden;

– *selber* denken: das meint nicht, dass wir selbst alles erfinden müssen,[10] sondern dass etwas nur gedacht wird, wenn ich selbst meine eigenen Gedanken zu denken wage; Sprache hat entsprechend so zu formulieren, dass sie mir als die eigene möglich wäre;

– *dialogisch* denken: Gedanken bleiben schal, wenn sie nicht geäußert, ausgetauscht, geprüft, der Kritik unterworfen werden; lebendig werden sie erst in der Mitteilung und durch die Fähigkeit, sich an die Stelle der anderen zu versetzen.[11] Sprache muss entsprechend dialektischen Charakter tragen, die Sache durchsprechend und durch Fragen und Problemstellungen Auseinandersetzungen beim Leser freisetzend;

– mit sich selbst einstimmig, *reflexiv* denken: Zum Philosophieren gehört stets die Vergewisserung über die *Formen* unseres Denkens, insbesondere die Begriffe; darum zeichnet der bewusste Gebrauch von Sprache Philosophierende aus. Das gilt als Kriterium emphatisch für poetische Sprache. Solche Sprache muss deutlich machen, dass sie weiß, warum sie etwas so und nicht anders sagt; sie darf und sollte dabei freilich auch mit Begriffsgestaltungen spielen und es unserem Leserblick überlassen, welcher Ausdruck angemessener erscheint.

2 Nachdenken und nach denken

In seinem wegweisenden Artikel zur Philosophie in der Kinder- und Jugendliteratur [12] hat Bernhard Rank vom Kriterium des Erzählkonzepts her fünf Modelle unterschieden (Rank 2000, S. 812 ff.):

---

[9] Bewusst differenziere ich hier zwischen Eindrücken, Wahrnehmungen und Erfahrungen. Ein solch differenzierter Erfahrungsbegriff geht einerseits zurück auf Aristoteles, für den Erfahrungen Sammlungen von Erinnerungen sind, welche sich wiederum über Wahrnehmungen einstellen (vgl. Metaphysik 980 f.). Zum andern verdankt sich die Unterscheidung der zumindest indirekt bei Kant gebräuchlichen Differenzierung in der lateinischen philosophischen Begrifflichkeit zwischen Rezeption (Aneignung), Perzeption (Durchdringung) und Apperzeption (Wahr-Nehmung).

[10] Diese Bemerkung ist durchaus als Kritik an einer überschwänglichen und einseitigen Adaptation konstruktivistischer Lerntheorien zu verstehen.

[11] Schon für Aristoteles wäre der radikal Einzelne kein Mensch mehr, sondern ein *idiotes*, ein Gott, oder ein wildes Tier. Philosophie jedenfalls ist schon dadurch, dass sie wesentlich Auseinandersetzung ist, immer an den Dialog mit anderen gebunden.

[12] Die Formulierung „in der Kinder- und Jugendliteratur" ist von Rank bewusst gegen den Originaltitel „als Thema der" gewählt worden (Rank 2000, S. 806), um den nicht nur unter literarischen, sondern auch philosophischen Gesichtspunkten interessanten „Faktor der formalen sprachlich-literarischen Gestaltung" hervorzuheben gegen das Missverständnis, „einseitig beim Inhaltlichen" anzusetzen.

1. das Modell eines „philosophisch zu reflektierenden *Kontrasts* zwischen einer fantastischen *Anderswelt* und unserer ‚normalen', nicht hinterfragten *Alltagswelt*", für das Bücher wie *Alice im Wunderland* oder *Momo* stehen;

2. das Modell „Operieren mit *verschiedenen Erzähleben*" mit dem Prinzip „Fiktion in der Fiktion", das Rank an Gaarders *Sofies Welt* exemplifiziert;

3. das Modell „der expliziten Thematisierung philosophischer *Wissensbestände* auf der Ebene der ‚*erzählten Welt*'", deutlich in Gaarders *Durch einen Spiegel* oder Cléments *Theos Reise*;

4. das Modell „der *Reflexion von Alltagserfahrungen* im Bewusstsein einer Figur mit inszenierter Naivität", das von Saint-Exupéry, Milne aber auch von Schubiger verwendet wird;

5. das Modell, das weniger mit Faktoren der erzählten Welt arbeitet, sondern mit einer „*Erzähl-Haltung*, die *Nachdenklichkeit* praktiziert und einfordert", was sich bei Schubiger, Bichsel, Hohler und Tournier findet.

In gemeinsamen Seminaren haben Bernhard Rank und ich mit Studierenden Jugendliteratur auf diese Modelle hin untersucht.[13] Die Unterscheidung zwischen „nach denken" und „nachdenken"[14] diente zusätzlich als Kriterium zur Unterscheidung einer auf Philosophie-Wissen einerseits und philosophierende Nachdenklichkeit andererseits angelegten Jugendliteratur. Kaum überraschend tendierten die Erzählkonzepte (3), aber auch (2) eher zum Philosophie-Wissen, die Modelle (4) und (5) zur philosophierenden Nachdenklichkeit. Exemplarisch standen dafür auch bei uns die Namen Gaarder auf der einen, Schubiger auf der anderen Seite. Ranks Kritik an Gaarder in seinem Artikel schließe ich mich ebenso an wie seiner Sympathie für Schubiger. Ergänzend zu den literaturwissenschaftlichen Kriterien hat mich naturgemäß vor allem die philosophische Qualität der Bücher interessiert.

2.1 Probleme instruierenden Nach-Denkens: das Beispiel Gaarder

Den Vorwurf, Bücher bloß zum Nach-Denken verfasst zu haben, muss sich Gaarder nicht allein wegen der zum Teil unerträglich belehrenden, eher esoterisch-religiösen als philosophischen Figuren wie dem Engel in *Durch einen Spiegel* gefallen lassen, sondern auch durch die Machart der explizit philosophierenden Gespräche in *Sofies Welt*. Ich wähle dafür als Beispiel das Kapitel zu Descartes (Gaarder 1993, S. 275ff.).

Betrachten wir zunächst die Gesprächsqualität. Am Anfang scheint ein wirklicher Dialog in Gang zu kommen. Alberto doziert zunächst, doch Sofies Be-

---

[13] Paradigmatisch untersuchten wir in Arbeitsgruppen folgende bewusst heterogen ausgesuchte Titel: Peter Bichsel: *Kindergeschichten*; Jürg Schubiger: *Mutter, Vater, ich und sie*; Eckhard Nordhofen: *Die Mädchen, der Lehrer und der liebe Gott*; Markus Tiedemann: *Prinzessin Metaphysika*; Jutta Richter: *Hinter dem Bahnhof liegt das Meer*; Jostein Gaarder: *Hallo, ist da jemand?*

[14] Diese Unterscheidung wurde zuerst von Gerda Wurzenberger (1997) als Kriterium genannt.

merkung „ein ziemlich seltsamer Gedanke" suggeriert nicht nur ihr Mitdenken, sondern löst auch eine Gegenfrage aus: Wie meinst du das? Und dann erzählt Sofie wirklich ein Beispiel aus ihrer konkreten Erfahrung. Doch in seiner Antwort lotet Alberto diese Erfahrung keineswegs weiter aus, sondern lenkt die Aufmerksamkeit unvermittelt zurück auf die Position von Descartes. Dass Sofie darauf nun „wirklich gespannt" sei, wirkt nicht authentisch. Ihre folgenden kurzen Bemerkungen zu Albertos Darlegungen sind eigentlich nur atmosphärischer Natur. Selbst ihre neuen Erfahrungsbeispiele (das nachgebende Fundament, die Entfernung der Baumaterialien und der Traum des Jeppe) wiederholen nur zuvor getroffene Aussagen, indizieren nirgends ein wirkliches Mitdenken des cartesianischen Gedankens.

Kurz, das diskursive Niveau dieses Gespräch ist ärmlich. Selbst die platonischen Dialoge, denen man häufig den Vorwurf macht, die Gesprächspartner des Sokrates seien mit ihrem „notwendig" oder „gar sehr" bloße Statisten, sind besser, weil die kurzen Einwürfe stets mitdenkend antworten auf direkt den Schüler ansprechende und sein eigenes Denken herausfordernde Fragen.

Dazu kommt das sprachliche Niveau. Unter der Zielsetzung der Vereinfachung komplexer philosophischer Gedanken angetreten, verkommen manche Ausführungen von Alberto (und später vom Major) zu Simplifizierungen. Die Darstellungen sind nicht falsch. Doch unterbietet Gaarder Descartes' Sprachgestaltung, indem er bloß darstellt und so uninteressant macht, was bei Descartes noch interessierend überlegt war. Vergleichen wir:

> Aber Descartes' Zweifel reichen noch tiefer. Wir können nicht einmal dem vertrauen, was unsere Sinne uns erzählen, meinte er [...]. Auch wenn wir träumen, glauben wir, etwas Wirkliches zu erleben. Und gibt es etwas, das unsere wachen Empfindungen von den geträumten unterscheidet? [...] Er ist zu der Erkenntnis gekommen, dass er alles anzweifelt, und dass das das einzige ist, dessen er sich ganz sicher sein kann. Und dann geht ihm etwas auf: Es gibt eine Tatsache, deren er sich ganz sicher sein kann, nämlich wenn er zweifelt, muss auch feststehen, dass er denkt, und wenn er denkt, dann muss feststehen, dass er ein denkendes Wesen ist. Oder wie er selber sagt: 'Cogito, ergo sum'. (Gaarder 1993, S. 280)

Da würde ich lieber gleich zu Descartes selbst greifen, der die Entwicklung seiner Gedanken explizit macht und so die Leser in den Prozess der Argumentation einbindet:

> [...] so schien mir das Verhalten geboten, alles als entschieden falsch zu verwerfen, wo ich den leisesten Zweifel fand, um zu sehen, ob nicht zuletzt in meinem Fürwahrhalten etwas ganz Unzweifelhaftes übrig bleiben werde. Deshalb nahm ich, weil die Sinne uns manchmal täuschen, an, dass es nichts gebe, was so beschaffen wäre, wie sie es uns bieten [...]. Endlich bemerkte ich, dass dieselben Gedanken wie im Wachen auch im Traum uns kommen können, ohne dass es einen Grund für ihre Wahrheit im ersten Falle gibt; deshalb bildete ich mir absichtlich ein, dass Alles, was meinem Geiste je begegnet, nicht mehr wahr sei als die Täuschungen der Träume. Aber hierbei bemerkte ich bald, dass, während ich Alles für falsch behaupten wollte, doch notwendig ich selbst, der dies

dachte, etwas sein müsse, und ich fand, dass die Wahrheit: „Ich denke, also bin ich" so fest und so gesichert sei, dass die übertriebensten Annahmen der Skeptiker sie nicht erschüttern können. (Descartes 1637, IV.1)

Es gibt andere Versuche, philosophische Positionen (jugendlichen) Lesern in einfacher Sprache nahe zu bringen. Wirklich überzeugend geglückt scheint mir keiner. Am ehesten noch das (noch) nicht sehr bekannte Buch *Prinzessin Metaphysika* von Markus Tiedemann (1999). Immerhin gelingt es ihm, philosophische Positionen nicht belehrend in den Text einzubauen, sondern sie auf der Ebene der erzählten Welt als Erfahrungen und Begegnungen zu inszenieren, die die Protagonisten Platonikus-Kantikus, Kalle Max und Metaphysika auf ihrer relativ spannend erzählten Reise tatsächlich machen.

2.2 Möglichkeiten literarischer Gestaltung von Nachdenklichkeit

Nun hat Gaarder selbst die skizzierte Möglichkeit genutzt, Literatur nicht über langatmige Erläuterungen seitens bestimmter Figuren auf Vermittlung von Philosophiewissen anzulegen, sondern durch inszenierte Brüche von Alltagserfahrungen auf philosophierende Nachdenklichkeit. Gelungen ist ihm das vor allem durch die Wirklichkeitsmodelle, mit denen er in *Sofies Welt* spielt: Sofie wie auch ihr Lehrer Alberto Knox erweisen sich im Laufe des Buchs als fiktive Figuren eines Romans, den Major Knag an seine Tochter Hilde geschrieben hat. Dieser Plot wird bewusst bei Einführung der Philosophie von George Berkeley aufgedeckt. Am Ende des Buchs kippt das Wirklichkeitsmodell ein weiteres Mal, wenn nämlich, wiederum nicht ohne Zufall angesichts der Auseinandersetzung von Freuds Traumtheorie, Sofie und Alberto den Raum der Fiktion verlassen und sich als reale Personen selbständig machen wollen. Eine gute Idee, die noch besser in der interaktiven CD-Rom zum Buch weitergesponnen wird. Nur leider bleibt sie ein theoretisches Gerüst für die Konstruktion des Romans, gewinnt nicht ihrerseits wiederum literarisch Gestalt.

Das gelingt Gaarder nur ganz zu Beginn seines Buchs, freilich ohne dass er selbst und Sofie das wirklich bemerkt zu haben scheinen: Mit philosophisch ausdeutbaren Alltagserfahrungen beginnt nämlich die Geschichte (Gaarder 1993, S. 7) und damit auch das Philosophieren, keineswegs erst mit dem vorgeblich so philosophischen Brief mit der großen Frage: „Wer bist Du?" Damit es für den Anfang dann wirklich zum Philosophieren kommt, würde ein kleiner Satz mehr ausreichen, etwa so: „Ihr Haus schien am Ende der Welt zu liegen. *Ja das sagt man so, aber wo wäre denn solch ein Ende, ein Ort, der viel weiter als weit weg läge [...]?*" Bei den Blumen und Birken stellt Sofie sogar selbst die weiter führende Frage: „War es nicht seltsam, wie zu dieser Jahreszeit alles anfing zu wachsen und zu gedeihen?" (ebd.) Entscheidend für den philosophierenden Impuls sind hier die sprachlichen Formulierungen „am Ende der Welt" oder „alles fing an zu gedeihen"; sie bieten Räume, etwas zu sagen, was mich in der Erfahrung von Welt erstaunen macht, was ich aber nicht in deskriptive, philosophisch gesprochen, in apophantische Ausdrücke bringen kann, sondern wofür nur poetische Formeln bleiben, die Erfahrungen zu verdichten versuchen.

Hier genau liegt der Maßstab für die von uns gesuchte Literatur der Nachdenklichkeit, einer Nachdenklichkeit, die nicht banale Fragen stellt, sondern im Sagen Fragen enthält, weil das zu Sagende sich nicht völlig durch Sprache fassen lässt, und doch im Fragen etwas sagt und so sprachlich gleichwohl zu gestalten in der Lage ist.

Diesen Versuch macht auch Jürg Schubiger. Ich greife zu einem Beispiel aus seinem Buch *Mutter, Vater, ich und sie* (Schubiger 1997, S. 38 ff.):

> Großmama ist krank. Man weiß nicht, was es ist. Wahrscheinlich Krebs. Vater telefoniert nun schon seit einer Ewigkeit mit Onkel Bernhard. Das ist sein ältester Bruder.
>
> Großmama hat ein Geschwür an der Leber. Wenn es Krebs ist, wächst es immer weiter. Gesunde Zellen vermehren sich nur, bis alles seine richtige Größe hat. […] Krebs ist wie der süße Brei im Märchen, der aus dem Töpfchen überläuft und zur Haustür hinaus, der nicht mehr zu stoppen ist, der das ganze Dorf zudeckt. […]
>
> Ich stelle mir Großmamas Leber vor. Alles Übrige ist noch gesund und gut erhalten. Nur gerade die Leber nicht. Kann die Gesundheit rings um die Leber herum nicht ansteckend sein? […]
>
> Als Frau Früh, unsere Lehrerin, vor der Weltkarte stand, stellte ich mir unter dem grünen Pullover ihre Leber vor, die vermutlich gesund ist. Sie fuhr mit der Hand über die großen Meere und lächelte, als hätte sie gar keine Leber.
>
> Großmama geht es schlecht. Was weiß sie von dem, was inzwischen in ihr passiert? Sie sieht es ja nicht und spürt es auch kaum. Aber es passiert in ihrer nächsten Nähe.
>
> Im Körper ist es dunkel und oben schaut man aus ihm hinaus.

Schubiger arbeitet mit der bildhaften Ausgestaltung einer Erfahrung. Die anfängliche fast naturwissenschaftliche Beschreibung des Krebses fasst, philosophisch gesprochen, zwar die Bedeutung dieser Krankheit, nicht aber ihren unser Leben zerstörenden und verstörenden Sinn. Das gelingt erst durch den Bildvergleich mit dem süßen Brei. Aus dem gleichen Grund geraten der Ich-Erzähler und mit ihm die Leser in der Erfahrung mit Frau Frühs Welterklärung in jene von uns gesuchte Nachdenklichkeit, in das philosophische Erstaunen. Denn was die Lehrerin hier zeigt, sind nicht allein die Meere, es ist so etwas wie das Weite, das Unvorstellbare der Ausbreitung der Krebsgeschwulst, die wie das Wasser der Meere nicht eigentlich gefasst werden kann. Und wie Frau Früh nur die Karte, nicht aber die Meere selbst zeigt, gehen auch die Gedanken weiter in die Frage nach dem Verhältnis, das ich zu mir habe, zu meinem Körper, zu den Organen in meinem Körper, zu meinem Selbst – ganz nah ist mir dies und doch nicht spürbar. Nachdenklichkeit wird erzeugt durch die Sprachbilder, die diesen Sätzen eignen.

3 Sprachbilder und Bildersprache

Mit dieser Bemerkung wechsle ich über zum dritten Teil meines Beitrags, und
zwar in Weiterführung des Schubiger-Beispiels auf der anderen Ebene, nun nicht
mehr auf der Ebene der Sprachbilder, sondern auf der der Bildsprache.[15]

3.1 Philosophieren über Bilderlesen

Zu Schubigers eigentümlich bildhaftem Körpersatz hat Susanne Berner ein faszinierendes Bild geschaffen, das einlädt zum verweilenden Nach-Fahren und
„Lesen" des Gesehenen (Abb. 1).[16]

Abb. 1

Auf einer realistischen Ebene kommen
wir mit diesem Bild nicht zurecht. Gut, es
könnte sich jemand verkleidet haben, mit
einer Art Haus-Anzug, in der Mitte aus
Sackleinen mit einem Beinkleid und vorn
verstärkt mit Pappe, in die ein Fenster ge-
schnitten ist, aus dem man dann heraus-
schauen kann. Doch was ist das für ein
Körper hinter der Verkleidung? Zumindest die Arme wollen in den Proportionen nicht recht zum Gesicht passen. Aber
einmal angenommen, sie passten, dann
bliebe das doch eine höchst eigentümliche Verkleidung, die eher etwas anderes
ins Bild zu setzen versucht. Also schauen
wir genauer hin: Und so sehen wir vorn
an diesem Haus ein rotes Herz. Aber ist
es wirklich vorne aufgemalt? Sein Rot
greift so komisch über seine Grenzen hinaus, als ob da etwas gezeichnet wäre, was
wir eigentlich gar nicht sehen können.
Und so ist es doch wirklich: Wenn wir
unser Herz fühlen und seinen Schlag spüren, greifen wir uns, wie wir sagen, ans
Herz, aber das Herz selbst spüren wir dabei natürlich nicht, sondern nur die

---

[15] Zu dieser Unterscheidung vgl. Geheimnisse … 2004, S. 25 ff.

[16] Dieses Bild ist nur scheinbar bloß eine Illustration zu Schubigers Text. Bereits die Einbindung des
    Satzes „im Körper ist es dunkel, und oben schaut man aus ihm heraus" in das Bild belegt dies,
    taucht doch dieser Satz im Text erst auf der Seite auf, die dem Bild folgt. Die Gestaltungsmöglich-
    keiten einer in Nachdenklichkeit hineinführenden Bildsprache habe ich andernorts ausführlich ex-
    emplifiziert (vgl. Petermann 2004b; die nachfolgenden Erläuterungen sind leicht verändert
    Kap. 4 entnommen). Die „inhaltliche", ikonografische wie ikonologische Gestaltung des vorlie-
    genden Bildes (zu dieser Unterscheidung vgl. ebd. Kap. 12), belegt, dass uns hier durch die Bilder-
    sprache eine eigenständige Ebene der Erschließung der erzählten Welt des Buchs vorgeführt wird.

Wellen, die der Herzschlag bis an die Haut auf unserer Brust auslöst. Und wenn wir dies dann spüren, werden wir wohl unwillkürlich nicht das Gefühl haben, da ist irgendein Gegenstand in meinem Körper, der pocht, sondern wir finden gleich, ich selbst bin das, was ich damit als etwas Lebendiges erspüre. Darum vielleicht ist das Herz in seinem vagen Sinngehalt unscharf gezeichnet.

Und unsere Gliedmaßen? Meine Arme kann ich bewegen, mit ihnen Einiges anstellen und sie formen, als würde ich irgendwelche gelenkigen Stangen halten; und doch weiß ich immer, es sind meine Arme, die ich bewege, ja eigentlich bewege ich mich mit meinen Armen, wie ich auch mit meinen Händen greife, sie vor die Augen halten kann oder mir, wie im Bild, mit ihnen etwas vor die Augen schieben kann. Stets bin ich selbst es, die oder der handelt, nicht meine Hand unabhängig von mir. Unvorstellbar ist somit das selten aufkommende krankhafte Fehlen eines solchen körperlichen Selbstgefühls, so dass ich das Gefühl hätte, dieser Arm neben mir sei gar nicht mein Arm; nur zuweilen, wenn mir der Arm eingeschlafen ist, erahne ich das Unheimliche eines solch fehlenden Gefühls. Aber eben ein solches Spiel scheint uns die Zeichnung vor Augen zu führen; also stimmen die Proportionen doch, denn unter dieser Voraussetzung sind unsere Arme plötzlich ganz weit weg von uns selbst.

Und das Gehirn? Das sehen wir nicht nur nicht, sondern spüren es auch nicht, auch wenn wir manchmal Kopfschmerzen haben, und doch wird uns gesagt, dort komme alles zusammen, unser Sehen, unser Hören, aber auch unser Fühlen, sogar unser Gefühl und unser Denken. Befindet sich dann dort das, was wir unser Ich nennen? Auch das ist eine letztlich unvorstellbare Vorstellung, zumindest eine sehr künstliche und theoretische. Darum wohl blickt auch das Kind auf dem Bild gar nicht auf das ins Dach des Körper-Hauses eingemalte Gehirn, kann dort auch gar nicht hinsehen. Aber in sich hinein schaut es doch, wenn auch mit eher geschlossenen, zumindest nach unten gerichteten Augen. So wie wir alle den Versuch machen können, innerlich in uns hineinzuschauen und uns dann im Innern vorzustellen oder uns unser Inneres vorzustellen. Wir wissen, dass Menschen durch solche Übungen, psychische Übungen, ein sehr genaues Gefühl für ihr Inneres bekommen können, Organe erspüren können, den Atem und den Herzschlag ohnehin, aber vielleicht auch den Blutfluss und möglicherweise auch mentale Ereignisse.

Nie werden wir deshalb aber ohne Probleme in den Zustand geraten, als sei unser Körper oder als seien Teile unseres Körpers etwas anderes als wir selbst. Und daran geht uns nicht nur die Schwierigkeit auf, einzelne Körperteile als etwas Gesondertes, von uns Unabhängiges zu erfahren, sondern auch das umgekehrte Problem, das Ich als etwas von unserem Körper Loslösbares oder gar Losgelöstes zu begreifen. Was meint das überhaupt, wenn wir von uns, unserem „Ich" reden, das wir in allem Reden und Fühlen und Handeln fast selbstverständlich voraussetzen, das wir als ein Etwas zu beschreiben gleichwohl nicht in der Lage sind, denn ganz unmittelbar ist es mit einzelnen Körperteilen, auch mit unserem gesamten Körper nicht identisch, aber auch nichts davon Getrenntes.

Was in der kleinen Szene aus Schubigers kindlichen Reflexionen angesprochen wird, ist die höchst komplexe Frage nach dem Ich:

– Da ist zunächst die Frage nach dem Personsein, danach, was mich unverwechselbar zu dem macht, der oder die ich bin, was hinter der Maske (griech.: *prosopon*; lat.: *persona*) steckt – eben dies wird mit der Verkleidung zum Problem.

– Sodann die Frage nach dem Selbst: Wer denn jenes „man" ist, das aus dem Körper herausschaut? Der Körper oder auch bestimmte Körperteile sind es wohl nicht, aber auch das Herz (im metaphorischen Sinn) und das Gesicht, das aus der Hülle herausschaut, sind nur äußere Hinweise auf jenes Selbst, das die Grundlage für jenen Menschen darstellt.

– Ebenso können wir mit dem Bild nach dem Subjekt fragen, also der Steuerungsinstanz für unser Ich; ähnlich wie beim Selbst können wir es weder mit dem Gehirn noch mit dem gemalten Herzen noch mit dem Gesicht identifizieren und wahrscheinlich gar nicht sagen, das da ist das Subjekt, obwohl es so etwas wie eine für all unser Tun, Handeln, Fühlen und Denken verantwortliche Instanz geben muss.

– Jedenfalls indirekt sehen wir in dem Bild auch das Problem, dass es einen Zustand als Augenblick festhält, dem andere Zustände vorausgehen und dem Veränderungen folgen werden aufgrund eines unsichtbar wirkenden Prozesses – das Problem der Identität.

– Und schließlich drängt sich die Frage nach uns als Individuen auf: Was eigentlich gehört zu mir wesentlich dazu, was ist eher nur zufällig beigefügt, worauf könnte ich verzichten?

3.2 Lesen und denken lernen durch sinnliche Bild-Erfahrung

Vor dem Hintergrund, in meinen Ausführungen jedenfalls philosophisch nicht zu unterschiedliche Probleme anzusprechen, habe ich mit Schubiger und Berner ein anschlussfähiges Beispiel nach Gaarder gewählt. Wieder geht es um cartesianische Meditationen. In dem zitierten Beitrag zur Philosophie im Kinderbuch geht Bernhard Rank ausführlicher auch auf das philosophische Sachbuch ein. Dazu zählen unter anderem die Werke von Karl-Philipp Moritz. An seiner Kinderlogik arbeitet Rank den aufklärerisch-pädagogisch-instruierenden Charakter heraus, besonders dessen sprachliche Verfasstheit (vgl. Rank 2000, S. 806ff.). Das kann auch für Moritz' *Neues-ABC-Buch* gelten. Doch nun gibt es seit wenigen Jahren eine völlig neu gestaltete Ausgabe von Wolf Erlbruch (Moritz 2000), die durch die stärkere Einbindung des Textes in eine bildhafte Gesamtgestaltung das Buch in neuem Licht erscheinen lässt. Hierbei wird durch die zusätzlichen

Illustrationen, ähnlich wie bei Schubiger und Berner, eine philosophierende Nachdenklichkeit ausgelöst. Ich exemplifizierte dies am Beispiel des „f"-Bildes (Abb. 2).

Wir sehen ein Kind, das sich doppelgesichtig einerseits in den kleineren linken Bildteil wendet und dort mit seinem rechten Arm in einen hellen Raum hinein Hin-und-Her-Bewegungen vollzieht, in die das Wort „Luft" eingetragen ist. Mit seiner linken Körper- und Gesichtshälfte ist das Kind im größeren rechten Bildteil einem Feuer zuge-wandt, das auf einer Art Po-dest brennt. Der ganze Raum ist schwarz, vom Kind sehen wir nur die blau gezeichneten

Abb. 2

Umrisse. Seine linke Hand ist ganz zum Feuer hingestreckt. Das Gefühl von Hit-ze scheint mit dem roten Pfeil, der vom kleinen Finger ins Gehirn des Kindes ge-zogen ist, angedeutet zu sein. Oben rechts ins Bild ist noch die Skizze eines Fla-kons eingelassen, dessen Ballon gerade von einer Hand gedrückt wird; der Ef-fekt wird uns als doppelt, quer ins Bild laufender Buchstabe „f" sinnlich vorge-stellt. Und unten im Bild erkennen wir parallel dazu den Buchstaben „F" bzw. „f" in Groß- und Kleinschreibung.

Ganz unmittelbar werden die meisten Betrachter das Bild mit einem innerlichen oder auch ausgesprochenen 'fffff' kommentieren: Eben so hört es sich an, wenn wir ganz schnell mit der Hand durch die Luft fahren (wie das Kind links), wenn wir auf die Geräusche des Feuers achten, oder wenn wir reagieren, wenn wir uns dem Feuer zu sehr nähern (wie das Kind rechts), oder auch wenn durch einen Flakon eine Flüssigkeit in die Luft zerstäubt wird.

Ist uns aber, wenn wir lesen und sprechen können, bei dieser Beschreibung etwas aufgefallen? Wir sagten 'fffff', „Feuer", „Flakon", „Luft", „Flammen", „Fin-ger", vielleicht hinsichtlich des rechten Teils auch „finster", vor allem aber sag-ten wir das als Ausdruck dessen, was wir fühlen und fassen. Ist es Zufall, dass all diese Worte ein „f" enthalten? Für Wolf Erlbruch, den Illustrator, nicht und auch nicht für das Buch, zu dessen Neugestaltung er dieses Bild beigetragen hat. Das belegt der Text, der sich im Buch links neben dem abgebildeten Ausschnitt fin-det. Ich gebe ihn kommentiert, d. h. mit hervorgehobenen f's wieder:

Das sechste Bild: Gefühl

Ein kleiner Knabe steht am Feuer. Den kleinen Knaben friert. Er wärmt sich die Hände
an dem Feuer. Das Feuer ist dem Knaben gar zu nahe. Der Knabe kann die helle Flamme sehen. Aber die Hitze der Flamme kann der Knabe nicht sehen. Wenn die Flamme
dem Knaben an die Finger kommt, so wird er wohl fühlen, dass die Flamme heiß ist. Eine glühende Kohle kann ich nicht anfassen. Wenn es finster ist, so kann ich nicht sehen.
Aber mit den Händen kann ich fühlen. Wenn es finster ist, so fühle ich mit den Händen
zu, dass ich mich nicht stoße. Die Luft kann ich nicht sehen. Die Luft kann ich fühlen,
wenn ich die Hand in der Luft schnell hin und her bewege.

Die Deutung liegt nun durch die Abbildung klarer auf der Hand: In intelligenter
Machart hat der Autor hier einen Text verfasst, der in jedem Satz wie auch Teil-
satz mindestens ein „f" enthält. Auf einer ersten Ebene lerne ich also als anfan-
gender Leser Worte mit „f" und damit die Funktion des Buchstabens f für Schrift
wie Wortlaut. Der Text ist aber zugleich eine Anweisung für ein Bild (vgl. die
Überschrift). Und hier kommt die Deutung durch Erlbruch zum Tragen. Ihm ist
es gelungen, diesen Text nicht nur hinsichtlich seiner äußeren Bedeutung zu be-
bildern und damit zu illustrieren, sondern auf seinen tieferen Sinn wie auch den
möglichen Sinn einzelner „f"-Worte in Bilder zu fassen, Bilder, die nicht allein
durchs Auge zu erfassen sind, sondern sinnlich auch entsprechende „f"-Laute
evozieren.

Dieses Bild steht, wie die Überschrift andeutet, nicht allein. Es ist das sechste
Bild von sechsundzwanzig. Das Buch ist als so genanntes ABC-Buch angelegt,
das nicht allein Buchstaben und Lesen vermitteln möchte, sondern, wie es im
originalen Untertitel heißt, „zugleich eine Anleitung zum Denken für Kinder
enthält". Durch das Lesen nämlich wird uns, so die feste Überzeugung des Autors Moritz, eine neue Welt eröffnet, ja das Lesen ist der Schlüssel zur Welt überhaupt.[17] Erlbruch seinerseits hat diese sprachphilosophische These ästhetisch erweitert im Versuch, die Bildhaftigkeit von Worten und Sprache durch Bilder auch
sinnlich fassbar zu machen. Freilich muss man dazu die Augen öffnen, denn nur
das offene Auge sieht ins Buch und erst das so gesehene Buch macht klug, wie es
zu Anfang heißt.

Dieser Ansatz ist unter philosophischer, aber auch sprachwissenschaftlicher Perspektive besonders interessant, weil mir hier erfüllt zu sein scheint, wofür ich
plädiert habe: Dass Sprache dann philosophisch wird, wenn sie Räume bietet
zum Denken, zu einem Denken, das in konkreten sinnlichen Erfahrungen ver-

---

[17] Es handelt sich um die Neugestaltung eines 200 Jahre alten Buchs (orig. Berlin: Schöne 1790,
²1794). Erlbruch hat es neu gestaltet, nicht eigentlich, wie angegeben 'bloß' illustriert, weil er im
Unterschied zur Erstausgabe vier Ebenen in ein jeweils doppelseitiges Blatt gebracht hat: 1. den
jeweiligen Buchstaben, 2. die nach dem Alphabet rhythmisch angeordneten ABC-Sätze, 3. Abbildungen zu 26 Bildern (unter Vereinigung von „i" und „j" handelt es sich um 25 Buchstaben-Bilder
und ein Abschlussbild) und 4. die Überschriften für die Bilder und Buchstaben mit einigen die Bilder erläuternden Sätzen. – Es ist offenkundig, dass Moritz hiermit ein Werk schaffen wollte, das
Leitmotiv für die Hauptfigur seines großen Bildungsromans *Anton Reiser* ist: „Durch das Lesen
war ihm nun auf einmal eine neue Welt eröffnet."

ortet ist, zum Selberdenken animiert, zur dialogischen Auseinandersetzung provoziert und ihre eigene Ausdrucksfähigkeit reflektiert. Eigentümlicherweise gelingt das hier gerade über ein Bild, das eine eigene Form von Sprachlichkeit ausdrückt und so Sprachbilder in Szene setzt.

4 Schlussbemerkung: Sprache ohne Worte – Denken ohne Nach-Denken

Ich schließe mit einem weiteren Bild. Die zuletzt erwähnte nicht nur logisch-kognitive, sondern an den unmittelbaren sinnlichen Eindruck zurück verweisende Funktion von Sprache wird vielleicht noch sinnlicher, wenngleich eher metaphorisch ins Bild gesetzt von François Place (1995). Zumindest zur Hälfte, auf jeder rechten Seite, ist auch dieser Erzähltext von den letzten Riesen, ein Bilderbuch. Uns interessiert hier das Bild S. 47 (Abb.3).

Als Archibald Leopold Ruthmore nach vielen Abenteuern in der Mitte dieser Geschichte zu den Riesen gelangt ist, entdeckt er das an ihnen, was auch wir auf diesem Bild sehen, ohne den Text lesen zu müssen, was Place aber in eine so poetische und in sich wieder bildhafte Sprache fasst, dass sie als Originalkommentar neben das Bild gestellt werden soll:

> Von Kopf bis Fuß, inclusive Zunge und Zähne, überdeckte ihre Haut ein ungeheuerliches, außerordentlich komplexes Gewirr aus Umrissen, Kreisen, Flechtdekorationen, Spiralen und Strichellinien. In diesem phantastischen Labyrinth konnte man, wenn man

Abb. 3

sich lange genug hineinvertiefte, verschiedene Bilder ausmachen: Bäume, Pflanzen, Tiere, Blumen, Flüsse, Meere – ein wahrhaftiger Gesang der Erde, deren aufgemalte Partitur der Musik ihrer nächtlichen Anrufungen entsprach. Unvorstellbar, dass ich nur noch zwei Hefte besaß, um dies alles aufzuzeichnen […].

Sie selbst amüsierten sich enorm, wenn sie mir bei der Arbeit zusahen, […] wodurch ich alsbald erkannte, dass keiner von ihnen zu zeichnen vermochte. Woher aber stammten dann diese Gravuren, die sie von den Fußsohlen bis zur Schädeldecke schmückten? Unter den Bildern, die den breiten Rücken des Riesen Antala zierten, hatte ich eines Tages auf dem größten neun menschliche Umrisse entdeckt, die ich für eine Darstellung ihres Volkes hielt. Plötzlich tauchte zwischen diesen Umrissen eine zehnte Gestalt auf, zunächst undeutlich, dann immer deutlicher erkennbar; sie war kleiner als die übrigen und trug einen Zylinder. Überhaupt schien ihre Haut auf die kleinsten Veränderungen der Atmosphäre zu reagieren [...]. Endlich verstand ich, warum sie mich bisweilen so mitleidig ansahen. Mehr noch als meine Körpergröße war es meine stumme Haut, die sie bekümmerte: Ich war ein Mensch ohne Worte. (Place 1995, S. 44 ff.)

Mit den Ausdrücken „meine stumme Haut" und „ein Mensch ohne Worte" ist ein Reflex ins Bild gesetzt, der den Anfangsgedanken unserer Überlegungen aufnimmt: Durch Sprache vermögen wir zwar ein Verhältnis zu Welt aufzubauen, so sehr, dass uns anders als durch Sprache ein solches Verhältnis gar nicht möglich ist, und so sehr weiterhin, dass wir mittels unserer Sprache Welt auch gestalten und verändern können. Doch umgekehrt sind uns durch unsere Sprachlichkeit zugleich unüberbrückbare Grenzen der Erfassung der Welt, wie sie an sich ist, gesetzt. Anders als jene Riesen bei Place sind wir nämlich keineswegs eins mit dem Seienden, so dass wir mit der höchsten Erkenntnis auch selbst uns mit Geist und Körper mit dem Sein vereinigen würden, als ob das Seiende uns wie den Riesen praktisch unter die Haut geht, sich uns einprägen würde. Nur scheinbar gibt uns die Sprache als wichtigstes Mittel von Erkenntnis die Macht über das Sein, in Wirklichkeit sind wir mit dieser Möglichkeit, glauben wir alten Mythen oder auch Place, aus dem Paradies vertrieben worden, so dass die Entdeckung der Unterscheidung durch die Sprache auch eine ewige Trennung gezeitigt hat. Dieser Begrenztheit unserer Erkenntnis und Sprache müssen wir uns deshalb auch bewusst sein, so die Botschaft von Place, wenn wir die Welt nicht zerstören wollen. Und das täten wir, wenn wir tiefste Erkenntnis, Einsicht, mit funktionaler Beschreibung, technischer Kenntnis und Wissenschaft verwechselten. Doch davor rettet uns, ganz im Sinne des homerischen Motivs ὁ τρώσας ἰάσεται (was die Wunde schlägt, das heilt sie auch), wiederum nur die Sprache, freilich ihr bewusster Gebrauch, zu dem bereits Kinder, und sei es über Bilder, angeleitet werden können und müssen, ein Gebrauch, der diese Grenze nicht aufhebt, sondern sie uns im Benennen bewusst macht. Eine solche Sprache erzeugt jenes Staunen und die Nachdenklichkeit, die wir suchen.

Literatur

Aristoteles (1975): TON META TA PHYSIKA. The Metaphysics. With an english translation by Hugh Tredennick. London: W. Heinemann. [Zitiert in der Paginierung des griechischen Textes durch Becker]

Bichsel, Peter (1969): Kindergeschichten. Darmstadt: Luchterhand

Descartes, René ([1637] 1870): Discours De La Méthode .... Leiden: Maire. In: ders.: Philosophische Werke. Berlin: L. Heimann. Übers. von J. H. von Kirchmann, zit. n. der Paginierung der franz. OA

Gaarder, Jostein (1993): Sofies Welt. Roman über die Geschichte der Philosophie. München: Hanser

Geheimnisse in Bildern und Texten (2004). Kinderliteratur im Gespräch. Zu Gast: Rotraut Susanne Berner. – In: Lesezeichen. Mitteilungen des Lesezentrums der Pädagogischen Hochschule Heidelberg. Jg. 7, H. 15, S. 25–56

Hegel, Georg W. F. ([1807] 1970): Phänomenologie des Geistes. Werke Bd. 3. Hg. von Eva Moldenhauer und Karl Markus Michel. Frankfurt a. M.: Suhrkamp

Hegel, Georg W. F. ([1821] 1970): Grundlinien der Philosophie des Rechts. Werke Bd. 7. Hg. von Eva Moldenhauer und Karl Markus Michel. Frankfurt a. M.: Suhrkamp

Heidegger, Martin (1949): Über den Humanismus. Frankfurt a. M.: Klostermann

Heidegger, Martin (1956): Was ist das – die Philosophie? Pfullingen: Neske

Kant, Immanuel ([1798] 1964): Anthropologie in pragmatischer Hinsicht. In: Werke Band VI. Hg. von Wilhelm Weischedel. Frankfurt a. M.: Insel

Kant, Immanuel ([1800] 1958): Logik. Ein Handbuch zu Vorlesungen. In: Werke Band III. Hg. von Wilhelm Weischedel. Frankfurt a. M.: Insel

Moritz, Karl-Philipp (2000): Neues ABC-Buch. Mit Illustrationen von Wolf Erlbruch. München: Kunstmann

Petermann, Hans-Bernhard (2002): Wie können Kinder Theologen sein? Bemerkungen aus philosophischer Perspektive. In: Theologisieren mit Kindern. Hg. von Gerhard Büttner und Hartmut Rupp. Stuttgart: Kohlhammer, S. 95–127

Petermann, Hans-Bernhard (2004a): „Wer Ohren hat zu hören, der höre!" – Religiöse Sprache verstehen. In: Religionsphilosophie. Praxishandbuch Philosophie / Ethik. Band 3. Hg. von Philipp Thomas und Ekkehard Martens. Hannover: Siebert, S. 76–92

Petermann, Hans-Bernhard (2004b): Kann ein Hering ertrinken? Philosophieren mit Bilderbüchern. Weinheim: Beltz

Place, François (1995): Die letzten Riesen. München: Bertelsmann

Platon (1981): Theaitetos / Theätet. Übersetzt und hg. von Ekkehard Martens. Stuttgart: Reclam. [Zitiert nach der griechischen Paginierung durch Stephanos]

Rank, Bernhard (2000): Philosophie als Thema von Kinder- und Jugendliteratur. In: Taschenbuch der Kinder- und Jugendliteratur. Hg. von Günter Lange. Baltmannsweiler: Schneider Verlag Hohengehren, S. 799–826

Schubiger, Jürg (1997): Mutter, Vater, ich und sie. Weinheim; Basel: Beltz

Tiedemann, Markus (1999): Prinzessin Metaphysika. Eine fantastische Reise durch die Philosophie. Hildesheim: Olms

Werner, Dittmar (2001): Didaktische und methodische Grundformen für einen phänomenologisch ausgerichteten Philosophieunterricht. In: Philosophische Denkrichtungen. Jahrbuch für Didaktik der Philosophie und Ethik. Hg. von Johannes Rohbeck. Dresden: Thelem, S. 175ff.

Wurzenberger, Gerda (1997): Jostein Gaarder / Jürg Schubiger: Der Unterschied zwischen Nach-Denken und Nachdenken. In: Jugendliteratur. Zeitschrift des Schweizerischen Bundes für Jugendliteratur 4, S. 6f.

Entwürfe von Wirklichkeit(en)
in der Kinder- und Jugendliteratur

HANS-HEINO EWERS

Vom Anschauen zum Erleben – Wirklichkeitskonzepte in der Kinder- und Jugendliteratur von der Aufklärung bis zur Spaßgesellschaft

Ein Streifzug durch drei Jahrhunderte

Die Welt pflegt Kinder bisweilen in Staunen zu versetzen. So sehr dies die Philo-sophen fasziniert haben mag, die Pädagogen hat das Staunen der Kinder keines-wegs immer gerührt und zu Ehrfurcht genötigt. Es gab Zeiten, in denen es als durchaus peinlich galt:

> Was ist wohl erstaunender […] als die grobe Unwissenheit, in welcher die meisten Kinder leben? Man sehe sie in einer Gesellschaft, wo die bekanntesten Sachen vorkom-men; so wird man bemerken, daß sie große Augen machen, und ganz bestürzt scheinen. Warum? Weil sie weder verstehen, was man spricht, noch dasjenige, worauf man in den Gesprächen zielt.

So heißt es im Vorbericht zum *Kurzen Inbegrif aller Wißenschaften zum nütz-lichen Gebrauch eines Kindes von drei bis sechs Jahren*, in deutscher Über-setzung aus dem Französischen 1759 in zweiter Auflage erschienen (hier nach Ewers 1980, S. 161). „Um sich nicht so gar fremde zu bezeigen", sollten die Kinder so früh und so rasch wie möglich sich aneignen, „was ihnen zulänglich zu wißen am nöthigsten ist" (ebd.). Kindern die Wirklichkeit nahe zu bringen, ge-hört zu den wohl kontinuierlichsten Anliegen nicht nur aller Erziehung, sondern auch der Kinder- und Jugendliteratur. Dabei wird von Epoche zu Epoche unter Wirklichkeit etwas anderes verstanden, wie auch die Fähigkeit des Heranwach-senden, die Wirklichkeit zu erfassen, sehr unterschiedlich eingeschätzt wird. Im Folgenden möchte ich in der gebotenen Knappheit einige dieser Wirklichkeits-entwürfe Revue passieren lassen, wobei ich mit der Epoche der Aufklärung beginnen möchte. Die Kinder- und Jugendliteratur dieser Zeit steht zu Beginn unter dem Einfluss des Rationalismus und seines – heute durchaus befremdlich anmutenden – Wirklichkeitsentwurfes.

Die rationalistische Konstellation von Welt und Subjekt

Nicht das, was wir sehen und wahrnehmen, ist nach rationalistischer Auffassung als Wirklichkeit anzusehen. Die Sinneseindrücke erzeugen vielmehr nur einen Schein und verwirren das menschliche Subjekt obendrein aufgrund ihrer Mannigfaltigkeit. Als Wirklichkeit gilt die hinter den wirren und verwirrenden

Phänomenen liegende Ordnung der Dinge. Diese Ordnung ist erkennbar allein durch das Organ der Vernunft. Bei der Vernunft des Menschen handelt es sich gewissermaßen um ein „angeborenes" logisches System, welches mit der 'wahren' Ordnung der Dinge, mit den Gesetzmäßigkeiten des Kosmos übereinstimmt. Was vernünftig ist, ist wirklich (natürlich); was im emphatischen Sinn wirklich (natürlich) ist, darf damit automatisch als vernünftig gelten.

Kompliziert, verwirrend sind die mannigfaltigen chaotischen Sinneseindrücke, also das Konkrete, Anschauliche. Eine plane Reproduktion dieser chaotischen Sinneseindrücke wäre für den Rationalismus das glatte Gegenteil einer kindgemäßen Darstellung. Einfach, klar und damit kindgemäß ist der Kosmos als vernünftige Ordnung, als abstrakter gesetzmäßiger Zusammenhang bzw. als System – wir würden sagen: als rationales Konstrukt. Wenn das Kindgemäße solchermaßen mit dem Abstrakten, dem Generellen, dem Gesetzesmäßigen übereinstimmt, dann ist kinder(sach)literarisch die Form der rein logischen bzw. systematischen Enzyklopädie kanonisiert, die umso mehr zum „kurzen Inbegriff" der Wissenschaften, zu einer Abstraktion zweiten Grades wird, je jünger die Adressaten sind. – Das kindliche Auswendiglernen nach Art des katechetischen Frage-Antwort-Schemas erscheint dem Rationalismus als legitim: Es kommt im Auswendiglernen etwas zur Sprache, das im Kinde an sich schon vorhanden ist, seine 'objektive' Vernunft nämlich, die bloß noch nicht subjektiv beherzigt ist – gewissermaßen ein kollektives Unbewusstes, das noch nicht zu einem Bestandteil des bewussten Ich geworden ist.

Die sensualistische Wende

Für den philosophischen Sensualismus ist Wirklichkeit nur mittels sinnlicher Wahrnehmung zugänglich. Die menschliche Seele ist eine Tabula rasa, ein leeres Blatt. Wiederholte sinnliche Wahrnehmungen und deren Vergleichung miteinander lassen Regularitäten hervortreten, an denen das logische Denken erwächst (Empirismus). In unserem Zusammenhang ist weniger der philosophische, als der pädagogische Sensualismus von Bedeutung. Dessen These lautet, dass nicht der voll ausgebildete, der seinem eigenen Begriff gerecht gewordene Mensch, sondern lediglich der unaufgeklärte Mensch ein Sinneswesen sei. Zur Gruppe der unaufgeklärten bzw. ungebildeten Menschen gehören die Kinder.

Innerhalb dieses von mir so genannten pädagogischen Sensualismus lassen sich zwei Positionen unterscheiden:

1. Die erste Position besagt, dass Kinder sinnliche Wesen deshalb sind, weil sie nur erst eine schwache Vernunft haben. Dies bedeutet zweierlei: Sie bedürfen zum einen zur vernünftigen Einsicht, derer sie prinzipiell fähig sind, noch der Hilfe durch die sinnliche Anschauung. Ihr Gemüt wird zum anderen nur erst durch sinnliche Eindrücke bewegt, noch nicht durch die Überzeugungskraft der reinen Vernunft, welche sie weitgehend noch kalt lässt.

2. Die zweite Position lautet: Kinder verfügen noch nicht über eine Vernunft, sind also rein sinnliche Wesen; sie können nur Vorstellungen, nicht aber schon Begriffe bilden.

Die in der ersten Position enthaltene Konsequenz für die Kinderliteratur lautet: Reine Gesetzesformulierungen, bloße Lehrsätze reichen nicht mehr aus. Das Abstrakte ist nicht mehr als solches mit dem Kindgemäßen identisch; als das Kindern an erster Stelle Nahe und Zugängliche gilt nun das glatte Gegenteil: das Konkrete, das Anschauliche. Der Aufstieg zur Vernunft muss bei der Anschauung seinen Ausgang nehmen. Die Kinder- und Jugendliteratur streng rationalistischer Prägung bestand nur aus Lehrbüchern, war mehr oder weniger ausschließlich Sachliteratur. Mit der Aufwertung der sinnlichen Anschauung durch den pädagogischen Sensualismus wird neben der Sachliteratur nun auch die schöne Literatur kinder- und jugendliterarisch bedeutsam, deren Eigentümlichkeit ja darin besteht, Nachahmung der äußeren (phänomenalen) Wirklichkeit zu sein.

Bleiben wir zunächst bei der Sachliteratur und der Art und Weise, in der von ihr Anschauung genutzt wird. Johann Bernhard Basedow vollzieht mit seiner pädagogisch-sensualistischen Enzyklopädie, dem *Elementarwerk* von 1774, einen regelrechten Medienwechsel: Er bezieht Bildtafeln ein; mehr noch: er macht diese zum Ausgangspunkt eines jeden Abschnitts – so beispielsweise des Absatzes über die Sinne (hier nach Ewers 1980, S. 175; Bildtafel S. 172). Der Text erweist sich jeweils im ersten Satz als eine Verbalisierung der Anschauung: „Der eine Knabe auf dem ersten Felde blickt mit Vergnügen nach der Sonne" [= Gesichtssinn]. „Drei Knaben hören mit Vergnügen einen Waldhornbläser an" [= Gehör]. Der jeweils folgende, zweite Satz geht über die Anschauung hinaus und sagt etwas über die allgemeine Beschaffenheit („Einrichtung") des betreffenden Sinnes aus. – Einen weiteren Schritt und zugleich einen weiteren Medienwechsel stellt der Übergang zum lebendigen Anschauungsunterricht dar, wie er uns beispielsweise in den *Reisen der Salzmannischen Zöglinge* (1784–93) geschildert wird. An die Stelle des Bildes tritt jetzt die Realie als solche, die von der Lerngruppe reisend aufgesucht und betrachtet wird.

Die Anschauung bildet bei Basedow – einem Vertreter der ersten Position – allerdings nur den Ausgangspunkt, an welchen sich ein Aufstieg zum Begriff, ein Aufschwung zum abstrakten Denken anschließen. Dank der am Anfang stehenden Anschauung erfahren die Kinder, wovon die Rede ist, worum es geht. Außerdem hat die Anschauung sie berührt, affiziert, beeindruckt, so dass auch der anschließend eingeführte Begriff in ihrem Gemüt fest verankert sein wird und, so die Annahme, im Gedächtnis mit der Anschauung verknüpft bleibt.

Welche Welt aber zeigen die Bildtafeln Chodowieckis? Wir haben es nicht mit einer realistischen Weltdarstellung im heutigen Verständnis, mit einer Widerspiegelung faktischer Verhältnisse zu tun, sondern durchweg mit gestellten Szenen. Die Wirklichkeit, die uns auf diesen Bildern entgegentritt, ist eine auf die zu-

grundeliegende natürlich-vernünftige Ordnung transparent gemachte Wirklichkeit, eine deutliche, klare distinkte, sowohl die Sachverhalte auseinanderhalten-
de wie das Normenkonforme und Normenwidrige streng scheidende Welt – mit
anderen Worten: eine die Wirklichkeit zwar nachahmende, mit ihr aber nicht
übereinstimmende Realität.

Der Ausgang von der Anschauung hat tendenziell eine andere Anordnung des
Wissens zur Folge. Anschauungen sind umso nachhaltiger, je mehr sie an lebensweltlich Vertrautes anschließen. Der Wissenserwerb hat also mit Sachverhalten
zu beginnen, die sich innerhalb der kindlichen Lebenswelt veranschaulichen
lassen. Damit löst sich die lernende Welterschließung von der objektiven Anordnung der Dinge, der kosmischen Ordnung, um einen eigenen Pfad einzu-
schlagen.

Die Rolle, die das Bild bzw. die Bildtafel in der Sachliteratur à la Basedow spielt,
vermag nun auch die Dichtung zu übernehmen. Sie kann in Worten ein Gemälde
von Umständen, Situationen und Handlungen liefern, von welchem der kindliche Lernprozess seinen Ausgang nehmen kann. Ich sehe hier mehr als nur eine
Fortschreibung der Exempelmethode vorliegen. Diente das Exempel lediglich
dazu, zu einer Regel bzw. einem allgemeinen Grundsatz einen Anwendungsfall
zu liefern, so soll im Zeichen anschaulichen Lernens ein – weiterhin beispielhaf-
tes – Geschehen so vergegenwärtigt und verlebendigt werden, dass es täuschend
echt wirkt, dass mit anderen Worten eine Wirklichkeitsillusion entsteht. Ein bei-
spielhafter Fall soll zur Regel nicht bloß hinzugedacht, sondern in anschaulicher
Unmittelbarkeit regelrecht erlebt und erfahren werden. Der Aufstieg von der
Anschauung zum Begriff kann dabei nun innerhalb der Geschichte selbst von
einzelnen Figuren vollzogen[1] oder vom Erzähler im Dialog mit dem fiktiven
Adressaten bewerkstelligt werden – zum jeweiligen Nachvollzug durch den kindlichen Rezipienten.

Für die zweite der oben genannten kindheitsanthropologischen Positionen müssen der Aufstieg zum Begriff, der Wechsel zum abstrakten Denken unterbleiben.
Diente die Anschauung für all diejenigen, die bereits Kindern eine Vernunft –
wenn auch erst eine schwache – zuschrieben, stets der Begriffsbildung, war sie
nur Hilfsmittel und Anstoß zur Ausbildung vernünftigen Denkens, so müssen
sich diejenigen, die Kinder strikt für vorvernünftige Wesen halten, auf reine Vorstellungsbildung beschränken. Kinder können sich nach dieser Auffassung von
der außermenschlichen Natur und der menschlichen Welt bloß erst Vorstellungen machen; dem Erzieher obliegt es, darauf zu achten, dass sie sich richtige Vorstellungen machen – wohl wissend, dass sie noch nicht in der Lage sind, die Rich-
tigkeit und Vernünftigkeit dessen, was sie erleben und erfahren, einzusehen.
Kindern muss dieses als richtig bzw. normenkonform, jenes als falsch bzw. nor-
menwidrig vor Augen gebracht werden, ohne dass ihnen die rationalen Gründe

---

[1] Nach dem Modell von Christian Felix Weißes Kinderschauspielen (vgl. Weiße 1792).

hierfür schon beigebracht werden können. – Diese Position ist historisch mit den Namen Jean Jacques Rousseaus verknüpft. In Deutschland findet sie sich bei den jüngeren Philanthropen – Campe, Salzmann u. a. Das Salzmannsche *Moralische Elementarwerk* von 1782 stellt als rein erzählerische Sittenlehre eine konsequente Umsetzung dieser Position dar (vgl. Salzmann 1980).

Weil es um die Bildung von *richtigen* Vorstellungen geht, sind die angebotenen Anschauungen auch hier kein Abbild der wirklichen Welt und ihrer chaotischen Mannigfaltigkeit, ihrer Ambiguität und Verworrenheit. Auch wenn sie auf der Stufe der Kindheit noch nicht vollzogen werden kann, so dient auch hier die Vorstellungsbildung – mittelbar bzw. längerfristig – der Vernunftbildung. Es geht *nicht* darum, Kindern Vorstellungen von der Welt, wie sie ist, zu vermitteln und sie damit gewissermaßen 'realitätstauglich' zu machen. Es geht vielmehr darum, Kinder perspektivisch zu Vernunftwesen heranzubilden. Und deshalb muss man ihnen Vorstellungen einer Welt liefern, die klar, deutlich und rational beschaffen ist, in der *Richtig* und *Falsch*, *Gut* und *Böse* eindeutig geschieden sind.

Die transzendentale Wende

Dieses Stichwort sind wir gewohnt, mehr oder weniger ausschließlich mit der Kantischen kritischen Philosophie zu verbinden. Kants zentrale These lautet bekanntlich, dass die Wirklichkeitsauffassung des modernen rationalen Subjekts ein spezifisches Weltbild, eine Weltanschauung darstellt, die ihren Grund nicht im Erkenntnisobjekt, sondern im Subjekt habe – in dessen kategorialer Ausstattung, dessen kognitiver Apparatur gewissermaßen. Ähnlich – nämlich transzendental – ist bereits vor Kants *Kritik der reinen Vernunft* argumentiert worden – mit Blick auf die Weltauffassung und Wirklichkeitskonstruktion von Kindern beispielsweise. Wenn Kindern das abstrakte Denken noch verschlossen ist, dann verfügen sie über eine grundlegend anders geartete Wirklichkeitsvorstellung als vernünftige, aufgeklärte Erwachsene. Wir könnten hier auf Seiten der Kinder von einer konkretistischen Weltsicht sprechen – im Unterschied zu einer nomologischen Wirklichkeitsauffassung auf Seiten der Erwachsenen.

Immerhin handelt es sich nach Ansicht Rousseaus und seiner deutschen Anhänger bei den Vorstellungswelten der Kinder um äußerst moderne Anschauungen, deren Basis durchweg nüchterne Beobachtungen darstellen. So vermag sich der Aufstieg zum abstrakten Denken jenseits der Kindheit insofern bruchlos zu vollziehen, als er auf den Anschauungen aufbauen kann, die in der Kindheit gewonnen wurden. Zu den vorurteilsfreien kindlichen Erfahrungswelten liefert das Denken nachträglich nur die Begriffe. Mit Blick beispielsweise auf den Physikunterricht hieße dies: Kinder führen schon einmal Experimente durch, deren gedanklich-rationale Auswertung aber bleibt dem Jugendalter vorbehalten.

Ähnlich transzendental bzw. konstruktivistisch argumentiert mit Blick auf Kinder auch Johann Gottfried Herder – desgleichen in den 70er Jahren des 18. Jahr-

hunderts (vgl. Ewers 1989, S. 59 f.). Anders als für Rousseau verfügen nach Her-
ders Ansicht Kinder bereits über alle Seelen- und Erkenntniskräfte – auch über
das Denken. Nur sind die Seelenvermögen bei Kindern anders geartet als beim
Erwachsenen. Sie verfügen über kein modernes, sondern über ein magisch-my-
thisches Denken; sie können sich beispielsweise physikalische Vorgänge nur als
bewirkt durch personale Wesen nach Art der Naturgeister erklären. Andersgear-
tet ist auch ihre sinnliche Wahrnehmung, welche dem Gefühl in der Weise unterworfen ist, dass sämtliche Erscheinungen der außermenschlichen Natur selbst
als lebendige, fühlende Wesen erscheinen (wir würden hier von projektiver
Wahrnehmung sprechen). Auch für Herder verfügen Kinder aufgrund ihrer kognitiven Ausstattung und ihrer sonstigen psychischen Konstitution über eine eigene Weltsicht, eine abweichende Wirklichkeitskonstruktion. Diese weicht allerdings nicht nur strukturell – wie bei Rousseau und seinen Schülern –, sondern
auch materiell von der Wirklichkeitskonstruktion des modernen, rationalen erwachsenen Subjekts ab. Kinder vermögen sich nur eine Wirklichkeitsauffassung
zu bilden, wie sie für vormoderne, mythische Kulturen charakteristisch war. Eine
spätere rationale Begriffsbildung vermag auf den kindlichen Vorstellungswelten
nicht mehr aufzubauen; letztere müssen durch neue, nüchterne, moderne Weltvorstellungen ersetzt werden.

Die aus der transzendentalen Wende Herderscher Prägung sich ergebenden
Konsequenzen für die Kinderliteratur sind einschneidend: Wenn die kinderliterarische Kommunikation gelingen soll, dann müssen sämtliche in ihr über-
mittelten Aussagen über die Welt der kindlichen Weltsicht angepasst werden.
Die Kinderliteratur muss mit einer von der normalen radikal abweichenden
Wirklichkeitskonstruktion aufwarten. Sie tut dies seit Herder, auf breiterer Front
seit der Spätromantik Anfang des 19. Jahrhunderts in der Weise, dass sie auf vormoderne Gattungen – allen voran auf das Märchen – rekurriert, warten diese
doch mit einem – in der Regel magisch-mythischen – Wirklichkeitsentwurf auf,
welcher der kindlichen Weltsicht, so die Unterstellung, strukturell entspricht.

Die transzendentalphilosophischen Theorien einer genuin kindlichen Weltsicht
und Wirklichkeitskonstruktion geraten dadurch in eine Schwierigkeit, dass sie
sich nur auf eine transitorische Phase der menschlichen Subjektentwicklung beziehen. Gegen Ende der Kindheit beginnt die psychische Konstitution und die
kognitive Apparatur des kindlichen Subjekts sich zu verändern – mit der Folge,
dass sich neben der alten eine neue Weltsicht herausbildet und beide Weltvorstellungen für eine Weile nebeneinander existieren. Die kindliche Weltsicht verliert
ihren absoluten Charakter und sinkt zu einer optionalen Weltvorstellung neben
einer neuen, nun ebenfalls verfügbaren Wirklichkeitskonstruktionen herab. Auf
diese Phase der späten Kindheit und des Übergangs zum Jugendalter reagiert die
Kinderliteratur, soweit sie sich überhaupt auf die Herdersche und romantische
Kindheitsanthropologie einlässt, mit dualistischen literarischen Genres – mit
Dichtungen, die von zwei unterschiedlich konstruierten Welten handeln, wovon

eine der kindlichen magisch-mythischen Weltsicht entspricht. Die wohl prominenteste Variante dieser Dichtungsangebote stellt die phantastische Erzählung dar.

Auf dem Weg zur bürgerlich-humanistischen Identitätsphilosophie

Optionale Wirklichkeitskonstruktionen sind im Unterschied zu transzendentalen eine Angelegenheit des empirischen Subjekts und insofern bloß subjektiv bzw. rein privat. Im Unterschied zur schlechterdings verbindlichen modernen Wirklichkeitskonstruktion, wie sie nach Kant im transzendentalen Subjekt begründet ist, erweisen sich jene als illusionäre Weltansichten. Eine moderne Gesellschaft kann solche illusionären Weltvorstellungen in bestimmten Grenzen durchaus zulassen: Solcherlei Weltansichten müssen zum einen auf bestimmte Felder beschränkt bleiben, wobei es sich um praxisferne bzw. praxisenthobene Felder handeln muss. Es muss zum anderen in grundsätzlicher Weise klar gestellt sein, dass es sich um subjektiv-illusionäre Weltentwürfe handelt, die keinerlei Objektivitätsansprüche hegen. Die Einschränkung einer optionalen Weltsicht beispielsweise auf das Feld der Dichtung, auf fiktionale Literatur, wäre eine solche denkbare Eingliederung in eine moderne Gesellschaft; die jeweilige Weltsicht erscheint dann als eine poetische Lizenz.

Im sogenannten Sturm und Drang, vornehmlich in dessen Lyrik, wird – jedenfalls nach meinem Verständnis – eine solche subjektive bzw. optionale Weltsicht geltend gemacht: Die Wirklichkeit wird hier zum Resonanzraum des Subjekts und seiner genialischen Individualität stilisiert; sie fungiert als Projektionsfläche innerer Regungen – und zwar nicht in unwillkürlicher, unbewusster, naiv-kindlicher Weise, sondern in ganz und gar bewusster Selbstherrlichkeit des Subjekts, welches es nicht ohne eine gehörige Portion Narzissmus genießt, in und hinter allem letztendlich nur auf sich selbst zu stoßen. – Bekanntlich ist das selbstherrliche, subjektivistische Geniewesen bei den progressiven Pädagogen und literarischen Erziehern der Zeit auf vehemente Ablehnung gestoßen – womöglich auch deshalb, weil der bewusste Subjektivismus dieser Bewegung tatsächlich einem typischen Verhalten moderner Jugendlicher entspricht, das Pädagogen für bedenklich halten. Jugendlichen Lesern wird ganz offensichtlich nicht zugetraut, eine solch subjektivistische Weltvision mit ihrem narzisstischen Lustgewinn als poetische Lizenz zu behandeln und nicht für eine verbindliche Wirklichkeitskonstruktion zu halten.

Vom selbstherrlichen bewussten Subjektivismus einer Jugendbewegung suchten sich später jedoch auch Weimarer Klassik, Romantik und Idealismus zu distanzieren – mit dem Ziel, eine neue objektive und allgemeinverbindliche Übereinstimmung von Ich und Welt, Subjekt und Wirklichkeit zu finden, die mit der modernen Wirklichkeitskonstruktion à la Kant aufgelöst worden war. Sie schlagen dazu den Weg einer Depotenzierung des kantischen transzendentalen Subjekts ein: Die in diesem gründende moderne Wirklichkeitskonstruktion besitzt in ihren Augen nur für bestimmte Wirklichkeitsbereiche Gültigkeit: Naturwissenschaften, Technik, industrielle Revolution, instrumentelles Handeln generell. All diese Bereiche seien aber letztlich von untergeordneter Bedeutung, insofern sich der Mensch in ihnen nur als Verstandeswesen erweise, nicht aber als Vernunft-, als Geist-, als Ideenwesen, worin seine eigentliche Bestimmung liege. Vom Standpunkt dieser höheren Vernunft aus stelle sich die Wirklichkeit nicht mehr als reiner Kausalitätszusammenhang dar, sondern als sinnhafter und sinnerfüllter teleologischer Prozess, welcher sich nach eben den Gesetzen vollziehe, die auch für die Entwicklung des menschliches Subjekts gelten. Hegel setzt auf einer neuen und zugleich umfassenderen Basis die Grundformel des Rationalismus wieder in Kraft, nach der alles Vernünftige wirklich und alles Wirkliche vernünftig ist (wobei unter Vernunft etwas anderes verstanden wird als die Ratio der Rationalisten). Die Kunst, damit auch die Literatur werden bestimmt als das „sinnliche Scheinen der Idee". Sie bilden mit anderen Worten nicht die vorfindliche Realität ab, sondern entwerfen eine andere Wirklichkeit – eine, die ihren ideellen Grund hervorscheinen lässt, nicht eine *wirkliche*, eine phänomenale Wirklichkeit, sondern eine *wahre* Wirklichkeit.

Als literarische Umsetzung dieser Position darf der klassisch-romantische Bildungs- bzw. Künstlerroman gelten. In ihm ist die Erkundung der Wirklichkeit gleichzeitig Bildung des Subjekts und Entfaltung seiner Anlagen und Vermögen (und Abschleifung seiner Schrullen). Die Schule der Wirklichkeit vermag jedoch nur deshalb auch eine des Individuums zu sein, weil es sich im klassisch-romantischen Roman von vornherein um eine „wahre", eine „romantisierte", um eine „poetische", eine die „Idee" sinnlich darstellende Wirklichkeit handelt. Thematisch gesehen sind viele dieser Romane – vom *Sternbald* über den *Ofterdingen* bis hin zum *Grünen Heinrich* und zum *Nachsommer* – Jugendromane; sie dürften zumindest im gehobenen Bürgertum in beträchtlichem Maße auch Jugendlektüre gewesen sein.

Es darf nicht verwundern, dass sich unter solchen antimodernen Auspizien neben dem klassisch-romantischen Roman mit seiner Außerkraftsetzung der modernen Wirklichkeitskonstruktion auch eine religiöse Literatur wieder hervorwagt – allemal auf dem Feld der Lektüreangebote für Kinder und Jugendliche. In den Erzählungen Christoph von Schmids, deren bekannteste wohl diejenige von den *Ostereiern* ist (Schmid 1816), tritt uns eine – zumeist mittelalterlich drapierte – Wirklichkeit entgegen, welche in reinster Weise den göttlichen Plan, die göttliche Vorsehung offenbart. Verräterisch ist allerdings, dass sie dies nur in der deutenden Rede der maßgeblichen Figuren tut. Handelt es sich nicht doch nur um subjektive, optionale Wirklichkeitskonstruktion? Eine Frage, die man nicht nur an die religiösen Erzählungen des Biedermeier, sondern auch an den klassisch-romantischen Bildungsroman zu stellen veranlasst ist. War der offene Subjektivismus der selbstherrlichen Genies da nicht ehrlicher?

Blicken wir an dieser Stelle zurück: Mit Wirklichkeitskonstruktionen wartet die Kinderliteratur von dem Zeitpunkt an auf, an dem sie beherzigt, dass Kinder und Jugendliche nicht ohne Anschauung zur Wahrheit, zu Verstand, zur Vernunft gelangen können. Recht bald stellt sie fest, dass Wahrheit subjektkonstituiert, subjektabhängig ist, dass sie für Kinder mithin anders beschaffen ist als für Jugendliche und Erwachsene – nämlich konkret-operational oder magisch-mythisch und nicht aufgeklärt-rational. Die Kinderliteratur beginnt von diesem Zeitpunkt an, gesonderte Wirklichkeitskonstruktionen zu liefern. Als eine grundlegende Gemeinsamkeit aller bisher erwähnten kinder- und jugendliterarischen Positionen stellt sich heraus: Alle aufgebotenen Wirklichkeitsentwürfe sind nicht als realistisch – im Sinne der Erkundung der Wirklichkeit, wie sie ist –, sondern als normativ zu bezeichnen: Gezeigt wird letztlich stets eine Wirklichkeit, wie sie sein soll, eine Wirklichkeit, die ihrem Begriff entspricht, eine nach allgemeinverbindlicher Auffassung 'wahre' Wirklichkeit.

Wendung zum Realismus

Zu dieser Verpflichtung der Kinder- und Jugendliteratur auf Wahrheitsdarstellung, auf Vermittlung der normativen Grundlagen, auf Präsentation nicht der wirklichen, sondern einer ihrem Begriff entsprechenden Natur und Gesellschaft gibt es bereits im späten 18. Jahrhundert eine Gegenposition. Mit Johann Karl Wezel mischt sich ein aufgeklärter Empirist und Skeptiker der voltaireschen Art in den kinderliterarischen Diskurs der Zeit ein. Wezel teilt nicht den allen bisherigen Positionen zugrunde liegenden Optimismus, nach welchem die Menschheit dank ihrer Perfektibilität auf dem Wege sei, ihrem eigenen Begriff sich anzunähern. Eine auf reine Normenvermittlung ausgerichtete Kinder- und Jugendliteratur erzeuge deshalb Weltfremdheit. Eine Literatur, die „klug" mache, habe statt idealer Verhältnisse ein „wahres Bild von dem menschlichen Leben" zu zeichnen. Für Kinder und Jugendliche erforderlich sei ein „Buch aus unsrer gegenwärtigen Welt geschöpft, das uns Sitten, Leidenschaften, Menschen und Handlungen mit ihren Bewegungsgründen nicht nach moralischen Grundsätzen, sondern aus der Erfahrung darstellt". „'Moralisch klug' ist nicht derjenige, der aus der Literatur, die der Realität vorauseilt, lernt, auf die Durchsetzungsfähigkeit von Tugend und Vernunft zu vertrauen", so fasst Ute Dettmar Wezels Position zusammen, „sondern derjenige, der sich selbst und die Welt mit all ihren Facetten kennen lernt, der sich selbst und die Menschen einschätzen lernt und mit den Wechselfällen des Lebens zurechtkommt, ohne aus dem 'Gleichgewicht' zu geraten." (Dettmar 2002, S. 27)

Wezels Ansichten haben über mehr als hundert Jahre Kinder- und Jugendlitera-
turgeschichtlich so gut wie keine Spuren hinterlassen, um erst am Ende des 19.
Jahrhunderts zu einer der dominanten Kinder- und Jugendliteraturkritischen
Positionen zu avancieren. Dass die Kinder-, mehr noch die Jugendliteratur auf
zentrale Weise der kritischen Auseinandersetzung mit der jeweils vorhandenen
gesellschaftlichen Wirklichkeit zu dienen haben, ist seit den späten 60er Jahren
des vergangenen Jahrhunderts allgemeiner Konsens. Dass es Heinrich Wolgast
ist, der dem Wezelschen Realismus kinder- und jugendliterarisch zum Durch-
bruch verhilft, mag überraschen, würde Wolgast doch sich selbst eher für einen
sozialdemokratischen Erbnehmer der Schillerschen Ästhetik halten. Er steht in-
soweit tatsächlich in der klassisch idealistischen Tradition, als er den Kunstge-
nuss für eine wesentliche Bedingung voll entfalteten Menschseins hält. Auch seine Definition des „ästhetischen Interesses" scheint auf den ersten Blick ganz auf
der Linie der klassisch-idealistischen, auf das Wesen zielenden Gehaltsästhetik
zu liegen: „Die ästhetische Freude unterscheidet sich von der Freude an den
Stoffen in der Hauptsache dadurch, dass sie Freude an der Wahrheit und Wesenheit der Dinge ist." (Wolgast 1910, S. 36) An anderer Stelle heißt es: „In dem
Maße wie die Bilder deutlicher und origineller, d. h. dem Urbilde im Geiste des
Dichters ähnlicher werden, wächst die Lust an ihnen." (ebd., S. 38)

Die weiteren Erläuterungen Wolgasts zeigen jedoch eine Akzentverschiebung:
Die Rede ist von der „Schärfe ihrer Darstellung", von „plastischer Anschaulichkeit", von „Treue der Charakteristik", von „Rundung der dargestellten Menschen" (ebd., S. 36f.), von „psychologischem Scharfblick" und „anschauendem
Erfassen", von „Feinheit und Naturwahrheit der psychologischen Charakter-
zeichnung" (ebd., S. 38). Förderlich für die Aufnahme von Kunst und Literatur
sei eine breit angelegte Kultivierung der Sinne: Kinder müssten „an scharfes
Sehen und Hören, an allseitiges sicheres Beobachten gewöhnt werden"; Kunst
und Literatur würden dann „auf einen empfänglichen, durch Auge und Ohr gebildeten Sinn für Wirklichkeitsbilder stoßen" (ebd., S. 40). Kunst und Literatur
arbeiteten ihrerseits mit an der Ausbildung einer solchen „Kultur der Sinne":
„Der Zwang, den die Dichtung durch die Anschaulichkeit ihrer Bilder […] aus-
übt, gewöhnt […] an klare Vorstellungen und gibt einen fortdauernden Antrieb
zu scharfem Beobachten"; ihre Leser werden „sich getrieben fühlen, bei sich
bietender Gelegenheit die Wirklichkeit mit schärferen Augen zu verfolgen"
(ebd., S. 51). Wolgast bezieht sich mit diesen Aussagen durchaus auf Kunst und
Literatur seiner Zeit. Mit Blick auf die „Kunstausstellungen der letzten Jahrzehnte" etwa heißt es:

> Der Künstler lehrt uns, die Welt mit neuen Augen anzusehen. Wenn wir Welt und
> Mensch längst zu kennen glauben, kommt der Dichter, der sie von einer anderen Seite
> gesehen oder etwas tiefer ins Innere geschaut hat und stellt uns eine Welt und stellt uns
> Menschen vors Auge, dass wir erst glauben, es sei alles neu und dann doch das sichere
> Bewusstsein alter Bekanntschaft haben. (ebd., S. 48)

Dichtung wecke und stärke „des Lesers Sinn [...] für die Auffassung der Wirklichkeit"; sie fördere den „Wirklichkeitssinn", worunter Wolgast die „Fähigkeit" versteht, „an den Dingen wie sie sind, genug zu haben und an ihrer Eigenart eine gewisse Freude zu haben" (ebd., S. 52).

Politisch zugespitzt könnte Wolgasts Position besagen: Die Dichtung zeigt uns die Wirklichkeit nicht so, wie die herrschenden Schichten sie gesehen haben möchten. Letztere pflegen ja nur allzu gerne Missstände für zufällige Oberflächenerscheinungen einer im Kern guten und gerechten Gesellschaftsordnung auszugeben. Der von der Dichtung praktizierte und geförderte Wirklichkeitssinn liefe dann auf eine Zersetzung der herrschenden Ideologien bzw. der Wirklichkeitskonstruktion der Herrschenden, auf eine umfassende Desillusionierung also, hinaus. Der scharfe und nüchterne Blick auf die Dinge, wie sie sind, führt bei dem der Sozialdemokratie nahe stehenden Wolgast jedoch nicht in die Resignation; er offenbart im Gegenteil ein andersgeartetes hinter den Dingen liegendes Wesen – ein objektives geschichtliches Entwicklungsgesetz nämlich, das unaufhaltsam auf eine Überwindung der Klassenspaltung und -unterdrückung hinausläuft und das die derzeit Herrschenden verständlicherweise nicht wahrhaben wollen.

Als Anhänger des sozialdemokratischen Fortschrittglaubens vermag Wolgast sich zu einer naturalistischen Ästhetik zu bekennen und gleichzeitig an einer der Struktur nach idealistischen Kunstphilosophie festzuhalten. Der Wolgastsche – sozialdemokratisch re-idealisierte – Naturalismus fällt deshalb auch nicht scharf, bissig, klassenkämpferisch aus: propagiert werden nicht Emile Zola, sondern Storm, Liliencron und Rosegger. Auf dem Programm steht die Befolgung und das Lehren eines „weitherzigen Wirklichkeitssinns": „Diese liebevolle Weitherzigkeit der Mannigfaltigkeit der Welt gegenüber kann der objektiv und doch mit der Liebe zu den Dingen schildernde Dichter uns lehren [...]." (ebd., S. 53) Sozialdemokraten des ausgehenden 19. Jahrhunderts vermögen selbst an den Verhältnissen, wie sie sind, „eine gewisse Freude zu empfinden", scheinen eben diese Verhältnisse trotz aller in ihnen steckenden Ungerechtigkeit doch von sich aus auf eine günstige Zukunft weisen.

Anders als bei dem aufgeklärten Skeptiker Wezel ist bei Wolgast wie gesehen das alternative Paradigma, die Festlegung von Kinder- und Jugendliteratur auf kritische, d. h. scharf beobachtende Wirklichkeitserkundung statt auf Wesensschau, selbst noch einmal idealistisch eingebettet. Hieraus erklären sich nicht nur so manche einander widersprechende Formulierungen, sondern auch die grundlegende Tatsache, dass sich Wolgast des antiklassischen bzw. antiidealistischen Charakters seiner naturalistischen Dichtungsauffassung nicht ausreichend bewusst ist. Als langfristige Folge dieser Unklarheit könnte die Tatsache angesehen werden, dass in den Realismusdiskussionen auf dem Feld der Kinder- und Jugendliteratur im Verlauf des 20. Jahrhunderts nie hinreichend deutlich zwischen einem auf das Normative und einem auf das Faktische bezogenen Realismus unterschieden wurde; ersterer beruht bloß auf einer Nachahmung, letzterer auf einer Widerspiegelung, einer Abbildung der gegebenen Wirklichkeit. Der eine muss der Wirklichkeit bloß ähnlich sein, während der andere sie getreu abzubilden hat. Dem ersteren ist das Prädikat 'realistisch' oft mit dem Argument streitig gemacht worden, dass er die Wirklichkeit nicht angemessen widerspiegele; dass er dies gar nicht intendiere, dass er statt der faktischen eine wesensadäquate Wirklichkeit zeichnen will, wurde dabei in der Regel nicht bedacht. Dass der kritische Abbildrealismus in der Tradition eines Wezel seit den späten 60er Jahren des vergangenen Jahrhunderts zu einer der herrschenden Paradigmen der 'progressiven' Kinder- und Jugendliteraturkritik geworden ist, braucht an dieser Stelle nicht eigens dargelegt zu werden. Bemerkenswert ist in diesem Zusammenhang lediglich die Tatsache, dass die Vertreter dieser Strömung nicht auf den Gedanken kamen, den Naturalisten Wolgast in die Reihe ihrer Vorkämpfer aufzunehmen; zu sehr schien dieser von der durch und durch idealistischen Theorie des 'guten Jugendbuchs' vereinnahmt worden zu sein.

Wenn wir ein weiteres Mal zurückblicken, dann wird deutlich dass der auf Wesensschau und der auf Wirklichkeitserkundung zielende kinder- und jugendliterarische Realismus eine grundlegende Gemeinsamkeit aufweisen: Bei beiden stehen ausschließlich das Was, der Inhalt der kinder- und jugendliterarischen Botschaft, der Gehalt der literarischen Werke im Zentrum der Aufmerksamkeit. Das Entscheidende an der Kinder- und Jugendliteratur stellt in beiden Fällen die Sachvermittlung dar: auf der einen Seite Verstand, Vernunft, Tugend; normenkonforme Vorstellungen von menschlicher Personalität, Familie und Gesellschaft, Wesensansichten von Natur und Kosmos – nach kindlicher oder schon nach erwachsener Denkweise; auf der anderen Seite ungetrübte Kenntnis der gegebenen gesellschaftlichen Verhältnisse, schonungsloses Welt- und Erfahrungswissen. Dass Kunst und Literatur auch Gefühle ansprechen und erregen können, wird im kinder- und jugendliterarischen Kontext zumeist tabuisiert. Eine Ausnahme bildet die romantische Kinderliteratur: Die von ihr aufgebotenen Märchen erlauben es den Kindern, Angst und Schrecken zu erleben, Grausamkeit zu genießen, Triumphe und Siege auszukosten, in oraler Sinneslust zu schwelgen, Happyends und Glück im Übermaß zu genießen – eine Lizenz, die bereits im Biedermeier argwöhnisch betrachtet und wieder eingeschränkt wird. Überwiegend herrscht also Distanz gegenüber aller Gefühlserregungskunst.

Von der Gefühlserregungskunst zur Spaßveranstaltung

Für das 18. Jahrhundert ergibt sich in diesem Punkt ein seltsamer Kontrast zwischen kinder- und jugendliterarischer und erwachsenenliterarischer Poetik. Zwar wird auch die Dichtung für Erwachsene auf Nachahmung der Natur bzw. der Wirklichkeit festgelegt; als eigentlicher Zweck der dichterischen Nachahmung aber gelten nicht mehr die Einübung von Vernunft und Tugend sowie die

Vermittlung richtiger Vorstellungen von Gott, Natur und Gesellschaft. Die Gemälde der Dichtkunst sollen den Erwachsenen in erster Linie Vergnügen bereiten. Wird unter Vergnügen im frühen 18. Jahrhunderts noch die Freude an der Treue der Abbildung verstanden, so verschiebt sich die Bedeutung dieses Begriffs mehr und mehr ins Emotionale: Die von der Dichtung entworfenen Wirklichkeiten sollen den Rezipienten rühren, fesseln, aufwühlen, mit anderen Worten: Gefühle erregen, Sympathie, Mitgefühl, aber auch Spannung, Schauder und Grusel, Erhabenheit und Erschütterung auslösen. In Lessings auf das bürgerliche Trauerspiel bezogener Mitleidstheorie wird Dichtung qua Gefühlserregungskunst eingespannt in das Projekt einer moralischen Erziehung des Menschengeschlechts.

Im kinder- und jugendliterarischen Horizont pflanzt sich demgegenüber die rationalistische Geringschätzung der Gefühle fort; ja, sie erhält neuen Auftrieb durch eine Kindheitsanthropologie, nach der eine vorzeitige Erweckung des Gefühls- und Trieblebens bei Kindern und Jugendlichen irreparable Schäden auslöse. Angesichts des erzieherischen Gebots der Retardierung des kindlichen Gefühls- und des jugendlichen Trieblebens darf die Kinder- und Jugendliteratur unter keinen Umständen aufregend und erregend sein. Ihr Unterhaltungswert muss sich auf das Vergnügen beschränken, das mit der sinnlichen Anschauung als solcher verknüpft ist und diese zu einem angenehmeren Geschäft als das trockene abstrakte Denken macht. Dass die Kinder- und Jugendliteratur des späten 18. Jahrhunderts sich in diesem Punkt gottlob nicht an die eigene Theorie gehalten hat, wurde jüngst erst von Ute Dettmar an Campes *Robinson* nachgewiesen. Es haben sich jedoch nur wenige dazu so offen bekannt wie der Weimarer Verleger und Herausgeber des zwölfbändigen *Bilderbuchs für Kinder* (1790–1830) Friedrich Justin Bertuch. Die Bilder eines jeden Bandes seien „ohne alles anscheinende System und Ordnung mit möglichster Abwechselung und Mannigfaltigkeit" angeordnet; Bertuch scheut sich nicht, von einem „bilderreichen Chaos" zu sprechen (Bertuch 1979, S. 178).

> Ein Kind, das so bald über einerley Gegenständen ermüdet, Minutenschnell in seinen Vergnügungen wechselt, äusserst lebhaft ist, immer was neues und anderes sehen will, kann unmöglich eine systematische Folge […] aushalten, ohne zu ermüden und das Vergnügen daran zu verliehren. Daher habe ich die krellste und bunteste Mischung der Gegenstände gewählt, und bitte nur immer […] zu bedenken, daß ich es mit Kindern zu thun habe, die ich bloß amüsieren will. (ebd.)

Mit dem erklärten Ziel, lediglich dem Amüsement, der Zerstreuung dienen zu wollen, erzeugt das gewaltige Bilderwerk beim kindlichen Rezipienten einen als angenehm empfundenen Erregungszustand, den man als Fesselung der Aufmerksamkeit durch äußere Phänomene charakterisieren könnte. Diese Aufmerksamkeit hat etwas Müheloses an sich, insofern sie sich ganz der Attraktivität des angeschauten Gegenstandes, seiner besonderen Reize, seiner Neuheit, Grellheit, Merkwürdigkeit und Kuriosität, verdankt. Ein rascher Gegenstandswechsel ist unerlässlich, weil die Anziehungskraft eines jeden Objekts mit der Zeit erlahmt; das Subjekt müsste, um in der Betrachtung des Gegenstandes fort zu fahren, die Anstrengung der Konzentration auf sich nehmen, wodurch das schwerelose Amüsement beeinträchtigt würde (vgl. Ewers 2002, S. 36f.).

Um 1800 wird die aufgeklärte Wirkungsästhetik auf Seiten der Weimarer Klassik, der Romantik und des Idealismus durch eine Gehaltsästhetik abgelöst. Rein formell findet damit eine Angleichung an die auf dem Feld der Kinder- und Jugendliteratur herrschende Poetik statt, die ja an der Vorrangigkeit der Erkenntnisfunktion von Kunst und Literatur festgehalten hatte. Letztere werden nun generell wieder in Anspruch genommen für eine personale, soziale und bald auch nationale Identitätsfindung und Rollenvergewisserung. Gleichzeitig wird die beim Publikum weiterhin beliebte und gepflegte Gefühlserregungskunst ästhetisch und kulturell degradiert, ja, als Trivial- bzw. Afterkunst geradezu verächtlich gemacht. Letztere gilt von nun an als mit dem 'feinen Geschmack' unvereinbar; sie wird als stillos verpönt und aus dem, was fortan als Hochkultur firmiert, ausgeschlossen.

Diesem kulturellen Muster werden sich in den nachfolgenden Epochen alle die Kritiker unterwerfen, die sich für eine hochkulturelle Positionierung der Kinder- und Jugendliteratur einsetzen. Um in den Augen der am klassisch-idealistischen Kunstideal orientierten Bildungselite bestehen zu können, muss letztere auf alles „Ungewöhnliche", „Außerordentliche" und „Überraschende" der Geschichte, auf alles „Übermenschliche, nie Dagewesene in Charakter und Handeln der Personen" (Wolgast 1910, S. 36f.) verzichten, so beliebt all dies bei der Zielgruppe auch sein mag. Für Heinrich Wolgast gilt das vom Stoff und seinen Bizarrerien ausgelöste Gefühlserregung als vorästhetisch und niedrig. Demgegenüber sei das anspruchsvollere „ästhetische Interesse" in erster Linie „Freude an der Form", an der „Wahrhaftigkeit und Schärfe" der Darstellung, an deren „plastischer Anschaulichkeit" (Wolgast 1910, S. 36). „Ästhetische Freude" sei „Freude an der Wahrheit und Wesenheit der Dinge" (ebd.) – ein Begleiteffekt gewissermaßen vollkommener Erkenntnis im Medium der Anschauung, hegelianisch gesprochen: Freude am „sinnlichen Scheinen der Idee", Genuss des Erschauens der Wahrheit.

Die Verachtung der Bildungseliten bleibt ein weiteres Mal wirkungslos. Ende des 19. Jahrhunderts, mit dem Aufkommen des Films und der modernen Massenunterhaltung, erhebt die Hydra der Gefühlserregungskunst erneut ihr Haupt. Die neue Spannungskunst läuft auf eine Erzeugung von mehr oder weniger heftigen Gefühlsbewegungen hinaus, welche eine ausgeprägt dramatische Verlaufskurve aufweisen. In den Unterhaltungsangeboten auch dieses Musters werden sowohl heimische wie exotische Weltzustände vergegenwärtigt. Neben die vertrauten Schauplätze treten ferne Meere und Kontinente, exotische Welten und fremde Galaxien. Diese nahen oder fernen, teils realen, teils phantastisch-imaginären Räume fungieren jedoch in erster Linie als Resonanzboden einer als

lustvoll empfundenen Gefühlsaufwallung; sie bilden gleichsam den Bühnen-
raum für mehr oder weniger intensive Gemütsbewegungen auf Seiten des
Rezipienten, die in einen Zustand wohliger Erschöpfung münden und dabei das
Gemüt in einen Zustand des Entspannt-, des Ausgeglichenseins versetzen. Der
eigentliche Zweck der Veranstaltung besteht in der Abfuhr von Spannungen mittels ihrer gezielten Anspannung, ihrer Erregung und Steigerung bis zur Klimax,
die zu ihrer mehr oder weniger plötzlichen Auflösung führt.

Es wiederholt sich hier eine Konstellation, wie sie uns aus der Erwachsenen-
poetik des 18. Jahrhunderts geläufig ist: Auch hier wird eine Nachahmung von
Wirklichkeit geboten – doch weder mit der Absicht der Wesenschau noch mit der
kritischer Realitätserkundung; berechnet ist sie vielmehr auf die Erzeugung bestimmter Emotionen im Rezipienten. Die Weltdarstellung im Rahmen einer
Gruselgeschichte hat ihren primären Zweck erfüllt, wenn sie eine hinreichend
große Schauerwirkung erzielt. Es kann nicht verwundern, dass ein solches, vorrangig auf die Stimulation von Affekten ausgehendes Literaturangebot in den
Augen der Literaturpädagogen nur als „Schund" gelten konnte. Für Wilhelm
Fronemann reichen solche Angebote „in das Gebiet des Triebmäßigen, der Instinkte und Begehrungen", der „triebmäßigen Massenströmungen" (Fronemann 1927, S. 160) hinab – ein Gebiet, das er mit dem Begriff des „Unter-
geistigen" belegte. Die moderne Spannungsliteratur beute „geistige und sittliche
Schwächen der ungefestigten Jugend" und die „niedrigsten Triebe und Instinkte
der Mitmenschen" aus (ebd., S. 148) und sei deshalb unnachsichtig zu bekämpfen.

In einem gewissen Kontrast zum Eifer des „Schundkämpfers" Fronemann steht
die folgende hellsichtige Bewertung der „Unterhaltungs-, Ermüdungs- und Ent-
spannungslektüre" und ihrer massenhaften Verbreitung desselben Autors:

> Die Unterhaltung ist notwendig, weil unsere Nerven ständiger Beanspruchung nicht
> gewachsen sind. Es steht fest, daß der rasende Puls des heutigen Lebens, besonders in
> der Großstadt, den Organismus des heutigen Menschen ungeheuer in Anspruch
> nimmt. […] Ganz rein tritt diese Entspannungslektüre da auf, wo der Mensch durch
> einseitige, nervenzerrende [!] Beschäftigung ohne geistigen Hintergrund nervös bis
> zum äußersten belastet wird. […] Alle genannten Erscheinungen – Unterhaltungslek-
> türe, Kino, Rundfunk – stellen für die seelische Welt des heutigen Menschen Aus-
> gleichsventile dar, ohne die gefährliche Explosionen unausbleiblich wären. (ebd.,
> S. 161 f.)

Der moralisierende Schundkämpfer zeigt sich hier mit einem Male als um Verständnis der modernen Welt bemühter Kultursoziologe. Tatsächlich weisen Sätze
wie diese den Weg zu einer Beschäftigung mit unterhaltungskulturellen Phänomenen, die mehr als nur ein hochkulturelles Abwehrgefecht darstellt. An Frone-
manns Überlegungen könnte ein Versuch anknüpfen, die historisch rezenten
Unterhaltungsmuster als unter bestimmten Auflagen legitime Weisen der (zeit-

weiligen) Entlastung des Subjekts von den Ansprüchen der Moderne zu verstehen, die längst auch für Kinder und Jugendliche gelten (vgl. Ewers 2002,
S. 44 f.).

Ausblick

Wie jeder Historiker, so ist auch der Kinder- und Jugendliteraturhistoriker erst
dann befriedigt, wenn er nachgewiesen hat, dass alles schon einmal da gewesen
ist. Tatsächlich weisen die heutigen Diskussionen über die Erlebnis- bzw. Spaßgesellschaft, über die sich zeitlich mehr und mehr ausdehnenden Freizeitkultu-
ren, über die Begeisterung von Kindern und Jugendlichen für audiovisuelle wie
für computer- und internetbasierte Unterhaltungsangebote viele Gemeinsamkeiten mit den heftigen Debatten aus den Frühzeiten des „Schmutz und
Schund"-Kampfes Anfang des 20. Jahrhunderts auf. Wie damals so hält auch
heute die offizielle Kinder- und Jugendliteraturkritik einschließlich der Didaktik
an einem Literaturverständnis fest, bei dem nahezu ausschließlich die Erkenntnisfunktion im Mittelpunkt steht. Es geht wohlgemerkt nicht darum, diese Funktion von (Kinder- und Jugend-)Literatur herabzusetzen oder gar aufzukündigen.
Anzuvisieren wäre lediglich eine Ausweitung des Literaturverständnisses mit
dem Ziel, den um 1800 erfolgten Ausschluss aller Gefühlserregungskunst wieder
rückgängig zu machen. Ein in meinen Augen nicht unwillkommener Effekt hier-
von wäre die Abschwächung der scharfen Polarisierung von Hochliteratur und
Populärliteratur.

Warum muss gerade die Literaturdidaktik ein besonderes Interesse daran haben,
die Grenzen zwischen diesen beiden literarischen Kulturen durchlässiger zu machen? Bekanntlich spitzen sich die aktuellen Debatten über Leseförderung und
literarischen Bildung auf den Aspekt der Motivation zu. Von einer generell un-
motivierten und desinteressierten Schülergeneration zu sprechen, verbietet sich
nach meiner Auffassung. Die Vertreter der Bildungsinstitutionen müssen sich
stärker als bisher bemühen, die unstreitig vorhandene enorme Begeisterung der
Kinder und Jugendlichen für die Unterhaltungsangebote der neuen Medien erstens in ihrem Ausmaß wahrzunehmen und zweitens auch zu respektieren. Sie
müssen sich entschiedener als bisher verpflichten, diese nicht länger im Namen
der Hochkultur offen oder verdeckt zu desavouieren, sondern anzuerkennen als
eine dieser Gruppe legitimer Weise zustehende kulturelle Freizeitaktivität. Die
Begeisterung der Schüler darf nicht als vermeintlich fehlgeleitete erstickt
werden; es kommt vielmehr darauf an, sie auszudehnen auf Angebote, die wir
bildungspolitisch für wichtig halten. Wenn auch nur ein Bruchteil des Experten-
tums, das die Schüler beispielsweise mit Blick auf *Harry Potter* oder *Buffy. The
Vampire Slayer* entwickeln, auf eine der kanonischen Schullektüren abzu-
zweigen wäre, so wäre viel gewonnen. Leseförderung und literarische Bildung
müssen nicht gegen, sondern in respektvoller Anknüpfung an die multimediale
Freizeitkultur von Kindern und Jugendlichen vorgenommen und vermittelt
werden.

Literatur

Primärliteratur

Bertuch, Friedrich Justin (1979): Bilderbuch für Kinder [12 Bde., 1790–1830]. Eine Auswahl. Hg. von Hubert Göbels. Dortmund: Harenberg (Die bibliophilen Taschenbücher; 101)

Ewers, Hans-Heino (Hrsg.) (1980): Kinder- und Jugendliteratur der Aufklärung. Eine Textsammlung. Stuttgart: Reclam [bibliogr. erg. Ausg. 1990]

Salzmann, Christian Gotthilf (1980): Moralisches Elementarbuch. Nachdruck der Ausgabe von 1785. Hg. von Hubert Göbels. Dortmund: Harenberg (Die bibliophilen Taschenbücher; 184)

Salzmann, Christian Gotthilf (1784–93): Reisen der Salzmannischen Zöglinge. 6 Bde. Leipzig: Crusius

Schmid, Christoph von (1816): Die Ostereyer. Eine Erzählung zum Ostergeschenke für Kinder. Landshut: Krüll

Weiße, Christian Felix (1792): Schauspiele für Kinder. Aus dem Kinderfreunde besonders abgedruckt. 3 Teile. Leipzig: Crusius

Wezel, Johann Karl (1979): Robinson Krusoe. Berlin: Rütten und Loening [EA 1779/80]

Sekundärliteratur

Dettmar, Ute (2002): Docere – delectare – movere. Zum Stellenwert der Unterhaltung in Poetik und Praxis kinderliterarischer Aufklärung. In: Kinder- und Jugendliteraturforschung 2001/2002. Stuttgart: Metzler, S. 15–33

Ewers, Hans-Heino (1989): Kindheit als poetische Daseinsform. Studien zur Entstehung der romantischen Kindheitsutopie im 18. Jahrhundert. München: Fink

Ewers, Hans-Heino (2002): Soll die Kinder- und Jugendliteratur der Unterhaltung dienen? Versuch, eine alte Streitfrage der Literaturpädagogik zu schlichten. In: Lesen zwischen Neuen Medien und Pop-Kultur. Kinder- und Jugendliteratur im Zeitalter multimedialen Entertainments. Hg. von Hans-Heino Ewers. Weinheim; München: Juventa, S. 33–50

Fronemann, Wilhelm (1927): Das Erbe Wolgasts. Ein Querschnitt durch die heutige Jugendschriftenfrage. Langensalza: Beltz

Wolgast, Heinrich (1910): Das Elend unserer Jugendliteratur. 4. Aufl. Hamburg; Leipzig: Wunderlich

GERHARD HAAS

Literarische Phantastik. Strukturelle, geistesgeschichtliche und thematische Aspekte

1

Sind Überlegungen zur Phantastik in der gegenwärtigen Situation überhaupt noch sinnvoll? Ist denn nicht schon alles gesagt? Der so ausführliche wie kenntnisreiche Forschungsbericht von Bernhard Rank (2002) – enthält er nicht alles, was an Ergebnissen in diesem Feld vorliegt? Und bezeichnet die sich mit fast imperialem Gestus darbietende umfangreiche Arbeit von Uwe Durst (2001) nicht letztlich das zumindest vorläufige Ende der wissenschaftlichen Diskussion? –: das Ende eine Diskussion also, die hierzulande, d. h. im deutschsprachigen Bereich, vor ziemlich genau 30 Jahren eher zögerlich und verhalten mit der Rezeption der theoretischen Ansätze im französischen, englischen und polnischen Sprachraum begonnen hatte, und die überhaupt erst durch die Impulse des von Rein A. Zondergeld herausgegebenen *Phaicon. Almanach der phantastischen Literatur* (Zondergeld 1974/75) in Gang gekommen war. Angestoßen vor allem von den französischen Theoretikern, im besonderen von Tzvetan Todorovs Abhandlung *Einführung in die fantastische Literatur* (Todorov 1972) sowie den Untersuchungen von Roger Caillois, Louis Vax, George Jaquemin u. a. (in Zondergeld 1974/75) richteten sich dabei so gut wie alle weiteren wissenschaftlichen Untersuchungen speziell im letzten Jahrzehnt des vergangenen Jahrhunderts auf das Problem einer möglichst exakten strukturellen Definition. Die reichhaltigen, von Rank referierten Ergebnisse dieser Bemühungen scheinen dabei so etwas wie die Endlage einer zu ihrem Ziel gekommenen Diskussion zu bezeichnen.

Gleichwohl bleiben noch Fragen offen. Da ist zum einen die problematische Einengung der wissenschaftlichen Diskussion auf den definitorisch-strukturellen Aspekt.[1] Sie verstellt über der Fokussierung auf Form- bzw. Strukturfragen vielfach die Sicht auf Inhaltlich-Gehaltliches und das heißt auch auf interpretatorische Bedürfnisse und Möglichkeiten. Nicht nur: Was ist Phantastik in einem definitorischen Sinne? Sondern auch: Was enthält sie? Was macht sie inhaltlich und wesensmäßig aus? Wo sind ihre Ursprünge und Wurzeln? Welche Bewusstseinslagen spiegelt sie?[2]

---

[1] Wie dominant der strukturelle Aspekt in der zeitgenössischen Diskussion ist, belegt eine Anmerkung in der Arbeit von Birgit Patzelt, in der es tadelnd zu einem zitierten Aufsatz heißt, der Autor verwende den Phantastik-Begriff „nicht streng strukturell"! (Patzelt 2002, S. 69).

[2] Vgl. de Toro 1988, S. 11–74; insbesondere S. 52f. Diese Fragen setzen voraus, dass Phantastik und speziell moderne Phantastik nicht primär oder allein als ästhetisches bzw. erkenntnistheoretisches Spiel – „die Irrationalität des Imaginären" – verstanden wird.

Da ist zum andern die strikte Trennung in eine eigentliche Phantastik bzw. eine hochgewertete Phantastik im engeren Sinne und in eine im deutschen Sprachbereich literarisch weithin abgewertete Fantasy. Diese wertende Trennung bereitet Probleme.

Außerhalb der Diskussion geblieben sind bisher ferner moderne surrealistische und parodistische Varianten der Phantastik, für die im strikt abgegrenzten Feld der strukturellen Definitionsansätze kein Raum zu bleiben scheint.

Problematisch ist auch die fast ausschließliche Akzentuierung des Existentiellen und Dunklen als Signum der Phantastik, durch das die generellen Möglichkeiten des Genres, nicht zuletzt im Bereich der Kinder- und Jugendliteratur, verkürzt werden.

Und schließlich bleiben als dringliches Forschungs-Desiderat nicht zuletzt Untersuchungen zu Sprache und Sprachgestus der Phantastik, wobei der Rolle der Bildlichkeit ein besonderes Gewicht zukommen müsste.

2

Zu jeweils theoretisch sehr sorgfältig und strikt begründeten strukturellen Genre-Abgrenzungen kommen in jüngerer Zeit Theoretikerinnen und Theoretiker wie Marianne Wünsch, Maria Nikolajeva, Birgit Patzelt oder Uwe Durst, deren Positionen in dem erwähnten Forschungsbericht von Bernhard Rank (Rank 2002) vorgestellt werden und die deshalb hier nicht weiter zu erörtern sind. Das quasi vorläufige Endergebnis liegt mit Uwe Dursts *Theorie der phantastischen Literatur* (Durst 2001) vor. Der in der Nachfolge Todorovs entwickelten Grundformel – eine Art Weltformel der Phantastik – kann subtile Logik nicht abgesprochen werden:

R	N	W
= reguläres Realitätssystem	= Nichtsystem	= wunderbares Realitätssystem

Nach Durst überlagern sich in N „die Gesetze zweier Realitätssysteme, die einander bekämpfen und ausschließen" (ebd., S. 101). Anzufügen ist allerdings, dass das sogenannte „Nichtsystem" selbstverständlich auch ein System darstellt – eben Ü = das übernatürliche Realitätssystem. Und zugrunde liegt leicht erkennbar hier wie bei Klingberg (1974), Rottensteiner (1987), Wünsch (1991) oder Patzelt (2002) – um nur diese zu nennen – das normative Zwei-Welten-Modell: eine realistisch verstandene Wirklichkeit steht einer übernatürlichen Wirklichkeit gegenüber und wird von dieser in Frage gestellt.

Fraglos sind solche Versuche einer strukturell definitorischen Bestimmung des Phänomens Phantastik wissenschaftlich gesehen unabdingbar. Aber man kann die theoretische Feinarbeit und Schlüssigkeit dieser Definitionssysteme bewundern und gleichwohl das Gefühl haben, das Wesen des Genres, also das Zentrum der Texte, sei damit allenfalls tangiert. Zu fragen bleibt nämlich generell, was denn mit den wie auch immer gearteten definitorischen Ansätzen für das Verständnis der so eingegrenzten Texte und für die Erkenntnis ihres Wesens geleistet ist.

Am Beispiel: Wenn Durst etwa auf Kafkas *Verwandlung* zu sprechen kommt, so interessiert ihn daran im wesentlichen die Übereinstimmung mit seinem Definitions-Modell und er stellt fest: die Metamorphose in einen Käfer ist „wunderbar", die Reaktion der Schwester ist normal und verständlich, d. h. sie entspricht einem regulären Realitätssystem. Beides quasi ineinandergeschoben erzeugt ein Drittes: die phantastische Wirklichkeit des Textes. Alles Interpretatorische bleibt dabei ausgeklammert. Was diese phantastische Konstellation bedeuten könnte, welche Aussage damit gemacht ist, welches Menschen- und Weltbild sich darin ausdrückt, was das Phantastische als Aussageform leistet, interessiert schlichtweg nicht oder allenfalls am Rande.

Für den Leser, gewissermaßen heraustretend aus dem klugen begrifflichen Spiel und Gegenspiel, in dem Realitätssysteme beschrieben und Phantastik erstaunlicherweise als „Nichtsystem" definiert wird, hartnäckig immer noch – immer noch! – nach dem Stellenwert dieser Literatur im kulturellen Feld fragend, nach ihrem Inhalt und Gehalt, nach ihrer Sicht von Welt und Wirklichkeit, bleibt nur die kryptische Antwort Dursts:

> Ich habe festgestellt, dass die Norm, von deren Regeln das Phantastische abweicht, nicht die Wirklichkeit ist (und auch nicht sein kann), sondern eine Systemkonvention, deren immanente Wunderbarkeit durch Traditionsbildung unkenntlich geworden ist. Ich habe sie als Realismus bezeichnet (Durst 2001, S. 241).

Zugrunde liegt diesem erkenntnistheoretisch grundsätzlich plausiblen Axiom die „These von der Unabhängigkeit des Phantastischen von der außerliterarischen Wirklichkeit" (ebd.).

Ein radikaleres Auseinandertreten von, wenn man so will, naiv-poetischer Erfahrung des realen Lesers und der wissenschaftlichen Erklärung bzw. der diktatorischen Erledigung dieser real-alltäglichen Erfahrung ist schwer denkbar. Um es zu wiederholen: Alle diese strikten definitorischen Bestimmungen erklären in keiner Weise Wesen und Wirkung literarisch anspruchsvoller Phantastik im weitesten Sinne und die Faszination, die von ihr ausgeht.

3

Mit Schärfe trennen alle diese Theorien gleichzeitig einerseits zwischen Phantastik im engeren und für die genannten Autorinnen und Autoren im eigentlichen Sinne, und andererseits dem, was unter der Rubrik Fantasy läuft. Rottensteiner hatte dafür in seinem Aufsatz mit dem Titel *Zweifel und Gewissheit. Zu Traditionen, Definitionen und notwendigen Abgrenzungen in der phantastischen Literatur* (Rottensteiner 1987) die inhaltlichen Argumente geliefert. Zwar gebe es einen „umfassenden Begriff von phantastischer Literatur", heißt es da, und vermutlich seien Science Fiction, Phantastik im engeren Sinne und Fantasy „nur verschiedene Seiten einer Medaille" (ebd., S. 8). Aber strikt zu trennen sei dennoch „Phantastik (im engeren Sinne)" (ebd.) von den beiden anderen Ausprägungen einer phantastischen Literatur im weiteren Sinn. Die eigentliche Phantastik – so die Quasi-Definition Rottensteiners – sei „eine Literatur skeptischen Zweifels, die Ungewissheit, Unsicherheit, Hoffnungslosigkeit erzeugt" (Rottensteiner 1987, S. 12). Rottensteiner wiederholt und bekräftigt: „ein ontologischer Zweifel muss auftreten. Das scheint mir das entscheidende Merkmal der 'Phantastik' im engeren Sinne zu sein; nirgendwo sonst stellt sich ein solcher Zweifel über die Beschaffenheit der Welt ein" (Rottensteiner 1987, S. 13). Diese Art von Phantastik sei dergestalt „auch der literarische Ausdruck und damit eine mögliche Abreaktion archaischer Urängste des Menschen" (Rottensteiner 1987, S. 14).

Leicht erkennbar wird hier von thematisch-inhaltlichen Gesichtspunkten aus etwas festgemacht, was in der Folgezeit weitgehend die Diskussion bestimmt: das Phänomen Phantastik besitzt zwar verschiedene Seiten und Aspekte – aber die bedeutende, die quasi allein richtige Phantastik, über die es sich zu diskutieren lohnt, berührt grundsätzlich letzte Fragen der menschlichen Existenz und beleuchtet im Widerstreit zweier Wirklichkeiten Abgründe des Seins.

Fantasy ist diesem Verständnis nach ein Genre bzw. Sub-Genre, in dem es zwar „viele übernatürliche Elemente, aber keinen Konflikt der Weltordnung" (Rottensteiner 1987, S. 14) gibt:

> Natürliches und Übernatürliches stehen einander nicht feindlich gegenüber, sondern verschmelzen, Magie, Zauberer und übernatürliche Wesen sind ein als natürlich empfundener Bestandteil des Milieus, nicht anders als im Märchen (Rottensteiner 1987, S. 18).
>
> Die Welten der Fantasy sind alles, was unsere Welt nicht mehr ist, eine Flucht in ferne pastorale Welten (Rottensteiner 1987, S. 20).

Und: „In der Fantasy ist es möglich, sich mit der Welt eins zu fühlen, denn alle Probleme sind, durch Vernunft und Zauberei, lösbar, und die Charaktere befinden sich in Übereinstimmung mit dem höheren Zweck ihrer Welt, sie leiden nicht" – wie das dagegen der echten, der großen Phantastik im engeren Sinn quasi definitorisch zugeschrieben wird – „an einem Sinndefizit" (Rottensteiner 1987, S. 21). Alles in allem: „Die Fantasy-Welten sind von nicht-entfremdeten Gestalten bevölkert" (ebd.).

Um dies wenigstens punktuell konkret zu machen (und gleichzeitig zu problematisieren!): So gesehen steht *Jim Knopf* (= Fantasy) gegen *Momo* (= Phantastik); *Der kleine Hobbit* (= Fantasy) gegen *Harry Potter* (= Phantastik); *Die Nebel von Avalon* (= Fantasy) gegen *Der Meister und Margarita* (= Phantastik); *Merlin. Wie alles begann* (= Fantasy) gegen *Tintenherz* (= Phantastik) usw.

Dass der Begriff Fantasy, der im englischsprachigen Raum *alle* Ausformungen des Genres Phantastik umfasst und nur noch als 'high fantasy und 'low fantasy bzw. 'horror fantasy eine begriffliche Differenzierung erfährt, schlichtweg auch unterschiedliche kulturelle Tradition beschreibt, wird dabei nicht in Erwägung gezogen. Selbst der „high fantasy" wird der Zugang zur quasi fundamentalistisch gesehenen 'Phantastik' verwehrt: Vor allem die als *spezifisch deutsch* anzusehende Definition der Phantastik, die im übrigen mit den gängigen ideologiekritisch-aufklärerischen Begriffen der ausgehenden 60er und beginnenden 70er Jahre versetzt ist, befindet sie als zu leicht und zu harmonistisch.

Lediglich Maria Nicolajewa (1988) lässt mit ihrer Definition der Phantastik als dem „Vorkommen des Wunderbaren, wunderbarer (magical) Zustände und Geschehnisse in einer andersartigen realistischen Welt" und mit der Unterscheidung von „closed world" und „open world" den Raum auch für die sonst draußen gehaltene Fantasy offen. Closed world- bzw. high fantasy-Texte beschreiben nämlich eine Wirklichkeit ohne Kontakt zu einer realistischen Welt. Nikolajewa schließt sich dabei Tolkien an, der annimmt, hier sei der Leser immer innerhalb des gleichen Raums, der gleichen Welt wie die Personen der Handlung und er „glaube fraglos", was da abläuft.

4

In dieser Situation wirkt Peter von Matts (2002) Züricher Abschiedsvorlesung, in der nicht primär die Form, sondern Ursprung, Gehalt und die Funktion dieser Art von Literatur, ihr Blick auf Welt und Wirklichkeit, zum Thema gemacht werden, zunächst wie die Öffnung eines Ausgangs ins Freie. Nicht mehr der strukturell-definitorische Diskurs allein bestimmt das Gespräch über den Gegenstand. Denn „in dem Maß, in dem die Wissenschaft zum Grundparadigma unserer […] Erkenntnisgewinnung geworden ist", hat – so Hartmut von Hentig (Becker; von Hentig 1996, S. 5f.) – jeder Zugriff auf eine Sache bzw. ein Problem „einen […] genau umrissenen Platz" in der jeweiligen Disziplin, und das heißt im vorliegenden Fall: in der strukturellen Analyse, aber ebenso im Zusammenhang einer geistesgeschichtlichen Einordnung oder einer textnahen Interpretation.

Betont um die letztgenannten zwei Aspekte geht es von Matt, wenn er vor allem im Blick auf E.T.A. Hoffmann den Ansatz einer Theorie des Phantastischen wie folgt fixiert:

> Drastisch verkürzt gesagt: Die phantastische Literatur setzt Newton voraus. Warum nun dies? In Newton erreichte die neuzeitliche Wissenschaft mit ihren tausend Wurzeln in der Antike, im Mittelalter und in der Renaissance einen Abschluss und Neubeginn, über dessen dramatischen Effekt wir uns heute nur noch mit Mühe Rechenschaft geben können. Der Donnerschlag, der mit Newtons *Mathematischen Prinzipien der Natur-*

lehre, den *Philosophiae Naturalis Principia Mathematica* die wissenschaftliche Welt veränderte, auf immer, ist für uns zu einer Anmerkung im Geschichtsunterricht geworden. Tatsächlich aber hat sie die Welt im archimedischen Sinn aus den Angeln gehoben. […] Der ganze Kosmos unterliegt einem einzigen, in mathematischen Begriffen formulierbaren Gesetz. Nirgendwo geht die Welt über in eine Welt anderer Art. Nirgendwo gibt es eine Schwelle zu einem Geisterreich. Die Welt ist ein geschlossenes, von klaren Gesetzen gelenktes Ganzes. (von Matt 2002)

Diese Erkenntnis hat bewusstseinsmäßige Folgen für den Menschen nach Kopernikus, Galilei und Newton, und diese Folgen realisieren sich auch im Bereich der Literatur:

Die phantastische Literatur antwortet auf den Totalitätsanspruch des Newtonschen Lichts. Sie verkörpert den Zweifel an der Geschlossenheit und Ausschließlichkeit der zweiten Schöpfung, der Lichtkugel des wissenschaftlichen Universums. (von Matt 2002)

In diesem Zusammenhang formuliert von Matt nun das wesensmäßige Zentrum der Phantastik, wenn er sagt,

dass das Entscheidende in der immer neuen Beschwörung einer einzigen Sekunde bestehe, einer schockhaften Sekundenerfahrung – dem plötzlichen Zweifel an der wissenschaftlich gesicherten Welt. […] In tausend Formen hat die Sekunde dieses Zweifels den triumphalen Gang der Wissenschaften seit der Aufklärung begleitet. (von Matt 2002)

In diesem Verständnis berührt sich von Matt leicht erkennbar mit Rottensteiners Definition, ohne damit allerdings dessen striktem Auseinanderdefinieren in Spielarten der Phantastik bzw. – mit Stanislaw Lems Begriff gesagt – dem quasi Heimatlosmachen etwa der Fantasy zu folgen, ja er widerspricht ausdrücklich der schematisch-systematischen Zerlegung der Phänomene in Gespenstergeschichten, in Erzählungen von Vampiren und Untoten, von Doppelgängern und Hexen, von Zeitreisen und künstlichen Menschen usw.

5

Peter von Matts einleuchtende These vom Ursprung der neuzeitlichen Phantastik im Zusammenhang der Ausbildung eines naturwissenschaftlich begründeten modernen Weltbilds ist nicht im Grundsatz widersprochen, wenn daran erinnert wird, dass es in der Geistesgeschichte schon einmal einen solchen radikalen, einen bewusstseinsmäßigen Schock auslösenden Neuansatz gegeben hat. Das Auseinandertreten von zwei konträren Wirklichkeitserfahrungen und die Entfaltung neuer Formen der Wirklichkeitsbeschreibung ereignete sich nämlich ähnlich revolutionär bereits in der griechischen Antike im Bereich der vorsokratischen Naturphilosophen, vor allem aber im Zusammenhang mit der Entwicklung der aristotelischen *Logik*, auf deren Grundlage wissenschaftliches Denken bis heute beruht.

Eminent verschärft hat sich die neuzeitliche Bewusstseinslage allerdings durch die vielfältigen erkenntnistheoretischen Diskurse von der Spätantike bis zu Descartes' bohrender Frage nach dem rationalen Ausgangspunkt jeglicher Erkenntnis und seiner Antwort darauf: *Cogito, ergo sum / Ich denke, also bin ich.* Damit erhält der von Newtons Entdeckung ausgelöste, erkenntnismäßig existentiell erfahrene Bruch oder Riss im 18. Jahrhundert eine bisher nicht bekannte Schärfe und Radikalität – ohne dass damit gleichwohl die überkommenen mythologischen und märchenhaften Bilder ihre ursprüngliche Funktion und spezifische Qualität verlören und ganz aus dem Feld der Phantastik verdrängt wären, wie von Matt annimmt, wenn er sagt:

> Die phantastische Literatur setzt nicht einfach die mythologisch-märchenhafte Linie des Erzählens fort, die wir seit den ersten Zeugnissen antiker Dichtung kennen. Sie mag sich ähnlicher Motive bedienen; ihre Voraussetzungen sind fundamental andere. (von Matt 2002)

Aber die Folgen des gewissermaßen ersten Bruchs unterschieden sich nur insofern von denen beim Auftreten der modernen, mathematisch fixierten und strikt rationalen Weltbeschreibung im 18. Jahrhundert, als die gedanklichen bzw. geistesgeschichtlichen Vorgaben in der vor-aristotelischen Geisteswelt natürlich andere waren als eben im 18. Jahrhundert. Wenn die Voraussetzungen andere waren, muss das aber nicht heißen, dass die vor-Newtonsche Phantastik selbst notwendig von der nach-Newtonschen radikal und fundamental verschieden ist. Beide Male steht ein Absolutheitsanspruch geltend machendes modernes Erkenntnis- und Denksystem gegen eine herkömmlich-traditionelle Vorstellung von Welt und Wirklichkeit. Diese Spannung kann im Text selbst gestaltet sein, sie kann aber auch zwischen einem Leser, der in dem neueren Vorstellungssystem zu Hause ist und der erzählerischen Darstellung eines zurückgelassenen Bewusstseins bestehen – beide Male entsteht der Eindruck des Phantastischen.

Claude Lévi-Strauss (1968) hat die vorwissenschaftlichen Bewusstseinsstrukturen früher Völker mit dem Begriff des „wilden Denkens" charakterisiert und dies an drei Eigenschaften festgemacht: Die „bildliche Beschreibung" von Welt und Wirklichkeit dominiert dabei über den begrifflichen Ausdruck; dem entspricht „Heterogenität als Bauprinzip" erzählerischer Aussagen, und zugleich setzt das Erzählte eine Art „Allverbundenheit" voraus, wie sie im Märchen zum selbstverständlichen erzählerischen Gestus gehört. Ein Grundbestand von nicht-individuellen Bildern und Motiven wird dabei kombinatorisch immer neu variiert und erzählerisch zu neuen Texten verbunden. Diese Denk- und Erkenntnisform bildet dementsprechend die Grundlage für eine Literatur, die sich der kühlen Rationalität der aristotelisch geprägten wissenschaftlichen Welt entzieht und die wir – im Zentrum das Märchen – mit gleichem Recht wie etwa E.T.A. Hoffmanns *Der Sandmann* oder Rowlings *Harry Potter* als phantastisch bezeichnen.

Vor allem das bildliche Denken und Reden wurde mit dem Beginn eines logisch-wissenschaftlichen Diskurses stark in den Hintergrund gedrängt. Im quasi er-

zählerischen Untergrund erhält es sich aber bis heute als Alternative zur wissenschaftlichen Sprache und behauptet sich in Nischen des alltagssprachlichen Sprechens und literarisch ebenso im Bereich mythischer und phantastischer Entwürfe. Von hier aus wäre es eine lohnende Aufgabe in weiteren Untersuchungen zum
Thema, diesen Komplex bildlichen Sprechens und heterogener Strukturiertheit
einlässiger und umfassender aufzuarbeiten als das bisher geschehen ist und dabei
die hier zur Diskussion gestellte These zu verifizieren oder zu falsifizieren.

6

Was im übrigen von Matt ebenfalls außer Betracht lässt, ist, dass nicht nur das
„Erschrecken" über ein neues Weltbild, über den plötzlichen und usurpatori-
schen Triumph der sogenannten exakten Wissenschaften zusammen mit dem dabei zugleich aufsteigenden Zweifel an deren unabdingbare Gültigkeit den
Gestus phantastischer Literatur mitbestimmt, sondern in gleicher Weise auch
immer wieder der „Protest" gegen diese Allgewalt eines scheinbar unangreifba-
ren vernünftigen Denkens und Verhaltens. Darauf hatte bereits Franz Rottensteiner (1987) hingewiesen. Beispiele für diese kritische Funktion des Genres
finden sich vor allem im 20. Jahrhundert, etwa in Alfred Kubins *Die andere
Seite*, in Paul Ernsts *Die sonderbare Stadt*, in Oskar Panizzas *Die Menschen-
fabrik*, in Stanislaw Lems *Transit*, in Michael Endes *Momo*, in Frederik
Hetmanns *Madru oder der Grosse Wald*, in Käthe Recheis *Der weiße Wolf* oder
in Jurj Brežans *Die schwarze Mühle* – um nur diese zu nennen.

Vergegenwärtigt man sich diese theoretischen Überlegungen am Beispiel konkreter Texte, dann differenziert sich das Bild dessen, was unter dem Begriff
Phantastik läuft, weiter aus.

6.1

Die schockhafte Sekundenerfahrung des Bruchs mit dem normalen und wie als
selbstverständlich begriffenen Weltbilds ist in den als phantastisch verstandenen
Texten hundertfach gestaltet. Da ist beispielsweise die Tür, die es eigentlich, d. h.
in der jeweils erfahrenen und gelebten normalen Wirklichkeit nicht gibt, durch
die aber eine Figur der Handlung wie selbstverständlich hinaustreten kann in eine fremde, phantastisch andere Welt. Paul Maar hat das in einer Kindergeschichte mit dem Titel *Die vergessene Tür* beschrieben, und ähnlich in einem allerdings
weit komplexeren Zusammenhang George MacDonald in dem Roman *Lilith*
der, nebenbei gesagt, im englischen Sprachbereich natürlich unter Fantasy läuft,
im Rahmen der deutschen Definitionsdiskussion aber als Zwei-Welten-Kon-
strukt zur Phantastik im engeren und eigentlichen Sinn gezählt wird. Die Mittel-
punktfigur, die von einem Augenblick auf den andern statt vor einem Spiegel auf
dem Dachboden nun in einer weiten realen Heidelandschaft steht, reflektiert
das Geschehen so:

> War es denkbar, dass ein Mensch in jedem Augenblick die Grenzen der gewöhnlichen Ordnung überschreiten und zum Objekt des Außergesetzmäßigen werden kann? (Mac Donald 1988, S. 15).

Mit diesem Satz wird die Spannung beschrieben, die zwischen einer ersten und zweiten Welt, einer ersten und zweiten Wirklichkeitserfahrung besteht. In Blick auf die Figur des phantastischen Kapellmeisters Kreisler bei E.T.A. Hoffmann heißt es bei von Matt:

> Du gehörst zu einer zweiten Welt. Es gibt diese zweite Welt, die andere Welt, und in ihr ist die Wahrheit, die Lust, das Glück und die Schönheit. (von Matt 2002)

Nicht immer ist es das Glück und die Schönheit. In Bulgakows *Der Meister und Margarita* führen zwei Männer in einem Moskauer Park ein Gespräch über, im wörtlichsten Sinn, Gott und die Welt. Da bemerkt ein hinzukommender Dritter, als die Rede auf Kants Gottesbeweis kommt: „Ich hab ihm damals beim Frühstück gesagt: […] Sie haben sich da was Ungereimtes ausgedacht, Professor'" (Bulgakow 1987, S. 7). Damals beim Frühstück? Man schreibt das Jahr 1936 – und der will bei Kant gefrühstückt haben?? Mit dem zitierten Satz schlägt die Handlung ins Phantastische um; alles Folgende läuft aus dem realistischen Ruder; der hier Sprechende ist der die Welt besuchende oder heimsuchende Satan im Kostüm eines normalen Bürgers und die Geschichte der beiden Moskauer Männer endet in Tod und Entsetzen. Dazu von Matt:

> Wer sich zu Hause fühlt in der erleuchteten, ausgeleuchteten, im strengen Wortsinn aufgeklärten Welt, für den ist das, was durch diesen Riss hereinweht, zerstörerisch. (von Matt 2002).

Es ist – um nochmals ein Bild von Matts zu gebrauchen – eine Welt der „schwarzen Sonne", dem Gegenlicht zum Licht der wissenschaftlichen Erkenntnis, die hier sichtbar wird und für den oberflächlichen Betrachter ist denn auch das Dunkel generell ein Kennzeichen phantastischer Wirklichkeiten. In W. und H. Hohlbeins Erzählung *Drachenfeuer* gerät die Mittelpunktsfigur in ein unter der Erde liegendes Labyrinth: „Plötzlich fiel ihm auf, wie dunkel und kalt es hier drinnen […] war. […] und in den Schatten nistete die Furcht wie ein kleines, lauerndes Tier" (Hohlbein 1988, S. 48). Auch in Gustav Meyrinks schon klassischem phantastischem Roman *Der Golem* prägt Dunkelheit der Nacht und Schwärze das Geschehen; und der südamerikanische Autor Carlos Fuentes beschreibt in der Erzählung *Aura* die zentrale Situation so: „in den Tiefen des dunklen Abgrunds, in deinem lautlosen Traum, mit aufgerissenen schweigenden Mündern wirst du sie aus den schwarzen Tiefen des Abgrunds auf dich zukommen, auf dich zukriechen sehen" (Fuentes 1985, S. 119).

Doch nicht das Dunkel als beschriebenes Element sinnlicher Wahrnehmung macht Phantastik aus; es kann sie begleiten und zum Symbol werden, muss es aber keineswegs. Abgründig und zerstörerisch und allen Gesetzen rationaler Logik widersprechend erweist sich gleichermaßen der Gestus einer Erzählung von Joyce Carol Oates mit dem Titel *Weitere Bekenntnisse*, in der die Helligkeit des Tages das Bild bestimmt:

> Es war auf einem kleinen Platz nahe der Coimbra-Universität, dass mein Vater erschien – das heißt die Erscheinung meines Vaters, denn der arme Mann war seit Jahren tot. [...] Meine Überraschung war derart, dass ich minutenlang nicht einmal Schrecken spürte; ich empfand eine merkwürdige Benommenheit, fast Euphorie, als wäre die Erscheinung – oder der Mann selbst, denn zweifellos schien er von Fleisch und Blut – der Beweis für das, was ich seit früher Kindheit vermutet hatte: D i e   W e l t   i s t   e i n   u n e r g r ü n d l i c h e s   G e h e i m n i s. (Oates 1985, S. 190)

Der hier bei Oates gesperrt gedruckte Satz ist letztlich zugleich die Quintessenz aller Phantastik von Rang, sei es nun etwa Guy de Maupassants *Der Horla* oder im zeitgenössischen Feld Marlene Haushofers *Die Wand* oder Irmtraud Morgners *Amanda. Ein Hexenroman.*

Das gilt so, in ihrem Weltbezug meist etwas kleiner dimensioniert, aber nicht weniger stimmig, in gleicher Weise für Jugendliteratur von Rang. Auch hier bauen in der Regel die meisten Erzähler um der Spannung und des Abenteuerlichen willen wie in der Erwachsenenliteratur das Gegeneinander von zwei Welten auf und entwickeln aus dieser Spannung heraus ihre sich zwischen Hell und Dunkel bewegende Handlung.

Gleichwohl gibt es einen wichtigen Unterschied zwischen Phantastik für Erwachsene und Phantastik für Kinder. Wer in einer „ausgeleuchteten, aufgeklärten Welt zu Hause" (von Matt 2002) ist, dem weht in der Phantastik Dunkles, Zerstörerisches entgegen. Aber sind Kinder denn in der so charakterisierten zeitgenössischen Welt bewusstseinsmäßig und ihrem Lebensgefühl nach voll beheimatet? Doch schwerlich in einem generellen Sinn.

Die Figur Dorothy in Frank Baums Phantastik-Klassiker *Der Zauberer von Oz* ist es in doppelter Weise nicht: Prinzipiell ist sie schon als Waisenkind unbeheimatet, und erst recht unbeheimatet wirkt sie als ein Kind, das in eine Familie aufgenommen wird, in der die Frau in ihrer von Ernst geprägten Rationalität erschrickt, sobald das Mädchen grundlos lacht. Dementsprechend gilt hier die zweite Hälfte des ansatzweise zitierten Satzes: „wer sich nicht zu Hause fühlt darin, für den ist es wunderbar verlockend", und das entspricht nun durchaus dem, was Dorothy erlebt. Durch alle bunten, phantastisch-wunderbaren Abenteuer im Lande Oz hindurch gewinnt das kleine Mädchen Freunde und Helfer und immer ist ein glücklicher Ausgang in Sicht. Der Riss in der normalen rationalen Welt öffnet eine Wirklichkeit, die durch Gefahren und Bedrohungen hindurch gleichwohl reicher und belebender ist als alles zuvor Erfahrene.

Dieser Aspekt der Phantastik im Bereich der Kinderliteratur bestimmt einmal mehr, einmal weniger Klassiker wie *Die unendliche Geschichte* oder *Krabat*, aber ebenso viele andere Texte von einigem Rang. Um davon nur noch ein Beispiel zu nennen: Mit ähnlichem Handlungsmuster wie Michael Endes *Die unendliche Geschichte* – eine von Hindernissen und Gefahren durchsetzte Reise durch das Land-auf-der-anderen-Seite – gilt das Gesagte auch für Kirsten Boies *Der durch den Spiegel kommt*. Es ist die Geschichte des Mädchens Anna, das in der von Peter von Matt beschriebenen phantastischen Sekunde in einen gefundenen Spiegel blickend in die andere Wirklichkeit hinüberwechselt, dort den Auftrag erhält, den das Land unterjochenden Fürchterlichen zu besiegen und – Anna, das furchtsame und unscheinbare Mädchen mit den mausgrauen Haaren – das an dieser Aufgabe wächst und sie bewältigt.

Man kann das als zeitlosen psychischen Prozess erklären, so wie auch *Die unendliche Geschichte* tiefenpsychologisch erklärt wurde, oder man kann einen parabolischen Kern darin ausmachen – „Das lernte ich an diesem Tag: Dass es *das* Richtige manchmal nicht gibt" (Boie 2001, S. 201) –; und das zumindest angedeutete Didaktische in dieser Wendung ist fraglos eine ästhetische Grenze solch kinder- und jugendliterarischen Erzählens. Aber gleichwohl bleibt das spezifische Gewebe, die Textur der Phantastik, auch noch in der gewissen intentionalen Verkürzung erhalten. Und um es zu wiederholen: Das Phantastische kann auch heitere und helle Züge tragen!

6.2

Die für die Phantastik der Erwachsenen charakteristische Erkenntnis einer problematisch und darin bedrohlich gewordenen Nach-Newtonschen Welt muss gleicherweise auch in der Erwachsenenliteratur nicht immer im dunklen Gewand daherkommen – es gibt sie ebenso, keineswegs ohne Gewicht und ohne Ernsthaftigkeit, aber mit Ironie gewürzt, gewissermaßen im schillernd-fluoreszierenden Kleid eines parodierten Agenten-Romans, wie ihn Jasper Ffordes *Der Fall Jane Eyre* darstellt. Da taucht am Beginn der Handlung der bei der „ChronoGarde" beschäftigte Vater der Ich-Erzählerin auf, und nach einer kurzen Charakterisierung durch diese Erzählerin heißt es dann:

> Wie gesagt, hatte mein Vater ein Gesicht, das eine Uhr stoppen konnte; und genau das tat es denn auch, als ich eines schönen Frühlingsmorgens in einem kleinen Café […] ein Sandwich vertilgte. Die Welt flackerte, bebte kurz und blieb stehen. Der Besitzer des Cafés erstarrte mitten im Satz, [sic!] und das Bild auf dem Fernsehschirm gefror. Vögel hingen bewegungslos am Himmel. Autos und Straßenbahnen hielten schlagartig an. (Fforde 2001, S. 9).

Das sieht ganz nach einer Slapstick-Szene aus. Aber es bezeichnet eine Form der Phantastik, welche die Definitionsfetischisten wahrscheinlich, weil nicht zur Formel passend, als nicht-phantastisch aussondern und mit einer Spezialetikette versehen würden. Zu diesem phantastischen Spiel gehören Zeitverschiebungen – 1985 ist der Krieg von 1856 zwischen Russland und England auf der Krim immer noch nicht zu Ende, wohl aber der Zweite Weltkrieg – und mit Intensität werden vor allem die verschiedenen Fiktionsebenen ineinander geschoben, und das entwickelt sich mehr und mehr zum Zentrum der Handlung. Eine Figur aus Charlotte Brontës Roman *Jane Eyre* etwa rettet der Ich-Erzählerin in einer Not-

situation das Leben, und umgekehrt war diese Erzählerin als junges Mädchen eine von Mattsche Schock-Sekunde lang zu einer Figur des Romans geworden und
hatte dort den Fortgang der Handlung mitbestimmt. Ein fiktionales Spiel? Ein
Spiel mit den Realitätsebenen – denn natürlich besitzt auch der im Roman
zitierte Roman seine eigene Realität. Aber

> die Grenzen zwischen Realität und Fiktion sind keineswegs so fest, wie es scheint. Sie
> sind so ähnlich wie ein zugefrorener See. Hunderte von Menschen können gefahrlos
> darüber gehen, bis sich eines Abends eine dünne Stelle bildet und durchbricht; am
> nächsten Tag ist das Loch wieder zugefroren. (Fforde 2004, S. 212)

Dieser den ganzen Roman charakterisierende immer neue Wechsel bzw. Übertritt von Figuren aus der selbstverständlich fiktionalen, aber realistisch erzählten
Alltagswelt der Ich-Erzählerin in die Wirklichkeit erzählter literarischer Weltliteratur hinein und ebenso umgekehrt von (literarischen) Figuren aus dieser fiktionalen Welt zweiten Grades in die Welt der fiktionalen Handlung ersten Grades,
d. h. des realistischen Agentenromans herein, hat im genauesten Sinne phantastische Qualität. Die Figur, der dies alles geschieht, konstatiert jedenfalls: „Die
Wirklichkeit, soviel stand fest, geriet zusehends aus den Fugen" (ebd., S. 77).

Es ist nicht der *eine* elementare Riss durch die nach-Newtonsche Wirklichkeit,
den ja bekanntermaßen schon Caillois als Merkmal der Phantastik ausgemacht
hatte, – es sind vielmehr eine Vielzahl von Risschen; – und da die Hauptfigur in
ihr nicht so eingewurzelt zu Hause ist wie ein normal moderner Mensch, erfährt
sie das Geschehen immer wieder zwar nicht gerade als „wunderbar verlockend",
sondern als irritierend, aber nicht als „zerstörerisch" wie in den vorausgenannten
Fällen. Es ist eine Phantastik, die mit sich selber spielt; die sich selbst und das
realistische Erzählen gleichermaßen ironisiert. In den skizzierten Definitions-
systemen ist ein solcher Fall nicht vorgesehen.

Dieser Wechsel der Figuren aus der zitierten Literatur herüber in die Wirklichkeit der handelnden Figuren des Romans findet auch in Cornelia Funkes *Tintenherz* statt, allerdings hier weit eindimensionaler und so gut wie ausschließlich auf
den Effekt des Angsterregenden ausgehend: Die Mutter der jungen Leserin
einer Räubergeschichte, wird in diese sekundäre fiktionale Handlung hinein
gekidnappt; und als Vater und Tochter sie zurückzuholen versuchen, kommt es
zu einem Kampf auf Leben und Tod.

Weitaus subtiler sind die Wirklichkeitsebenen in Geraldine McCaughreans *Lauter Lügen* verschichtet, in der der Erzähler zugleich Gestalt der Handlung, re-
flektierender Autor und Mittelpunktsfigur eines in der Handlung zitierten Buches ist. Und nicht zuletzt erinnert diese Struktur an Pauline Clarkes *Die Zwölf
vom Dachboden* einem Klassiker der Jugendliteratur, in dem, ähnlich wie bei
Fjorde, aus einer Erzählung von Branwell Brontë, dem Bruder der Brontë-
Schwestern Charlotte und Emily, auf phantastische Weise Figuren heraustreten
und nun in der Wirklichkeit der Kinder Oliver und Jane ein eigenes Leben
führen.

6.3

Kaum Beachtung gefunden hat bisher in der Diskussion eine Phantastik, die primär auf der Bewusstseinsebene des im Mittelpunkt der Handlung stehenden Individuums angesiedelt ist. Ein Beispiel dafür stellt etwa *Morels Erfindung* des südamerikanischen Autors Adolfo B. Casares dar. Der Monolog eines auf der Flucht befindlichen, zum Tode verurteilten und auf einer einsamen Insel sterbenden Mannes, enthält alle Elemente der Phantastik im Spiegel eines sich auflösenden Bewusstseins. Als Besucher auf die Insel kommen, können sie den Inselbewohner nicht wahrnehmen: Er redet sie an, aber sie hören ihn nicht, er versteckt sich in einer Alabasterschale vor ihnen, aber als er beim Verlassen des Verstecks zwei Männern begegnet, reagieren diese in keiner Weise – der Ich-Erzähler wird generell zur Schattenfigur, die verzweifelt versucht mit seiner Umwelt, vor allem aber mit der Frau der er begegnet und von der er fasziniert ist, in Kontakt zu treten. Dass dies nicht gelingt, ist in der Wirklichkeitserfahrung des Protagonisten begründet, aus der er sich nicht herauslösen kann und die sich nicht mit der ihm begegnenden Menschen deckt:

> Ich will wahrheitsgemäß die Vorgänge erzählen, denen ich zwischen gestern abend und heute früh beigewohnt habe, unwahrscheinliche Vorgänge, die zu erzeugen die Wirklichkeit Mühe gekostet haben muss ... Jetzt scheint es so, dass die wahre Lage nicht die auf den letzten Seiten beschriebene ist; dass die Situation, in der ich lebe, nicht die ist, in der ich zu leben glaube. (Casares 2003, S. 71).

Die jede Kommunikation unmöglich machende Differenz zwischen zwei Wirklichkeiten, einem subjektiv realen Erleben des Berichtenden und einer ihn umgebenden Welt, ist rational weder erklärbar noch aufhebbar. Der Ich-Erzähler bleibt so auf phantastisch-existentielle Weise hoffnungslos isoliert, ein Kontakt zu der geliebten Frau, aber ebenso zu jedem anderen Menschen, erweist sich als unmöglich. Das erzeugt eine tiefe und letztlich tödliche Irritation. Die Erzählung schließt dementsprechend:

> An den Menschen, der […] eine Maschine erfindet, die imstande ist, die zerfallenen Anwesenheiten zu vereinen, möchte ich eine inständige Bitte richten. Er möge Faustine und mich suchen und mich eingehen lassen in den Himmel von Faustines Bewusstsein. Es wäre ein Akt des Erbarmens. (Casares 2003, S. 133)

Nicht der Zusammenstoß, sondern das radikale Auseinandertreten von zwei Wirklichkeiten, in die der Mensch eingebunden ist, macht bei diesem Text das Wesen der Phantastik aus.

7

Wie aber steht es mit dem, was im deutschen Sprachbereich, in der Regel abwertend, als Fantasy bezeichnet wird? Beim Blick nicht nur auf die formal-inhaltliche, sondern auch auf die thematische und im weitesten Sinne didaktische Struktur scheint es, als sei die theoretische Tür zwischen zweidimensionaler Phantastik und eindimensionaler Fantasy *zu* schnell ins Schloss gefallen.

Das Paradigma für Fantasy schlechthin bildet R. R. Tolkiens *Der kleine Hobbit*. Aber auch die zahlreichen erzählerischen Versionen des Artus-Sagenkreises, wie beispielsweise das mehrbändige Werk des Amerikaners Thomas A. Barron *Das Baumkind*, der Camelot-Roman *Ich, Morgan le Fay* von Nancy Springer, oder *Das Buch Merlin* von T. H. White gehören hierher. Von beachtlichem Rang ist gleichermaßen Ursula K. LeGuins *Das ferne Ufer* oder Gillian Bradshaws *Das Königsreich des Sommers* – von den vielen zugegebenermaßen immer wieder auch emotional einlullenden Varianten nicht zu sprechen.

Kein bewusstseinsmäßiger Riss, kein existentieller Bruch, kein ontologisches Erschrecken in diesen Romanen, sondern Darstellung einer anderen Welt. Für Heinrich Kaulen ist damit das Urteil klar: „Die Autoren müssen sich meist nicht um eine Erklärung der kompliziert gewordenen Welt bemühen, sie erfinden einfach" – doch was heißt hier schon 'einfach'? – „eine neue" (Kaulen 2002). Aber ist das etwas Negatives? Nachdem sich die Einsicht durchgesetzt hat, dass Literatur für junge Leser nicht primär ein Instrument zu Erziehungs- und Aufklärungszwecken darstellt, sondern Wirklichkeiten der verschiedensten und auch inneren Art öffnen kann, wird der Einwand gegenstandslos, diese Texte führten nicht in Probleme und Problemlösungen hinein und seien generell zu harmonistisch. Natürlich gibt es, wie überall, auch hier Massenware. Aber das Genre als solches ist damit keineswegs, auch nicht in einem weitgefassten bildungstheoretischen Sinn, aus dem kulturellen Spiel.

Dazu drei Beispiele. Fraglos bildet *Der kleine Hobbit* eine Welt ab, in der es um Werte wie Treue, Mut, Menschlichkeit geht und in welcher der Einzelne eingebunden ist in ethische Pflichten ebenso wie in die Verantwortung für einen das Individuum übersteigenden Zweck. Nicht zuletzt jedoch wird hier auf eine so heitere wie anrührende Weise gewissermaßen die Kraft der Schwachen sichtbar gemacht – eine durch und durch humanistische Erzählung: nicht herzzerreißend, nicht problematisierend, nicht primär die Dunkelheit der Welt sichtbar machend, nicht von Ungewissheiten und Zweifeln dominiert, sondern in einer harmonischen Volte zur Ruhe kommend. Aber was ist dagegen einzuwenden? Dass gemäß einer definitorischen Setzung – es ist eine Setzung! – hier keine zwei Wirklichkeiten und Welten einander gegenüberstehen? Und dass phantastisch nicht sein kann, was theoretisch nicht sein darf?

Einzuwenden wäre etwas gegen eine solche Literatur, wenn sie primär auf Spannungseffekte zielte, wie das bei Philip Pullmann, einem der erfolgreichsten Autoren in diesem Feld, des Öfteren der Fall ist, oder wenn sie die Leser nur einlullte. Aber geschieht das etwa – das zweite Beispiel – in Barrons *Baumkind*, in dem die tiefe kreatürliche Verflochtenheit in dem phantastischen Bild eines Wesens gezeigt wird, das vom Menschen gewaltsam aus dieser Natur herausgelöst, im wörtlichsten Sinne seiner Wurzeln beraubt und in negativem Sinn zum Menschen gemacht, verzweifelt wieder nach seiner ursprünglichen Existenzform sucht? Es kann ein gewisser esoterischer Anklang stören, doch das Thema ist durchaus aktuell und korrespondiert mit realistischen Texten, in denen die Zerstörung und Vergewaltigung der Natur problematisiert wird.

Am Beispiel dieses Textes, der damit schließt, dass das Baumkind in den Kreislauf der Natur zurückkehrt, wird zugleich auch eine andere und nicht unwichtige Funktion der Fantasy, „die Überwindung einer imaginativen Armut" (Hetmann 1980, S. 233) erkennbar. Tolkien, so Frederik Hetmann, sei „entschieden von der Überlegenheit der Imagination gegenüber der Perzeption überzeugt. Mit dem Mangel an Imagination hängt es seiner Meinung nach auch zusammen, dass wir lange die Natur als unseren Sklaven angesehen haben, während sie doch immer noch unser stiller Herr ist" (Hetmann 1980, S. 233).

Zu einem dritten Aspekt im Bereich der Fantasy leitet nochmals Tolkien über, wenn er sagt „Feengeschichten waren einfach vorrangig nicht mit dem Möglichen, sondern mit dem Wünschenswerten beschäftigt" (Tolkien 1984). Dazu zählt er: „mit anderen Lebewesen in Verbindung zu treten […] auszuloten die Tiefe von Raum und Zeit […] einzutauchen in alte Sprachen [und] archaische[n] Lebensformen" (Tolkien 1984). Vor allem das Letztere wird in der erzählerischen Vergegenwärtigung des Artus-Sagenkreises geleistet. Wenn Thomas A. Barron beispielsweise im ersten Band seiner erzählerischen Sequenz für junge Leser *Merlin. Wie alles begann*, den Blick öffnet in das magisch-phantastische Geschehen einer versunkenen archaischen Welt hinein, dann berührt sich das immer wieder eng mit mythischem Bilder- und Gedankengut. Die Formel 'Wie alles begann' ist eine Art Modell für den Beginn der historischen Existenz des europäischen Menschen im frühen Mittelalter schlechthin. Es sind bunte Bilder von Liebe und Hass, von Verrat und Treue, von menschlichem Streben und Scheitern – vor allem aber Bilder zur Weckung und Erhaltung imaginativer Kräfte.

8

Tolkien hat unter drei Stichworten Wirkung und Funktion der Phantastik beschrieben und dabei lösen sich die strikten Abgrenzungen zwischen Phantastik und Fantasy zu einem guten Teil auf. Das erste Stichwort: *Wiederherstellung*:

> Wiederherstellung […] bedeutet […] eine Wiedererlangung des klaren Blicks. Ich werde mich hüten zu sagen, es gelte 'die Dinge zu sehen, wie sie sind' […] aber ich darf wohl sagen: sie so zu sehen, wie sie uns zugedacht sind (oder waren) – als von uns selber unabhängige Dinge. In jedem Fall müssen wir unsere Brillen putzen, damit die Dinge frei werden vom trüben Schleier der Abnutzung und Gewöhnung – frei von unserem Besitz. (Tolkien 1984, S. 113)

Wie kann das geschehen? Tolkien nennt in diesem Zusammenhang ein Wort, das von außen an der Glastür eines Lokals gesehen als „Coffeeroom" gelesen wird, vom Innern des Raums aus gesehen aber zu „Mooreeffoc" wird. G. K. Chesterton hatte dies als ein Beispiel für die Befremdlichkeit alltäglicher Dinge, die wir plötzlich aus einem neuen Blickwinkel sehen, bezeichnet. Phantastik wird, so Chestertons Schluss, zu einer Möglichkeit, in der Verfremdung Wirklichkeit neu und anders zu erfahren.

Dann das zweite und noch problematischere Stichwort: *Flucht*. Es gibt kaum eine stärkere Verurteilung der Phantastik als jene, dass sie Fluchtliteratur darstelle, also eskapistischer Natur sei. Diesen Vorwurf formulieren unter anderem Rottensteiner und viele Kritiker in den 70er Jahren. Dagegen wendet sich Tolkien mit aller Schärfe: „Im wirklichen Leben ist Flucht nur schwer zu tadeln, es sei denn, sie scheitert; für die Literaturkritik scheint sie umso schlimmer zu sein, je besser sie gelingt" (Tolkien 1984, S. 116). Da ist zunächst die Flucht vor der Hässlichkeit der vorfindlichen modernen Welt; die Flucht vor den Produkten dieser Welt wie z. B. Raketen, Maschinengewehren und Bomben. „Und zuletzt gibt es den ältesten und tiefsten Wunsch, den nach der großen Flucht: der Flucht vor dem Tode" (Tolkien 1984, S. 124).

Dem setzt die phantastische Geschichte im weiteren Sinne, also das, was wir mit dem Begriff Fantasy bezeichnen, etwas entgegen, was zu Tolkiens drittem Stichwort wird: *Trost*. „Die Freude über den glücklichen Ausgang oder, richtiger, die gute Katastrophe, die plötzliche Wendung zum Guten [...] ist ihrem Wesen nach nicht 'eskapistisch' oder 'wirklichkeitsflüchtig'. In ihrem märchenhaften – oder sekundärweltlichen – Rahmen ist sie eine plötzliche und wunderbare Gnade" (Tolkien 1984, S. 125). Dem entspricht auch die Aussage von Julien Green: „Die Welt ist ein bedrohlicher Ort: das ist die Auffassung, die hinter allem steht, was ich schreibe. Deshalb müssen wir versuchen, eine andere Welt zu finden, die sicherer und schöner wäre" (Krichbaum; Zondergeld 1975, S. 85). C. S. Lewis hat für junge Leser in seiner *Narnia*-Tetralogie das eine, die Bedrohlichkeit, wie das andere, die Bergung, auf schon klassische Weise erzählerisch gestaltet.

Es bezeichnet in aller Schärfe die Abwesenheit aller didaktischen und pädagogischen Aspekte in der neueren Phantastik / Fantasy-Theoriediskussion, dass dabei die Funktion dieser Literatur, ihre Wirkung auf den Leser weithin ausgeklammert wird. Kritisch und ironisch bemerkt etwa Manfred Nagl, Fantasy produziere „unverdrossen geschlossene Welten, in denen jeweils eine eigene Gesetzlichkeit gilt. Alles hat darin seinen – tiefen – Sinn; alles hat Bedeutung; alles ist symbolisch. [...] dem Sinndefizit der realen Welt wird – um mit Todorov zu sprechen – die 'Pansignifikation' des Phantastischen entgegengestellt" (Nagl 1984, S. 158f.). Dagegen Tolkien: „Es ist das Wahrzeichen des guten Märchens" – für Tolkien der Sammelbegriff für alle phantastische Literatur – „daß es, so wildbewegt auch das Geschehen, so phantastisch oder schrecklich auch die Abenteuer, bei dem kindlichen oder erwachsenen Zuhörer in dem Augenblick, in dem die 'Wende' eintritt, ein Anhalten des Atems bewirken kann, ein Pochen und Sichweiten des Herzens, [...] wie es Dichtung, gleich welcher Form, nur erzielen

kann" (Tolkien 1984, S. 126). Der Theologe Richard Cremer weist in diesem Zusammenhang auf die „Erlösungsbedürftigkeit der anderen Welt" (Cremer 1984,
S. 135) hin, die in der phantastischen Literatur immer wieder beschrieben werde
und die als Reflex auch die Wirklichkeit des realen Lesers erreiche und damit sowohl Befreiungsbedürftigkeit wie Erlösungsmöglichkeit der vorfindlichen Welt
signalisiere.

Das ist noch keineswegs alles, was eine Phantastik im weiten Sinn in die zeitge-
nössische Diskussion – nicht zuletzt auch in die didaktische Diskussion – einzubringen hat. Abgesehen von der gedanklichen und emotionalen Freisetzung der
Phantasie vor allem bei jungen Menschen befördert eine Literatur dieser Art
nicht zuletzt das bildliche Denken und verschafft dieser Fähigkeit in der Überflu-
tung durch vorgestanzte Bilder einen indidviduell-autonomen kreativ-produkti-
ven Freiraum. „Die Phantasie an die Macht" hatten 1968 die Pariser Studenten
an die Mauer der Sorbonne geschrieben …

9

Um abschließend nochmals die Zielrichtung der hier angestellten Überlegungen
deutlich zu machen: Die definitorischen Beschreibungen und *Abgrenzungen* einer Phantastik im engeren Sinn bzw. die *Ausgrenzung* aller Formen von literarischer Phantastik im weiteren und offeneren Sinn sind das *eine* (wobei hier mit
Nachdruck die These vertreten wird, entscheidend seien nicht die Unterschiede,
sondern die Gemeinsamkeiten!) – der Blick auf die Entstehungsgeschichte und
die sich dabei herausbildenden Themen sowie auf Aussagemöglichkeiten in den
genre-typologischen Verzweigungen, Verschichtungen und Filiationen innerhalb
des Gesamtphänomens Phantastik jedoch ist das *andere*. Im Wesentlichen von
dem zweiten war hier zu sprechen.

Literatur

Barron, Thomas A. (2004): Das Baumkind. München: dtv junior extra

Becker, Antoinette; von Hentig, Hartmut (Hrsg.) (1996): Geschichten mit Kindern. Zum
    sechzigsten Geburtstag von Gerold Becker. Velber: Friedrich

Boie, Kirsten (2001): Der durch den Spiegel kommt. Hamburg: Oetinger

Bulgakow, Michail A. (1987): Der Meister und Margarita. München: dtv

Casares, Adolfo B. (2003): Morels Erfindung. Frankfurt a. M.: Suhrkamp

Clark, Pauline (1967): Die Zwölf vom Dachboden. Hamburg: Dressler

Cremer, Richard (1984): Braucht die Welt Wunder? In: Verfremdung und Erkenntnis.
    Phantastik in Literatur, Bild und Film. Hg. von Karl Ermert. Loccumer Protokolle 66,
    S. 131–141

Durst, Uwe (2001): Theorie der phantastischen Literatur. Tübingen; Basel: Francke

Fforde, Jasper (2004): Der Fall Jane Eyre. München: dtv

Fuentes, Carlos (1985): Aura. In: Die Ermordung des Drachens. Phantastische Geschich-
    ten. Hg. von Franz Rottensteiner. Frankfurt a. M.: Insel

Funke, Cornelia (2003): Tintenherz. Hamburg: Oetinger

Hetmann, Frederik (1980): Merlin. Porträt eines Zauberers. In: T.H. White: Das Buch
Merlin. Düsseldorf; Köln: Diederichs, S. 165–237

Hohlbein, Heike; Hohlbein Wolfgang (1988): Drachenfeuer. Wien: Überreuter

Kaulen, Heinrich (2002): Erfolge hauptsächlich für Serientäter. Eine Fantasy-Welle im
Kinderbuch. In: Frankfurter Allgemeine Zeitung vom 3.7.2002, S. 17

Klingberg, Göte (1974): Die phantastische Kinder- und Jugenderzählung. In: Kinder- und
Jugendliteratur. Zur Typologie und Funktion einer literarischen Gattung. Hg. von Gerhard Haas. Stuttgart: Reclam, S. 220–241

Krichbaum, Jörg; Zondergeld, Rein A. (1975): Die Wahrscheinlichkeit des Unmöglichen.
Julien Green im Gespräch. In: Phaicon 2. Frankfurt a. M.: Insel

Lévi-Strauss, Claude (1968): Das wilde Denken. Frankfurt a. M.: Suhrkamp

MacDonald, George (1984): Lilith. Stuttgart: Klett-Cotta

Matt, Peter von (2002): Wie Hoffmanns stolpernde Gestalten Sir Newton überlisten. Züricher Abschiedsvorlesung über die Theorie und Tradition der phantastischen Literatur.
In: Neue Züricher Zeitung am Sonntag, 7. Juli 2002, S. 2–6

McCaughrean, Geraldine (1991): Lauter Lügen. Hamburg: Dressler

Nagl, Manfred (1984): Verfremdung und Erkenntnis, Aufklärung und Remythisierung
oder: Braucht die Welt Wunder? Statement. In: Verfremdung und Erkenntnis –
Phantastik in Literatur, Bild und Film. Hg. von Karl Ermert. Loccumer Protokolle 66,
S. 154–160

Nikolajewa, Maria (1988): The Magic Code. The use of magical patterns in fantasy for
children. Göteborg: Almquist & Wiksell International

Oates, Joyce Carol (1985): Weitere Bekenntnisse. In: Die Ermordung des Drachens. Phantastische Geschichten. Hg. von Franz Rottensteiner. Frankfurt a. M.: Insel, S. 177–204

Patzelt, Birgit (2001): Phantastische Kinder- und Jugendliteratur der 80er und 90er Jahre.
Frankfurt a. M.: Peter Lang

Rank, Bernhard (2002): Phantastik im Spannungsfeld zwischen literarischer Moderne und
Unterhaltung. Ein Überblick über die Forschungsgeschichte der 90er Jahre. In: Kinder-
und Jugendliteraturforschung 2001/2002. Hg. von Hans-Heino Ewers u. a. Stuttgart;
Weimar: Metzler, S. 101–125

Rottensteiner, Franz (1987): Zweifel und Gewissheit. Zu Traditionen, Definitionen und einigen notwendigen Abgrenzungen in der phantastischen Literatur. In: Die dunkle Seite
der Wirklichkeit. Aufsätze zur Phantastik. Hg. von Franz Rottensteiner. Frankfurt a. M.:
Suhrkamp

Todorov, Tzvetan (1972): Einführung in die fantastische Literatur. München: Hanser

Tolkien, J. R. R. (1984): Über Märchen. In: Gute Drachen sind rar. Drei Aufsätze. Hg. von
Christopher Tolkien. Stuttgart: Klett-Cotta, S. 51–140

Toro, Alfonso de (1988): Überlegungen zur Textsorte 'Fantastik' oder Borges und die Nega-
tion des Fantastischen – Rhizomatische Simulation, 'dirigierter Zufall' und semiotisches
Skandalon. In: Die magische Schreibmaschine. Aufsätze zur Tradition des Phantastischen in der Literatur. Hg. von Schenkel, Elmar; Schwarz, Wolfgang F.; Stockinger,
Ludwig; de Toro, Alfonso. Frankfurt a. M.: Suhrkamp, S. 11–74

Wünsch, Marianne (1991): Die fantastische Literatur der frühen Moderne (1890–1930).
Definition, Denkgeschichtlicher Kontext, Strukturen. München: Hanser

Zondergeld, Rein A. (Hrsg.) (1974/75): Phaicon. Almanach der phantastischen Literatur 1
und 2. Frankfurt a. M.: Insel

REINBERT TABBERT

Engel in der Kinderliteratur: Fallstudien über Phantastik, Kitsch und gesellschaftliche Normen

Engel
[…] Die Kleider waren verblasst Goldreste
Überzogen die Brust er war ohne Flügel
[…] der Ausweg für ihn
Wäre ein Kindergarten wenn der ihn beherbergte
Wer wüchse nicht gern mit einem Engel auf
Sarah Kirsch (1985, S. 33; vgl. auch Endler 1989, S. 34)

Engel sind Boten nicht nur – wie von Juden, Christen und Muslimen geglaubt wird – zwischen Himmel und Erde, sondern auch – wie Bilder und Dichtungen bezeugen (vgl. Wüstner 2001) – zwischen Religion und Kunst. Solange die Religion für eine Gesellschaft allgemeine Verbindlichkeit hatte, waren die Engel in Wort und Bild wahrnehmbare Repräsentanten der gemeinsamen Glaubenswelt. Im Zuge des Säkularisationsprozesses sind sie zu interessanten Flügelwesen eines jahrhundertealten Kulturrepertoires geworden. Sie können von den sie künstlerisch Adaptierenden jeweils mit individueller Bedeutung ausgestattet werden, bringen aber in den ästhetischen Kontext etwas von der ursprünglich mythischen Qualität ein. In der Begrifflichkeit einer neueren Theorie formuliert: In der Darstellung von Engeln verbindet sich der religiöse mit dem ästhetischen Diskurs (vgl. Tabbert 1999, S. 19).

Als Figuren des Mythos verleihen Engel einer Dichtung oder einem Bild den Anspruch auf überindividuelle Gültigkeit; und insofern sie in Werken auftreten, die wir als phantastisch zu bezeichnen gewohnt sind, tragen sie dazu bei, etwas von dem Glauben einzufordern, der ihnen einst selbstverständlich entgegengebracht wurde. Für J.R.R. Tolkien sollte ein Leser von „fairy-stories" (das sind Erzählungen, die von Übernatürlichem handeln) nicht nur – nach dem Diktum des Romantikers Samuel T. Coleridge – vorübergehend seinen Unglauben aufkündigen, sondern tatsächlich glauben (vgl. Tolkien 1971, S. 28).

Der bulgarische Literaturtheoretiker Tzvetan Todorov kommt allerdings zu einer differenzierteren Einschätzung, indem er das neuzeitlich „Fantastische" von den traditionellen Märchen abhebt und definierend feststellt: „Das Fantastische ist die Unschlüssigkeit, die ein Mensch empfindet, der nur die natürlichen Gesetze kennt und sich einem Ereignis gegenübersieht, das den Anschein des Übernatürlichen hat." (Todorov 1992, S. 26; vgl. hierzu Rank 2002, S. 104ff.) Wenn man in Todorovs Definition „Unschlüssigkeit" durch „Staunen" ersetzt, dann trifft sie exakt auf zwei Kinderromane zu, in deren Mittelpunkt jeweils eine geheimnisvolle Engelfigur steht: auf Christa Kožiks *Engel mit dem goldenen Schnurrbart* (1983) aus der DDR und auf David Almonds *Skellig* (1998) aus England.

Für künstlerisch Tätige mag es erfolgversprechend sein, Engelfiguren in Bücher oder Bilder einzubeziehen, zumal im Hinblick auf junge Menschen, denen sie in bildlichen Darstellungen schon seit dem 5. Jahrhundert angeglichen worden sind (Brockhaus 1968, S. 512). Aber gerade weil diese Figuren aus einer kulturell tradierten Glaubenswelt stammen, ist eine ästhetische Adaption nicht ohne Probleme.

Die offensichtlichste Gefahr ist die des Kitsches. „Der Ort des Kitsches", so lautet eine Definition, ist „nicht die Ebene des künstlerischen Handwerks, sondern die der dahinter liegenden Intention. Wo diese einen höheren Anspruch stellt, als er durch das Werk eingelöst wird, wirkt sie auf den Rezipienten unaufrichtig und kitschig." (Gelfert 2000, S. 15). Einen hohen Anspruch bringt die Engelfigur von ihrem Ursprung im Religiösen her mit, das gemäß Paul Tillich nichts Geringeres für den Menschen sei als ein „ultimate concern", d. h. „die Betroffenheit von dem, was unbedingt angehe" (Halbfas 1984, S. 232). In diesem Sinne sind Engelfiguren nicht nur ästhetisch erfolgversprechend, sondern auch eine Herausforderung, einem hohen Anspruch künstlerisch gerecht zu werden und nicht in Form von Kitsch dahinter zurückzubleiben.

Nimmt man sie aber als prägnante Gestalten eines vorliegenden Kulturrepertoires, dann lassen sich auch darin Gefahren für einen neuerlichen Einsatz in einem künstlerischen Werk sehen. Einerseits können bei einer solchen Adaption gesellschaftliche Implikationen mittransportiert werden, die unter gegenwärtigen Bedingungen als ideologisch nicht akzeptabel gelten. Andererseits können einer Engelfigur solch spezifische Züge oder Begleitumstände zugeschrieben worden sein, dass ihre Übernahme in einem neuen Werk nicht als intertextuell legitim erscheint (vgl. Kümmerling-Meibauer 2001), sondern als Plagiat oder für den betroffenen Urheber als persönliche Enteignung.

Im Folgenden sollen sowohl gelungene als auch problematische Fälle der Engeladaption in der Kinderliteratur vorgestellt werden. In drei nach der äußeren Form unterschiedenen Abteilungen werden jeweils Beispiele aus dem englischen und aus dem deutschen Sprachraum berücksichtigt: Es geht um Engel in Versen, Engel in Bildern und Engel in Prosa.

Engel in Versen

In überlieferten Kinderreimen und -liedern ist die Zugehörigkeit der Engel zum Himmel des religiösen Glaubens noch unmittelbar zu spüren. In Wiegen- oder Schlafliedern werden Kinder des Schutzes der Engel versichert; in Gebeten, die sie lernen, erbitten sie diesen Schutz selbst. Solange singend oder betend an Engel geglaubt wird, haben sie nichts Phantastisches. Das Poetische der Verse steht noch im Dienste der Religion. In dem Maße aber, wie es sich aus dieser Bindung löst, setzt es sich der Gefahr aus, kitschig zu werden.

In einer englischen Ausgabe von Wiegenliedern aus aller Welt findet sich ein Lied von den Shetland-Inseln, das insofern kulturgeschichtlich reizvoll ist, als es gleichsam die christliche Heidenmission am Kinderbett nachvollzieht (Daiken 1959, S. 41 f.):

> The Bressay Lullaby
> Gae awa, peerie faeries (3x)
> Frae wir bairn noo.
> Dan come boanie angels (3x)
> Ta wir bairn noo.
> Dey'll sheen ower de cradle
> O'wir peerie bairn
> Dey'll sheen ower de cradle
> O'wir bairn noo.

Nachdem in der 1. Strophe die „kleinen Kobolde weg von unserm Kind" gescheucht worden sind, „kommen die guten Engel" in der 2. Strophe zu Hilfe, um in der 3. Strophe „über der Wiege von unserm kleinen Kind [zu] leuchten". Ein älteres, magisches Glaubenssystem, personifiziert in den „peerie fairies" (hier in der Bedeutungsvariante „tiny mischievous and protective creatures in a household"), wird durch ein jüngeres, christliches Vorstellungsbild, in Gestalt schwebender Engel, verdrängt. Diese sind wichtig genug, um ihnen doppelt so viel Platz einzuräumen.

Spürt man in diesem schottischen Schlaflied den Hauch einer frühen Zeit, so nimmt man in einem bekannten deutschen Lied, dessen heutige Melodie von Johannes Brahms stammt, etwas vom Geist des 19. Jahrhunderts wahr:

Guten Abend, gut' Nacht,	Guten Abend, gut' Nacht,
mit Rosen bedacht,	von Englein bewacht,
mit Näglein besteckt,	die zeigen im Traum
schlupf unter die Deck:	dir Christkindleins Baum.
Morgen früh, wenn Gott will,	Schlaf nun selig und süß,
wirst du wieder geweckt.	schau im Traum 's Paradies.

Während eine ostdeutsche Liedersammlung die 1. Strophe in *Des Knaben Wunderhorn* (1808) nachweist und die 2. einem Georg Scherer (1849) zuschreibt (Pachnicke 1981, S. 290), heißt es in einer westdeutschen Sammlung: „1. Strophe trad. 18. Jhdt.; 2. Strophe Verf. unbekannt; nicht G. Scherer." (Klusen 1980, S. 822). Wie dem auch sei, auffallend ist, dass an eine 1. Strophe im Volksliedton und von überzeugender Gläubigkeit und Bildlichkeit (auf die irdischen Blumen des Abends folgt der allmächtige Gott des Morgens) eine 2. Strophe angehängt ist, in der Engel christlich-bürgerliche Glücksvorstellungen zu vermitteln haben, und zwar – wie unschön gleich zweimal gesagt wird – im Traum. Ob sonst nicht mehr an sie geglaubt wird?

Das Unverbundene von Christkind und Weihnachtsbaum auf der einen Seite und
Paradies auf der anderen wird auch durch Engel und Traum zu keiner Einheit
und lässt die Strophe als missglückt erscheinen. Die Diskrepanz aber zwischen
poetischer Unzulänglichkeit und dem hohen Anspruch, der in der Häufung von
Glücksvorstellungen zum Ausdruck kommt – verstärkt durch die alliterieren-
den, emphatischen Adjektive „selig und süß" –, macht sie zu Kitsch. Eine An-
deutung der Unsicherheit unseres Daseins, wie man sie in der 1. Strophe aus dem
konditionalen „wenn Gott will" heraushören kann, bleibt in den klischeehaften
Versprechungen ausgespart. Die Engel sind weniger dazu da, um zu schützen, als
vielmehr, um Gefühle von Weihnachtsgemütlichkeit und Paradiesseligkeit zu
vermitteln.

Fast überdeutlich beschworen wird die Schutzfunktion der Engel in zwei weit in
die Geschichte zurückreichenden Kindergebeten, einem in englischer, einem in
deutscher Sprache und beide in der autoritativen Sammlung *The Oxford Book of
Nursery Rhymes* abgedruckt und annotiert (Opie 1966, S. 303–305):

> Matthew, Mark, Luke and John,
> Bless the bed that I lie on.
> Four corners to my bed,
> Four angels round my head;
> One to watch and one to pray
> And two to bear my soul away.

> Ich will heint schlafen gehen,
> Zwölf Engel sollen mit mir gehen,
> Zwen zu Haupten,
> Zwen zur Seiten,
> Zwen zun Füßen,
> Zwen, die mich decken,
> Zwen, die mich wecken,
> Zwen, die mich weisen
> Zu dem himmlischen Paradeise. Amen.

Das englische Gebet, als „White Paternoster" bekannt, wird 1656 von einem
Thomas Ady angeführt, das deutsche von Johannes Agricola (geboren 1492), der
es als Kind von seinen Eltern lernte. Die Eindringlichkeit des englischen Textes
geht von der Zahl vier aus, die hier theologisch ihren Ursprung in der Zahl der
Evangelisten hat und materiell in den Ecken des Bettes. Dementsprechend sind
es denn auch vier Engel, die zu Schutz und geistlichem Beistand herbeigerufen
werden. Im deutschen Text sind es 12 Engel, von denen erbeten wird, dass sie jeweils zu zweit den Schlafenden behüten und vom Zudecken bis zum Wecken und
bis zum Eintritt ins Paradies die nötigen Verrichtungen vornehmen. Von beiden
Texten vermutet man, dass sie auf einen keltischen Abwehrzauber zurückgehen,
in dem ebenfalls mit engem Bezug auf den eigenen Körper Schutz erbeten wurde
(vgl. ebd., S. 304).

Das deutsche Kindergebet, in einer sprachlich modernisierten Fassung mit 14 statt 12 Engeln, beschließt das zweite Bild von Engelbert Humperdincks Märchenoper *Hänsel und Gretel* (UA 1893). Es wird von den im Wald verirrten Kindern gesprochen; und als wäre es in ihrem Traum (das Übernatürliche wird also auch hier psychologisch relativiert), wird es anschließend pantomimisch in Szene gesetzt (Humperdinck 1990, S. 81). Für heutige Regisseure muss es eine Herausforderung sein, bei dieser Pantomime den Kitsch zu vermeiden, wie er von der Regieanweisung nahegelegt wird und auch in anderen Opernlibretti nicht selten anzutreffen ist (Gelfert 2000, S. 20). Eine Inszenierung der Verse zwischen zwei Buchdeckeln hat Jutta Bauer 1995 in einer Bilderbuchfassung vorgenommen. Sie ersetzt die Engel säkularisierend durch Füchse, die Lieblingstiere ihres Sohnes, ohne damit aber den überlieferten Text lächerlich zu machen (vgl. Tabbert 2000, S. 501). Dies ist ein gelungenes, wenn auch kaum wiederholbares Beispiel der ästhetischen Adaption eines Engel-Textes, der seinen Ursprung in weit zurückliegenden Glaubenswelten hat.

Engel in Bildern

Während Engel in Wiegenliedern und Gebeten in ein adressatenbezogenes Sprachhandeln eingebunden sind, treten sie in Bilderbüchern in eine in sich geschlossene Welt ein, die aus dem Zusammenspiel eines in der Regel narrativen Textes mit einer Bilderfolge entsteht. Die Originalität eines Bilderbuchs zeigt sich nicht selten in der Art und Weise, wie die Bilder das in Szene setzen, was der Text vorgibt, im vorliegenden Fall insbesondere in der Visualisierung der Engelfigur als Verkörperung des Übernatürlichen. Anders als in überlieferten Versen ist diese Figur in Bildern unmittelbar sinnlich wahrzunehmen. Das setzt sie ästhetisch einem spezifischen Risiko aus. Wo die bildliche Darstellung eines Engels dem verbreiteten Kindchenschema folgt, tendiert sie zu Niedlichkeitskitsch (Gelfert 2000, S. 31), der visuell nachhaltiger wirkt als verbal etwa in der Bevorzugung von Diminutiva auf die Endsilbe -lein (ebd., S. 32), wie sie uns schon als „Englein" und „Christkindlein" in der Abendliedstrophe begegnet sind.

An jene Abendliedstrophe scheint eine Versgeschichte von Adolf Holst (1867–1945) anzuknüpfen, die von Ernst Kutzer (1880-1965) bunt und üppig illustriert wurde und noch heute im Buchhandel zu haben ist: *Hans Wundersam. Ein Wintermärchen* (o. J.). Der Handwerksbursche Hans Wundersam rettet einen „Flügelmatz" (das Kindchenschema in Wort und Bild!) vor dem Erfrieren, wird von ihm dafür himmelaufwärts in die Säle der vorweihnachtlich beschäftigten Engelscharen geführt, darf sich ein Geschenk aussuchen und wählt (das Weihnachts- und Paradiesesglück wird noch aufgegipfelt) – ein Mädchen:

> Sie blickte schämig, hold und scheu
> und war so schön und nagelneu.

Man könnte das Bilderbuch für eine Parodie auf den biedermeierlichen Kitsch halten, mit Ironiesignalen wie dem hier charakterisierend gebrauchten Adjektiv „nagelneu". Doch muss man befürchten, dass dieser Gebrauch des Adjektivs eher Symptom eines verdinglichten Denkens ist und die allzu schöne Folge der Reime und Bilder nicht Parodie, sondern Nachhall biedermeierlichen Kitsches.

Mit dem Stichwort „Märchen" im Untertitel wird von vornherein auf Harmonie eingestimmt, wo es für ein modernes Bewusstsein Zweifel und Spannungen geben könnte: Existieren Engel überhaupt? Und sind sie tatsächlich daran zu erkennen, dass sie wie geflügelte Kinder im Nachthemd aussehen?

Wie in *Hans Wundersam* so besteht auch in einem neueren amerikanischen Bilderbuch die dargestellte Welt zum größten Teil aus einem Himmel voller Engel: in Margot Zemachs *Jake and Honeybunch Go to Heaven* (1982). Das Buch verarbeitet einen Stoff afroamerikanischer Folklore zu einer vital-schwankhaften Geschichte in mündlichem Erzählstil und bewegten Aquarellbildern. Jake, der am Rande einer Stadt mit dem sprechenden Namen Hard Times lebt, wird – verursacht durch sein störrisches Maultier Honeybunch – von einem Güterzug erfasst, kommt in den Himmel, hängt sich zwei linke Engelsflügel um und bewirkt damit solche Turbulenzen unter den anderen Geflügelten, dass er von Gott vor das Himmelstor gesetzt wird. Als dann aber Honeybunch für noch mehr Turbulenzen sorgt, bekommt Jake die Chance, sich zu bewähren, indem er das Tier bändigt und mit ihm zusammen eine Tätigkeit als „Moon Regulator" aufnimmt.

Es liegt wohl an der naiv-volkstümlichen Quelle des Stoffes, dass auch in diesem Fall der Erzähltext nicht an der Existenz der übernatürlichen Welt zweifeln lässt. Ungewöhnlich ist ihre Visualisierung. Die Engel sind zwar auch hier mit Flügeln ausgestattet, aber ansonsten schwarze Amerikaner und Amerikanerinnen in Anzug und Sonntagskleid; und die Gestalt Gottes ist nur dadurch von ihnen abgehoben, dass sie besonders groß und besonders gut aussehend ist. Neben der fast derben realitätsnahen Darstellung der Personen nehmen sich die Engelsflügel, die „Pearly Gates" und „Great Green Pastures", die in zerfließenden Wasserfarben dargestellt sind, nahezu kitschig aus. Doch liegt Ironie darin, dass sie auf diese Weise wie die Requisiten und Kulissen eines Theaters wirken und den Werbeplakaten der irdischen Anfangsszenen ähnlich sind. Der Einblick in den Himmel wird gleichsam augenzwinkernd gewährt. Was Margot Zemach von ihrer Bilderbuchkunst allgemein gesagt hat, erscheint hier in einer sehr spezifischen Ausprägung: „When there is a story I want to tell in pictures, I find my actors, build the sets, design the costumes and light the stage." (Zemach 1993, S. 247)

Jake and Honeybunch ist unter den Bilderbüchern, die Margot Zemach (1931–1989) aus Erzählstoffen verschiedener Völker geschaffen hat, ästhetisch besonders reizvoll und ist doch in seinem Herkunftsland heftig kritisiert worden. Die Tochter der Künstlerin schreibt dazu:

> When the book came out, some librarians disliked it. [Margot's] critics seemed to be unaware that though she drew a Black 'fool' [...], she always focused on foolish characters

in her folktales. […] Some librarians were offended by what they thought were racist references. Some Americans were not 'ready' to embrace an African-American foolish character, especially in a story illustrated by a non African-American artist. [Margot's] mistake was thinking she could celebrate Black history and culture with such freedom. (Kaethe Zemach 2003)

Religiöse Vorstellungen sind in diesem Bilderbuch so gestaltet worden, dass sie ästhetisch überzeugen. Doch lassen sich dabei gesellschaftspolitische Implikationen wahrnehmen, die für ein rigoristisches Normenverständnis (bekannt als „political correctness") nicht akzeptabel sind. Eine solche folgenschwere Dominanz gesellschaftlicher gegenüber ästhetischer Normen ist etwas, dem Kinderliteratur in charakteristisch höherem Maße unterworfen ist als die Literatur für Erwachsene (vgl. Shavit 1986). In der Kinderliteratur müssen auch die himmlischen Flügelwesen mit gesellschaftlicher Zensur rechnen.

In Anbetracht einer solchen Bedingung ist es erfreulich, dass ein so unkonventionelles Bilderbuch wie *Opas Engel* von Jutta Bauer 2002 mit dem Katholischen Kinder- und Jugendbuchpreis ausgezeichnet wurde. Die Originalität des Buches liegt darin, dass ein Text, in dem nie von Übernatürlichem die Rede ist, in cartoonhafte Bilder umgesetzt wird, die phantasievoll und witzig die Vorstellung von einem Schutzengel variieren. Ein Junge berichtet, wie ihm sein Großvater im Krankenhaus von seinem Leben erzählt als einer Folge gefährlicher Situationen in Kindheit, Nazi- und Nachkriegszeit, in denen er immer wieder Glück hatte. Visualisiert wird das „Glück" als ein hilfreiches Flügelwesen, das seinen Ursprung in einer Engelsstatue hat und sich gestalterisch als zartblauer Umriss von der gedämpften Farbigkeit der jeweiligen Umgebung abhebt. Trotz Flügeln und Nachthemd gleicht es keiner der verbreiteten Engelvarianten. „Es fällt mir schwer", sagt Jutta Bauer, „Engel mit dieser strahlenden, schönen Aura zu sehen, die Kinder so fasziniert. Für mich sind sie eher weiblich." (Duphorn 2002, S. 14) Aber nicht gefällig weiblich ist hier gemeint. Die Titelfigur in *Opas Engel* ist eine rundlich-großmütterliche Person mit Haarknoten, Kolbennase und Hängebusen. Die Pointe des Buches besteht darin, dass dieses Wesen auf dem vorletzten Bild den Kopf des Großvaters hält, der die Augen geschlossen hat, und auf dem letzten Bild aus dem Krankenhaus tritt und nun dem sorglos kickenden Enkel folgt.

Niemand wird diesem Buch nachsagen können, dass es kitschig sei. Wohl aber ist seiner Verfasserin „von Vertretern des katholischen Buchhandels" Blasphemie vorgeworfen worden (vgl. ebd.). Richtig ist, dass die Engelfigur nicht zwingend einer traditionellen Glaubenswelt zugehörig ist, kann sie doch als Verkörperung des Glücks, das ein Mensch im Leben gehabt hat, auch von Nichtgläubigen akzeptiert werden. Doch lässt die ästhetische Polyvalenz ebenso zu, dass ein Weihbischof als Vorsitzender der preisvergebenden Jury ausführen kann: „Jutta Bauer hat eine unsentimentale Engelfigur geschaffen, die durch ihre menschlichen und humorvollen Züge zutiefst anrührt. Dieser Engel erweckt Vertrauen

und vermittelt eine transzendentale Dimension: Gott behütet den Menschen."
(ebd.) Im gesellschaftlichen Normensystem kirchlich geprägten Lebens wird
dieses hierarchisch sanktionierte Urteil dem Buch gegen seine Kritiker nutzen.
Ästhetisch überzeugende Engel haben solchen Rückhalt verdient. Es wäre
schön, wenn es eine afroamerikanische Instanz gäbe, die – wie spät auch immer
– in ähnlicher Weise für das Bilderbuch von Margot Zemach eine Lanze bräche.

Engel in Prosa

Der Roman setzt sich seit seinen Anfängen dadurch vom älteren Versepos ab,
dass er durch erzählende Prosa vor dem inneren Auge des Lesers eine Welt er-
stehen lässt, in der eine erfahrbare Wirklichkeit wiedererkennbar ist. Wenn in
einer solchen Welt übernatürliche Wesen auftreten, dann können sie nicht wie etwa noch in Miltons historisch spätem Epos *Paradise Lost* (1667) (Auszüge in
Wüstner 2001, S. 20, 43) als beglaubigt durch eine religiöse Überlieferung hinge-
nommen werden. Dann regt sich vielmehr Staunen oder das, was Todorov als
„Unschlüssigkeit" gegenüber dem Übernatürlichen bezeichnet (vgl. Todorov
1992, S. 26). Kurz: Wir haben es mit einem phantastischen Roman zu tun. Dieser
Romantyp gewinnt seine Stärke aus der Spannung zwischen einer unauflösbaren
Suggestivität des Übernatürlichen und der Wirklichkeitsnähe der dargestellten
Welt. In durchdachten Exemplaren des Typs wird die Spannung als Konfrontation von unterschiedlichen Auffassungen von Wirklichkeit ausdrücklich themati-
siert.

Zu dem vielleicht bemerkenswertesten Auftritt eines Engels in einem neueren
Kinderroman in deutscher Sprache kommt es in Christa Kožiks *Der Engel mit
dem goldenen Schnurrbart*, erschienen 1983 im Kinderbuchverlag der DDR.
Wenn der Glaube, dem Engel entstammen, weltweit im Schwinden begriffen ist,
so war die Situation für dieses Buch insofern zugespitzt, als es sich an eine Gesellschaft richtete, in der die herrschende Doktrin der Atheismus war und das Verständnis von Wirklichkeit als Sache der Wissenschaft galt.

Der Roman handelt von der Schülerin Lilli, die eines Tages während einer Gelb-
suchterkrankung etwas vor ihrem Hochhausfenster flattern sieht. „Mit Erstaunen [!] entdeckte Lilli: Das Nachthemd hatte Hände und Füße und einen Kopf."
(S. 10). Sie freundet sich mit diesem Wesen an, das sich als verbannter Engel
Ambrosius vorstellt, und gewinnt ihre Mutter, eine temperamentvolle Serviere-
rin, und deren Freund, einen ironisch-klassenbewussten Bauarbeiter, dafür, es in
der Wohnung aufzunehmen. So humorvoll sich die privaten Begegnungen mit
Ambrosius gestalten, der mit seiner Kenntnis der Himmelsinterna und der Bibel
nicht zurückhält, so ernst wird es, als er Lilli in die Schule begleitet. Der Direktor
verweigert ihm zunächst wegen seiner „ganz anderen Weltanschauung" die Teilnahme am Unterricht, erlaubt sie dann aber unter der Auflage, dass er sich
anpasst und das Fliegen lässt. Mit einem Pullover über den Flügeln fügt sich

Ambrosius, trägt mit dem wissenschaftsgläubigen, aber toleranten Klassenleh-
rer Kontroversen über die Entstehung der Welt und der Sprachenvielfalt aus, leidet jedoch zunehmend unter dem Flugverbot. „Gezähmte Engel fliegen nicht",
schärft ihm Lilli ein (S. 108). Als sie ihm schließlich die Flügel stutzen will, um
ihn bei sich zu halten, fliegt er davon.

Das Buch ist als eine der „interessantesten Erscheinungen der Kinder- und
Jugendliteratur der DDR" treffend in seinem gesellschaftlichen Kontext beschrieben worden (Richter 2000, S. 152f.). Die Autorin selbst hat zu seiner Entstehung, Intention und Aufnahme notiert:

> Unser jüngster Sohn Sebastian schenkte mir eines Tages eine Stoffapplikation, ein lusti-
> ges Engelsgeschöpf mit Schnurrbart aus Golddraht, Flügeln aus Spitze und roten Fü-
> ßen. Er hatte es selbst fabriziert, im Nadelunterricht. […] Eines Tages [kam] die Idee,
> dieses lustige Geschöpf in einem Hochhaus landen zu lassen. So einfach war das. Ich
> konnte auf diese Weise ein Plädoyer für die Freiheit des Fliegens und der Phantasie star-
> ten und vor allem […] zur Toleranz [aufrufen] (obwohl ich Atheistin bin, war ich der
> Meinung, dass die Kinder in der Schule religiöse Geschichten aus dem ältesten Buch
> der Menschheit, der Bibel, kennen sollten). […] Die Literaturkritik von christlicher
> und anderer Seite, sagen wir staatlicher, hieß das Buch willkommen. (Kožik 1993)

Wie Jutta Bauers Bilderbuch-Engel ist also Christa Kožiks Roman-Engel nicht
nur für Gläubige, sondern auch für Nichtgläubige akzeptabel, die im vorliegenden Fall die Zensurmächtigen waren. Von „staatlicher" Seite konnte man dem
Buch wohl deshalb zustimmen, weil es an der atheistischen Prägung der dargestellten Gesellschaft und der Heldin keinen Zweifel lässt. Es geht ja von der Voraussetzung aus, dass die Autorin für Aufgeschlossenheit gegenüber der Religion
und ihrem Beitrag zum kulturellen Erbe eintritt. Ästhetisch ist von starker Wirkung, dass sowohl die dargestellte Gesellschaft als auch die sie sanft provozierende Verkörperung des Übernatürlichen von sinnlicher Präsenz ist. Im Falle des
Engels beruht dies vielleicht darauf, dass seine Entstehung auf die Bastelarbeit
eines phantasievollen Kindes zurückgeht.

Es ist von historischer Ironie, dass der Roman, gerade weil er so realitätsnah ist,
mit dem Aufgehen der DDR in der pluralistisch verfassten Bundesrepublik an
Wirkung einbüßen musste. 1994/95 schrieb Christa Kožik eine Fortsetzung des
Romans, *Schatten eines Engels*, in der Ambrosius nach der Wende zu Lilli zurückkehrt, am Ende aber mit brennenden Flügeln davonfliegt, entsetzt über das,
was er als Gewalt gegen Fremde erlebt hat. Bisher von 14 Verlagen abgelehnt
(Kožik 2003), hätte dieser interessante Text vielleicht eine Chance, wenn er zusammen mit dem Text von 1983 in einem Band veröffentlicht würde, der dann so
etwas wie ein zweiteiliger historischer Roman wäre, gleichermaßen das, was von
Historikern als Dokument und Darstellung unterschieden wird.

In Jutta Richters bundesrepublikanischem Kinderroman *Hinter dem Bahnhof
beginnt das Meer* (2001) erhält zwar ebenfalls ein Engel eine Schlüsselfunktion,

existiert aber nur in der Vorstellung einiger Charaktere, so dass der Roman
gleichsam an der Schwelle zur Phantastik innehält. Hauptfiguren sind der Stadt-
streicher mit dem anspruchsvollen Namen Kosmos und sein Begleiter Neuner,
ein Junge, der vor dem brutalen Liebhaber seiner Mutter auf die Straße geflohen
ist. Die beiden träumen von einem Leben am Meer. Das nötige Geld dazu bekommen sie, indem sie einer reich gewordenen Edelprostituierten das Wertvoll-
ste verkaufen, was sie haben: Neuners Schutzengel. Als der Junge dann schwer
erkrankt, erstattet die gute Fee den Engel zurück, sorgt für Neuners weiteres
Wohlergehen und macht Kosmos zu ihrem Geschäftspartner in einem Getränke-
kiosk am Meer. Was im Titel an eine 68er-Utopie erinnert, wird als neoliberales
Happyend realisiert – nicht ironisch-distanziert, sondern überaus gefühlvoll, wie
es für das Buch charakteristisch ist.

Es ist der Verkauf des Schutzengels, durch den das Buch Aufsehen erregt hat,
denn wie der Schriftsteller Christoph Meckel nachwies, stammt dieses Motiv
samt Milieu und Figurenkonstellation aus seinem eigenen Roman *Bockshorn*
(1973), der Jutta Richter und mehr noch ihrem Lektor bekannt war (vgl. dessen
Dissertation: Gutzschhahn 1979, S. 62–78). Der Fall ist inzwischen gut dokumentiert (Plagiat 2002). An den nachgedruckten Reaktionen auf Meckel fällt
auf, dass nicht nur Autorin und Lektor, sondern auch bekannte Kinderbuchkriti-
kerinnen darauf abzielen, den Verdacht eines Plagiats abzuwehren – unter Berufung auf das Konzept der Intertextualität. Dabei geht es Meckel offenbar eher
um etwas, was er als „Zerstörung eigener Substanz, Sprache und Form von Sprache" bezeichnet: „Es […] macht mich nicht froh, dass […] *Bockshorn* zur Voraussetzung für ein so mediokres und unmotiviertes Jugendbuch werden konnte."
(ebd., S. 7, 8)

Der Schutzengel, dessen Verlust in Meckels Roman Zeichen der Angst in einer
heillosen Welt ist (vgl. auch sein Sonett *Engel*, 1967, in Wüstner 2001, S. 100), gerät in Jutta Richters Buch in einen ästhetischen Abwärtssog, den Meckel mit dem
Hinweis auf die „klischeehaften Bilder sozialer Misere" kennzeichnet (ebd.,
S. 7). Weitere Hinweise lassen sich anschließen, z. B. auf Figurenklischees wie
das von der Hure mit dem goldenen Herzen oder auf eine Prosa, die – umrahmt
von einem schlagerhaften Sehnsuchtsgedicht – durch übersteigerte Vergleiche
(„die Sonne fällt ins Meer wie eine glühende Orange", S. 90) und manierierte
Wiederholungsmuster („Kosmos ist stark. Kosmos kennt sich aus." S. 8) den
Anschein des Lyrischen erweckt. Hier liegt ein Fall vor, in dem ein hoher Anspruch nicht durch das Werk eingelöst wird (vgl. Gelfert 2000, S. 15). Jutta Richter, die 2001 mit dem Deutschen Jugendliteraturpreis ausgezeichnet wurde, tut
sich keinen Gefallen, wenn sie feststellt: „Dieses Buch habe ich geschrieben,
weil ich etwas zu sagen habe, in der mir eigenen Sprache." (Plagiat 2002, S. 30)

David Almonds englischer Kinderroman *Skellig* (1998) zeigt, dass die Darstellung eines Engels in einer realistisch gezeichneten Welt auf frühere Literatur zurückgreifen kann, ohne Schaden zu nehmen oder Schaden anzurichten. Der

Autor, der 1951 in einer katholischen Arbeiterfamilie in Nordengland geboren ist, war Lehrer und Kurzgeschichtenschreiber, ehe er mit diesem mehrfach ausgezeichneten Buch eine Karriere als Jugendschriftsteller begann (vgl. Hahnemann 2002; Hollindale 2003). In *Skellig* vergegenwärtigt er die Welt seiner Herkunft, wenn auch in Details aktualisiert, und er bezieht sich explizit auf Leben und Werk des visionären englischen Romantikers William Blake (was für die Übersetzung geringere Akzeptanz erwarten lässt als für das Original).

Der junge Ich-Erzähler Michael zieht mit seinen Eltern in ein heruntergekommenes Haus, das einem kürzlich verstorbenen Eigenbrötler gehört hat und nun von seinem Vater instand gesetzt wird. Zweierlei verstört ihn: dass seine Schwester zu früh auf die Welt kommt und wegen Herzbeschwerden im Krankenhaus behalten wird, und dass er zwischen dem Gerümpel in der Garage eine Gestalt entdeckt, die einem gebrechlichen alten Mann gleicht, aber Flügel unter dem Jackett hat und sich von Ungeziefer ernährt. Michael fasst Vertrauen zu dem Nachbarmädchen Mina, und sie ist die einzige Person, die er zu der erschreckenden Gestalt hinführt („her pale face, her mouth and eyes gaping in astonishment [!]." S. 75). Mina, die von ihrer verwitweten Mutter zu Hause unterrichtet wird, hat nach dem Vorbild William Blakes gelernt, unabhängig und kreativ zu sein und naturwissenschaftlich Erkanntes offen zu halten für die Existenz von Übernatürlichem: „William Blake painted pictures and wrote poems [...] He saw angels in the garden." (S. 59; vgl. Blakes Engelsgedicht und -bild in Wüstner 2001, S. 64, 86) Was Michael in der Schule über Evolution und die Anatomie des Menschen lernt, wird durch Minas Art des Wissens ausgeweitet. Die beiden bringen das Flügelwesen, das sich „Skellig" nennt, aus der abbruchreifen Garage auf einen gesicherten Dachboden. Wenn anfangs der Eindruck entsteht, Skellig sei der zurückgelassene Schutzengel des verstorbenen Eigenbrötlers, so scheint es am Ende, als würde er Michaels kleiner Schwester Schutz gewähren, so dass ihre Herzoperation gut ausgeht. Was Skellig tatsächlich ist, bleibt offen. „Ich lege nicht alles fest und lasse Rätsel stehen." (Almond in Hahnemann 2002, S. 6)

Es ist bemerkenswert, wie *Skellig* und *Der Engel mit dem goldenen Schnurrbart* insofern vergleichbar sind, als in beiden Romanen eine wissenschaftlich begründete Auffassung der Welt, konkretisiert als herrschende Doktrin in der Schule, herausgefordert wird durch eine prägnante Engelgestalt. Diese Gestalt repräsentiert eine eher spirituelle Auffassung der Welt, sei sie nun durch den Rückbezug auf die christliche Glaubenstradition oder auf Leben und Werk eines englischen Romantikers bezeugt. Bedeutsam ist allerdings, dass die zwei Bücher sich darin durchaus unterscheiden, wie die beiden Dimensionen zueinander in Beziehung gesetzt werden. Während Christa Kožik (wie Lillis Lehrer) vom Boden der Wissenschaft aus für Toleranz gegenüber dem Übernatürlichen eintritt, kann sich für David Almond (wie für Mina und ihr Vorbild Blake) das wissenschaftlich Erkundbare öffnen zum Übernatürlichen hin. In diesem Sinne lehnt Almond für seine Romane den Begriff des Phantastischen ab: „I think they're very realistic.

It's just that the kids in them [...] go to the edge, and even what's beyond the frin-
ges of the world." (In Hollindale 2003, S. 9) Literaturwissenschaftlich gesehen,
wird man diese Selbstinterpretation des Urhebers von *Skellig* respektieren, ohne
ihr jedoch zu folgen.

Der präsentierte Reigen kinderliterarischer Engelgestalten kommt mit dem
Staunen und Schrecken erregenden Skellig zu einem Finale, das Kitsch und Ta-
bus hinter sich lässt. Vielleicht ist deutlich geworden, dass solche Engelgestalten
auch heute noch authentisch wirken können, selbst wenn der dargestellten Welt
nicht eine spirituell-religiöse, sondern eine agnostische oder atheistische Auffassung zugrunde liegt. Voraussetzung ist, dass die literarische Gestaltung originelle
Züge aufweist und nicht hinter dem Anspruch zurückbleibt, den Engel als Repräsentanten des Übernatürlichen mitzubringen. Wenn ein Buch diese Voraussetzung erfüllt, bedarf es freilich zusätzlich der Fortüne, damit seine Aufnahme
nicht von virulenten gesellschaftlichen Normen beeinträchtigt oder gar verhin-
dert wird. Von den vorgestellten Büchern, die ästhetisch gelungen sind, hat *Jake*
dieses Glück nicht gehabt, *Der Engel mit dem goldenen Schnurrbart* zumindest
so lange, wie sein Ursprungsland existierte, und *Opas Engel* und *Skellig* bisher
nahezu uneingeschränkt.

Envoi: Dieser Aufsatz ist dem Kinderliteraturforscher und -vermittler Bernhard
Rank aus Stuttgart gewidmet, verbunden mit dem Hinweis auf einen überlieferten schwäbischen Kinderreim: „Engele, kumm! / Weck me zur Stund! / Et zu früh
und et zu spät, / Wenn die Uhr auf sechse steht." (Meier 1981, S. 17)

Literatur

Primärliteratur

Almond, David (2000): Skellig. New York: Dell Yearling. (1. Aufl. 1998)

Bauer, Jutta (1995): Abends, wenn ich schlafen geh. München, Wien: Hanser

Bauer, Jutta (2001): Opas Engel. Hamburg: Carlsen.

Daiken, Leslie (1959): The Lullaby Book. London: Ward

Humperdinck, Engelbert (1990): Hänsel und Gretel. Hayes Middlesex: EMI Records [CD
    mit Beiheft]

Kirsch, Sarah (1985): Hundert Gedichte. Ebenhausen: Langewiesche-Brandt

Klusen, Ernst (Hrsg.) (1980): Deutsche Lieder. Frankfurt a. M.: Insel

Kožik, Christa (1989): Der Engel mit dem goldenen Schnurrbart. Berlin: Kinderbuchver-
    lag. (1. Aufl. 1983)

Kutzer, Ernst; Holst, Adolf (o. J.): Hans Wundersam. Hamburg: Hahn

Meier, Ernst (Hrsg.) (1981): Deutsche Kinder-Reime und Kinder-Spiele aus Schwaben.
    Kirchheim: Schweier [Reprint der 1. Aufl., Tübingen 1851]

Opie, Iona and Peter (Hrsg.) (1966): The Oxford Dictionary of Nursery Rhymes. Oxford:
    Clarendon Press. (1. Aufl. 1951)

Pachnicke, Bernd (Hrsg.) (1981): Deutsche Volkslieder für Singstimme und Klavier. Leipzig: Edition Peters, 8. Auflage

Richter, Jutta (2001): Hinter dem Bahnhof beginnt das Meer. München; Wien: Hanser

Wüstner, Andrea (Hrsg.) (2001): Engel. Gedichte aus allen Sphären. Mit 10 Abbildungen. Stuttgart: Reclam

Zemach, Margot (1982): Jake and Honeybunch Go to Heaven. New York: Farrar, Straus & Giroux

Sekundärliteratur

Brennan, Geraldine (2001): The Game Called Death: Frightening Fictions by David Almond, Philip Gross and Lesley Howarth..: Frightening Fiction. Hg. von Kimberley Reynolds u. a. London; New York: Continuum, S. 92–127

Brockhaus (1968) Enzyklopädie. 5. Bd. Wiesbaden: Brockhaus

Duphorn, Andrea (2002): Ein Menschen- (und Schutzengel-)Leben. Wie Jutta Bauers „kleine, alberne Geschichte" zu etwas ganz Wunderbarem wurde. In: 1000 und 1 Buch, H. 3, S. 13–14

Endler, Adolf (1989): Randnotiz über die Engel Sarah Kirschs. In: Sarah Kirsch. Text + Kritik, H. 101, S. 32–40

Gelfert, Hans-Dieter (2000): Was ist Kitsch? Göttingen: Vandenhoeck & Ruprecht

Gutzschhahn, Uwe-Michael (1979): Prosa und Lyrik Christoph Meckels. Dissertation. Köln: Anna Braun

Hahnemann, Katrin (2002): Staunen über die Welt. David Almond hat in der KJL sein Zuhause gefunden. In: Bulletin Jugend & Literatur, H. 4, S. 5–7

Halbfas, Hubertus (1984): Das religiöse Kinder- und Jugendbuch. In: Kinder- und Jugendliteratur. Ein Handbuch. Hg. von Gerhard Haas. Stuttgart: Reclam, S. 229–246

Hollindale, Peter (2003): David Almond. Authorgraph No. 142. In: Books for Keeps, H. 142, S. 8–9

Kožik, Christa (1993/2003): Briefe an R. Tabbert vom 28.10.1993 und vom 08.12.2003

Kümmerling-Meibauer, Bettina (2001): Im Dschungel des Texts. Kiplings „Dschungelbücher" und das Prinzip der asymmetrischen Intertextualität. In: Kinder- und Jugendliteraturforschung 2000/2001. Stuttgart; Weimar: Metzler, S. 42–61

Lange, Günter (Hrsg.) (2000): Taschenbuch der Kinder- und Jugendliteratur. Baltmannsweiler: Schneider Verlag Hohengehren

Plagiat oder Lärm um nichts? (2002) Die Debatte um Jutta Richters *Hinter dem Bahnhof beginnt das Meer.* Eine Dokumentation. In: Bulletin Jugend & Literatur 3, S. 7–9, 29–30

Rank, Bernhard (2002): Phantastik im Spannungsfeld zwischen literarischer Moderne und Unterhaltung. Ein Überblick über die Forschungsgeschichte der 90er Jahre. In: Kinder- und Jugendliteraturforschung 2001/2002. Stuttgart; Weimar: Metzler, S. 101–125

Richter, Karin (2000): Kinder- und Jugendliteratur der DDR. In: Taschenbuch der Kinder- und Jugendliteratur. Hg. von Günter Lange. Baltmannsweiler: Schneider Verlag Hohengehren, S. 137–156

Shavit, Zohar (1986): Poetics of Children's Literature. Athens; London: University of Georgia Press

Tabbert, Reinbert (1999): Wie Eisberge in der Bücherflut: Erfolgreiche Kinderbücher. In: Erfolgreiche Kinder- und Jugendbücher. Hg. Von Bernhard Rank. Baltmannsweiler: Schneider Verlag Hohengehren, S. 7–22

Tabbert, Reinbert (2000): Zur inszenierenden Illustration von Kinderreimen: Beispiele eines Bilderbuchkonzepts. In: Aus „Wundertüte" und „Zauberkasten". Festschrift für Heinz-Jürgen Kliewer. Hg. von Henner Barthel u.a. Frankfurt a.M. u.a.: Lang, S. 493–504

Todorov, Tzvetan (1992): Einführung in die fantastische Literatur. Frankfurt a.M.: Fischer [OA 1970]

Tolkien, J.R.R. (1971): On Fairy-Stories. In: The Tolkien Reader. New York: Ballantine Books, S. 3–84

Zemach, Kaethe (2003): E-Mail an R. Tabbert vom 29.11.2003

Zemach, Margot (1993) In: Something About the Author. Vol. 70. Detroit, London: Gale, S. 244–247

GINA WEINKAUFF

„Verzähl Er doch weiter Herr Urian"

Phantastische Weltreisen in der Kinderliteratur

> Man könnte meinen, Colón habe dies alles nur unternommen, um wie Odysseus etwas
> Unerhörtes erzählen zu können. (Todorov 1985, S. 22)

> Um Todorovs Unterscheidungen kommt man auch dann nicht herum, wenn man sich
> „nur" um die Kinderliteratur kümmern möchte. (Rank 2002, S. 104)[1]

Gegenstand dieses Beitrags sind Texte unterschiedlicher Genres – nämlich Gedichte, Lieder und Bildergeschichten –, die teils im engeren, teils im weiteren
Sinn der Kinderliteratur angehören und die, obgleich sie eine ausgeprägte narrative Komponente besitzen, mehr und anderes sind als Erzählungen. In ihrer
Holzschnitthaftigkeit haben die erzählten Welten dieser Texte mit der komplexen und spannungsvollen Struktur der Erzählungen, die üblicherweise im Zentrum der Debatten um eine Definition der Phantastik stehen, kaum etwas ge-
mein. Ihre Zwitterstellung im System der literarischen Gattungen und ihre Multimedialität lassen eine umstandslose Zuordnung zur phantastischen Literatur
nicht zu. Schließlich sind die Texte durch vielfältige Spiel- und Gebrauchskontex-
te geprägt, denen sie zum Teil auch ihre Entstehung verdanken. Das Abweichen
von der Logik realistischen Erzählens ist zumindest teilweise durch nicht-narrati-
ve Einschreibungen (beispielsweise in Gestalt metrischer Schemata) bedingt
oder es entspricht narrativen Konventionen anderer Medien (Bilderbogen, Bilderbuch, Kasperltheater u. a.). Dass in den Texten übernatürliche Ereignisse geschildert werden, dass sich darin Motive aus gattungskonstituierenden Texten
der Phantastik und intertextuelle Verweise darauf finden und bisweilen sogar
konträre textinterne Realitätssysteme (vgl. Durst 2001, S. 80ff.) unterscheiden
lassen, mag als Rechtfertigung für die Verwendung des Attributes „phantastisch"
vorerst genügen.

In dem Kompositum „phantastische Weltreisen" klingt außerdem eine umgangs-
sprachliche Konnotation an: Immerhin geht es um eine Erfahrung, die zwar im
Zeitalter des Massentourismus an Extraordinarität und auch an Exklusivität ein-
gebüßt hat, die aber in früheren Jahrhunderten wohl in einem heute kaum vor-
stellbaren Ausmaß Anlass zum Staunen bot. Die vom Reisen ausgehende Faszination ist in der Weltliteratur eindrucksvoll dokumentiert, beginnend mit den
großen Epen der Antike, über die Wikinger-Sagas, die Märchen von Sindbad
dem Seefahrer bis hin zu den Reiseberichten Marco Polos. In mehr oder minder
großem und historisch sicherlich abnehmendem Umfang sind diese Texte von einem mythischen Wirklichkeitsverständnis getragen, in Korrespondenz mit ent-

---

[1] Ich danke Bernhard Rank für seine zahlreichen Anregungen und Hinweise für diesen Beitrag.

sprechenden „Wirklichkeitsmodellen" (vgl. Schmidt 2001) innerhalb von Kulturen, für die die Erkundung unbekannter Weltregionen eine ans Magische grenzende Erfahrung darstellte und das postmortale Jenseits kaum ferner schien als die Länder auf der anderen Seite der ihnen bekannten Meere. Wirklich einschneidende und nachhaltige Veränderungen dieses Wirklichkeitsmodells der Europäer brachte erst das Zeitalter der Entdeckungen. Dass im 16. Jahrhundert nicht nur die „entdeckten" Völker Amerikas einer magisch-animistischen Weltsicht verhaftet waren, sondern auch die Entdecker ihrerseits, hat Tzvetan Todorov in seinem für die Auseinandersetzung um Hermeneutik und Alteritätstheorie und die Mentalitätsgeschichte der Neuzeit gleichermaßen bedeutenden Werk *La conquête de l'Amérique. La question de l'autre* (1982, dt. 1985) mit Nachdruck deutlich gemacht: Kolumbus wollte die Indianer das Sprechen lehren, weil er ihre Sprache nicht verstand und daraus schloss, sie hätten keine Sprache, er navigierte mit Hilfe von biblischen Prophezeiungen und huldigte als Goldsucher einem Wunschdenken, welches dem magischen Bewusstsein der Azteken [2] nicht fern stand. In jedem Fall handelt es sich um eine vormoderne Haltung, der die Unterscheidung zwischen Religion, Literatur und Wissenschaft unvertraut ist und die erkennbar einer anderen Epoche angehört als die literarische Phantastik im Sinne Todorovs. In diesem Denken hat das Wunderbare einen ebenso unangefochtenen Platz wie im Wirklichkeitsmodell des Volksmärchens, das in Todorovs *Introduction à la littérature fantastique* (1970) als Kontrastfolie für die phantastische Erzählung fungiert. Letztere sieht Todorov bekanntlich durch das Konfligieren rational-logischer und irrational-magischer Weltsichten bestimmt und in idealtypischer Weise durch E. T. A. Hoffmann repräsentiert:

> Das Fantastische ist die Unschlüssigkeit, die ein Mensch empfindet, der nur die natürlichen Gesetze kennt und sich einem Ereignis gegenübersieht, das den Augenschein des Übernatürlichen hat. (Todorov 1972, S. 26)

Diese oft zitierte Sentenz lädt zu einem Vergleich mit den von Todorov geschilderten Fremdheitserfahrungen der Protagonisten seiner Entdeckungsgeschichte geradezu ein. Ein solcher Vergleich scheint angesichts des Fiktionalitätsbegriffs, der sowohl Todorovs Theorie der Phantastik als auch seinem zehn Jahre später erschienenen Werk über *Das Problem des Anderen* inhärent ist, durchaus im Sinne des Erfinders zu liegen. Dort formuliert Todorov eine auf dem – im Deutschen und Französischen vorhandenen – Doppelsinn des Begriffs „Geschichte" (*histoire*) gründende konstruktivistisch anmutende Wirklichkeitsauffassung:

> Ich habe mich dafür entschieden, eine Geschichte zu erzählen. [...] Auf die Frage, wie man sich anderen gegenüber verhalten soll, kann ich nur antworten, indem ich eine exemplarische Geschichte erzähle (das ist die Gattung, die ich gewählt habe), also eine Geschichte, die so wahr wie möglich ist, bei der ich aber versuchen werde, nie das aus

---

[2] Die Geschichte vom panischen Schrecken der Azteken angesichts der berittenen Spanier und von Moctezumas abergläubischer Verkennung des Eroberers Cortez gehört zu den Leitmotiven im eurozentrischen Entdeckungsdiskurs.

den Augen zu verlieren, was die Bibelexegeten die tropologische oder moralische Bedeutung genannt haben. (Todorov 1985, S. 12)

Eine Rezeption der Phantastik-Theorie Todorovs, die weniger an normativen Gattungsentwürfen interessiert ist als an der kulturanthropologischen Verortung literaturgeschichtlich bedeutsamer Gattungsmuster, wird in der Todorov wiederholt vorgeworfenen Vermischung der Ebenen von Fiktion und außerliterarischer Realität womöglich einen Vorzug seines Ansatzes erkennen. Auf die Ebene der Mentalitätsgeschichte übertragen entspräche Todorovs „Unschlüssigkeit" einer Erfahrung des aufgeklärten Menschen. Der Kolumbus der Todorovschen Entdeckungsgeschichte hat eine andere Strategie zur Verarbeitung von Fremdheitserlebnissen habitualisiert: Er ist jederzeit bereit, sein vergleichsweise begrenztes Wissen über die „natürlichen Gesetze" mit religiösen Glaubenssätzen und literarischen Überlieferungen zu verknüpfen. Die Phantastik im Sinne der „minimalistischen" Konzeption Todorovs ist, wie dieser betont hat, im Wesentlichen eine Erscheinung der Literatur des 19. Jahrhunderts. Dass Todorovs „Unterscheidungen" auch bei der Analyse von Texten, die von diesem Gattungsmuster abweichen, ein unverzichtbares Instrumentarium bieten, sei unbestritten. Uwe Durst demonstriert in seiner Arbeit zur Theorie der phantastischen Literatur den nach wie vor bestehenden heuristischen Wert von Todorovs „minimalistischem" Zwei-Welten-Modell – auf der Grundlage eines deutlicher akzentuierten Fiktionalitätsbegriffes und mit strukturellen Präzisierungen (vgl. Durst 2001) [3] und Maria Lypp formulierte bereits 1984 in ihrer Habilitationsschrift zur Einfachheit als Kategorie der Kinderliteratur eine Reihe von Gedanken zur Adaption der Phantastik-Theorie Todorovs für die Kinder- und Jugendliteraturforschung. [4] Dennoch bildet das Bewusstsein der historischen Gebundenheit des von Todorov beschriebenen Gattungsmusters gerade für die Versuche der Bestimmung des Phantastischen innerhalb der Kinder- und Jugendliteratur eine wichtige Voraussetzung. Der Gedanke, dass die phantastische Literatur im engeren („minimalistischen") Sinn „nichts anderes als das schlechte Gewissen des positivistischen 19. Jahrhunderts" sei, ist nicht neu, er findet sich bereits in Todorovs *Einführung* (Todorov 1972, S. 150), und unlängst fand die historisierende Sicht auf die Phantastik einen eloquenten Fürsprecher in Peter von Matt, der sich in seiner Züricher Abschiedsvorlesung dem Verhältnis von *Hoffmanns Nacht und Newtons Licht* (von Matt 2003) [5] widmete (vgl. den Beitrag von Gerhard Haas in diesem Band).

---

[3] Infolge von Dursts streng systematischer Vorgehensweise gerät das hier interessierende Phänomen der Historizität literarisch vermittelter Wirklichkeitsentwürfe allerdings aus dem Blick. Zudem gelten die hier interessierenden Texte im „minimalistischen" Sinne von Durst nicht als phantastische Literatur, und in der Tat scheinen seine diffizilen Analysekategorien, Formeln und Koordinatensysteme auf diesen Gegenstand kaum anwendbar.

[4] Vgl. den Abschnitt *Todorov und die Kinderliteratur oder das Für und Wider einer „minimalistischen" Genredefinition* im Forschungsbericht Bernhard Ranks (Rank 2002, S. 104 ff.).

[5] „Die phantastische Literatur setzt nicht einfach die Linie des mythologisch-märchenhaften Erzählens fort, das wir seit den ersten Zeugnissen antiker Dichtung kennen. Sie mag sich ähnlicher Motive bedienen, ihre Voraussetzungen aber sind fundamental andere. Um es drastisch verkürzt zu sagen: Die phantastische Literatur setzt Newton voraus." (von Matt 2003, S. 134).

Eine an diese Überlegungen anknüpfende kulturgeschichtlich interessierte Re-
Lektüre von Todorovs Werken zur Phantastik und zur Alteritätstheorie könnte
gerade für die Kinder- und Jugendliteraturforschung interessante Impulse ergeben. In letzterem Kontext war es vor allem Gerhard Haas, der mit großer Beharrlichkeit mentalitätsgeschichtliche und kulturanthropologische Bezüge zur
Diskussion stellte. In seiner „weiten" Definition des Phantastischen als Darstel-
lungsmittel der Kinder- und Jugendliteratur (im Unterschied zur Phantastik als
Gattung) spielt die Claude Lévi-Strauss entlehnte Kategorie des „wilden Denkens" (*pensée sauvage*) eine wichtige Rolle (vgl. Lévi-Strauss 1968;[6] Haas 1978,
1982, 1993 und 2004). Dieser, die Logik innerhalb von oralen, nicht-industriellen
Kulturen bezeichnende Begriff ist inhaltlich Todorovs Kategorie des Wunderbaren (und der Weltsicht seines Kolumbus) ebenso verwandt wie der Kindern einer
bestimmten Entwicklungsstufe gelegentlich zugeschriebenen magisch-animistischen Weltsicht. Trotz der Gefahr einer neuerlichen Verengung des Phantastik-
Begriffes, die von dessen Bindung an eine bestimmte kulturanthropologische
Kategorie ausgeht, erscheint das von Gerhard Haas begonnene Projekt einer
Phänomenologie des Phantastischen in der Kinder- und Jugendliteratur (im Unterschied zur Gattungspoetologie der kinderliterarischen Phantastik) der Verfasserin dieses Beitrages ebenso sinnvoll wie die Beachtung möglicher Wechselwir-
kungen zwischen textinternen Realitätssystemen und aktuellen oder historischen Wirklichkeitsmodellen, auf die der Text rekurriert oder, die er zitiert.

„Wenn jemand eine Reise tut, / So kann er was verzählen" – in den sprichwörtlich
gewordenen beiden ersten Zeilen aus Matthias Claudius' Lied *Urians Reise um
die Welt, mit Anmerkungen* (entstanden 1786) artikuliert sich ein Abglanz der Irritation, welche die Aufzeichnungen von Kolumbus, Cortez oder Pizarro bei den
Zeitgenossen ausgelöst haben mögen. Große Teile der Welt sind inzwischen kar-
tographisch erschlossen, die Kolonisierung und die Erschließung neuer Schiff-
fahrtsrouten schreiten voran und dank der Reiseberichte eines Alexander von
Humboldt besitzen die aufgeklärten Europäer mittlerweile ein fortgeschrittenes
Wissen sowohl über die Flora und Fauna ferner Länder und Erdteile als auch
über die Lebensweise ihrer Bewohner. Dennoch darf der Reisende in ferne Kontinente bei seiner Rückkehr auf ein staunendes Publikum rechnen, das begierig
ist, etwas vom Leben der wilden Völker in den exotischen Ländern zu erfahren.

Die Lieder und Gedichte von Matthias Claudius zählen nicht zur spezifischen
Kinderliteratur, dennoch gingen einige von ihnen aufgrund ihres volkstümlich-
naiven Tones und sicherlich auch unter dem Einfluss der großen Wertschätzung,
die der Dichter im 19. Jahrhundert genoss, in den einschlägigen Textbestand
über. Das gilt natürlich um vieles mehr für das berühmteste seiner Lieder, das be-

---

[6] Die originalsprachliche Ausgabe erschien bereits 1962 als eines seiner frühen ethnologischen Werke
auf der Grundlage der von der Linguistik beeinflussten „strukturalen Anthropologie"; nach dem
berühmt gewordenen „Anti-Reisebericht" *Tristes tropiques* (1955) und als Ausgangspunkt der
nicht weniger berühmten Mythen-Studien der sechziger Jahre.

reits 1779 entstandene *Abendlied*, aber in der Vertonung von Beethoven erreichte zweifellos auch *Urians Reise um die Welt* eine keineswegs auf die zitierten Anfangszeilen beschränkte Verbreitung in deutschen Schul- und Kinderstuben.[7]
Mit der Form des Wechselgesanges, in der der Text gehalten ist, greift Matthias
Claudius eine aus Liturgie und profanem Brauchtum gleichermaßen vertraute
Tradition auf. Die Gemeinde oder der Chor befindet sich in der Rolle eines überaus gutgläubigen Publikums das nicht weniger als dreizehnmal die beiden Zeilen
des Refrains zu wiederholen hat : „Da hat Er gar nicht übel dran getan; / Verzähl
Er doch weiter Herr Urian!", bis seine Geduld schließlich erschöpft ist und es mit
den Worten „Da hat Er übel übel dran getan; / Verzähl Er nicht weiter Herr
Urian!" den Aufschneidereien des angeblichen Weltreisenden und dem Gedicht
ein Ende bereitet. Urian selbst spricht in kreuzweise gereimten Vierzeilern, deren gleichsam galoppierender Jambus die Unrast und den aufgeregten Duktus
des redseligen Wichtigtuers vermittelt:

> Wenn jemand eine Reise tut,
> So kann er was verzählen;
> Drum nahm ich meinen Stock und Hut,
> Und tät das Reisen wählen.

Der seltsame, klangliche Assoziationen an „Uriel" aufrufende Name war, dem
Deutschen Wörterbuch zufolge, einerseits als spöttisch-abwertendes Appellativum im Gebrauch und bezeichnete einen *„schlechten, bösen, wilden, groben,
unzuverlässigen, spitzbübischen, naseweisen, dummen"*, jedenfalls wenig angesehenen Mann, andererseits war es auch eine *„euphemistische bezeichnung des
teufels"*. In dem Lied erweckt die durchaus geisterhaft erscheinende Mühelosigkeit, mit der er sich zwischen den Kontinenten zu bewegen behauptet, zumindest
unterschwellig den Eindruck als stünde der kuriose Fremde der Unterwelt nicht
allzu fern. Immerhin gibt es in Gestalt des „Meisters Urian" aus Gottfried
August Bürgers moritatenhafter Ballade *Der Raubgraf* (1773) einen Namensvetter, über dessen höllische Abkunft kein Zweifel besteht. Bei Claudius' Urian-Figur bleibt diese Bedeutungsschicht latent, sie bildet allenfalls einen Unterton der
aufklärungskritischen Zeitsatire, die den Text bestimmt. In diesem Kontext
taucht der Name Urian im Werk von Matthias Claudius dreimal auf. Zuerst in
der aus sechsundzwanzig nach dem Alphabet geordneten Zweizeilern bestehenden und ausgesprochen kulturpessimistisch getönten *Universalhistorie des
Jahres 1773* („Ungläubig wurde Jedermann, / Sir Hagel und 'Squeir Urian.") und
dann noch einmal in dem an *Urians Reise um die Welt* anknüpfenden Spottgedicht auf den Herausgeber der Zeitschrift *Genius der Zeit*, August von Hennings
(1746-1826), *Urians Nachricht von der neuen Aufklärung oder Urian und die*

---

[7] *Urians Reise um die Welt* wurde 1793 von Beethoven vertont (op. 52, 8 Lieder) und noch 1959 hat
James Krüss es in seine bekannte Anthologie *So viele Tage wie das Jahr hat. 365 Gedichte für
Kinder und Kenner* aufgenommen, und zwar, im Gegensatz zu den Gedichten *Abendlied* und *Der
glückliche Bauer*, in einer ungekürzten Fassung.

Dänen.[8] Als eindeutig propagandistische Zweckdichtung, die noch dazu von einem ziemlich borniertem Konservatismus getragen ist, fallen diese beiden Texte in etwas unrühmlicher Weise aus dem Rahmen des lyrischen Werks von Matthias Claudius.

Der Humor in *Urians Reise um die Welt* erschöpft sich nicht im Satirischen, die Stimme des konservativen Zeitkritikers Matthias Claudius ist im Konzert der vielfältigen klanglichen und rhythmischen Reize, die der Text dem Ohr des Rezipienten sonst noch offeriert, gerade noch zu vernehmen. So lässt der Text zum einen Rezeptionsweisen zu, die von einem darin enthaltenen kritischen oder programmatischen Entwurf der Wirklichkeit absehen – sonst wäre er vermutlich als Kinderlied kaum zu gebrauchen –, zum anderen sind seine Sinnangebote ausgesprochen ambivalent. In den Spott über die Oberflächlichkeit und den naiven Fortschrittsglauben der Globalisierer des heraufziehenden 19. Jahrhunderts mischt sich eine gute Portion Fasziniertheit angesichts des durch die verkehrstechnischen Neuerungen ermöglichten Näherrückens der fernen Fremde. Charakteristisch für diesen Text und die in seiner Nachfolge entstehenden phantastischen Weltreise-Geschichten der Kinderliteratur ist ein Changieren zwischen ganz realen auf aktuelle Zeitereignisse zielenden Referenzen und dem Schwelgen in Exotismen und Phantasmen. Urian präsentiert sich wechselweise als Expeditionsreisender, als Tourist und als eine Art vagierender Magier:

> Nun war ich in Amerika;
> Da sagt' ich zu mir: Lieber!
> Nordwestpassage ist doch da;
> Mach dich einmal darüber!
>
> *Tutti*
> Da hat Er gar nicht übel dran getan;
> Verzähl Er doch weiter Herr Urian!
> Flugs ich an Bord und aus ins Meer,
> Den Tubus festgebunden,
> Und suchte sie die Kreuz und Quer,
> Und hab sie nicht gefunden.

Schließlich ist die Vielschichtigkeit des Textes auch eine Folge der darin enthaltenen Bezüge auf ganz unterschiedliche literarische und kulturelle Traditionen. So ist der Herr Urian von Matthias Claudius unter anderem zweifellos ein Nachfolger von zwei „unreliable narrators"[9] der zeitgenössischen Literatur, die in-

---

[8] „Urian: Ein neues Licht ist aufgegangen, / Ein Licht schier wie Karfunkelstein! / Wo Hohlheit ist, es aufzufangen, / Da fährt's mit Ungestüm hinein. / Es ist ein sonderliches Licht; / Wer es nicht weiß, der glaubt es nicht. // Die Dänen: Erzähl er doch von diesem Licht! / was kann es? Und was kann es nicht? // Urian: Erst lehrt es Euch die Menschenrechte. / Seht, wie die Sache Euch gefällt! / Bis jetzo waren Herr und Knechte, / Und Knecht und Herren in der Welt; / Von nun an sind nicht Knechte mehr, / Sind lauter Herren hin und her [...]"

[9] „Als unreliable narrators sind solche Erzählerinstanzen zu bezeichnen, deren Perspektive im Widerspruch zum Werte-und Normensystem des Gesamttextes steht." (Nünning 1998, S. 17) Vgl. auch Booth 1961 und Martinez; Scheffel 2000.

zwischen eine geradezu ikonenhafte weltliterarische Prominenz erreicht haben: gemeint sind Jonathan Swifts Gulliver und der Baron Münchhausen.[10] Beide Prätexte sind für eine erwachsene Leserschaft konzipiert und tragen mehr oder minder ausgeprägte satirische Züge, die, ähnlich wie im Falle von *Urians Reise um die Welt,* im Prozess der Eingemeindung in die Kinderliteratur an Bedeutung verlieren. Die Reisen des Barons von Münchhausen haben wie diejenigen des Herrn Urian überwiegend geographisch nachweisbare Ziele und auch die phantastischen Länder, in die der notorisch schiffbrüchige Gulliver verschlagen wird, sind auf einer realistischen Weltkarte verzeichnet. Im Unterschied zur älteren Reiseliteratur, deren Handlungsräume ganz ähnlich konzipiert sind, gründen diese Texte aber auf keinem mythischen Verständnis von Wirklichkeit, sondern auf einem Fiktionalitätsvertrag,[11] der das Bewusstsein der Unzuverlässigkcit des Ich-Erzählers bzw. des Prinzips der Verkehrten Welt einschließt. *Gullivers Reisen* enthält zudem bereits Elemente aus dem Motivbestand der phantastischen Erzählungen im engeren Sinn.

In dem Lied von Matthias Claudius werden konkurrierende textinterne Realitätssysteme immerhin skizziert: Herr Urian ist ein unverlässiger Erzähler wie der Baron Münchhausen, allerdings spricht sein Name dagegen, ihn einer eindeutig realistischen Sphäre zu- und seine Geschichten als pure Münchhausiaden einzuordnen. Schließlich wird der Vorwurf der Lügenhaftigkeit im Text gar nicht erhoben und zum Schluss verliert Urian die Gunst seiner Zuhörer nicht, weil diese ihm nicht mehr glauben würden, sondern weil er sie zuvor ziemlich rüde beschimpft hat:

> Und fand es überall wie hier,
> Fand überall 'n Sparren,
> Die Menschen gradeso wie wir,
> Und ebensolche Narren.

---

[10] *Travels into Several Remote Nations of the World. In four parts. By Lemuel Gulliver, first a surgeon and then a captain of several ships* (1726; erste dt. Übers. 1727; Jugendbuchbearbeitungen in dt. Sprache erst ab 1844). Indem Swift sich als Herausgeber der Memoiren seines Protagonisten ausgibt, treibt er ein literarisches Vexierspiel nach bekannten Regeln. Etwas komplizierter stellt sich die Frage der Autorschaft am Münchhausen-Stoff: Das Gottfried August Bürger zugeschriebene Buch *Wunderbare Reisen zu Wasser und zu Lande. Feldzüge und lustige Abenteuer des Freiherrn von Münchhausen, wie er dieselben bei der Flasche im Zirkel seiner Freunde selbst zu erzählen pflegt* erschien 1786 anonym und mit fingierter Ortsangabe. Tatsächlich handelt es sich dabei um eine freie Übertragung der im gleichen Jahr in London publizierten Schwanksammlung *Baron Munchhausen's Narrative of His Marvellous Travels and Campaigns in Russia,* deren deutschem Verfasser Rudolf Erich Raspe auch die Urheberschaft an den schwankhaften *Lügengeschichten eines Herrn von M-h-s-n* zugeschrieben wird, die 1781 und 1783 in dem von Friedrich Nivolai herausgegeben *Vademecum für lustige Leute* und somit im Bereich der Wahrnehmung von Matthias Claudius erschienen sind.

[11] Nach Eco 1996, der den Begriff im Rekurs auf Taylor Coleridges berühmtes Diktum von der „willing suspension of disbelief" (Coleridge 1871) zur Unterscheidung verschiedenartiger Bestimmungen des Verhältnisses von Fiktion und Wirklichkeit in literarischen Texten verwendet.

Dem Reiseerzähler ist, so könnte man denken, sein allzu naives Publikum lästig geworden und er selbst bereitet dem Spiel ein Ende bevor er seinen Kredit verliert.

Herr Urian ist sicherlich nicht als Kinderfigur konzipiert. Dennoch scheint er von Eigenschaften und Haltungen geprägt, die zumindest aus heutiger Sicht als kindlich gelten: seine Impulsivität, die Omnipotenzphantasien und das magisch-animistische Weltbild. Dass diese Charakterzüge in krassem Widerspruch zum Menschenbild der Aufklärung stehen, passt wiederum zur Intentionalität des Satirikers Matthias Claudius, der die Erschließung des Globus durch die seefahrenden Europäer als einen Akt kindischer Vermessenheit darstellen und die närrisch-irrationale Kehrseite des wissenschaftlich-technischen Fortschritts ins Bild setzen möchte. Auf der anderen Seite erscheinen die infantilen Züge der im Lied entworfenen Welt – das naive Staunen der Zuhörer und die magische Weltsicht in Urians Erzählungen – als durchaus verständliche und auch sympathische Formen des Umgangs mit den einschlägigen Neuerungen und Neuigkeiten.

Das Spiel mit (außerliterarischen) Wirklichkeitsmodellen, wie sie gemeinhin Kindern, archaischen Kulturen oder ungebildeten Bevölkerungsschichten zugeschrieben werden, trägt zur Ambiguität der textinternen Realitätssysteme in *Urians Reise um die Welt* entscheidend bei. Dieses Spiel scheint – ebenso wie die phantastische Erzählung im Sinne Todorovs – an einen historisch-gesellschaftlichen Kontext gebunden, der vom Konfligieren kulturell bedeutsamer Wirklichkeitsmodelle außerhalb der Literatur geprägt ist. In dieses Bild passt übrigens auch die Ausdifferenzierung der epischen Großformen der europäischen Reiseliteratur im 18. und 19. Jahrhundert. In jenem Zeitraum bilden sich, grob gesagt, drei distinkte, mit unterschiedlichen Wirklichkeitsansprüchen behaftete Gattungsmuster heraus:

– das des Reiseberichts, der wiederum charakteristische Unterschiede aufweist, je nachdem ob eine Bildungsreise oder eine (natur-)wissenschaftliche Expedition beschrieben wird,

– das des (im weiten Sinne) phantastischen Reiseromans im Spannungsfeld von Jonathan Swift bis zu Jules Verne

– und schließlich das des realistischen Abenteuer- und Reiseromans, der unter dem Einfluss der Übersetzung von Coopers *Lederstrumpf*-Zyklus vor allem im deutschen Sprachraum verbreitet war.

Die große Popularität von Expeditionsberichten und von Schriftstellern wie Friedrich Gerstäcker (1816-1872), Balduin von Möllhausen (1825–1905) bis hin zu Sophie Wörrishöffer (1838-1890) und Karl May (1842–1912) zeugt von der ungebrochenen Faszination des Reise-Sujets im 19. Jahrhundert und auch von der anhaltenden Aktualität des kulturellen Erfahrungshorizontes, der in Matthias Claudius Lied *Urians Reise um die Welt* verarbeitet wird.

Matthias Claudius (1740–1815) war ein norddeutscher Pastorensohn und studierter (evangelischer) Theologe, der sein Brot unter anderem als Sekretär und Verwaltungsbeamter verdiente, während Franz Graf von Pocci (1807–1876) unter den Bayernkönigen Ludwig I, Maximilian II und Ludwig II beinahe zeitlebens ein Amt als Hofmusikintendant und Zeremonienmeister versah. Abgesehen von den daraus erwachsenden kulturellen, religiösen, sozialen und historischen Gegensätzlichkeiten wird aber beiden Schriftstellern Kongenialität zur Romantik nachgesagt, deren Zeitgenosse der eine noch nicht und der andere nicht mehr gewesen ist,[12] und dementsprechend besitzen beide eine große Affinität zur Volksliteratur. Pocci war ein unerhört vielseitiger Künstler; er komponierte, malte und betätigte sich mit großem Erfolg als Zeichner, Illustrator und Karikaturist sowie als Satiriker und Jugendschriftsteller. Vor allem aber war er ein passionierter Liebhaber des volkstümlichen Puppenspiels, der nachhaltig zur Literarisierung des Kasperltheaters beitrug, indem er gemeinsam mit dem Puppenspieler Schmid eine Marionettenbühne gründete und als Dramatiker mit etwa vierzig Stücken für deren Repertoire sorgte.

Poccis „phantastische Weltreise" ist eine Kasperliade, die der Autor in drei verschiedenen Versionen vorgelegt hat: als Verserzählung, die ohne eigenen Titel in seinem Almanach *Was Du willst. Ein Büchlein für Kinder* erschienen ist (1854a) dann, unter Verwendung der Illustrationen aus der Verserzählung als Bildergeschichte, die mit Zwei- und Vierzeilern unterlegt unter der Überschrift *Allerneuestes Schattenspiel für die lieben Kinder* auf einem Münchner Bilderbogen veröffentlicht wurde (1855a), und schließlich als Marionettentheaterstück *Kasperl unter den Wilden. Ein kulturhistorisches Drama in zwei Aufzügen*, erschienen in der Sammlung *Neues Kasperl-Theater* von Franz Pocci (1859b, UA im selben Jahr).[13] Rein äußerlich betrachtet müssen wohl alle drei Texte zur spezifischen Kinderliteratur gezählt bzw. in deren Nähe angesiedelt werden. Allerdings waren die Bilderbogen und auch das Marionettentheater generell auf ein Kinder ausdrücklich einschließendes altersübergreifendes Publikum ausgerichtet und Pocci ist nicht zuletzt als ein Meister des in diesen medialen Kontexten kultivierten literarischen Doppelsinns berühmt geworden. Die textimmanenten Adressatenentwürfe sind also in den drei Varianten des Motivs sehr ähnlich und es gibt jeweils zumindest zwei implizite Leser, von denen der eine die satirischen Anspielungen goutiert.

Wie in *Urians Reise um die Welt* gibt es eine Story, deren Struktur einer nicht-narrativen Logik folgt. In diesem Fall handelt es sich um die Variation eines im traditionellen Handpuppentheater mehrerer europäischer Länder verbreiteten Rituals, das Pocci wohl vom Jahrmarktskaspertheater der Münchner Dult übernommen hat: Kasperl hat versehentlich (s)ein Baby getötet. Nacheinander er-

---

[12] In seinem 1859 im ersten Band des *Lustigen Komödienbüchleins* erschienenen Prolog *Das goldene Ei* ironisierte Pocci sein Verhältnis zur Romantik als „Abdruck des Ausdrucks des Eindrucks eines Mondscheinstrahles aus der romantischen Zeit".

[13] Das Motiv der phantastischen Reise hat Pocci außerdem in *Kasperl in China* (1855) und *Kasperl in der Türkei* (1. Fassung 1854, 2. Fassung 1859) variiert.

scheinen verschiedene Figuren auf der Spielleiste, um ihn zur Verantwortung zu ziehen, und werden nacheinander umgebracht. Die Dynamik des Spiels ergibt sich daraus, dass die Antipoden immer mächtiger werden und Kasperls Schuld immer größer. In der Bilderbogengeschichte wird dieses Wiederholungs- und Steigerungsmuster mit dem in der imaginären Welt des Jahrmarktskaspertheaters ebenfalls verbreiteten Menschenfresser-Motiv zusammengebracht.

Kasperl entgeht dreimal mit knapper Not dem Schicksal des Gefressenwerdens: Zuerst wird er wie Jonas von einem Walfisch verschluckt, dann gerät er in die Gewalt von wilden Kannibalen, die ihn an ihrem Bratspieß rösten wollen, und wird aus dieser misslichen Lage von einem Adler befreit, der ihn aber seiner Brut zum Fraße vorwerfen will. Erst nach der dritten Rettung gelingt die glückliche Rückkehr zu Weib und Kindern einschließlich den dort wartenden Fleischtöpfen. Das textinterne Realitätssystem weist keine Brüche oder Verwerfungen auf, die ganze Geschichte handelt (in allen drei Versionen) im Kosmos des Handpuppen-Kasperltheaters. Und der ist seiner Struktur nach ebenso eindimensional wie das Märchen. Die Naturgesetze sind dort durch medienspezifische Darstellungskonventionen ersetzt; Geisterbeschwörungen, wunderbare Wiederbelebungen von Toten, Verzauberungen, das Verschlingen von Figuren und der Einsatz magischer Vehikel gehören zu den beliebtesten Bühnenvorgängen. Dieses vom traditionellen Handpuppenspiel bestimmte Realitätssystem wird durch die unterschiedlichen medialen Kontexte der drei Textvarianten – Bildergeschichte, Silhouettenschnitt, humoristische (Knittel-)Verserzählung und Marionettentheaterstück – allenfalls modifiziert aber nicht grundsätzlich verändert.

In diese grotesk-komische Welt werden nun Elemente der außertextuellen Wirklichkeit hineingenommen, die ihrerseits groteske Züge zu tragen scheinen, weil sie zu den bisher gültigen Wirklichkeitsmodellen nicht mehr recht passen. So entwirft Pocci, der Matthias Claudius in seiner skeptischen Haltung gegenüber dem wissenschaftlich-technischen Fortschritt verwandt gewesen ist, im Grunde genommen ein ganz ähnliches satirisches Szenario wie dieser in *Urians Reise um die Welt*. Dieser Aspekt der erzählten Welt ist allerdings in den drei Texten in unterschiedlichem Maße ausformuliert.

In der Bilderbogen-Geschichte sind die einschlägigen Allusionen noch recht verhalten: Das erste Bild zeigt im Vordergrund ein Segelschiff und im Hintergrund einen Dampfer mit dem Untertitel:

> Mit Dampf und Segel übers Meer
> Zieh'n große Schiffe ferne her;

Die transatlantische Dampfschifffahrt stand in der Mitte des 19. Jahrhunderts noch in ihren Anfängen und namentlich in den fünfziger Jahren erregten die Nachrichten vom Bau des britischen Ozeanriesen 'Great Eastern' großes Aufsehen, der später einer ähnlichen Katastrophe zum Opfer fiel wie die 'Titanic'. In der 1855 erschienenen Verserzählung verwendet Pocci nicht weniger als

26 Zeilen auf ein prologartig vor dem Einsetzen der eigentlichen Handlung ste-
hendes detailfreudiges Bild der zeitgenössischen Kriegs- und Handelsschifffahrt
einschließlich ihrer Risiken:

> Hier auf dem großen, weiten Meer
> Viel Schiffe segeln hin und her;
> Aus Indien und Amerika,
> Aus Asien und Australia;
> Mit Waren aller Art beschwert,
> Die in Europa man begehrt,
> Zieh'n stolz sie auf dem Ozean,
> Die Maste, Segel, Wimpel dran.
> Kanonenboote gibt es auch,
> Draus schauet mancher eh'rne Schlauch,
> Und mit den sogenannten Ehrenschüssen
> Die Schiffe sich begegnend grüßen;
> Oft aber sausen Kugeln schwer,
> Kömmt ein Seeräuber übers Meer,
> Da kracht's und blitzt's, manch Schiff verbrennt,
> Wenn durch den Kiel die Kugel rennt,
> Die Pulverkammer fliegt entzwei
> Und Schiff und Mann sind bald wie Brei!
> Noch ärger ist's, wenn auf der See
> Ein Sturm entsteht, da heißt's o weh! –
> Denn oft versinkt ins nasse Grab
> Das stolze Schiff mit aller Hab:
> So schieden aus dem Vaterland
> Schon viele, die der Tod bald fand,
> Als sie, um Schätze zu gewinnen,
> Zu Schiffe zogen weit von hinnen!

Je nach Sichtweise haben wir es hier mit einer Evokation der imaginären Welt
der zeitgenössischen realistischen Abenteuerliteratur zu tun oder mit einem realistischen Zeit-Panorama. Die satirische Verknüpfung dieses Kosmos mit der
imaginären Welt des Kasperltheaters ist mit dessen „Spielregeln" ohne weiteres
kompatibel – schließlich gehört die Darstellung kurioser oder sensationeller
Zeitereignisse zum Standardangebot der volkstümlichen Puppenbühnen. In der
Terminologie der Fiktionalitätstheorie Lubomir Doležels handelt es sich um eine
„mögliche Welt",[14] deren grotesk-komische Verfasstheit die Verknüpfung dispa-
rater Themen und Motive nicht nur zulässt, sondern geradezu erfordert.[15]

---

[14] „possible world. A world that is thinkable" (Doležel 1998, S. 281). In Anknüpfung an die theoretischen Modelle der Prager Schule des Strukturalismus beschäftigt sich Doležel seit den späten
siebziger Jahren mit Fragen der Semiotik und der logischen Verfassheit imaginärer Welten.
[15] Von einem Konfligieren textimmanenter Realitätssysteme ließe sich in diesem Rahmen allenfalls
dann sprechen, wenn einzelne Figuren eines Kasperltheaterstückes nach den Regeln des psychologischen Realismus konzipiert wären. Die spektakulärsten Systemsprünge liegen allerdings auf der
performativen Ebene, in den medienspezifischen Möglichkeiten eines rasanten Wechsels zwischen
Herstellung und Bruch einer Bühnenillusion.

Noch größeren Raum nimmt die satirische Zeitkritik in dem Marionettentheaterstück ein, in dem Pocci seinen schiffbrüchigen Kasperl auf einen darwinisti-
schen Naturforscher treffen lässt, der ihn sogleich in seine Dienste nimmt. Diese
den Spielformen des Marionetten-Kasperltheaters entsprechende Herr-Diener-
Konstellation bestimmt mehr als die Hälfte des ersten Aufzuges bis zum Auftritt
der Kannibalen und bietet Anlass für ein ganzes Feuerwerk witziger Dialoge, in
denen das Fach-Chinesisch und das professorale Gehabe des Wissenschaftlers
auf Kasperls bayrisches Phlegma trifft. Das Stück setzt mit einer textlos und unter den Klängen einer Ouvertüre dargestellten Schiffsbruchs-Episode ein, an die
sich ein Monolog des Kasperls anschließt:

> Kasperl: Na, da dank ich g'horsamst! Die Wasserpartie soll der Guckuck holen! Wie mir
> nur eingefallen ist, nach Amerika ausz'wandern? Ja richtig! weil mich mein Gretl so
> plagt und schikaniert hat. Eigentlich aber kann ich doch nix dafür; denn wie ich beim
> „Grünen Baum" am Hafen auf und ab gangen bin und schon wieder hab umkehren wol-
> len, hat mich ein Schiffskapitän beim Kragen packt und hat mir auf Englisch, was i aber
> nit verstanden hab, g'sagt: „Ju, ju, most werden Matroserl, ei nimm ju auf mei Schipp!"
> I hab g'meint, des „ju" bedeut't „Juhe" und bin glei mitgangen, weil ich mir dacht hab,
> da werd's lustig hergehn. Auweh zwick! Das ist aber bald anders word'n. Zuerst haben
> s' mir freilich ein prächtigen Likör geben und ein Pfund Schinken und eine Portion ge-
> rösteten Walfisch und zwölf Haring, und da hab ich ein' Rausch kriegt; ich weiß nimmer,
> war's der Walfisch oder der Branntwein, der mir in Kopf g'stiegen ist – kurz wie ich wie-
> der von meinem Dusl aufg'wacht bin, da hat der Kapitän schon mit einer Stangen in die
> See g'stochen g'habt, und ich war unter die Matrosen gepreßt, daß mir's Hören und
> Sehn vergangen ist.

Die Modifikation der Handlungslogik wird hier besonders deutlich: Aus der ab-
surden Stationenfolge der von der Dramaturgie des Handpuppentheaters bestimmten Bildergeschichte wurde ein Stück mit einer durchaus realistisch erscheinenden Exposition. Der Walfisch ist portionsweise geröstet im Bauche der
lustigen Person gelandet, als Teil der handfesten Verlockungen des englischen
Seelenfängers; fressen wollen Kasperl bloß noch die wilden Kannibalen, und der
gesamte zweite Aufzug spielt in seiner bayrisch-kleinstädtischen Heimat. Die
Anreicherung mit alltags-realistischen und satirischen Elementen verändert
aber nicht die Eindimensionalität des textinternen Realitätssystems. Dieses umfasst unter anderem einen Delphin und den Meergott Neptun, die Kasperl als
magische Helfer vor den Kochtöpfen der Kannibalen bewahren, und ein Krokodil, dessen von stoischem Geist getragener Monolog deutlich macht, dass auch
das Marionettentheaterstück immer noch um das – übrigens darwinistische –
Thema vom Fressen und Gefressenwerden kreist:

> Ich bin ein altes Krokodil
> Und leb dahin ganz ruhig und still,
> Bald in dem Wasser, bald zu Land
> Am Ufer hier im warmen Sand.
> Gemütlich ist mein Lebenslauf,

> Was mir in' Weg kommt, freß ich auf,
> Und mir ist es ganz einerlei,
> In meinem Magen wird's zu Brei.
> Schon hundert Jahre leb ich jetzt,
> Und wenn ich sterben muß zuletzt,
> Leg ich mich ruhig ins Schilf hinein
> Und sterb im Abendsonnenschein.

Die Insel mit den Menschenfressern steht im Zentrum von allen drei Textvarianten. In Verserzählung und Marionettentheaterstück wird die Szene, in der der bratfertig vorbereitete Kasperl in der Sonne schmort, während die Wilden das Feuer schüren, von einem Lied begleitet:

> Spißi, Spaßi, Kasperladi,
> Hicki, Hacki, Karbonadi,
> Trenschi, Transchi, Apetiti,
> Fressi, Frassi, Fetti, Fitti.
> Schlicki, Schlucki Kasperlucki,
> Dricki Drucki mamelucki,
> Michi, Machi Kasperlores,
> Spißi, Spaßi, Tscha kapores.

Was für eine „Wirklichkeit" wird hier inszeniert? Nach Doležel (1998, S. 279) bedeutet „actual world": „A realized possible world that is perceived by human senses and provides the stage for human acting". Im Motiv des Kannibalismus kulminieren spätestens seit den Beschreibungen der Reisen Marco Polos Grundelemente der Primitivismusvorstellungen der Europäer. Unabhängig vom Wahrheitsanspruch der Geschichten, in denen dieses Motiv vorkommt, gehört es einem Kosmos an, der außerhalb der „Wirklichkeit", der *actual world* der Diskursgemeinde liegt – es liegt ihrer unmittelbaren Wahrnehmung und ihrem tatsächlichen sozialen Handeln gleichermaßen fern. Zudem ist das Menschenfresser-Motiv aus dem europäischen Volksmärchen bekannt. Die imaginäre Welt der Reise-Kasperliaden Franz Graf von Poccis ist ein hybrides Gebilde aus Exotismen und Phantasmen, die mit satirischen Verweisen auf Zeiterscheinungen der *actual world* verknüpft werden. Aufgrund der Art der Verknüpfung sind diese Texte im Sinne einer „minimalistischen" Definition nicht zur phantastischen Literatur zu zählen. Aus „maximalistischer" Sicht ließen sich allerdings zahlreiche „phantastische" Textelemente benennen: magische Reisevehikel, mythische Figuren und Motive, sprechende Tiere zum Beispiel.

Gerade die „Maximalisten" unter den Phantastik-Theoretikern – wie zum Beispiel Gerhard Haas – machen die Zuordnung eines Textes zur phantastischen Literatur vom Vorkommen magischer oder mythischer Stoffe, Motive und Figuren abhängig. Weil *Urians Reise um die Welt* dergleichen auf der manifesten Textebene vermissen lässt, gilt er aus dieser Sicht nicht als phantastisch. „Phantastisch" im umgangssprachlichen Sinne von außerordentlich, ungewöhnlich, großartig ist jedoch bereits die erste Reise-Station, der Nordpol – schließlich

waren die Polarregionen der Erde im 18., 19. und frühen 20. Jahrhundert nicht
nur Gegenstand vielbeachteter wissenschaftlicher Expeditionen, sondern zudem ein wichtiger Bestandteil der Topographie einer – auch im engeren Sinn –
„phantastischen" Literatur.[16] Zwar ist Urians Reiseroute mit den herkömmli-
chen, in der zeitgenössischen *actual world* bekannten Verkehrsmitteln nicht zu
bewältigen, aber es werden im Text auch keine magischen Vehikel ausdrücklich
erwähnt. Das „Phantastische" an diesem Text liegt auf einer, am Namen „Urian"
ansetzenden subtileren Deutungsebene. Auf dieser subtilen Ebene kann Urian
als eine Züge von Faust und Mephisto in sich vereinigende Figur angesehen werden, deren nur auf magische Weise erklärbare Erdumrundung die Entdeckungs-
reisen der *actual world* als Teufelswerk erscheinen lässt. Im Übrigen scheint es,
als sei gerade diese Schicht der Urian-Figur von Matthias Claudius in André
Gides symbolistischen Roman *Le voyage d'Urien* (1893)[17] eingegangen. Die an
Todorovs Kategorie der „Unschlüssigkeit" erinnernde Ambiguität der imaginären Welt des Gedichts ist an seine Mehrdeutigkeit gebunden. Also daran, dass
auch eine Lesart als Lügenerzählung einen kohärenten Sinn ergäbe und schließlich auch daran, dass seine metrische Form allzu weitgehende Deutungsanstren-
gungen mit Blick auf eine Logik des Narrativen gar nicht nahe legt. Aus letzterem Grund würde das Gedicht, trotz der Momente von „Unschlüssigkeit", auch
nach dem an Todorov orientierten „minimalistischen" Konzept Uwe Dursts
nicht als „phantastische Literatur" gelten. Während Durst die Ausweitung des
Phantastik-Begriffes auf die Bildende Kunst und die Musik, aber auch auf Lyrik
und Dramatik ausdrücklich ablehnt (vgl. Durst 2001, S. 5) liegt dem 2003 erschienenen Sammelband *Phantastik – Kult oder Kultur? Aspekte eines Phänomens in Kunst, Literatur und Film* (Ivanović; Lehmann; May 2003) ein gattungs-
und medienübergreifender Begriff des Phantastischen zugrunde, der zwar nicht
durch ein in sich geschlossenes theoretisches Modell legitimiert wird, der aber
den Blick öffnet für eine ganze Reihe kulturgeschichtlich interessanter Parallelen und Analogien, welche nicht nur zu einem historisch angemessenen Verständnis der phantastischen Erzählung im engeren Sinn beitragen können, sondern auch zu einem entsprechenden Verständnis aktueller Literatur- und Medienangebote (z. B. Fantasy) und darum letztlich auch der Kinder- und Jugendliteratur.

Es ist eine interessante und offene Frage, ob die in einem weiten Sinn „phantastischen" Aspekte von nicht-epischen „Texten" – im Sinne eines weiten Textbe-
griffs also zum Beispiel auch von Gemälden oder Musikstücken – nur mit deren

---

[16] Vgl. die motivgeschichtliche Studie *„Die Paradiese des Südpols". Phantastische Expeditionen ans
Ende der Welt* von Friedhelm Marx (2003), die im Übrigen eine Reihe interessanter Parallelen
zum Gegenstand dieses Beitrags erkennen lässt und neben entsprechenden Erzählungen von Samuel T. Coleride, Edgar Allen Poe, Jules Verne, H. P. Lovecraft und Georg Heym in Gestalt von
André Gides *Le Voyage d'Urien* (1893) auch einen Roman zum Gegenstand hat, der intertextuell
auf das hier behandelte Gedicht von Matthias Claudius verweist.

[17] Das durch die Übertragung des Namens ins Französische entstandene Wortspiel (*d'U-rien*) schöpft
den düster-abgründigen konnotativen Spielraum noch weiter aus (vgl. Marx 2003, S. 206).

narrativer Komponente zusammenhängen. Die imaginären Welten der in diesem Beitrag behandelten Texte von Pocci und Claudius wurden zu einem großen Teil mittels intertextueller Verweise evoziert; die – von mir so genannte – „Unschlüssigkeit" in dem Lied von Matthias Claudius ist eine Funktion von dessen Intertextualität. Entsprechende Beobachtungen an surrealistischen Gemälden, an der Bilderwelt eines Hieronymus Bosch oder der eines Werner Tübke werden wohl gleichfalls an deren Narrativität und an ihrer Intertextualität ansetzen. Natürlich wird, wer solche Beobachtungen anstellt, seinem Untersuchungsgegenstand nicht in dessen Substanz gerecht, aber solche Ansprüche sind im Zeichen des Poststrukturalismus ja ohnehin in Verruf geraten.

Einen möglichen theoretischen Rahmen für derartige Studien steckt Renate Lachmann in ihrer 2002 erschienenen Monographie *Erzählte Phantastik. Zur Phantasiegeschichte und Semantik phantastischer Texte* ab. Vorzugsweise anhand von Texten außerhalb des Kanons der „phantastischen Literatur, wie sie die Romantik hervorgebracht hat" (Lachmann 2002, S. 13) entwirft sie dort eine der ästhetischen Kategorie der Komik parallel gelagerte Kategorie des „Phantasmas" im Rahmen eines kulturanthropologischen Konzeptes von Alterität:

> Das Phantasma läßt sich als verbal generierte Repräsentation von Spiel mit Metamorphose in und Erfindung von Alterität fassen. (Lachmann 2002, S. 97)

In diesen Rahmen würde die eingangs vorgeschlagene Re-Lektüre von Todorovs Phantastik-Theorie im Lichte seiner Untersuchungen zum „Problem des Anderen" ebenso passen wie die Beschäftigung mit den phantastischen Weltreise-Geschichten der Kinderliteratur. Deren Motivgeschichte setzt sich bis in die Gegenwart fort, und ihr diskursiver Ort ist seit Beginn des 20. Jahrhunderts die spezifische Kinderliteratur. Spätestens seit diesem Zeitpunkt nehmen phantastische Reisen auch im Stoff-Repertoire der kinderliterarischen Epik und Dramatik eine privilegierte Stellung ein – im Rahmen von märchenhaften oder abenteuerlichen Geschichten, die in der einen oder anderen Weise um das Thema der Initiation kreisen. Man denke an *Nils Holgersson* (dt.: 1907/1908) und *Peterchens Mondfahrt* (UA 1911), an Lisa Tetzners sozialistische *Urian*-Variante [18] oder an die *Jim Knopf*-Romane Michael Endes (1960 und 1962). Die Spannung dieser Geschichten erwächst aus der Aufgabe, um derentwillen die Protagonisten ihre Reise angetreten und aus den Gefahren, die sie unterwegs zu bestehen haben.

Die phantastischen Weltreise-Geschichten von Pocci und Matthias Claudius sind nicht spannend. Diese Texte bieten vielmehr Unterhaltung im Sinne von Zerstreuung (vgl. den Beitrag von Hans-Heino Ewers in diesem Band), eine bunte Folge kurioser Episoden anstelle eines höhepunktorientierten Handlungsbogens. Diese Art des Erzählens ist in Kinderlied und Bilderbuch bis heute beliebt und verbreitet. Und bis in die unmittelbare Gegenwart entstehen in diesen medialen Kontexten immer neue Varianten von phantastischen Weltreisegeschich-

---

[18] Hans Urian. Die Geschichte einer Weltreise (Tetzner 1931)

ten in der literarischen Nachfolge von Pocci und Matthias Claudius.[19] Also Geschichten, in denen Ozeane auf magische Weise überquert und Kontinente „wie im Flug" durchstreift werden, die mithilfe von Exotismen aus dem Image-Bestand des 19. Jahrhunderts eine Welt der pittoresken Vielfalt inszenieren. Dass diese Motivik auch in einer vom Massentourismus geprägten „Mediengesellschaft" ihre Faszination noch nicht einbüßt hat, ist merkwürdig genug und wäre als Grund für einen entsprechenden Streifzug durch die Kinderliteratur des 20. Jahrhunderts sicher ausreichend.[20] Diese literaturgeschichtliche Expedition ist aber nun unwiderruflich an ihr Ende gelangt, mit einigen Reisemitbringseln, allerlei Spekulationen und vielen offenen Fragen im Gepäck.

Literatur

Primärliteratur

Claudius, Matthias ([1790] 1984): Urians Reise um die Welt. In: ASMUS omnia sua SECUM portans oder Sämtliche Werke des Wandsbecker Boten. Teil V. München: Winkler, S. 345–348 [Erstdruck des Gedichts im Vossischen Musenalmanach, 1786, S. 166]

Claudius, Matthias ([1797] 1984): Urians Nachricht von der neuen Aufklärung oder Urian und die Dänen. In: ASMUS omnia sua SECUM portans oder Sämtliche Werke des Wandsbecker Boten. Teil VI. München: Winkler, S. 459–461

Gide, André ([1893] 1955): Die Reise Urians. Übersetzt von Maria Schäfer-Rümelin. Stuttgart: dva [OA Le voyage d'Urien]

Pocci, Franz Graf von (1854a): [Kasperl bei den Menschenfressern]. In: Was Du willst. Ein Büchlein für Kinder München: Braun und Schneider [Auch in: Franz von Pocci: Kasperls Heldentaten. 19 Puppenkomödien und Heldentaten. Hg. von Manfred Nöbel. Berlin: Henschel 1984 sowie: Kasperls Reise übers Meer. Verse von Franz Graf von Pocci. Bilder von Wanda Zacharias. Gütersloh: Mohn 1960]

Pocci, Franz Graf von (1854b): Kasperl in der Türkei [1. Fassung]. In: Was Du willst. Ein Büchlein für Kinder. München: Braun und Schneider

Pocci, Franz Graf von (1855a): Allerneuestes Schattenspiel für die lieben Kinder. München: Braun und Schneider [= Münchner Bilderbogen155]

Pocci, Franz Graf von (1855b): Kasperl in China. In: Neues Kasperl-Theater. Stuttgart: Scheitlin

Pocci, Franz Graf von (1859a): Kasperl in der Türkei [2. Fassung]. In: Lustiges Komödienbüchlein. München: Verlag der Lentnerschen Buchhandlung

---

[19] Ausgewählte Beispiele: Herbert Rikli: *Hasen-Königs Weltreise: Fahrten und Abenteuer in Bildern und Versen* (1918); Ernst Kutzer; Adolf Holst: *Der Osterhase auf Reisen* (1925); Hans Leip: *Das Zauberschiff. Ein Bilderbuch.* [*The magic Ship A children's book*] (1946); Georg Willroda: *Ulle Bams wundersame Reise um die Erde* (1949); Marlene Reidel: *Kasimirs Weltreise* (1957); Anna Höglund: *Feuerland ist viel zu heiß.* [*Resor jag aldrig gjort av*] (1995); die *Mecki*-Bilderbücher Text: Eduard Rhein. Ill.: Bd. 1: Wilhelm Petersen, Bd. 2–13: Reinhold Escher (1952ff.) sowie Fredrik Vahles Kinderlied *In Paule Puhmanns Paddelboot* (um 1980).

[20] Das Terrain ist nicht gänzlich unerschlossen: es gibt zwei kurze Aufsätze (Perschon 1998; Hinrichs 2002) und ein Kapitel in Gundel Mattenklotts Monographie zur *Kinderliteratur seit 1945* (1989).

Pocci, Franz Graf von (1859b): Kasperl unter den Wilden. Ein kulturhistorisches Drama in zwei Aufzügen. In: Lustiges Komödienbüchlein. München: Verlag der Lentnerschen Buchhandlung [Auch in: Franz Pocci: Kasperlkomödien. Hg. von Karl Pörrnbacher. Stuttgart: Reclam 1982 sowie beim Projekt Gutenberg]

Tetzner, Lisa (1931): Hans Urian. Die Geschichte einer Weltreise. Mit 28 Kreidezeichnungen von Bruno Fuck Stuttgart: Gundert [Nach d. Kinderkomödie *Hans Urian geht nach Brot* von Béla Balász und Lisa Tetzner, UA 1929]

Sekundärliteratur

Doležel, Lubomir (1998): Heterocosmica. Fiction and Possible Worlds. Baltimore: John Hopkins University Press

Durst, Uwe (2001): Theorie der phantastischen Literatur. Tübingen; Basel: Francke

Eco, Umberto (1996): Mögliche Wälder. In: Ders.: Im Wald der Fiktionen. München: dtv, S. 101–127 [OA Six Walks in the Fictional Woods / Sei passeggiate nei boschi narrativi]

Haas, Gerhard (1978): Struktur und Funktion der phantastischen Literatur. In: Wirkendes Wort, Jg. 28, H. 5, S. 340–356

Haas, Gerhard (1982): Phantasie und Phantastik. In: Praxis Deutsch, Jg. 9, H. 54, S. 15–23

Haas, Gerhard (1993): Phantastische Literatur für junge Leser. In: Literarische und didaktische Aspekte der phantastischen Kinder- und Jugendliteratur. Hg. von Günter Lange. Würzburg: Königshausen und Neumann, S. 129–132

Haas, Gerhard (2004): Märchen und literarische Fantasy. In: Von einem, der auszog …: Frederik Hetmann / Hans-Christian Kirsch: Märchen sammeln, erzählen, deuten. Hg. von Johannes Fiebig. Königsfurt: Krummwisch, S. 17–29

Hinrichs, Boy (2002): Die poetisch gestaltete Reise. In: Grundschule, H. 4, S. 11–13

Ivanović, Christine; Lehmann, Jürgen; May, Markus (2003): Vorwort. In: Phantastik – Kult oder Kultur? Aspekte eines Phänomens in Kunst, Literatur und Film. Hg. von Christine Ivanović u. a. Stuttgart: Metzler

Lachmann, Renate (2002): Erzählte Phantastik. Zur Phantasiegeschichte und Semantik phantastischer Texte. Frankfurt a. M.: Suhrkamp

Lévi-Strauss, Claude (1960): Traurige Tropen. Köln; Berlin: Kiepenheuer und Witsch [OA Tristes Tropiques, 1955]

Lévi-Strauss, Claude (1968): Das wilde Denken. Frankfurt a. M.: Suhrkamp [OA La pensée sauvage, 1962]

Lypp, Maria (1984): Einfachheit als Kategorie der Kinderliteratur. Frankfurt a. M.: dipa

Martinez, Matias; Scheffel, Michael (2000): Einführung in die Erzähltheorie. München: Beck [EA 1999]

Marx, Friedhelm (2003): „Die Paradiese des Südpols". Phantastische Expeditionen ans Ende der Welt. In: Phantastik – Kult oder Kultur? Aspekte eines Phänomens in Kunst, Literatur und Film. Hg. von Christine Ivanović u. a. Stuttgart: Metzler, S. 197–215

Matt, Peter von (2003): Hoffmanns Nacht und Newtons Licht. Eine Abschiedsvorlesung [Zürich 01.07.2002]. In: Ders.: Öffentliche Verehrung der Luftgeister. Reden zur Literatur. München: Hanser, S. 127–147

Mattenklott, Gundel (1989): Zauberkreide. Kinderliteratur seit 1945. Stuttgart: Metzler

Nünning, Ansgar (1998): Unreliable Narration zur Einführung: Grundzüge einer kognitiv-narratologischen Theorie und Analyse unglaubwürdigen Erzählens. In: Unreliable Narration. Studien zur Theorie und Praxis unglaubwürdigen Erzählens in der englischsprachigen Erzählliteratur. Hg. von Ansgar Nünning. Trier: WTV, S. 3–41

Perschon, Erich (1998): Glückliche Heimkehr garantiert. Das Reisemotiv in Kindergeschichten und Bilderbüchern. In: ide, Jg. 22, H. 2, S. 56–74

Rank, Bernhard (2002): Phantastik im Spannungsfeld zwischen literarischer Moderne und Unterhaltung. Ein Überblick über die Forschungsgeschichte der 90er Jahre. In: Kinder- und Jugendliteraturforschung 2001/2002. Stuttgart; Weimar: Metzler, S. 101–125

Schmidt, Siegfried J. (2001): Wirklichkeitsmodell. In: Metzler Lexikon Literatur- und Kulturtheorie. Ansätze – Personen – Grundbegriffe. Hg. von Ansgar Nünning. 2. überarb. Aufl. Stuttgart; Weimar: Metzler, S. 677–678

Todorov, Tzvetan (1972): Einführung in die fantastische Literatur. München: Hanser [OA Introduction à la littérature fantastique, 1970]

Todorov, Tzvetan (1985): Die Eroberung Amerikas. Das Problem des Anderen. Frankfurt a. M.: Suhrkamp [OA La conquête de l'Amérique. La question de l'autre, 1982]

Booth, Wayne C. (1961): The Rhetoric of Fiction. Chicago: Chicago University Press

PETER JENTZSCH

Auf den Spuren des Rulaman – Jugendbuchlektüre und „Kultur vor Ort"

Didaktische Skizzen zur Fächerverbindung

Vor einem Jahrhundert galt der *Rulaman* als großer Wurf der Jugendliteratur. Welche Rolle spielt er heute? Rulaman lebt. Mit seinen Aimats schlich, stürmte und röhrte er unlängst auf der Bühne des Stuttgarter Staatstheaters. Und im Programmheft liest man:

> Wir kennen wohl alle das schöne Buch […] des Herrn Dr. Weinland, *Rulaman*, durch welches er sich ein herrliches Denkmal in unserer Gegend geschaffen hat. Ausgehend von den Funden, die in den Höhlen unserer nächsten Umgebung gemacht worden sind oder nach sonstigen Ausgrabungen von Gegenständen ältester Zeit, hat uns Herr Dr. Weinland ein fesselndes Bild jener ältesten Zeit entworfen, wie sich die Menschen noch in einer Art Urzustand befanden […]. Im *Rulaman* lernen wir das Leben jener Höhlenmenschen kennen […]. Prachtvoll gezeichnete Gestalten […] treten uns entgegen und fesseln im höchsten Grade unsere Aufmerksamkeit.

So 1898 (!) der Vorstand des Vereins für Altertumskunde in Urach, Dr. Junker (zit. n. Binder 1998, S. 8), über die Meriten des *Rulaman*-Autors, sein naturwissenschaftlich fundiertes Zeitbild und die exakten Beschreibungen, die jugendnahe Gestaltung der Figuren und die spannende Erzählweise. – Das war vor einem Jahrhundert; das 1875/1878 veröffentlichte Buch war zwei Jahrzehnte alt, inzwischen ist es gut 125 Jahre auf dem Markt. Das fachliche Fundament freilich, an dessen Solidität und Aktualität Weinland so viel lag, dass er mehrfach neue Forschungsergebnisse einarbeitete, ist, wörtlich genommen, längst untergraben. Urgeschichtsforschung und Paläoanthropologie haben neue Menschenbilder zu Tage gefördert. Die Nutzung von Höhlen als Dauerwohnsitze wird ebenso ausgeschlossen wie die Möglichkeit einer Begegnung altsteinzeitlicher Jäger und Sammler mit eisenzeitlichen Kelten (zuletzt Wiermann, R. 2003, S. 7).

Dieser Beitrag berichtet, wo und wie der *Rulaman* heute noch präsent ist; er konkretisiert an Beispielen, skizzenhaft verkürzt, einige Möglichkeiten für den Umgang mit urgeschichtlichen Themen im Unterricht und in der Lehrerausbildung. Und er stellt eine neue Anlaufstelle für Unterrichtsprojekte vor, die 'Kultur vor Ort' vermitteln wollen, den Rulamanweg, einen Lehrpfad zur Urgeschichte (unterhalb der 'Schillerhöhle' im Ermstal bei Bad Urach).

Der *Rulaman* im Unterricht?

Trotz wissenschaftlicher Unstimmigkeiten gilt das Buch auch heute noch als Fundgrube für anschauliche Beschreibungen und spannend erzählte Geschichte.

Im letzten Jahrzehnt sorgten Dramatisierungen für zumindest lokales Interesse. Als Schülerjux entstand in Bad Urach 1992 ein steinzeitliches 'Grusical'; im Naturtheater Hayingen und, ab 1998/1999 im Staatstheater Stuttgart, wurde der *Rulaman* als *Familienstück für Älbler und Kelten ab 8 Jahren* inszeniert (Schleker 1998). Ein museumsdidaktischer Höhepunkt der Präsentation von Urgeschichte ist seit 2003 die Dauerausstellung *MenschenZeit. Geschichten vom Aufbruch der frühen Menschen* im Reiss-Engelhorn-Museum in Mannheim (mit einem ebenso handlichen wie informativen Katalog).

Ein Markstein des *Rulaman*-Gedenkens ist auch die sehenswerte Ausstellung *Rulaman der Steinzeitheld* (in Biberach bis 2004). Sie konfrontiert Weinlands Menschenbild mit dem aktuellen Stand der Urgeschichtsforschung und wird auch in anderen Städten zu sehen sein[1]. Ausstellung und Katalog könnten dem Interesse an Weinlands *Schwäbischer Kinderbibel* (Kloeppel 1972, S. 285) neue Impulse geben. Der Katalog enthält kompetente Basis-Informationen: zum Beispiel *'Rulamans' Eiszeitwelt und die heutige altsteinzeitliche Forschung in den Höhlen der Schwäbischen Alb* – mit Ausblicken auf die Kunst (Conard 2003, S. 116–133) oder *Das Klima der Steinzeitmenschen* (Müller 2003, S. 102–115). Zum unterrichtsrelevanten Grundwissen gehört auch die Einführung in Lebensformen unterschiedlicher steinzeitlicher Epochen (Wiermann, R. 2003, S. 48–66).

Daneben bietet der Katalog Beiträge zum Jugendbuch mit urgeschichtlichen Themen, zur Textgenese des *Rulaman* und zu den Illustrationen (Brunecker 2003, S. 22f.; Wiermann, R. 2003, S. 17–45). In einer Positionsbestimmung (Kümmerling-Meibauer 2003, S. 78) wird der „erste historische Kinderroman über die Vor- und Frühgeschichte" (ebd., S. 68) mit Joachim Heinrich Campes *Robinson der Jüngere* (1779/1780) und seiner Geschichtserzählung *Die Entdeckung von Amerika* verglichen. Das wissenschaftliche Fundament und der pädagogische Ansatz in Weinlands Werk finden „durchaus als 'minor classic'" (ebd., S. 75) Anerkennung. Kultur- und gesellschaftskritische Aspekte untersucht Frank Brunecker (Bruneker 2003, S. 77–90) am Beispiel nationalistischer Tendenzen der Entstehungszeit. Hinweise auf „Heutige Jugendromane über 'Aimats' und 'Kalats'" gibt Susanne Wiermann (2003, S. 91–94; vgl. auch Wiermann 2001, S. 5–48). – In summa: eine Einführung in die 'Realien', die in keiner Schule fehlen sollte.

Rulaman im Unterricht heute? Ein Fazit, auch nach neueren Praxiserfahrungen: Auszüge ja, trotz des überholten Forschungsstandes. Einzelne Episoden lohnen sich als Lesefutter noch immer, und zusammen mit den erzählfreudigen Illustrationen regen sie zu kreativem Schreiben an (z. B. „Ein Steinbeil erzählt"). Ergiebig sind auch Gespräche über die Personen: Aussehen und Ausrüstung, Eigenschaften und Verhaltensweisen, Zusammenspiel und Gegnerschaften.

---

[1] Die Rulaman-Ausstellung wird 2004-2005 voraussichtlich gezeigt in Tübingen, Heidelberg, Esslingen, Kirchheim / Teck und Unteruhldingen; ggf. auch im Braith-Mali-Museum in Biberach.

Weinlands naturkundliche Exkurse könnten, z. B. im Vergleich mit modernen Jugendsachbüchern, in Biologie und Deutsch unter die Lupe genommen werden.

Der Urknall in Schwaben – lokaler Anknüpfungspunkt für 'Kultur vor Ort'?

Nicht zu unterschätzen für Unterrichtsprojekte ist der Lokalbezug des *Rulaman* zu den Karsthöhlen der Schwäbischen Alb und zur herausragenden prähistorischen Fundsituation im deutschen Südwesten. Hier wurden nicht nur der älteste Mitteleuropäer, der „homo heidelbergensis" (ca. 650 000 bis 500 000 Jahre alt) und der „homo steinheimensis" (ca. 250 000 Jahre alt) gefunden; als Höhepunkte gelten vor allem die Aufsehen erregenden Tierfiguren aus der Vogelherdhöhle im Lonetal, die bislang „ältesten figürlichen Darstellungen" (Hahn 1986, S. 25–33). Eine Überraschung gab es unlängst, als im Hohle Fels bei Schelklingen ein 'Wasservogel' und – ein Pendant zum größeren Löwenmenschen (zuletzt: Wiermann, R. 2003, S. 60f.) – ein kleiner 'Löwenmensch' aus Elfenbein gefunden wurde (Conard u. a. 2003, S. 21–27). Dazu titelte DIE ZEIT (Nr. 1, 22.12.03): *Der Urknall in Schwaben. Neue Funde steinzeitlicher Schnitzereien zeigen: Die ersten Künstlerateliers der Menschheit waren Höhlen auf der Schwäbischen Alb.* Presseberichte und Ausstellungen (z. B. Krause 1996; Hansch 2000; u. a. m), dazu Periodika (wie das Nachrichtenblatt *Denkmalpflege in Baden-Württemberg* oder die Reihe *Archäologische Ausgrabungen in Baden-Württemberg*) tun ein Übriges, die Urgeschichte einer breiteren Öffentlichkeit ins Bewusstsein zu rufen. Das bleibt auch in Schulen nicht völlig unbemerkt.

Praxisbeispiel: Urgeschichte an der Primarstufe

Ein Ausflug zur 'Kultur vor Ort' fordert aufwändige Vor- und Nachbereitungen. In der Primarstufe liegt die Regie (Bildende Kunst, Deutsch, Heimat- und Sachkunde, Musik) oft in einer Hand. Für Projekte im 4. Schuljahr[2] wurde Dirk Lornsens Erzählung *Rokal der Steinzeitjäger*[3] (Lornsen 1995) als zentrale Ganzschrift ausgewählt[4]. Handlung und Hintergrund („vor mehr als 12 000 Jahren") sind fachlich fundiert, der Umfang ist überschaubar, der Erzählduktus auf Spannung angelegt. Altersgemäß erscheint auch das Verhältnis von Fiktion und Realität: „Erfunden sind die Menschen, ihre Namen, ihre Eigenschaften, ihre Erlebnisse. Nicht erfunden sind die Werkzeuge, die Jagdwaffen, die Behausungen, die Tiere und die Pflanzen" (Lornsen 1995, S. 98). Die archäologisch fassbaren Gegebenheiten werden beschrieben und durch Illustrationen ergänzt (z. B.

---

[2] Im 4. Schuljahr von Barbara Jentzsch an der Sieben-Keltern-Schule Metzingen mehrfach realisiert.

[3] Bei Lesungen in Schulen gibt der Autor außerdem Kostproben experimenteller Archäologie (z. B. Steine schlagen, Feuer zünden, Leder bearbeiten).

[4] Weitere Jugendbuchempfehlungen für die Primarstufe: Wiermann 2001, S. 11, 20, 26, 27, 29, 34, 35, 38, 39–42 u. a.

'Harpune' S. 28, 'Speerschleuder' S. 42). Mit Hilfe anregender Aufgaben können die Schüler ab Klasse 4 den Zeithintergrund erarbeiten. Zudem erlaubt die
Thematik ein organisches Zusammenspiel von kognitiver Textlektüre mit hand-
lungs- und produktionsorientiertem Gestalten. Hier skizzenhaft wenige ver-
kürzte Hinweise:

– Feuersteinklingen,[5] zum Anfassen herumgereicht, lösen Fragen aus: Was? Woher? Wozu? Wann? Experimente (Bohren, Schneiden) und Vermutungen über
  die Funktionen leiten die Lektüre ein: Schon der Textanfang weckt Neugier,
  die Spurensuche beginnt: Personen, Umwelt, Lebensumstände, Zeithintergrund. Eine übergreifende Aufgabe bereitet das Leseverständnis vor: Findet
  für jedes Kapitel passende Überschriften.[6]

– Eine Personenliste wird aus dem Text zusammengetragen und mit charakteri-
  sierenden Beinamen versehen (Mura, die weise Frau; Faskon, der riesige Jäger; Gingi das Meldemädchen usw.). Registriert werden auch Pflanzen und
  Tiere; beschrieben werden, damit die Schüler konkrete Vorstellungen gewinnen, Ernährung und Behausung, Kleidung, Schmuck, Geräte (Fellbeutel,
  Traggestell, Schwirrknochen, Steinlampen) und Jagdwaffen. Sachkundliche
  Fragen nach der Art des Zusammenlebens und dem Ablauf der Jagd lenken
  den Blick zurück auf die textspezifischen Eigenschaften der Personen und deren Zusammen- oder Gegenspiel. Die Arbeitsgruppen tragen ihre Informationen zu einzelnen Sachgebieten zusammen, Szenen werden illustriert, und
  'Höhlenmalereien' begleiten als Wandbilder den Unterricht.

„Höhlenmalerei" in einem Rulaman-Projekt

---

[5] Artefakte z. B. aus der Schulsammlung, Abfälle von Archäotechnikern, Repliken aus einem Muse-
umsshop oder Originale (Katalog von Ralf Schapfeld in Rees).
[6] Ergebnisbeispiele: (1) Die Katastrophe, (2) Gerettet, (3) Aufgenommen, (4) Die Salzhöhle und
Rokals Ideen, (5) Dankbar – neidisch, (6) Der friedliche Tausch, (7) Die rotbraunen Riesen usw.

– Handlungs- und Produktionsorientierung beginnt mit dem „Weitererzählen" (vgl. Rank 1994, S. 159–186): Nach einem vorgegebenen Anfang schreiben die Schüler eigene Episoden. Sie gehen von den Charakteren im Text aus, gestalten sie jedoch frei weiter, schreiben kleine Dialogszenen und üben sie ein. Aufgeführt werden sie im Rahmen einer Zeitreise von der Steinzeit bis in unsere Tage bei einem Schulfest, beim Stadtfest-Umzug und einer Feier des Schwäbischen Albvereins: für die Schüler eine motivierende Öffentlichkeit. (Engagierte Eltern haben an Kostümen, Requisiten und Kulissen mitgearbeitet.) Beispiel eines Szenenanfangs:

Das gestohlene Feuer

Am Hohle Fels – in der Steinzeit

Arik: Nein! Das darf nicht wahr sein! Das Feuer ist ausgegangen! – Bald kommen die Jäger von der Jagd zurück und wir wollen die Beute braten! – Das wird mir Faskon nie verzeihen, dass ich das Feuer nicht gut bewacht habe! – Wenn ich nur an Monkans Gesicht denke! – (Nachdenken) Wo sind die Feuersteine? (Sucht nach den Steinen.) – Ich kann aber gar nicht Feuer machen. Es ist zu schwierig. – Wo ist bloß der Pyrit? (Die Jäger kommen von der Jagd zurück)

Monkan: Hurrei, hurra, wir sind endlich da!

Elgor: Wir haben den Höhlenbären erlegt!

Rokal: Wir haben den größten Bären der Höhle erlegt!

Faskon: Ja, mein erster Speer hat den Bären mitten ins Herz getroffen!

Alle: Hurrei, hurra! Hurrei, hurra! Endlich sind wir da!

Monkan: Aber was ist denn hier los?

Elgor: Arik, was machst du für ein trauriges Gesicht?

Rokal: Das Feuer ist weg! Jetzt können wir unseren großen Bären roh aufessen! [….] usw.

Eine Klasse im Steinzeit-Look

– Im Erinnerungsbuch des Jahres folgen Rückblicke auf die einzelnen Rollen, zum Beispiel: „Ich war Steinzeitjäger. Ich hatte ein dickes Fell an, und es war heiß. Ich musste nicht viel sprechen. Wir haben das Stück fünfmal aufführen müssen. Die Leute haben geklatscht. Ich hoffe, es hat ihnen so gut gefallen wie mir."

– Das Unterrichtsprojekt gipfelt in einer zweitägigen Unternehmung mit Ruck-sack, Anorak und Wanderschuhen, finanziert vom Preisgeld für Mal- und Ide-enwettbewerbe der Kreissparkasse und der Volksbank: Einer Höhlenwande-rung bei Blaubeuren – mit Führung durch die Ausgrabungsstätte Hohle Fels – folgt ein halbtägiger Besuch im Urgeschichtsmuseum mit experimenteller Ar-chäologie. Vorgeführt wird das Abschlagen von Steinklingen und Pfeilspitzen, welche die Schüler auf Holzstäben befestigen können; das Feuermachen darf jede(r) probieren und sich außerdem eine Steinlampe oder einen Lederbeutel herstellen. Inzwischen könnte man ein solches Projekt mit einem Gang zum Rulamanweg bei Bad-Urach abrunden.

Praxisbeispiel: 5. Jahrgangsstufe (Gymnasium)

Unterrichtsprojekte auf den Spuren der Urgeschichte sind keineswegs neu (vgl. Tatz 1995, S. 35–40), bislang aber wohl eher selten, besonders an Gymnasien. Ein bemerkenswertes fächerverbindendes Projekt praktiziert das Graf-Eber-hard-Gymnasium in Bad-Urach. Dort folgen Lehrer mit Fünftklässlern nach gründlicher Vorbereitung (mehrtägig) den Spuren des Rulaman in der Umge-bung – teilweise sogar in Kooperation mit einer Förderschule. Sie machen Orien-tierungsläufe, messen Strecken und bekommen Einblicke in die Geologie vor Ort; sie sammeln Feuersteinmaterial auf der Alb und schneiden mit selbst abge-schlagenen Steinartefakten ihre Grillwürste; sie bauen Schutzhütten aus Zwei-gen, besuchen Höhlen und hören abends am offenen Feuer Geschichten aus dem *Rulaman*, der hier durchaus nicht zum gesunkenen Kulturgut gehört. Im Dienste des Projektes werden auch fachspezifische Arbeitstechniken vermittelt: Sam-meln und Bestimmen von Pflanzen (mit Protokoll), Berichte über die Informa-tionen zur Steinzeit, Höhlenmalereien auf dem Zeichenblock, Gestalten (mit Knete und Ton) und kreatives Schreiben gehören dazu, zum Beispiel eigene Ru-lamanabenteuer: zwanglose „Erfahrungen mit Phantasie" (vgl. Rank 1994, S. 159–186), wie man sie sich nur wünschen kann. Zusätzlich zu *Rulaman* könn-te die Lektüre des *Rokal* ein solches Projekt begleiten, das inzwischen auch ei-nen Gang zum Rulamanweg einschließt, haben doch eine Lehrerin und mehrere Lehrer dieser Schule den Lehrpfad mit konzipiert und gestaltet.

Praxisbeispiel: Auf Rulamans Spuren im Referendariat

Steinzeit-Projekte wurden in Tübingen auch am Staatlichen Seminar für Fachdi-daktik und Lehrerbildung (für Gymnasien) konzipiert und realisiert, in drei

Schritten und auf drei Ebenen: 1. in den fachdidaktischen Seminaren (Biologie, Deutsch, Erdkunde, Geschichte, Religion), 2. an einem pädagogischen Tag im Austausch der Fächer und 3. während eines dreitägigen Kompaktseminars im Fächerverbund.

1. Projektthema: *Vorgeschichtliche Lebensformen. Fächerverbindender Unterricht in Klasse 7 des Gymnasiums* (möglichst mit Bezug zur Region).[7] Im Fach Deutsch wurde eine Unterrichtssequenz zu *Rokal* als Einführung in die Jugendbuchlektüre geplant und in Pilotversuchen erprobt (Übersicht S. 174).

2. Die vorbereiteten Stoffpläne und Unterrichtsentwürfe (bzw. Grundmodelle in MetaPlan-Technik) wurden an einem pädagogischen Tag im Seminar in den Einzelfächern vorgestellt und diskutiert, dann (im Gruppenpuzzle) den anderen Fächern erläutert, z.B.: die Karsthöhlen auf der Schwäbischen Alb; Klima, Flora und Fauna während der lokalen Eiszeiten; Frühformen der Religiosität (im Vergleich mit Indianer- und Inuitkulturen); Lebensformen der Steinzeit im Geschichtsunterricht. Im Fach Deutsch: Möglichkeiten der Integration verschiedener Arbeitsbereiche am Beispiel eines Jugendbuches, zum Beispiel das Zusammenspiel von Texterschließung (über ein 'Lesetagebuch': Tatz 1995, S. 39f.) und kreativem Gestalten, von Arbeitstechniken und Schreibformen. Individuelle Fächerverbindungen (z.B. Deutsch, Geschichte, Religion) und die Kooperation an der gleichen Schule erleichterten organisatorisch das Projekt.

3. Im Normalfall könnte eine Exkursion zum Rulamanpfad und zu einem Museum (s. Anm. 18, 19) die Vorarbeiten abrunden, verbunden mit dem Besuch von Höhlen auf der Alb. Bei meinem letzten Referendarkurs bot ein dreitägiges Kompaktseminar in Blaubeuren Gelegenheit, museumsdidaktische Erfahrungen zu sammeln und experimentelle Archäologie hautnah zu erleben, vom Feueranzünden und Beutelschneiden bis zum Wurf mit der Speerschleuder.[8]

---

[7] Der „Südwestdeutsche Lehrerverband für Geschichte und politische Wissenschaften e.V." bot das Thema auch in der Lehrerfortbildung an, zuerst 1997. Referenten: Hans Peter Bühl (Biologie), Peter Jentzsch (Deutsch), Helmut Kurz (Religion), Roland Wolf (Geschichte). Als Urgeschichtler wirkte Dr. Michael Bolus mit.

[8] Hautnahe Begegnungen bieten die Urgeschichtler der Universität Tübingen (meist im September) an bedeutenden Ausgrabungsorten (zum Beispiel in der Höhle Geißenkösterle bei Blaubeuren oder am Petersfels bei Engen): Man kann Höhlen besichtigen, Speere schleudern oder Steinschlägern zuschauen, Feuersteinklingen kaufen oder ein 'Rentiersteak' schmausen, kurz: Lernen mit Kopf, Hand und Bauch.

Integrierter Deutschunterricht am Beispiel eines Jugendbuches
Ein Projekt für das 7. Schuljahr in der Referendarausbildung

Analytisches Arbeiten   **Leseverständnis des Textinhalts**   **Handlungs-, Produktions-**
                                                                             orientierung

Arbeitstechniken z.B.
- Nachschlagen
- Material sammeln, ordnen
- Begriffe[9]
- strukturieren
- Exzerpieren[10]

Basisfertigkeiten z.B.
- Gruppenarbeit[11]
- MetaPlan-Technik

Personencharakterisierung[12]
Personengruppierung
- Zusammenspiel
- Gegenspiel
Führende Köpfe (weise Frau ...)
Altersgruppen, Geschlechterrollen
- Kinder
- Frauen, Männer
- die Umwelt

Weitererzählen"[13] und
literarisches **Rollenspiel**
(„ich war dabei")
Perspektivisches Erzählen
(z.B. Faskon über Rokal)
Eigene Abenteuer
(z.B. Salzhöhle)

Lesetagebuch:[14]
Texte und Bilder

Schreibtechniken
- Beschreibung
- Bastelanleitung
  (z.B. Steinbeil)
- Bericht (z.B. Begegnungen
  mit dem Wolf)
- Inhaltsangabe[15]
  (Lesetagebuch)

Zentraler Text:

Dirk Lornsen:

**Rokal der
Steinzeitjäger**

Streitgespräche[16]
fiktiv (schriftlich), real (mdl.)
(z.B. Dorfrat: Rokal
aufnehmen? Ökologie damals
und heute?)

Standbilder (z.B. weise Frau
warnt)

**Szenen entwerfen und
spielen**, Kulissen planen

**Grundformen der
Textbeschreibung**[17] z.B.
- Textgliederung
- Textaufbau
- Spannungskurve

Sprache des Textes z.B.
- Bildlichkeit
- Vergleiche
- „Spannungswörter"
  (z.B. plötzlich)

Informationen zu Umwelt und
Zeithintergrund z.B.
- Landschaft
- Klima
- Behausung
- Kleidung
- Werkzeuge
- Zusammenleben der
  Menschen
- Ökologie heute
  (vgl. Indianer)

Textillustrationen
Höhlenmalereien
Werkzeuge herstellen

Sachinformationen
sammeln, Wandzeitung gestalten, z.B.
- Bilder, Fotos
- Presseberichte
- Exzerpte
- Beschreibungen usw.

Manuelles Gestalten (Schaukasten entwerfen)
- Szenen illustrieren
- fotografieren
- Bilder malen
- Werkzeuge basteln

Klassenausflug vorbereiten (Museum, Rulamanweg, Höhlenwanderung)

---

[9] Jentzsch 1977, S. 50.

[10] Jentzsch 1977, S. 46-52.

[11] Jentzsch 2004, S. 1-23.

[12] Jentzsch 1998, S. 75-114.

[13] Rank 1994, S. 159-186.

[14] Tatz 1995, S. 35-40.

[15] Jentzsch 1997; Jentzsch 2005, Kap. 2.

[16] Jentzsch 1989, S. 31-43.

[17] Jentzsch 1997, S. 8-41.

Der Rulamanweg – ein Lehrpfad durch die Urgeschichte

An Zielen für Projekt-Exkursionen in die Urgeschichte fehlt es nicht, z. B. prä-historische Sammlungen und Ausstellungen,[18] Freilichtmuseen[19] oder Karst-höhlengebiete.[20] Seit 2001 gibt es eine weitere Anlaufstelle, den Rulamanweg im Ermstal bei Bad-Urach, unterhalb der Burgruine Hohenwittlingen: einen Lehr-pfad, der, vor der Folie ökoethischer Fragen, über Entwicklungsstufen der Menschheitsgeschichte informiert. Konzipiert hat ihn ein Arbeitskreis von Lehrern,[21] die inzwischen auch auswärtige Lehrer- und Schülergruppen geführt haben. Aus den Erfahrungen erwuchsen die folgenden Anregungen und Vorbe-reitungshilfen zur selbständigen Erkundung.

Grundgedanken zur Konzeption des Lehrpfades:

– Die messbare Strecke soll die Besucher für zeitliche Dimensionen sensibili-sieren: ein Meter = 1000 Jahre, 500 Meter entsprechen etwa 500000 Jahren. So alt ungefähr (460000 bis etwa 650000 Jahre) ist der bislang älteste Mittel-europäer, als homo heidelbergensis ein 'Süddeutscher'. Benannt wurde der Lehrpfad nach dem fiktiven Ur-Ermstäler, zu dessen 'Tulka-Höhle' (*Rula-man*, 3. Kapitel) die Fortsetzung des Weges führt.

– Am Beginn des Weges regen einige Objekte zu Grundfragen an: Woher kommt der Mensch? Wo stehen wir? Wohin gehen wir? Auf einem Modell der Erdkugel sind, ausgehend von den Ursprüngen in Afrika, Herkunft und Ver-breitungsströme des Menschen markiert. Zwei andere Kugelmodelle und ein bewegliches Metallrohr demonstrieren das exponentielle Wachstum der Erd-bevölkerung in den letzten 2000 Jahren: Anregung zu aufschlussreichen Dis-kussionen.

– Fünf Schautafeln entlang der Wegstrecke informieren über markante Phasen der Menschheitsgeschichte. Zwei Zeitstrahlen zeigen den Gesamtrahmen und den jeweils dargestellten Zeitraum. Jede Tafel informiert mit Bildern und Texten über (in der Regel drei) Themenfelder, die unter der Ägide des Urge-schichtlers (Dr. Michael Bolus) ausgewählt wurden – mit großem Mut zur Lücke.

---

[18] Z.B.: die Urgeschichtsmuseen in Blaubeuren, Engen und Steinheim, die Urgeschichtsabteilun-gen in Heidelberg und Heilbronn, Karlsruhe, Konstanz und Mannheim, Stuttgart, Ulm und Neu-Ulm; daneben zahlreiche Heimatmuseen mit prähistorischen Exponaten, z. B. Bad Säckingen und Bruchsal, Nördlingen, Schwäbisch Hall und Sigmaringen. Einige bieten Arbeitsblätter als Vorbe-reitungsmaterial (z. B. Blaubeuren). – Weitere Museen: Ernst Probst (1991): Deutschland in der Steinzeit. München: Bertelsmann, S. 516–526.

[19] Z. B. Federseemuseum, Bad Buchau; Pfahlbaumuseum, Unteruhldingen; der Eiszeitpark Engen am Petersfels (Wanderpfad mit Schautafeln).

[20] Z. B. bei Bad-Urach, um Blaubeuren und Schelklingen, im Lonetal bei Ulm.

[21] Arbeitskreis: Reinhold Bürck (Initiator), Heide Bachmann, Rolf Hartmann, Peter Jentzsch, Jür-gen Nuber (†), Frank Räth. Wissenschaftlicher Berater: PD Dr. Michael Bolus, Institut für Ur- und Frühgeschichte, Abt. Ältere Urgeschichte und Quartärökologie der Universität Tübingen.

Die Themenfolge der fünf fest installierten Schautafeln (je 70 × 100 cm):

1. Die letzten dreitausend Jahre: Die Grenzen des Wachstums heute; Technik und Mobilität in der Neuzeit; Krieg – von der Antike bis heute.

2. Die Jungsteinzeit: Ackerbauern und Viehzüchter, die landwirtschaftliche Wende und ihre Erfindungen (mit Schaukasten: Nutzpflanzenkörner).

3. Die Ursprünge der Kunst (Kleinplastiken und Reliefs): Magdalenien (z. B. Frauenstatuette), Gravettien (z. B. Frauenköpfchen), Aurinacien (z. B. Wildpferd- und Mammutfigur aus der Vogelherdhöhle).

4. Der Neandertaler: seine Entdeckung; Körperbau und rekonstruiertes Aussehen, Lebenszeugnisse und Lebensbedingungen. – Warum ist er ausgestorben?

5. Die Menschen von Heidelberg (ca. 500 000–650 000) und Steinheim (ca. 250 000): Fundgeschichten („... da guckt ein Affe aus der Wand."), Abstammung, Umwelt und Werkzeuge (Repliken aus Feuerstein in einem kleinen Schaukasten).

– Ein Informationsheft[22] enthält u. a. auch die Schautafeln. Sie können bei entsprechender Vorbereitung von Schülern (ca. ab Klasse 7) vor Ort selbständig erklärt werden: eine gutes Training für Basisqualifikationen.

– Handlungsorientierung ist angestrebt: An einem Grillplatz am Bach steht das Zweiggerüst einer kleinen Behausung; hier lassen sich Szenarien spielen oder Texte vorlesen. – In einer Metallkiste sind Feuersteinbrocken und ein Hammer, damit die Schüler(innen) das Abschlagen von Artefakten erproben können. (Der Schlüssel kann in der Jugendherberge Bad Urach ausgeliehen werden.)

– Die Zeitreise in die Vergangenheit lenkt den Blick zugleich auf ökologische und umweltethische Probleme der Gegenwart. Deshalb erinnert am Ende ein Plakat an die Fragilität unseres Planeten: „Die Mietsache ist schonend zu behandeln und in gutem Zustand zurückzugeben." (Edition Staeck, Heidelberg)

Praxisbeispiel: 'Willkommen im Neandertal' – Begegnungen an der Oberstufe

Den Spuren des *Rulaman* kann man auch an der Oberstufe folgen: Zu Beginn eines 11. Schuljahres sollten im Deutschunterricht – am Beispiel eines Videofilmprojektes – Arbeitstechniken und Basisqualifikationen (zum Beispiel Recherchieren, Referieren, Präsentieren) aufgefrischt werden. In Kooperation mit Geschichte bot sich eine Dokumentation (12 Minuten) über die Nachbarstadt Bad Urach an, in der eine Ausstellung in Leben und Werk Weinlands einführte; ein erzählfreudiges Diorama zeigte Szenen aus dem *Rulaman:* attraktive Bildvorlagen für Film und Textauswahl. Gleichzeitig waren im Schloss u. a. steinzeitliche

---

[22] Rulamanweg. Ein Urgeschichtepfad. Erstellt vom Arbeitskreis Rulamanweg (Anm. 21); Redaktion: Ulrike Selje. Bezug: Wilhelmschule Bad Urach.

Funde vom 'Runden Berg' zu sehen. Die Schüler bereiteten eine Führung vor. Ihre Kernaufgabe, die Exponate vor der Kamera fachlich zuverlässig, mit verständlicher Stimme und mit Blick auf die Zuhörer vorzustellen, war schwäbischen Fleißes wohl wert! Ähnliche Projekte sind in vielen Museen möglich.

Für das Fach Deutsch gibt auch der sprachliche Umgang mit unseren archaischen Vorfahren zuweilen Anlass, über sozialanthropologische Fragen und kulturkritische Spiegelungen des Menschenbildes nachzudenken. Weinland sah die 'Höhlenmenschen' auf der Alb noch recht urtümlich:

> Es war ein Menschengeschlecht, das in Aussehen, Bau und Sprache uns ganz unähnlich war, dem heutigen Lappländer zu vergleichen, von wohl der selben Rasse, nur wilder als dieser. Es war ein rauhes Jägervolk, ohne Haustiere und ohne Metall, das mit Feuerstein- und mit anderen Stein- und Holzwaffen den Höhlenbären bekämpfte und von seinem Fleisch, von dem der Renntiere [sic!], von Fischen, Wurzeln und Beeren sich nährte. (Weinland 1972, S. 12)

Andererseits zeigen Weinlands fiktive 'Höhlenmenschen' Reaktionen, Regungen und Gefühle, die uns so befremdlich nicht erscheinen.

Die Vorstellung vom primitiven 'Urmenschen', noch sichtbar in Rekonstruktionszeichnungen der sechziger Jahre, hat die Sprache geprägt: Der Neandertaler muss oft als Synonym für tumbe Urtümlichkeit, Plumpheit oder Brutalität herhalten; ein inzwischen weithin widerlegtes Vorurteil. Oft aber wird er auch der Gegenwart als kritisches Spiegelbild entgegengehalten um zu zeigen, wie 'herrlich weit' wir es doch gebracht haben; Erich Kästners satirische Verse über *Die Entwicklung der Menschheit* (1932) künden davon:

> Einst haben die Kerls auf den Bäumen gehockt,
> behaart und mit böser Visage.
> Dann hat man sie aus dem Urwald gelockt
> und die Welt asphaltiert und aufgestockt,
> bis zur dreißigsten Etage.
>
> Da saßen sie nun, den Flöhen entflohen,
> in zentralgeheizten Räumen.
> Da sitzen sie nun am Telefon
> und es herrscht noch genau der selbe Ton
> wie seinerzeit auf den Bäumen. […]

Mit ähnlichen gesellschaftskritischen Implikationen geht der Song *Neandertal* der Gruppe „Erste Allgemeine Verunsicherung" mit unserer Zeit ins Gericht (1991, Textauszug):

> Am Anfang lebte der Mensch am Baum,
> Doch verändert hat er sich seit damals kaum.
> Er geht zwar aufrecht und er fliegt ins All,
> Doch er ist noch immer im Neandertal.
> […]

Im prähistorischen Grössenwahn
Heisst es Auge um Auge und Zahn um Zahn,
Eine auf die Gurke und ab in das Spital,
Und schon sind wir wieder im Neandertal.
[…]
Humanismus und menschliche Ethik
Bringen keine Kohle, drum sind sie auch nicht nötig.
Sokrates, Plato, Hegel und Kant
Waren an der Börse nie genannt.
[…]
Da hau'n sie sich a bisserl die Schädl ein,
Und in Deutschland brennt ein Ausländerheim.
Trotz Microchip und Megabyte,
Wir sind wieder in der guten alten Zeit.
Refrain: Willkommen im Neandertal […]

Der provozierende Text und seine adäquat gewalttätige musikalische Interpretation sorgen (schon an der Mittelstufe) für rege Diskussionen über Grundfragen
humanen Zusammenlebens. An Gegenwartsbezug mangelt es nicht; Licht ins ur-
geschichtliche Dunkel können Referate über die Neandertaler bringen.

Unter einem anderen Aspekt als dem des Überlebenskampfes betrachtet Weinlands Zeitgenosse Max Eyth (1836-1906) die Steinzeit. Der weit gereiste, einst
viel gelesene Ingenieur (zum Beispiel *Der Schneider von Ulm*) würdigt in einem
Vortrag über *Wort und Werkzeug* jene technischen Errungenschaften des 'Terti-
ärmenschen', die „dem Zahn der Zeit bis auf den heutigen Tag zu widerstehen
vermochten: Steinsplitter in Messerform, […] und Beile, Fabrikate zum Schneiden, Stechen und Schaben." (Eyth 1905, S. 86f.). Die besondere Fähigkeit des
Menschen, Werkzeuge herzustellen, vergleicht Max Eyth mit der Fähigkeit zur
Sprache, zur Begriffsbildung, als Besonderheit des Menschseins: „Sie ist das
Werkzeug der Mitteilung, der Formulierung" (Eyth 1905, S. 86).

> Das Werkzeug wie das Wort sind Erzeugnisse nicht äußerer Organe, nicht zufälliger
> […] tierischer Eigenschaften, sondern von etwas zuvor nie Dagewesenem: dem
> menschlichen Geist. (Eyth 1905, S. 87)[23]

Ähnlichen Spuren des Rulaman folgt als kritischer Rationalist auch Karl R.
Popper. Es scheint, als knüpfe er direkt an Max Eyths Gedanken an:

> Die größten Errungenschaften der Menschheit liegen in der Vergangenheit. Zu ihnen
> gehören die Erfindung der Sprache und der Gebrauch künstlicher Werkzeuge zur Her-
> stellung anderer Kunstprodukte; die Verwendung des Feuers als Werkzeug; die Entdek-
> kung des eigenen Selbst-Bewußtseins und des Selbst-Bewußtseins der anderen Men-
> schen und das Wissen, daß wir alle sterben müssen. (Popper; Eccles 1982, S. 194f.)

---

[23] Diesem menschlichen Geist in der Steinzeit und seiner Fähigkeit zu lernen und zu tradieren, ist
auch der erste Raum im Bayerischen Schulmuseum Ichenhausen (Bildführer, 1989, S. 16ff.) gewidmet; Bilder zeigen in „erzählerischer Darstellung" das „Geben und Nehmen zwischen den Generationen" (S. 16) als Zusammenspiel von Kopf und Hand bei der Herstellung und Benutzung
steinzeitlicher Werkzeuge (S. 17).

Die Lektüre Poppers ließe sich in Fächern wie Deutsch und Philosophie, Religion oder Ethik vertiefen, hier leider nicht. Als literarischer Ausklang eignet sich ein Text von Italo Calvino (1987, S. 7–16), ein fiktives Interview mit dem Neandertaler. In moderner Überheblichkeit versucht der Interviewer den 'Herrn Neander' als urtümlichen Primitivling vorzuführen. Dessen sprachlicher Duktus und die Schlichtheit der handgreiflichen Beispiele (Bär, Großmutter, Stein u. a.) scheinen ihm anfangs Recht zu geben; doch bald siegt die überlegene Beharrlichkeit des Älteren, der in konzentrierten Gedankenkreisen und mit seinem längeren Atem Oberhand gewinnt und das gewichtige letzte Wort behält, während der schwatzhaft-ungeduldige Gegenwartsmensch vor der Ausdauer des Alten kommentarlos verstummt.

Wem der Abschluss mit einem Satyrspiel behagt, der greife zum *Spiegel* (Nr. 6 vom 02.02.2004, S. 140–153). Er titelt im Sensationsjargon mit einem journalistischen Spagat über ein Jahrhundert Forschungsgeschichte hinweg: *Vom Raubtier zum Menschen. Neue Ausgrabungen in Deutschland: Wie vor 400 000 Jahren aus dem Jäger das Kultur-Wesen wurde.* (Schulz 2004) Berichtet wird über Funde in Mitteldeutschland (Dietrich Mania u. a.). Sie festigen das Bild der Vor-Neandertaler als „Geschöpfe mit Geist und Verstand, Sozialverhalten und technischem Können" (Schulz 2004, S. 153). Der auf fetzige Sprachpointen getrimmte Stil eignet sich für eine Analyse der Pressesprache, womit sich – ein Jahrhundert nach ihrem Beginn – unsere Reise auf den Spuren des Rulaman beenden ließe.

Literaturauswahl

Primärliteratur

Calvino, Italo (1987): Alles war schon da: Der Neandertaler. In: Calvino Italo u. a.: Unmögliche Interviews. Berlin: Wagenbach, S. 7–16

Lornson, Dirk (1995): Rokal der Steinzeitjäger. Stuttgart: Klett

Popper, Karl R.; Eccles, John C. (1982): Das Ich und sein Gehirn. München, Zürich: Piper [Neuausgabe 1991]

Kästner, Erich ([1932] 1975): Die Entwicklung der Menschheit. In: „ . . . was nicht in euren Lesebüchern steht". Hg. von Wilhelm Rausch. Frankfurt a. M.: Fischer, S. 123

Weinland, David Friedrich (1972): Rulaman. Tübingen: Rainer Wunderlich [EA 1875]

Sekundärliteratur

Binder, Hans (1998): „ . . . frei nach Rulaman". In: Rulaman. Hg. von Martin Schleker. Schauspiel Staatstheater Stuttgart: Programmbuch 47, S. 8 f.

Brunecker, Frank (Hrsg.) (2003): Rulaman der Steinzeitheld. Ausstellungskatalog. Tübingen; Berlin: Ernst Wasmuth

Brunecker, Frank (2003): „Rulaman" heute. In: Rulaman der Steinzeitheld. Ausstellungskatalog. Hg. von Frank Brunecker. Tübingen; Berlin: Ernst Wasmuth, S. 77–90

Conard, Nicholas J. (2003): „Rulamans" Eiszeitwelt und die heutige Altsteinzeitliche Forschung in den Höhlen der Schwäbischen Alb. In: Rulaman der Steinzeitheld. Ausstellungskatalog. Hg. von Frank Brunecker. Tübingen; Berlin: Ernst Wasmuth, S. 116–133

Conard, Nicholas J.; Langguth, Kurt; Uerpmann, Hans Peter (2003): Einmalige Funde aus
dem Aurinacien und erste Belege für ein Mittelpaläolithikum im Hohle Fels bei Schelklingen, Alb-Donau-Kreis. In: Archäologische Ausgrabungen in Baden-Württemberg
2002. Stuttgart: Theiss, S. 21–27

Eyth, Max von (1905): Wort und Werkzeug. In: Deutsche Monatsschrift für das gesamte
Leben der Gegenwart (Mai–Juli 1905). Berlin: Duncker. Neudruck 1916: Max Eyth. Ein
kurzgefaßtes Lebensbild mit Auszügen aus seinen Schriften von Dipl. Ing. Carl Weiher
(Frankfurt a. M.). Berlin: Selbstverlag des Vereins deutscher Ingenieure, S. 85–121

Hahn, Joachim (1986): Kraft und Aggression. Die Botschaft der Eiszeitkunst im Aurinacien Süddeutschlands. Tübingen: Archaeologia Venatoria. Institut für Urgeschichte der
Universität Tübingen Bd. 7

Hansch, Wolfgang (Hrsg.) (2000): Eiszeit – Mammut – Urmensch… und wie weiter? Städ-
tische Museen Heilbronn [Katalog]: museo, H. 16

Jentzsch, Peter (1977): Konspektieren, Exzerpieren. Arbeitstechniken als Unterrichtsgegenstand. In: Praxis Deutsch, Jg. 4, H. 21, S. 46–52

Jentzsch, Peter (1989): Schüler schreiben Streitgespräche. In: Der Deutschunterricht,
41. Jg., H. 3, S. 31–43

Jentzsch, Peter (1997): Training Aufsatz. Textbeschreibung. Charakteristik. Gedichtinter-
pretation (7/8). Stuttgart: Klett

Jentzsch, Peter (Hrsg.) (2004): Materialienhandbuch Deutsch 3/1. Kurzprosa. Köln: Aulis
Verlag Deubner, S. 1–23

Jentzsch, Peter (2005): Training Aufsatz – Inhaltsangabe 7-8. Stuttgart 1988, Neufassung
1993, völlig überarbeitete Neukonzeption 2005

Kloeppel, Kurt (1972): Nachwort. In: Weinland, David F.: Rulaman. Tübingen: Rainer
Wunderlich, S. 285 f.

Kümmerling-Meibauer, Bettina (2003): „Rulaman" – der erste historische Kinderroman
über die Vor- und Frühgeschichte. In: Rulaman der Steinzeitheld. Ausstellungskatalog.
Hg. von Frank Brunecker. Berlin; Tübingen: Ernst Wasmuth, S. 68–76

Mania, Dietrich (1998): Die ersten Menschen in Europa. Stuttgart: Theiss (= Archäologie
in Deutschland, Sonderheft)

Müller, Ulrich C. (2003): Das Klima der Steinzeitmenschen. In: Rulaman der Steinzeitheld. Ausstellungskatalog. Hg. von Frank Brunecker. Tübingen; Berlin: Ernst Wasmuth,
S. 102–115

Rank, Bernhard (Hrsg.) (1994): „Nacherzählen" oder „Weitererzählen"? In: Erfahrungen
mit Phantasie. Hg. von Bernhard Rank. Baltmannsweiler: Schneider Verlag Hohengehren, S. 159–186

Schleker, Martin (1998): Rulaman. Stuttgart: Schauspiel Staatstheater. Programmbuch 47

Schulz, Matthias (2004): Die Spur des Jägers. In: Der Spiegel, Nr. 6, 02.02.2004, S. 140–157

Tatz, Jürgen (1995): Leben wie in ältesten Zeiten. In: Praxis Schule 5-10, H. 1, S. 35–40

Wieczorek, Alfred; Rosendahl, Wilfried (Hrsg.) (2003): MenschenZeit. Geschichten vom
Aufbruch der frühen Menschen. Publikationen der Reiss-Engelhorn-Museen Bd. 7.
Mainz: Philipp von Zabern

Wiermann, Roland R. (2003): Katalog. Archäologischer Teil. In: Rulaman der Steinzeitheld. Ausstellungskatalog. Hg. von Frank Brunecker. Tübingen; Berlin: Ernst Wasmuth,
S. 47–66

Wiermann, Susanne (2001): Empfehlenswerte Kinder- und Jugendliteratur zu urgeschichtlichen Themen. Bad Buchau: Federseemuseum

Wiermann, Susanne (2003): „Rulaman" – der Harry Potter des 19. Jahrhunderts. Heutige
Jugendromane über „Aimats" und „Kalats". In: Rulaman der Steinzeitheld. Ausstellungskatalog. Hg. von Frank Brunecker. Tübingen; Berlin: Ernst Wasmuth, S. 91–94

JÖRG STEITZ-KALLENBACH

„Sie haben mir meine Pippi kaputt gemacht!"

Kindliche Entgrenzung und adoleszente Begrenzung im Werk
Astrid Lindgrens

> Nachdem ich jetzt noch einmal „Pippi Langstrumpf" gelesen habe und wir im Unter-
> richt darüber geredet haben, bin ich richtig enttäuscht und auch ein bisschen traurig.
> Sie haben mir meine Pippi kaputt gemacht![1]

Mit diesen Worten resümierte Birgit[2] ihre Erfahrungen mit der Re-Lektüre von
Astrid Lindgrens *Pippi Langstrumpf* (Lindgren 1945) im Leistungskurs Deutsch
und verband ihr Fazit mit einer deutlichen Kritik am Lehrer. Die Unterrichtsein-
heit hatte den Text Lindgrens sowie die lesebiographischen Erinnerungen der
Schülerinnen und Schüler an die frühere Lektüre als Kind behandelt. Dabei wurden Prinzipien der (lese-)biographischen Konstruktion ebenso thematisiert wie
die Differenzen in den erinnerten Leseerfahrungen des Kindes vor zehn bis
zwölf Jahren und der Adoleszenten der Gegenwart. Gerade Birgit fühlte sich
und ihre Erinnerung von der Unterrichtsarbeit und deren kritischer Sicht auf den
Text und die frühere Lektüreerfahrung bedroht und betonte immer wieder, sie
wolle gar nicht wissen, warum welche Figur wie wirke, warum die Figurenkonstellation von Pippi, Annika und Thomas so angelegt und wie der Text insgesamt
literarisch konstruiert sei. Sich dem Unterrichtsgeschehen nicht wirklich entzie-
hen zu können, ihm quasi ausgeliefert zu sein, empfand die Schülerin als zerstö-
rerischen Prozess. Birgit, eine belesene, literarisch interessierte und aktive Schülerin, zeigte hier eine erstaunliche Resistenz, die sich dem Lehrer auch auf der
Gefühlsebene mitteilte. Er spürte eine Mischung aus Mächtigkeit und Schuld als
Spiegel des Bedrohtseins und Ausgeliefertseins der Schülerin.

Ein Blick in Birgits Lesebiographie[3] lässt alle Faktoren für eine gelingende Lesesozialisation sichtbar werden, die materiellen wie die interaktionellen. Das kindliche Umfeld ist reich an geeigneten Lesestoffen; Vater und Mutter sind beide an
einem intensiven Vorlesegeschehen und einem intensiven sprachlich-poetischen
Austausch zwischen Erwachsenem und Kind beteiligt. Gerade die Bücher Astrid
Lindgrens bilden einen zentralen Erinnerungsbestand, wobei es die literarischen

---

[1] Aus dem schriftlichen Protokoll der Unterrichtsstunde vom 12.09.2002 in einem Leistungskurs
     Deutsch, 13. Jahrgang, Schuljahr 2002/2003 an einem norddeutschen Gymnasium.
[2] Namen geändert.
[3] Alle Schüler und Schülerinnen hatten während der zweijährigen Leistungskursarbeit eine Lesebio-
     graphie geschrieben, die im Unterricht vorgelesen und im Sinne einer autobiographisch-literari-
     schen Skizze im methodischen Setting des literarischen Gesprächs besprochen wurde.

Figuren sind, an denen sich die Erinnerung festmacht. Genannt werden Lotta,
Michel, Pippi, Thomas und in diesem Zusammenhang vor allem Annika
Settergren.

> Meine heutigen Lieblingsbücher stammen noch zum großen Teil aus dieser Zeit. Das
> sind vor allem „Lotta", die kleine freche, die mit ihrem Fahrrad die halbe Welt unsicher
> macht und alles „im Geheimen' mit ihrem falschen Teddy erlebt. „Michel aus Lönne-
> berga" (aus damaliger Sicht:) der ebenfalls kleine, aber sehr schlaue, schöne und liebe
> Michel, der ständig probiert allen zu helfen, doch dabei immer von seiner Mutter einge-
> sperrt wurde[4], was sehr ungerecht war, denn er meinte es ja immer nur gut! „Pippi
> Langstrumpf', die freche unerzogene Göre, die immer mit Annika und Thommy spielte
> und mir aus diesem Grund doch etwas sympathischer wurde, nahm Annika nicht immer
> für voll, was ich ihr dann wiederum sehr übel nahm, denn Annika war doch meine abso-
> lute Haupt- und Lieblingsfigur des Buches, mit der man einfach nicht ungerecht sein
> darf.[5]

Leseszene und Lesestoff gehen hier eine intensive biographische Verbindung
ein, werden zum Symbol für Kindheit und die mit ihr verbundenen Affekte.[6] Die
entwicklungsförderlichen Potenziale der biographischen Reflexion werden von
Birgit nur als zerstörerisch empfunden. Durch die kritische Lektüre des Textes
wird die Verschmelzung von Leseszene und Lesestoff tendenziell aufgelöst. Dieser Auflösung gilt der Widerstand gegen die Entzauberung des regressiven Sogs
des kinderliterarischen Stoffs.

Auch wenn den konkreten Inhalten der Verbindung aus Leseszene und Lesestoff
im Falle Birgits nicht weiter nachgegangen werden soll, lässt sich doch in ihrem
Widerstand etwas Allgemeines erkennen. Kinder- und Jugendliteraturforscher
und -forscherinnen können vielfach davon berichten, dass bei Vorträgen die Er-
wähnung bestimmter Titel der Kinder- und Jugendliteratur zu verzücktem Stöhnen und Seufzen im Kreis der Zuhörerschaft führt – und je früher in der Kindheit
die Begegnung mit dem erwähnten Lesestoff anzusiedeln ist, desto verzückter
das Seufzen und Stöhnen. Zu recht bemerkt Kirsten Boie (2002), dass es wohl
kaum Kinder in Deutschland gibt, die nicht Astrid Lindgrens kinder- und jugendliterarische Figuren kennen, sei es als Figuren in den Büchern oder in den
medialen Übersetzungen in Film und Hörbuch. Daher verwundert es nicht, in lesebiographischen Zeugnissen von Schülern und Schülerinnen sowie von Studenten und Studentinnen davon zu lesen, dass in Büchern von Astrid Lindgren „eine
perfekte heile Welt symbolisiert" wird oder dass man durch sie „in eine schöne
Kinderwelt entführt"[7] werden kann. Nicht nur ihre Bücher, sondern Astrid

---

[4]   Diese Fehlleistung soll hier nicht gedeutet werden. Ich werde sie weiter unten aber noch einmal in
      meine Argumentation aufnehmen.
[5]   Birgit N. „Meine Lesebiographie", aus der Sammlung von Lesebiographien des Autors.
[6]   Vgl. hierzu auch Steitz-Kallenbach 2003.
[7]   Aus lesebiographischen Skizzen zu Ferien auf Saltkrokan und Lotta, geschrieben von Schülerinnen
      des 9. Jahrgangs eines Gymnasiums in Frankfurt a. M. Mein Dank gilt Dr. Angela Federlein für die
      freundliche Überlassung des Materials.

Lindgren selbst scheint inzwischen zu einem Synonym für glückliche und geborgene Kindheit geworden zu sein. Die autobiographischen Berichte von ihrer eigenen Kindheit[8] sowie die zahlreichen biographischen Texte über Astrid Lindgren[9] verschmelzen zu einer eigenen Kindheits-Narration, die im Hof von Näs geradezu ikonische Gestalt angenommen hat und die eine Unterscheidung zwischen faktualem und fiktionalen Erzählen (Martinez; Scheffel 2000, S. 9 ff.) kaum noch zulässt. Die biographische Verklärung von Kindheit geht Hand in Hand mit der verklärten Sicht auf die literarischen Kindheitsdarstellungen. Der Widerstand Birgits gegen die Auflösung der Verknüpfung von kindlicher Leseszene und kindlichem Lesestoff kann daher eine Entsprechung finden im Widerstand gegen eine Lektüre der kinderliterarischen Texte, die auch Brüche und Risse entdeckt in den Bildern von omnipotenten Kindern, die die Erwachsenenwelt beherrschen und sich in ihr scheinbar vollkommen autonom bewegen.

1 Irritationen nachspüren – Re-Lektüre von *Pippi Langstrumpf*

So erlebten die Studentinnen und Studenten in einem Seminar zum Thema „Kindheitsbilder im Werk Astrid Lindgrens" heftige Ambivalenzen, als sie sich und ihre Erinnerung an die Texte mit der Forderung konfrontiert sahen, die Texte neu zu lesen und dies mittels eines methodischen Zugangs zu tun, der unter dem Stichwort des tiefenhermeneutischen Verstehens unter der manifesten Textschicht einen latenten Textsinn zu entdecken sich anschickt. Grundprämisse der Methode ist es, dass es latente Einschreibungen in Texte gibt, quasi ein Textunbewusstes, das das Unbewusste der Leser anspricht, das im Leser wirkt, indem sich Gefühle und affektive Reaktionen einstellen, und das mittels der freien Assoziation zum Text sichtbar gemacht werden kann. In einem gruppenbasierten Verständigungsprozess können diese sichtbar gewordenen Hinweise auf einen latenten Textsinn dann deutbar gemacht werden.[10] Für den Anfang des ersten Bandes von *Pippi Langstrumpf* (1945 a, S. 8–10, im Folgenden nachgewiesen als „PL") könnte eine solche Annäherung an den Text folgendermaßen aussehen (links der Text Lindgrens und rechts Teile des assoziativen Gefüges):

---

[8]   Neben den Beiträgen in *Das entschwundene Land* (Lindgren 1975) sei vor allem auf die zahlreichen autobiographischen Dokumente in der Sammlung *Zum Donnerdrummel* (Berf; Surmatz 2001) hingewiesen.

[9]   Prototypisch für diese Tendenz sind vor allem Ljunggren 1994, Törnqvist 1999 oder Strömstedt; Norman 1988.

[10] Zur Methode des tiefenhermeneutischen Verstehens siehe: Steitz-Kallenbach 2002, S. 35–41, sowie Belgrad 1996. Zur symboltheoretischen und psychoanalytischen Grundlegung des Verfahrens siehe Lorenzer 1983 und 1986.

Außerhalb der kleinen, kleinen Stadt lag ein alter verwahrloster Garten. In dem Garten stand ein altes Haus, und in dem Haus wohnte Pippi Langstrumpf. Sie war neun Jahre alt, und sie wohnte ganz allein da. Sie hatte keine Mutter und keinen Vater, und eigentlich war das sehr schön, denn so war niemand da, der ihr sagen konnte, daß sie zu Bett gehen sollte, gerade wenn sie mitten im schönsten Spiel war, und niemand, der sie zwingen konnte, Lebertran zu nehmen, wenn sie lieber Bonbons essen wollte.

außerhalb – gehört nicht dazu, ist außen vor // kleinen, kleinen – Doppelung, Kleinheit als etwas Besonderes? das Kleine ist das Wahre – Miniaturisierung – Spielwelt // die Illustration passt nicht (S. 9) – da ist das Haus mittendrin

allein – Gefühle von Trauer und Mitleid – das arme Kind // eigentlich war das schön – na ja und uneigentlich – es gibt eine unschöne Seite – das arme Kind // Verlust, schwerer Verlust

Früher hatte Pippi mal einen Vater gehabt, den sie schrecklich geliebt hatte. Ja, sie hatte natürlich auch eine Mutter gehabt, aber das war so lange her, daß sie sich gar nicht mehr daran erinnern konnte. Die Mutter war gestorben, als Pippi noch ein ganz kleines Ding war, das in der Wiege lag und so furchtbar schrie, daß es niemand in der Nähe aushalten konnte. Pippi glaubte, daß ihre Mutter nun oben im Himmel sei und durch ein kleines Loch auf ihr Kind runterschaue, und Pippi winkte oft zu ihr hinauf und sagte:

Vater – aha, was Besonders, ganz toller Papa – na ja und die Mama wird noch drangehängt – unwichtige Mama, die ist vergessen und die kann man auch vergessen – Mama ist nicht wichtig, der Papa ist wichtig

Hat Pippi ihre Mama weg geschrieen, tot geschrieen? keiner kann es in Pippis Nähe aushalten – kein weibliches Wesen jedenfalls – nur der Papa und seine Seeräuber – gefährliches Kind – Schuld – Pippi ist eine Belastung für die Mutter – Pippi die Mörderin ihrer Mutter – Totschlag durch Schreien – Schreien als Waffe – weit weg – große Distanz – Mutter kann ihr nicht gefährlich werden, sie hat allen Freiraum sich im väterlichen Ambiente einzurichten – Pippi ist perfide, sie beruhigt ihr Opfer noch, es solle sich keine Sorgen machen – alles um sie herum ist von Vater, das Haus, das Geld, alles – Pippi ist ein Kind von Vaters Gnaden – die geht sehr ungerecht mit ihrer Mutter um – nur gut, dass die Mutter weg ist, die würde nur stören

„Hab keine Angst um mich! Ich komme schon zurecht!"

Ihren Vater hatte Pippi nicht vergessen. Er war Kapitän und segelte auf den großen Meeren, und Pippi war mit ihm auf seinem Schiff gesegelt, bis er einmal während eines Sturmes ins Meer geweht wurde und verschwand. Aber Pippi war ganz sicher, daß er eines Tages zurückkommen würde. Sie glaubte überhaupt nicht, daß er ertrunken sein könnte. Sie glaubte, daß er auf eine Insel geschwemmt worden war, wo viele Neger wohnten, und daß ihr Vater König über alle Neger geworden war und alle Tage mit einer goldenen Krone auf dem Kopf umherging.

der Papa ist was ganz Tolles – der ist König

„Mein Vater ist ein Negerkönig. Es gibt wahrhaftig nicht viele Kinder, die so einen feinen Vater haben!" pflegte Pippi sehr stolz zu sagen. „Und wenn mein Vater sich nur ein Schiff bauen kann, dann kommt er und holt mich, und dann werde ich eine Negerprinzessin. Hei hopp, was wird das für ein Leben!"

und ich bin was Besonderes, weil ich die Tochter von einem König bin – die ist eine kleine Angeberin – Wozu braucht man eigentlich Mütter? Mit Vätern kommt man doch viel besser zurecht.

Das freie Einlassen auf den Text in diesem Sinne öffnet einen Bedeutungsraum, der zunächst erst einmal eine Vermutungsrichtung über einen latenten Textsinn andeutet, der mit der Positionierung Pippis im familiären Beziehungsgefüge zu tun hat. Der Text lässt eine Nichtbeachtung, eine Hintansetzung der Mutter und des Mütterlichen erkennen, die nicht zu übersehen ist. Im Kontrast dazu steht die Hervorhebung des Vaters, die lebensgrundlegende Bedeutung des Väterlichen, ja seine Idealisierung. Die Wahrnehmung dieser Textschichten und das Einlassen auf eine solche Perspektive löst in aller Regel Irritationen, Sprachlosigkeit, Widerstand, heftige Affekte jedweder Art in der Interpretengruppe aus. Das Unwohlsein bei der Wahrnehmung dieses Textbefundes, das sich als Versuch zeigt, sich ein anderes, kleinfamilial integrierbareres, ausgewogeneres Bild von Pippi zu erhalten, kann als Gegenübertragungswiderstand gedeutet werden, dessen Funktion es ist, die Affekte in Schach zu halten, deren Zulassen aber nötig ist, um die latenten Sinnschichten des Texts zu erkennen.[11] Sie könnte im konkreten Fall etwas mit der Schuld zu tun haben, die solch aggressive Anteile eben auch auslösen, denn auch die kindlichen wie die erwachsenen Leser kennen meist unbewusst gewordene aggressive Impulse gegen Elternteile. Und dass die Zeichnung der Beziehung zu gleich- und gegengeschlechtlichen Erwachsenenfiguren in den weiteren Episoden aus Pippis Leben eine Fortsetzung und Vertiefung der eingangs angedeuteten Konstellation ist, lässt sich nicht übersehen. Denn die äußere Unabhängigkeit Pippis, ihre Omnipotenz basiert nicht nur auf einem verinnerlichten Größenbild des Vaters, es basiert auch auf seiner realen Präsenz in Form seines Geldes, das die materielle Basis für Pippis Leben, einschließlich ihrer grenzenlosen Großzügigkeit darstellt. Diese Zuständigkeit des Vaters für seine Tochter geschieht nicht nur vorausschauend, indem sich auf dem Dachboden der Villa Kunterbunt ein weiterer Goldvorrat findet (PL, S. 131), sie wird auch wiederholt, als der Vater nach seinem Auftauchen im zweiten Band der Pippi-Trilogie beim Abschied einen neuen Koffer mit Goldstücken hinterlässt und so die Magie Pippis erneuert: ,'Ha, jetzt bin ich *wieder* reich *wie ein Zauberer*', sagte sie." (Lindgren 1946, S. 251, Hervorhebung des Autors) Wie weit die Bedeutung von Pippis Vater für sie geht und wie sehr diese Bedeutung gleichzeitig eine ganz unspektakuläre kindliche Fantasie ist, verdeutlicht der Schluss von *Pippi Langstrumpf*. Er zeigt Pippi, die auf eine reale Größe zurückgestutzt ist und sich in der Identifikation mit dem Vater als groß fantasiert. Der Text wird in der deutschen Ausgabe von Rolf Rettichs Illustration ergänzt, die die Kleinheit Pippis und die Größe der väterlichen Insignien (Nachthemd, Schwert und Pistole) deutlich kontrastiert:

---

[11] Zu allgemeinen methodologischen Überlegungen zur Funktion des Gegenübertragungswiderstands und zur Gegenübertragungsreaktion in sozialwissenschaftlichen Verstehenskontexten vgl. Devereux 1967, zu literaturwissenschaftlichen Implikationen vgl. Pietzcker 1992.

Von innen fiel das Licht über Pippi. Da stand sie mit ihren
steifen, roten Zöpfen und in ihres Vaters Nachthemd, das um
ihre Beine schlotterte. In der einen Hand hielt sie eine Pistole und in der anderen den Degen.

Als Thomas und Annika und ihr Vater zur Gartentür kamen,
hörten sie, daß Pippi ihnen etwas zurief. Sie hielten an und
lauschten. Die Bäume rauschten, so daß sie kaum etwas verstehen konnten. Aber Pippi rief noch einmal, und da verstanden sie es:

„Ich werde Seeräuber, wenn ich groß bin!" schrie Pippi.
„Und ihr?" (PL, S. 132)

Die Einzigartigkeit von Pippis Vater als idealem männlichem Objekt zeigt sich
zudem darin, dass die anderen männlichen Figuren eher Karikaturen des Männlichen sind und von Pippi kurzerhand depotenziert werden, wie es die Episode
mit den Schutzleuten (PL, S. 33 ff.), die mit den Dieben Blom und Donner-
Karlsson (PL, S. 89 ff.), der Sieg über den „schdarken Adolf" (PL, S. 84 ff.) oder
auch der Sieg über das im Stier symbolisierte Männliche (PL, S. 72 f.) zeigen.
Einzig Herr Settergren, der Vater von Annika und Thomas, überlebt als positives
männliches Angebot an die Leserinnen und Leser und auch er tut dies als Spen-
der des Glücks, denn in einer der wenigen Stellen, an denen er überhaupt auftaucht, wollen Thomas und Annika in den Zirkus, fragen bei den Eltern „und ihr
guter Vater holte schnell ein paar schöne Silberkronen hervor und gab sie ihnen"
(PL, S. 76).

Auch Mütter und das Weibliche erfahren eine ambivalente, meist jedoch negative Zeichnung in den diversen Episoden. Nicht nur hält Pippis eigene Mutter das
Geschrei der Tochter nicht aus und stirbt (s. o.), Kinder sind allgemein für Mut-
terfiguren eher anstrengend. Frau Settergren lädt Pippi nur deshalb zu ihrem
Kaffeekränzchen ein, weil „sie glaubte, ihre eigenen Kinder würden ihr auf diese
Weise weniger beschwerlich werden." (PL, S. 98) Der Mutter der beiden vier
und fünf Jahre alten Jungen, die Pippi aus dem Feuer rettet, ist ihr eigenes Bedürfnis so wichtig, dass sie die beiden Brüder allein lässt. Die Lehrerin ist zwar
zunächst bemüht, lässt Pippi dann aber auch die moralische Keule ihrer Trauer
darüber spüren, dass „Pippi nicht versuchen wolle, sich ordentlich zu benehmen" (PL, S. 48) und verweist sie daraufhin des Klassenraums. Und Pippis einziger Versuch als Mädchen oder gar als Frau aufzutreten scheitert kläglich. Neben
der Karikatur des bürgerlichen Kaffeekränzchens ist das Kapitel „Pippi geht zum
Kaffeekränzchen" daher auch ein Indiz für die Entfernung zwischen den Weib-
lichkeitsangeboten in *Pippi Langstrumpf* und der Hauptfigur des Buchs. Gleichwohl ist Pippis Betroffenheit über diese Differenz nicht zu übersehen. Als Frau

Settergren sie wegen ihres schlechten Benehmens schimpft, reagiert sie be-
troffen: „Pippi sah sie verwundert an, und langsam füllten sich ihre Augen mit
Tränen." (PL, S. 107)

Zwar gibt es kaum eine Stelle, in der Pippi ein Gefühl äußert oder in der sich der
Ansatz eines Gefühls für einen Moment hält. Der Ansatz von Trauer etwa kippt
in der Regel sofort wieder in das Gegenteil um: Pippi empfindet nicht, sie handelt. Aber in dem angesprochenen Kapitel gibt es für einen Moment die Konsi-
stenz des Gefühls von Trauer: Pippi weint, sie geht langsam, sie spricht leise und
sie sagt etwas mit trauriger Stimme – um dann aber auch wieder zu rennen und zu
schreien (vgl. PL, S. 107 ff.).

Mit all dem ist die Frage nach Pippis Geschlecht und vor allem nach ihrer Geschlechtsidentität verbunden. Sicher, ihr biologisches Geschlecht ist weiblich,
und vor allem in der Differenz zu dem, was die weibliche Norm ist, empfindet
sich Pippi als Mädchen mit Defiziten. In dem Versuch sich mit Weiblichem zu
identifizieren scheitert Pippi, einzig die Identifikation mit dem Männlichen gelingt und ist konsistent, wie der Schluss des Buchs zeigt. Insofern könnte man
durchaus von einer gewissen Geschlechtsdiffusion sprechen, die sich für die
neunjährige Pippi noch als vollkommen unproblematisch zeigt, die sich aber
durchaus auch noch als Schwierigkeit in Pippis weiterer Entwicklung erweisen
könnte. Nun ist Entwicklung kein Kriterium für die Analyse der *Pippi-Lang-
strumpf*-Trilogie. Im Kontext einer Betrachtung von Kindheitsbildern im Gesamtwerk von Astrid Lindgren sind Momentaufnahmen eines Entwicklungssta-
diums jedoch eingebunden in eine umfassendere Perspektive von kindlich-ju-
gendlicher Entwicklung, an deren einem Ende Figuren wie Lotta und an deren
anderem Ende Figuren wie Ronja und Malin stehen.[12] Jetzt jedoch, in ihrem
kindlichen Ungebundensein vereint Pippis Omnipotenz auch gesellschaftlich
eher weiblich und gesellschaftlich eher männlich konnotierte Fähigkeiten und
Handlungsmuster und ist damit auch in geschlechtlicher Hinsicht ein omnipoten-
tes Angebot für die kindlichen Leser und Leserinnen. Pippi ist eine allumfassen-
de Versorgerin, nicht nur indem sie Thomas und Annika und auch andere reichlich beschenkt. Unaufhörlich ist sie dabei Essen im Überfluss bereit zu stellen:
Sie backt, organisiert Picknicks, bietet Kaffee und Kuchen an, öffnet ihre Speise-
kammer und ist unentwegt damit beschäftigt, andere zu versorgen (vgl. PL,
S. 21 ff., 33, 52, 58, 66, 69, 95, 124). Ihrer Güte darf dabei keineswegs widersprochen werden: Es wird gegessen, was auf den Tisch kommt. Daneben ist sie stark
und mutig und zeigt keinerlei Angst: Sie stemmt ihr Pferd und eine Kuh, besiegt
Polizei, Einbrecher, mehrere Jungen auf einmal, den Kraftprotz im Zirkus und
den Stier und sie rettet zwei Kinder aus dem Feuer (vgl. PL, S. 11, 26 ff., 33 ff.,
66 f., 71 ff., 84 ff., 89 ff., 111 ff.). Bei all ihren Angeboten von Stärke und Aben-

---

[12] Trotz der Hinweise Gabriele Crommes (1998) auf innovative Aspekte der Texte lasse ich hier
die eher als traditionell klassifizierten Mädchenbücher Lindgrens (*Kerstin und ich*, *Kati*-Trilogie)
unberücksichtigt.

teuer ist sie zudem selbstsüchtig und verfolgt ihre eigenen Ziele ohne die Möglichkeit zum Widerspruch. Ihre Ideen sind keine Angebote an die kindliche Spielgemeinschaft, sondern Anweisungen: So wird's gemacht!

Viele der hier skizzierten Textindizien lassen sich möglicherweise auch anders verstehen denn als Hinweise auf eine latente Bedeutungsschicht im Text. So verlangt das Genre der Fantastik – und Pippi ist mit ihrer Omnipotenz eine fantastische Figur, auch wenn der Text als Ganzes sich nicht widerspruchsfrei dem Genre zuordnen lässt – das Einhalten genrespezifischer literarischer Konventionen. Dass dabei Widersprüche und Differenzen zur Realität auftauchen ist gewollt. Oder man versteht Pippi eher als Funktionsfigur in Einheit mit Thomas und Annika und kann so ihre Ambivalenzen und ihre Bedrohlichkeiten für die Leser und Leserinnen in der Einheit mit Thomas und Annika aufgehoben und erlebbar gemacht sehen (vgl. Figdor 1994, S. 76f.).

Ich meine jedoch, dass jenseits dieser Erklärungsmöglichkeiten die beschriebenen Irritationen und Beobachtungen an *Pippi Langstrumpf* einen nachweisbaren Bestand haben, was es erlaubt gewisse Fragen auch an andere Texte Lindgrens zu stellen. Für den Bestand sollen zunächst folgende Hinweise ausreichen. Die Positionierung Pippis in einem familiären Kontext außerhalb der gesellschaftlichen Normalität, die Idealisierung des Vaters und die Hintansetzung der Mutter wurden als wichtige Indizien für die bisherigen Überlegungen gesehen. Es gibt nun ein undokumentiertes texteditorisches Agieren genau an diesen Elementen, das ihre Bedeutung hervorhebt. Der Text von *Pippi Langstrumpf* in der Gesamtausgabe von 1987 (Lindgren 1945b) weist einige signifikante Unterschiede zur Ausgabe von 1967 auf. Diese Unterschiede werden in den bibliographischen Angaben nicht erwähnt, vielmehr wird die Identität der Ausgaben von 1967 und 1987 suggeriert (vgl. Lindgren 1945b, S. 4).[13] Zwei Stellen sollen hier kurz angeführt werden. Der erste Satz von *Pippi Langstrumpf* lautet in den beiden Fassungen:

Außerhalb der kleinen, kleinen Stadt lag ein alter verwahrloster Garten.	Am Rand der kleinen, kleinen Stadt lag ein alter verwahrloster Garten.
(PL, S. 8, Ausg. v. 1967)	(Lindgren 1945b, S. 8, Ausg. v. 1987)

Nun markieren „außerhalb" und „am Rand" keine Differenzen, die das Verständnis des Buchs für die kindlichen Leser und Leserinnen grundsätzlich verändern. Allerdings ist eine Bewegung der Verortung der Villa Kunterbunt zu beobachten, die sie mehr in die Nähe der gesellschaftlichen Normalität rückt: Pippi wird sozusagen sozialisiert. Dies entspricht der von Astrid Surmatz generell fest-

---

[13] Auf diese Unterschiede bin ich im Kontext des zu Anfang dieses Abschnitts erwähnten Seminars gestoßen, als wir beim Besprechen von Textpassagen feststellten, dass es Textvarianten gibt, die nicht bibliographisch nachvollziehbar sind. Diese Feststellung gilt auch für andere Texte Lindgrens. Dennoch ist bisher weder ein systematischer Vergleich der deutschen Ausgaben untereinander noch ein Vergleich der Textvarianten mit den schwedischen Originalen unternommen worden. Die folgenden Ausführungen basieren also eher auf punktuellen Beobachtungen, die sich gleichwohl umfassender zu entfalten lohnen.

gestellten Tendenz in der Entwicklung von der Ur-Pippi zu der später veröffentlichten Fassung (vgl. Surmatz 2001). Sie deckt sich zudem mit einer gleichen Tendenz in der Verfilmung von 1968. Hier ist zwar die Villa Kunterbunt nicht wie in der Illustration Rettichs von anderen Häusern der Stadt umgeben, aber die Veränderung der Erzählperspektive rückt das Normale mehr ins Zentrum, denn es ist über weite Passagen Annika, die als Erzählerfigur fungiert und durch ihre direkte Ansprache der Zuschauer eine klare Setzung von Normalität vornimmt, zu der Pippi zwar zunächst in Differenz erscheint, in die sie aber zunehmend integriert wird.

Die zweite Textstelle, die hier angeführt werden soll, erweist sich als symptomatisch hinsichtlich des Eltern-Kind-Verhältnisses:

„Mein Vater ist ein Negerkönig. Es gibt wahrhaftig nicht viele Kinder, die so einen feinen Vater haben!" pflegte Pippi sehr stolz zu sagen. (PL, S. 10, Ausg. v. 1967)	„Meine Mama ist ein Engel und mein Papa ist ein Negerkönig. Es gibt wahrhaftig nicht viele Kinder, die so feine Eltern haben!", pflegte Pippi sehr stolz zu sagen. (Lindgren 1945b, S. 10, Ausg. v. 1987)

Zwar gibt es auch in der Ausgabe von 1967 mehrere Stellen, in denen Pippi, gerade wenn sie über ihren Vater und ihre Mutter zusammen spricht, die Mutter als Engel bezeichnet, doch im Zusammenhang der hier zitierten Textpassage wirkt die Veränderung bedeutsam. Der Kontext entfaltet nämlich den Kern der Vateridealisierung: Hier die Mutter auf diese Weise einzuführen relativiert das Beziehungsgefüge, rückt die Dinge gerade und lässt Elternschaft als das Normale der kindlichen Beziehungskonstellation erscheinen. Damit unterstreicht diese zweite Textvariante in ihrer Normalisierung der divergenten Empfindungen und Affekte aus der ersten Variante genau die dort entfaltete Konstellation. Dass damit möglicherweise eine für Lindgrens Werk insgesamt bedeutsame Konstellation angesprochen wird, soll im Weiteren erläutert werden. Dazu soll den unterschiedlichen Facetten von Kindlichkeit nachgespürt und es sollen vor allem die kindlich-jugendlichen Entwicklungsmöglichkeiten betrachtet werden. Dabei wird auch das Geschlecht und die Geschlechtsidentität gerade der weiblichen Figuren in Lindgrens Werk als Produkt einer in den dargestellten Beziehungsgefügen sich entwickelnden sozialen Konstruktion erkennbar. Biographische Deutungsperspektiven für die hier entfalteten latenten Sinnspuren in den Texten sollen vor dem Hintergrund der (auto-)biographischen Konstruktion entfaltet werden.

Zunächst kommen jedoch noch einmal Leserinnen zu Wort, diesmal mit im Kontext der Mutterbindung symptomatischen Fehlleistungen in ihren Erinnerungen: Bereits oben wurde auf Birgits Fehlleistung hingewiesen, die in Bezug auf Michel erinnert, dass er „immer von seiner Mutter eingesperrt wurde".[14] Auch

---

[14] siehe oben Anm. 5.

das Material der lesebiographischen Erinnerungen der Schülerinnen des 9. Jahrgangs[15] enthält solche Fehlleistungen oder bezeichnende Erinnerungslücken in Bezug auf zwei Werke, die im Folgenden noch etwas näher betrachtet werden sollen: *Ferien auf Saltkrokan* (Lindgren 1964, im Folgenden nachgewiesen als „FaS") und *Ronja Räubertochter* (Lindgren 1981). So erinnert sich eine Schülerin an Ronja und ihre Mutter, „die bei der Geburt von R. starb". Eine andere Schülerin erinnert sich an *Ferien auf Saltkrokan*, das sie im Alter von fünf bis sieben Jahren von ihrem Vater vor dem Einschlafen oder von ihrem Onkel in den Ferien vorgelesen bekommen hat. Malins weibliche Sicht und die Begrenzung ihrer adoleszenten Entfaltung bleiben dabei auf symptomatische Weise aus der Erinnerung ausgespart:

> Ich fand es einfach toll, dass der Vater mit seinen Kindern jedes Jahr in den Sommerferien auf die Insel Saltkrokan fährt und sich die ganzen Leute auf der Insel untereinander gut kennen und mögen. Ich glaube ich wäre total gerne selbst im Sommer auf dieser Insel gewesen, hätte mit den Kindern gespielt und auch so schöne Abenteuer erlebt. Für mich hat das Buch eine perfekte heile Welt symbolisiert. Ich habe es geliebt mit diesen Geschichten einzuschlafen und von dieser Insel zu träumen.

2 Kindliche Entgrenzung – adoleszente Begrenzung: *Ferien auf Saltkrokan*

Mit dieser Erinnerung ist der zentrale Mythos von *Ferien auf Saltkrokan* angesprochen, der von Ursprünglichkeit und Menschlichkeit und einer magischen Macht, die sich Malin unmittelbar offenbart, als sie Tjorven begegnet:

> So klein habe ich mich noch nie gefühlt [...] wie in dem Augenblick, als ich vor den Augen dieses Kindes in strömendem Regen und bepackt mit Krempel über die Gangway gehen musste. Sie hatte einen Blick, der gleichsam alles sah. Ich dachte, das da muss Saltkrokan selbst sein, und wenn dieses Kind uns nicht akzeptiert, dann werden wir nie akzeptiert hier auf der Insel. (FaS, S. 15)

Saltkrokan ist nicht bloß ein idyllischer Flecken Natur, es ist ein Wesen mit einem Herzen (vgl. FaS, S. 65), liegt an der Grenze zwischen Natur und Zivilisation (vgl. FaS, S. 5) und steht damit in Opposition zu beidem. Saltkrokan ist das Andere und das Ursprüngliche: Alles, was mit der Insel zu tun hat, atmet das Besondere dieses Orts. Selbst der Dampfer, der die Städter zu diesem Reich der Verzauberung bringt, hat besondere Qualitäten: „Die ‚Saltkrokan I' ist ein zielbewusster und energischer kleiner Dampfer." (ebd.)

Und nicht nur Malin spürt, dass die Personifikation all dessen, was Saltkrokan symbolisiert, in Tjorven steckt. Auch Malins Vater erkennt an Tjorven

---

[15] siehe oben Anm. 7.

etwas von der ewigen, kindlichen Sicherheit […], von dem Warmen und Sonnigen, das nach Gottes Absicht eigentlich alle Kinder haben sollten (FaS, S. 35).

Die Beziehung zwischen Melcher und Tjorven ist von besonderer Intensität und Nähe. Sie zeichnet sich durch eine Seelenverwandtschaft aus, die den auktorialen Erzähler zu einer im Fluss der Erzählung symptomatisch herausgehobenen Reflexion veranlasst:

> Zwischen Melcher und Tjorven war eine Freundschaft entstanden, wie man sie bisweilen zwischen einem Kind und einem Erwachsenen antrifft, eine Freundschaft zwischen zwei Ebenbürtigen, die vollkommen aufrichtig miteinander sind und das gleiche Recht haben zu sagen, was sie denken. Melcher hatte genügend von einem Kind in sich und Tjorven genügend von etwas anderem, nicht gerade Erwachsenem, aber eine merkwürdige innere Kraft, die es ermöglichte, daß sie tatsächlich als Ebenbürtige oder jedenfalls als beinahe Ebenbürtige miteinander umgehen konnten. (FaS, S. 98f.)

Saltkrokan ist die landschaftliche Metapher für dieses Beziehungsgeflecht und erinnert damit an Näs als Metapher für Astrid Lindgrens eigene Kindheit. Melcher und Tjorven sind als Erwachsener und Kind Personifikationen von Astrid Lindgrens Konzeptualisierung von Erwachsenheit und Kindlichkeit als zweier Sphären, die sich umkreisen, einander zu verlieren drohen und im Akt des Erinnerns und Schreibens immer wieder zu finden sind (s. u.), wobei Astrid Lindgren dies mit bestimmter Bescheidenheit als empathische Bewegung zwischen ihrer ganz eigenen Kindlichkeit und ihrer ganz eigenen Erwachsenheit betrachtet, denn

> es gibt kein anderes Kind, das mich inspirieren kann, als das Kind, das ich selbst einmal gewesen bin (Lindgren 1977, S. 19).

Ferien auf Saltkrokan ist die Entfaltung kindlicher Unbeschwertheit und erwachsener Nähe zum Kind, ist die Entfaltung von Abenteuer und Spiel und ist dabei gleichwohl nicht platte Idylle, denn dem Roman fehlen weder Angst, noch Bedrohung, noch Heimtücke. Aber diese Entfaltung ist auf tragische Weise mit einer Begrenzung verbunden: der Begrenzung von Malin und ihren Möglichkeiten, ihre adoleszenten Wünsche und Regungen zu leben, ihr weibliches Begehren entfalten zu können. Die Assoziationen zum Textgeschehen um Malin lassen Trauer und Mitleid, Wut und Ärger erkennen,[16] ein affektives Geschehen also, das die Konzentration der folgenden Überlegungen auf Malin rechtfertigt.

Auch die erzählerische Konstruktion des Romans weist Malin eine Bedeutung zu, die ihre herausgehobene Betrachtung zu begründen vermag. Neben der Erzählerstimme des auktorialen Erzählers, die sowohl die Übersicht behält und den Lesern mit Reflexionen das Geschehen erläutert, gibt es das Dokument von Malins Tagebuch. Dieses Dokuments bedient sich der auktoriale Erzähler um eine zweite Erzählerstimme zu etablieren, die uns näher an das Geschehen

---

[16] Aus Platzgründen werden die Details der Leseszene, wie sie oben für *Pippi Langstrumpf* noch entfaltet wurden, ergebnisorientiert verkürzt dargestellt.

bringt, uns in es hineinführt und so Authentizität herstellt, denn Malin dokumentiert in ihrem Tagebuch „alle Streiche der Melcherson-Jungen, auch Melchers" (FaS, S. 13). Mit der Form des Tagebuchs wird dabei gleichzeitig eine be-
sonders persönliche Note gesetzt, weil es uns neben dem Alltagsbericht auch
Malins Inneres und damit sie selbst als Figur näher bringt als andere Figuren des
Romans. Und gleichzeitig ist das Schreiben Malins ein väterliches Erbe, denn
Melcher ist Schriftsteller und „Malin war nicht umsonst die Tochter eines Schrift-
stellers" (ebd.). In dieser interaktionellen Verankerung des Tagebuchs und des
Schreibens liegt auch der Unterschied zwischen Malins Tagebuch und dem von
Michels Mutter, das als erzählerische Konstruktion zudem nur in der Verfilmung
der Michel-Bücher eine Rolle spielt.

An Malin haften eine tiefe Tragik und eine tiefe Trauer, die sich zwar nicht direkt
auf den Tod der Mutter, aber auf die Konsequenzen beziehen, die sich daraus für
sie, die Tochter, ergeben haben. Malin ist zu Beginn des Romans neunzehn Jahre
alt (FaS, S. 6) und hat ihre Mutter im Alter von zwölf Jahren verloren (FaS,
S. 11), sie starb bei der Geburt des jüngsten Bruders Pelle. Ihm ist sie daher von
Anfang an eher Mutter als Schwester gewesen. Malins Pubertät und ihre Adoleszenz standen durch den Tod der Mutter unter der Anforderung, mehr und anderes sein zu müssen als ein Entwicklungsraum für Malin als Mädchen und junge
Frau. Für die beiden mittleren Geschwister, Johann und Niklas, ist sie mehr Mutter als große Schwester und auch dem Vater ist sie kaum wirklich Tochter, son-
dern Ehefrau in ihren mütterlich versorgenden und verstehend-empathischen
Anteilen, mit allen Konsequenzen hinsichtlich der Diffusionen in der Vater-
Tochter-Beziehung:

> „Wie sollen wir ohne Malin fertig werden?", sagte Pelle immer, und so dachten und
> fühlten sie alle. Denn Malin war Anker und Stütze der Familie. Nachdem ihre Mutter
> gestorben war, als Pelle geboren wurde, war sie allen Melchersonschen Jungen wie eine
> Mama geworden, einschließlich Melcher. In den ersten Jahren eine zarte und kindliche
> und ziemlich unglückliche kleine Mama, aber ganz allmählich immer besser imstande
> „Nasen zu putzen und zu waschen und zu schimpfen und Zimtwecken zu backen" – so
> beschrieb sie selbst, was sie machte. (FaS, S. 11)

Als Anker, der das Familienschiff an sicherem Ort halten muss, kann Malin
selbst nicht Ankerplatz werden. Das Ankern wird zur Metapher für den Kampf
um Malin, die schöne junge Frau mit den blonden Haaren und den grünen Augen. (FaS, S. 13) Malin gilt als Familienbesitz und möglichen Verehrern soll das
auch von Anfang an deutlich gemacht werden:

> „Ankern verboten", sollte auf dem Bootssteg des Schreinerhauses stehen, dafür wollte
> Pelle sorgen. Es wäre sicher leichter gewesen, Malin für sich zu haben, wenn sie nicht
> so hübsch wäre, das war Pelle klar. (FaS, S. 13)

Malins Interesse an den vielen Verehrern ist nicht ohne Ambivalenz, aber es
steckt eine Sehnsucht in ihr, die sie immer wieder ihrem Tagebuch anvertraut und
die sie gleichzeitig nicht leben kann. Als sie allein am ersten Abend ihres Aufent-
haltes auf Saltkrokan vor dem Haus steht, nimmt sie sich fest vor

gerade hier und gerade jetzt mit dem Glücklichsein anzufangen. [..] Sommer war es, das fühlte Malin so sehr, daß ihr die Tränen in die Augen traten. (FaS, S. 22f.)

Aber dann ereilt sie wieder die Realität des Kochens für die Familie, des Sich-Sorgens um Brüder und Vater, was ihr die Möglichkeit nimmt, Eigenes zu zeigen:

> Malin hatte sich den ganzen Tag zusammengenommen, jetzt aber fühlte sie plötzlich, daß sie anfangen würde zu weinen. [...] Sie durfte ihren Vater nichts merken lassen und deswegen lief sie nach draußen. Die Tränen kamen, sobald sie zur Tür hinaus war, und jetzt durften sie kommen. Sie lehnte den Kopf gegen die Wand und weinte leise. (FaS, S. 68)

Und in der Regel kommt die Wahrnehmung der Gefühle Melchers vor der Wahrnehmung ihrer eigenen:

> Melcher sank aufs Sofa und seufzte schwer. Malin warf ihm einen forschenden Blick zu. Sie wußte genau, wie es um ihn stand, und das Große Beben würde nicht lange auf sich warten lassen. Dann brauchte er sie, aber bis dahin saß sie schweigend da und strickte. (FaS, S. 58)

Malin kennt ihren Vater auch als mutigen, starken und furchlosen Mann, hat ihn als einziges der Kinder „in entscheidenden Augenblicken des Lebens gesehen" (FaS, S. 56), doch das Romangeschehen ist davon bestimmt, dass Malin ihn bis zum Ende aufbauen und bestätigen muss. Noch als er meint, dass er als Vater versagt habe, weil er den Kindern das Schreinerhaus auf Saltkrokan nicht hat kaufen können und wohl besser ein „Bürochef" geworden wäre, spricht Malin zu ihm wie zu einem verzweifelten Ehemann:

> „Ich will keinen Bürochef im Haus haben", sagte Malin. „Das will keiner von uns. Wir wollen dich haben". (FaS, S. 254)

Im Gewirr der Anforderungen an sie kann Malin nur schwer ihre Adoleszenz leben. Sie hat nicht die zweite Chance, mit der sie die kindlichen Bindungen lösen und neue familiäre, aber eben auch außerfamiliäre Bindungen eingehen kann.[17] Sie ist verwiesen auf die familiäre Kontinuität, wird von den emotionalen Anforderungen an sie festgehalten. Selten gelingt es ihr wenigstens „ein bißchen vom Nötigsten mitzukriegen" (FaS, S. 101). So beschreibt Malin einen Tag des Glücks, an dem im Rückblick dann doch nur Krister, der Verehrer, gestört hat, der sie mit seinem Boot für einen Moment aus den familiären Klauen befreit hat. Damit jedoch auch nichts wirklich passieren kann, hat Malin dem Drängen ihres kleinen Bruders nachgegeben und diesen mitgenommen (vgl. FaS, S. 96, 101ff.), denn letztlich sind weder Krister noch Björn (vgl. FaS, S. 104) die Richtigen. Als dieser Richtige sich dann gegen Ende des Romans in Petter ankündigt, ist Malin zum ersten Mal verliebt und spürt es auch (vgl. FaS, S. 232). Doch die Möglichkeit des Gefühls ist gebunden an die Tatsache, dass Petter sie nicht in Konflikt

---

[17] Zum Zusammenhang dieser Konzeption von Adoleszenz als zweiter Chance und von Adoleszenz im Spannungsfeld zwischen Familie und Kultur vgl. Erdheim 1988.

bringt mit familiären Bindungen an ihre Herkunftsfamilie. Nicht Melcher, der Vater, trägt die Verantwortung für seine Kinder und füllt die Lücke, die der Tod seiner Frau in seinem Leben, aber auch im familiären Beziehungsgefüge hinterlassen hat. Die Delegation, die Malin annimmt, bindet Vater und Tochter eng aneinander. Diese Bindung ist die unumstößliche Basis und eben auch Grenze für Malins eigene Zukunft als Frau. Und während Petter seinerseits die Familie akzeptiert, setzt Malin erneut ihrer mütterlich-schwesterliche Pflicht über ihr eigenes Begehren:

> Pelle hat Petter gern, das ist richtig und wie wäre es auch anders möglich? Aber gleichzeitig ist er wie gewöhnlich ein wenig ängstlich [...].
> „Du bist doch auf jeden Fall meine Malin?"
> Ja, mein allerliebstes Brüderchen, das bin ich. Und wenn Tjorven und Stina auch der Meinung sind, daß ich eigentlich schon viel zu sehr vom Alter gebeugt sei, um mir überhaupt einen verwunschenen Prinzen angeln zu können, so finde ich trotzdem, daß der Prinz ein paar Jahre auf mich warten kann. Und er hat gesagt, er werde es tun. Jetzt dämmert eine neue Juninacht über Saltkrokan herauf. Und jetzt will ich schlafen. Morgen aber werde ich erwachen und dann auch glücklich sein. Das glaube ich, tralala! (FaS, S. 236f.)

In diesem „tralala", mit dem sich Malin ihr Glück herbeiredet, kommt die Tragik dieser Hauptfigur an der Peripherie von *Ferien auf Saltkrokan* zum Ausdruck: die Tragik einer begrenzten Adoleszenz. Malins Kindheit wurde durch den Tod der Mutter abrupt beendet, ohne Übergang wird sie selbst „Mutter" und bleibt dabei auf besondere Weise dem Vater verbunden. Fast möchte man meinen, Malin sei eine literarische Verdichtung wesentlicher biographischer Erfahrungen Astrid Lindgrens selbst: des Endes der Kindheit als eines Verlusterlebens, des abrupten Endes der Adoleszenz durch eine uneheliche Schwangerschaft im Alter von achtzehn und der Verbundenheit mit dem Vater im Medium der Sprache und im Akt des Erzählens.

3 Adoleszenz als Leerstelle – Aspekte der autobiographischen Konstruktion der „Astrid Lindgren"

Immer wieder hat Astrid Lindgren das Bild von sich als einer Kindlichkeit und vor allem der eigenen Kindheit verbundenen Frau gezeichnet. Die eigenen Kindheitserfahrungen sind die tragende und essentielle Basis für Lindgrens Schaffen:

> Kinderbücher kann man nur schreiben, wenn man von der eigenen Erfahrung ausgeht, ein Kind zu sein. (Lindgren 1961b, S. 408)

> Oftmals sind es eigentlich gar nicht Einfälle, sondern nur Umdichtungen eigener Erlebnisse aus einer fernen Kindheit. Sie leuchten in der Erinnerung auf wie huschende Lichter eines Blinkfeuers. (Lindgren 1972, S. 514)

In der Regel lenken diese „Lichter eines Blinkfeuers" die Bewegung des Schreibens in harmonische Kindheitsgewässer. Die Härte des Alltags wird nicht verschwiegen, aber seine Unbeschwertheit bildet den prägenden Eindruck. Nur selten wirft das Blinkfeuer auch mal ein Licht auf kindliche Not wie im Falle Pelles (vgl. Lindgren 1959), mit dessen Geschichte Lindgren bekennt, ihr „fünfjähriges Ich" getröstet zu haben, „das bestimmt irgendwo unter den Jahresringen meiner Seele noch vorhanden ist" (Lindgren 1972, S. 516).

Die allgemeine Aussage, dass Kindheitserfahrungen eben das Schreiben beeinflussen, hat bei Lindgren eine exklusive Seite, die das Allgemeine im Besonderen radikalisiert:

> es gibt *kein anderes Kind, das mich inspirieren kann*, als das Kind, das ich selbst einmal gewesen bin. (Lindgren 1977, S. 19; Hervorhebung des Autors)

Die Verbundenheit mit dem inneren Kind, das hier als Motor des Schreibens deutlich wird, zeigt sich letztlich als weit mehr denn als bloßer Schreibanlass. Sie ist Lebensprinzip, denn nach dem Ende ihrer aktiven Schriftstellerei bekennt Lindgren offensiv:

> Ich hole meine Kindheit immer zurück. Sie verschwindet nicht, nur weil ich nicht mehr darüber schreibe. (Lindgren 1992, S. 839)

Nun ist die Konstruktion dieser mit dem inneren Kind verbundenen Frau, die diese Verbindung zur Basis ihrer schriftstellerischen Profession gemacht hat, auch gekennzeichnet von Oppositionen. Eine Opposition ist die der Erwachsenen selbst. Deren Gegenwart ist charakterisiert durch den Bezug auf Vergangenheit sowie durch den unentwegten Versuch, sich des „entschwundene(n) Land(s)" sprachlich zu vergewissern, es damit quasi magisch zu bannen. Während so das Verlorene wiedergeholt und damit vergegenwärtigt wird, bleibt ein anderer Verlust in einer zweiten Opposition zur Kindheit unaufgelöst. Im Kontext der erneuten Beschwörung der Besonderheit der Ehe ihrer Eltern, die Lindgren immer wieder in der „irrsinnigen" Liebe des Vaters sah, beschreibt sie die Differenz ihrer eigenen Ehe:

> Meine Ehe war anders, aber auch glücklich. Nur, ich habe Kinder immer mehr geliebt als Männer. (Lindgren 1992, S. 841)

Auch die Beziehung zum eigenen Mann, zu Männern generell, ist überlagert, ja abgesetzt von Beziehungen zu Kindern. Sie hat sich nicht von der Bindung an Kinder gelöst, hat diese Bindung nicht in jener aufheben können. Das Leben scheint wie bestimmt vom Versuch des Ungeschehen-Machen-Wollens des als Trauma erlebten Endes der Kindheit.

> Ich erinnere mich noch an den Sommer, als ich dreizehn war und merkte, daß ich nicht mehr spielen konnte. Ich stellte es fest. Es ging einfach nicht. Es war entsetzlich. Und traurig. (Ljunggren 1994, S. 68; vgl. auch Lindgren 1995, S. 854f.)

Auch wenn Lindgren betont, dass man diese Trauer überwinden kann, dass sie vorbeigeht (vgl. Lindgren 1995, S. 854 f.), lässt sich bei ihr unschwer erkennen, dass diese Trauerarbeit eine Lebensaufgabe geworden ist. Sie scheint verstärkt worden zu sein durch eine zweite einschneidende Erfahrung, die möglicherweise sogar traumatisierend gewirkt hat.

> Eigentlich war meine Jugendzeit sehr lustig, nur endete sie damit, daß ich mit achtzehn schwanger wurde. (Lindgren 1992, S. 840)

Diese Schwangerschaft und die folgende Geburt des Sohnes Lars / Lasse hat nicht nur die Trennung vom Elternhaus beschleunigt, sie war zudem der Anfang eines Abschnitts in Lindgrens Leben, der in den Biographien zum Teil widersprüchlich dargestellt wird und auf der Ebene der biographischen Konstruktion erst durch die Erzählung der Entstehungsgeschichte von *Pippi Langstrumpf* zu einem glücklichen Ende kommt. Wie eine Erklärung für die im Zusammenhang der frühen Mutterschaft stehenden Verwerfungen kann man daher Lindgrens Abneigung lesen, für Teenager oder für Erwachsene zu schreiben.

> Aber ich glaube eigentlich nicht, daß ich jemals Bücher für Erwachsene schreiben werde. Ich habe nicht das geringste Verlangen danach. […] Es kommt mir einfach nicht selbstverständlich vor. Dagegen kommt es mir ganz selbstverständlich vor, für Kinder zu schreiben. […] Möglicherweise kann man noch Bücher für Teenager schreiben, aufgrund der eigenen Erfahrungen als Teenager, aber da ich nie selbst ein Halbstarker gewesen bin, kann ich auch auf gar keinen Fall über sie schreiben. (Lindgren 1961 b, S. 407 f.)

Etwas moderater erklärt Lindgren später, dass sie ihre Jugend eben nicht so deutlich erinnere wie ihre Kindheit (vgl. Lindgren 1992, S. 840), doch wird dabei auch klar, dass literarische Gegenstände für Lindgren nur als erfahrungsbasierte Gegenstände denkbar sind – und Erfahrung jenseits der Kindheit steht ihr literarisch nicht adäquat zur Verfügung. Diese Auffassung hatte Lindgren auch schon radikaler und in vollem Bekenntnis zum damit verbundenen Affekt vertreten und behauptet, sich weder in der Lage zu sehen noch Lust zu haben für Erwachsene zu schreiben (vgl. Lindgren 1983, S. 782). Auch wenn diese Aussage in einem Kontext gemacht wurde, in dem es darum ging, die Abwertung des kinderliterarischen Schreibens zurückzuweisen, ist doch die Abneigung gegen literarische Gegenstände jenseits der Kindheit unübersehbar.

Nun gibt es eine gewichtige Ausnahme von dieser Regel, nur Kindheit zum Thema literarischen Schreibens zu machen. Es ist dies neben den politischen Schriften, die zum Teil ja durchaus auch poetische Dimensionen haben, die Erzählung der Ehe ihrer Eltern unter dem Titel *Samuel August von Sevedstorp und Hanna in Hult* als Teil der Sammlung *Das entschwundene Land* (DeL, S. 7–39, im Folgenden nachgewiesen als „DeL"). Diese Erzählung ist einerseits natürlich auch ein autobiographisches Dokument, insofern es die Beziehung der Eltern als materielle und emotionale Bedingung der eigenen Entwicklung schildert. Aber *Samuel August von Sevedstorp und Hanna in Hult* ist mehr und enthält im Kontext

des Aufspürens latenter biographischer Spuren für die literarische Gestaltungen
Astrid Lindgrens einige symptomatische Hinweise. Da ist zum einen die unterschiedliche Gewichtung der Eltern, mit denen sie zum Glück der Ehe beigetragen haben, jene Betonung der „irrsinnigen" Liebe des Vaters. Zwar ist die Autorin um Ausgewogenheit bemüht, aber es wird deutlich, dass es den unentwegten
Bemühungen Samuel Augusts um seine Hanna geschuldet ist, dass die eher sprö-
de und zweifelnde Frau in die Ehe eingewilligt hat (vgl. DeL, S. 20, 22f.). Ergänzt wird dies durch das Bekenntnis, dass als Teil der biographischen Tradierung
in der Familie die Kinder mit dem Vater und seinen Wünschen identifiziert waren
(vgl. DeL, S. 20). Als Teil dieses Geschehens – und diesmal ausschließlich in Bezug auf das Verhältnis der Tochter Astrid zum Vater Samuel – wird im Erzählen
eine besondere Nähe hergestellt, die darin besteht, dass Astrid der Mündlichkeit
des Vaters Schriftlichkeit verleiht:

> Aber da ich diese Liebesgeschichte mit all ihrem Hin und Her und rührenden Drum und
> Dran nun einmal erzählen will – diese Liebesgeschichte, die mir deshalb so besonders
> ans Herz gewachsen ist, weil ich dabei ständig die Stimme meines Vaters höre, wenn er
> davon erzählt – […] (DeL, S. 21).

So scheint es eine Aufgabe Astrids in dieser Wendung zu den eigenen Eltern zu
sein, dem Vater eine dauerhafte Stimme zu geben. Diese Verbundenheit im Erzählen ist eine ganz wesentliche und intime Dimension der Vater-Tochter-Beziehung Astrid Lindgrens. Jenseits des explizit Biographischen schreibt sich Samuel
zudem in das literarische Werk seiner Tochter ein. Mit *Michel* erschafft sie auf der
Basis der Erzählungen ihres Vaters den Jungen seiner Kindheit, einen Jungen,
„der fast wirklich existierte" (DeL, S. 98). Das Erzählen – und als Lindgren'sches Erzählen ist es ein Erzählen von Kindheit – ist mehr als bloß ein väterliches Erbe, es stellt sich als eine tiefe und affektiv hoch besetzte Verbindung zwischen Vater und Tochter dar.

Astrid Lindgren ist von kritischer Seite mitunter der Vorwurf gemacht worden,
ihre Kindheitsschilderungen seien eine Flucht, verdeckten die Anstrengungen
und Versagungen in der eigenen Kindheit, idealisierten das schwere ländliche
Leben zu Beginn des 20. Jahrhunderts, seien ein Befreiungsschlag gegen die En-
ge der Kindheit (vgl. Lindgren 1959, S. 448). Gegen diese Anmutungen kann
Lindgren freimütig behaupten: „Ich schwöre – mein Nest war mir nicht zu eng!"
(ebd.) Das Werk Astrid Lindgrens ist, so lässt sich als Ergebnis der Kritik der biographischen Konstruktion vermuten, nicht die Sehnsucht nach einer nicht ge-
habten Kindheit. Wenn das Werk im Sinne Freuds aber doch als eine Deckerin-
nerung zu bezeichnen ist (Freud 1899), dann ist das Verdeckte in einer anderen
Lebensphase zu vermuten. Astrid Lindgrens fortgesetztes Bemühen „das Kind
in mir selbst zu unterhalten" (Lindgren 1977, S. 18) könnte dann als eine beständige Vermeidung der Auseinandersetzung mit adoleszenter Entwicklung betrachtet werden.

4 Jenseits der Kindheit – das Schicksal der Räubertochter Ronja

Diese These soll abschließend für einige Überlegungen zu Astrid Lindgrens letztem Roman *Ronja Räubertochter* (Lindgren 1981, im Folgenden nachgewiesen als „RR") die Basis bilden. Gabriele Cromme strukturiert die Darstellung des Mädchentypus der Amazone geradezu auf Ronja hin und sieht in ihr das am weitesten entwickelte und erfolgreichste Modell dieses Typus:

> Von allen Mädchenfiguren Astrid Lindgrens ist Ronja Räubertochter die stärkste Figur, vor allem deshalb, weil sie den schwersten Kampf im Rahmen des erzählten Geschehens zu bestehen hat – die Ablösung von ihrem bis dahin idealisierten Vater. (Cromme 1996, S. 96)

Damit ist zweierlei impliziert: Ronja Räubertochter ist im Kern ein Adoleszenzroman, denn die Ablösung vom idealisierten Vater ist eine wesentliche Entwicklungsaufgabe der weiblichen Adoleszenz.[18] Zudem sieht Cromme diesen „Kampf" als gewonnen an, demnach hat Ronja zumindest in diesem Aspekt eine erfolgreiche Adoleszenz durchlaufen. Das adoleszente Thema wird von Cromme allerdings nur indirekt benannt; darin folgt sie Lindgren in der Vermeidung von Explizitheit bei diesem Thema.

Der Text Lindgrens selbst skizziert aber offensichtlich eine Entwicklungskonstellation, die durch adoleszenztypische Aspekte gekennzeichnet ist. Da ist zunächst das Thema von Autonomie und Welterkundung. Immer in Abgrenzung zum haltenden Vater wird Ronjas Gang in die Welt und die Wahrnehmung der Welt geschildert:

> „Lovis", sagte er [Mattis] zu seiner Frau, „unser Kind muß lernen, wie es ist, im Mattiswald zu leben. Laß Ronja hinaus!"
> „Schau an, hast du das endlich auch begriffen?" sagte Lovis „Wenn es nach mir gegangen wäre, dann wäre sie schon längst draußen." (RR, S. 16)

Ausgestattet mit dem Wissen und den Fähigkeiten, die sie im Binnenraum der familiären Beziehungen erlernt hat, erobert sich Ronja die Welt, macht ihre eigenen Erfahrungen und tritt auch in Widerspruch zu dem, was andere Familienmitglieder, namentlich Mattis, in dieser Welt tun. Dabei gehören nicht nur die Eltern Mattis und Lovis zu diesem Binnenraum, auch die anderen Räuber werden Teil des Familiengeschehens, wobei sie in einer Mischung aus kindlichen und onkelhaften Anteilen geschildert werden (vgl. RR, S. 13f.). Ronjas Forderung, ihre Entwicklung autonom und nicht im Kontext der Familiengenealogie (vgl. RR, S. 65f.) zu bestimmen, ist nicht nur ein wesent-

---

[18] Vgl. Mertens 1994, S. 130–178, insbesondere S. 137–140. Cromme stützt ihre Argumentation dagegen lediglich auf Piaget und das kognitionspsychologische Konzept der Entwicklung, das zwar sicher von großer Bedeutung ist, das aber gerade die Psychodynamik der Vater-Tochter-Beziehung nicht zu erfassen vermag.

licher Konflikt mit dem Vater, sondern verdeutlicht auch die adoleszente Chance, aus dem Widerspruch etwas Neues entstehen lassen zu können (vgl. Erdheim 1988). Sehr deutlich ist damit auch die Beziehung zu den Eltern neben der Welterkundung als Konfliktfeld für Ronjas Entwicklung benannt. Indirekt zeigt sich in der Differenz zwischen Mattis und Lovis über den Zeitpunkt der Einleitung von Ronjas Abnabelung auch die Entwicklungskonstellation 'Geschlechtsidentität' als bestimmend für Ronja. Sie ist zudem eingebunden in die Entwicklung einer autonomen heterosexuellen Geschlechtsorientierung, was in der Beziehung zu Birk, dem Sohn aus der verfeindeten Borka-Sippe, entfaltet wird. Allerdings ist der Text bemüht, die Beziehung zu Birk ihrer erotischen und ganz und gar ihrer sexuellen Dimensionen zu berauben, indem sie als geschwisterliche Beziehung bezeichnet wird. Doch – zunächst in Andeutungen über die Qualität der Beziehung – weist der Text selbst über die Geschwisterlichkeit hinaus:

> Da begann sie so laut und haltlos zu weinen, daß sie sich schämte. Sie konnte ihm vor lauter Schluchzen nicht antworten, und als er sich niederbeugte, um sie hochzuheben, schlang sie die Arme um seinen Hals und murmelte voll Verzweiflung:
> „Laß mich nicht allein! Laß mich nie mehr allein!"
> Darüber lächelte er. (RR, S. 78)

Und schließlich beginnt Ronja ihr Erleben mit Birk gegenüber ihrem Vater als Geheimnis zu bewahren, was mehr ist als das Vermeiden des Themas der konkurrierenden Sippe. Schließlich – das soll als Argument trotz der überwiegend entwicklungsdynamischen Argumentationslinie nicht unterschlagen werden – lässt sich die Beziehung Ronjas zu Birk und ihr Eingebundensein in das Umfeld zweier verfeindeter Sippen auch als intertextueller Hinweis auf Romeo und Julia lesen, was das Beziehungsgeschehen ebenfalls seiner geschwisterlichen Verhaftung entzieht. Insgesamt scheint daher nur das märchenhaft-fantastische Szenario, in das der Roman mit seinen Fabelwesen und seiner historischen Situierung eingebettet ist, gegen eine Einordnung als Adoleszenzroman zu sprechen, denn die skizzierten Entwicklungsfelder und -konstellationen decken sich mit Carsten Gansels Definition des Adoleszenzromans und insbesondere seiner inhalts- bzw. stoffbezogenen Typologie der Gattung (vgl. Gansel 2000, S. 370f.).

Während sich Ronjas Entwicklung anhand der skizzierten Konfliktfelder daher durchaus als adoleszente Entwicklung beschreiben lässt, bleibt der Roman gerade hinsichtlich der entwicklungspsychologischen Einordnung dieser Konflikte auf mehrfache Weise unbestimmt. Neben dem märchenhaft-fantastischen Szenario des Romans sind es vor allem seine historische und seine soziale Situierung, die eine Unbestimmtheit hinsichtlich der sozialen Einordnung des Entwicklungsthemas implizieren. Dies bedeutet, dass es unangemessen sein könnte, im Zusammenhang des Romans überhaupt von einer Adoleszenz zu sprechen. Der Roman lässt sich auf Grund der Tatsache des Räubertums, das ihn bestimmt, zeitlich im Mittelalter oder in der frühen Neuzeit verorten. Die Reichweite einer zentralen staatlichen Ordnungsmacht ist deutlich begrenzt, moderne staatliche

Strukturen sind noch nicht entwickelt. Entsprechend ist die soziale Strukturierung die einer Bande bzw. eines Stammes. Davon abweichend entspricht die
Darstellung der Frauen und ihrer Stellung in der Gruppe nicht dem Wirklichkeitsmodell eines realistischen Zeitgemäldes. Dennoch haben wir es historisch
und sozial mit vorbürgerlichen Strukturen zu tun, die zu den Gattungsmustern
des Adoleszenzromans im Widerspruch stehen (vgl. Gansel 2000, S. 370f.).

Das Alter der Protagonistin Ronja stellt ein weiteres Unbestimmtheitsmoment
dar. Der Roman beginnt mit Ronjas Geburt, schildert knapp ihre Kleinkindzeit
sowie die Entwicklungsphase der Latenz. Diese vergleichsweise lange Entwicklung wird durch extrem raffende Passagen (RR, S. 13, 15) überbrückt. Den Kern
des Romans bildet in den Kapiteln 3 bis 18 die Darstellung eines Zeitraums von
ca. 18 Monaten,[19] dessen Anfang und damit die Altersspanne in Ronjas Entwicklung gleichwohl nicht genau bestimmt sind. Bedeutend für die Entwicklung Ronjas, gerade auch hinsichtlich der Aspekte von Unbestimmtheit, ist die Frage des
Geschlechts. Das biologische Geschlecht Ronjas ist weiblich und wird durch
Lovis im Akt einer magischen Benennung quasi zugeteilt.

> „Wie soll sie denn heißen?" fragte Glatzen-Per.
> „Ronja", antwortet Lovis. „So, wie ich es schon seit langem beschlossen habe."
> „Aber wenn's nun ein Junge geworden wär?" meinte Glatzen-Per.
> Lovis sah ihn ruhig und streng an. „Wenn ich beschlossen habe, daß mein Kind Ronja
> heißt, dann wird es auch eine Ronja." (RR, S. 7)

Dieser Benennungsakt kommt einer rituellen Festlegung gleich und hebt die Differenz zwischen biologischem und sozialem Geschlecht tendenziell auf. Lovis
Perspektive auf die Entwicklung ihrer Tochter scheint daher weniger im Konzept
der adoleszenten Entwicklung als in dem der Initiation zu fassen zu sein. Ronja
begleitet Lovis, imitiert sie und ihre Fähigkeiten. So singt sie Birk das Wolfslied,
das ihr selbst gesungen wurde, und sie wendet die Heilkunst an, die sie von Lovis
gelernt hat. Insgesamt kennt die Beziehung zwischen Lovis und Ronja keinerlei
Konflikt und Differenz: Sie ist, was sie ist, jenseits von Alter und Entwicklung
und ohne eine merkliche Intensität an Affektschwankungen.

Anders stehen die Dinge, wenn es um die Beziehung zwischen Ronja und ihrem
Vater geht. Zwar ist Mattis bei Lovis' Erläuterungen hinsichtlich des Zusammen-
hangs von Namen und Geschlecht zugegen, aber seine Benennung seiner Tochter weist einige Eigentümlichkeiten auf, die zumindest die Frage erlauben, ob er
seine Tochter tatsächlich eindeutig als Mädchen wahrnimmt. In der Regel spricht
Mattis in Ronjas Gegenwart von ihr als „Ronjakind", so redet er sie meistens an.
Über sie spricht er durchaus als Tochter, so gleich nach ihrer Geburt (RR, S. 6),
oder als er sie vor den anderen Räubern begeistert beschreibt (RR, S. 16). Eine
deutliche Bezeichnung ihres Geschlechts durch ihren Vater erfährt Ronja
schließlich in der Anrede „meine Tochter", als Ronja nach Birks Gefangen-

---

[19] Es handelt sich um die Zeit vom Herbst des Jahres x bis zum Frühjahr des Jahres x+2.

nahme gegen Mattis rebelliert (RR, S. 123). Erst gegen Ende des Romans werden die Anredeformen gemischt; dies signalisiert eine gewisse Ausgewogenheit, ist allerdings auch von einem mit regressiven Momenten durchzogenen szenischen Geschehen bestimmt.

> „Mein Kind", flüsterte Mattis. „Mein Kind!"
> Dann rief er mit lauter Stimme:
> „Ich habe mein Kind wieder!"
> Ronja weinte in seinen Bart und fragte schluchzend:
> „Bin ich jetzt wieder dein Kind, Mattis? Bin ich jetzt wirklich wieder dein Kind?"
> Und Mattis weinte und antwortete:
> „Ja, wie du es immer gewesen bist, Ronjakind! Meine Tochter, um die ich Tage und Nächte geweint habe. Mein Gott, wie habe ich gelitten!" (RR, S. 207)

Gerade die Deutung dieser Szene ist zentral für die Frage, ob Ronja die adoleszente Entwicklungsaufgabe der Deidealisierung des Vaters gemeistert hat oder nicht. Entscheidend dafür ist letztlich die Frage, wie man die deutlichen Hinweise auf das Wiederherstellen einer Vater-Tochter-Beziehung deutet, als Regression oder als Wiederannäherung auf veränderter Basis. Für diese Entscheidung ist nicht allein wichtig, welche Entwicklung Ronja genommen hat. Auch die Entwicklung des Vaters spielt eine gewichtige Rolle. Ronja hat mit Birk in der Bärenhöhle wichtige Entwicklungsschritte vollzogen, aber in ihrer Bindung an den Vater hat sich dadurch nicht so sehr viel geändert. Als Ronja nach dem Kampf gegen die Graugnomen Birk abends in der Bärenhöhle das Wolfslied singt und sich so ihrer Eltern erinnert, führt dies dazu, dass sie von Mattis träumt,

> Mattis säße allein in einem dunklen schwarzen Wald und weinte so sehr, daß aus den Tränen zu seinen Füßen eine Quelle wurde. Und tief unten in dieser Quelle saß sie selbst. Und war wieder klein und spielte mit Zapfen und Steinchen, die er ihr mitgebracht hatte. (RR, S. 155)

Der Traum zeigt das tiefe Verbundensein zwischen Mattis und Ronja, ein Ineinander-Fließen und weitgehendes Ungetrennt-Sein. Als Lovis Ronja und Birk in der Bärenhöhle besucht und von Mattis Leid erzählt, ist Ronja nicht von Schuld ergriffen, was man sich auch als Ergebnis von Lovis' Erzählung vorstellen kann. Sie besteht auf der Kausalität der Ereignisse: Mattis hat Ronja als Tochter verstoßen, nicht sie ihn als Vater. Doch auch in Lovis Umgang mit Ronja steckt ein großes regressives Angebot, das Ronja nicht ausschlagen kann und das Birk in seiner Wirkung wohl als Bedrohung ihrer, seiner und Ronjas Beziehung richtig einzuschätzen weiß (vgl. RR, S. 195 ff.). Als Mattis dann auftaucht, wird er wohl durch Lovis von Ronjas Haltung wissen, doch statt einer Entschuldigung gibt es zunächst jene tränenreiche und wortlose Vereinigung, die oben zitiert wurde. Mattis versichert sich daraufhin der von Lovis geschilderten Haltung Ronjas und bestimmt dann herrisch: „Komm, Ronja, jetzt gehen wir." (RR, S. 208) Erst als Ronja zögert, nimmt Mattis Birk und damit Ronjas Zerrissenheit war und beginnt sich weniger von seinen Affekten leiten zu lassen, als von rationalen Überlegungen über die Möglichkeiten, sein Bedürfnis nach einer Rückkehr Ronjas in die Mattisburg durchzusetzen.

Der Charakter von Mattis ist in der Anlage des Buchs von einer tiefen kindlichen Bedürftigkeit sowie davon geprägt, dass er seinen Affekten hilflos ausgeliefert ist. Beides sind Eigenschaften, die nicht dazu angetan sind, Ronja als Andere zu erkennen und zu behandeln. Das aber wäre nötig, um Ronja ein väterliches Objekt zu sein, das loslässt und in dem sich die Tochter spiegeln kann, ohne sich gefangen zu fühlen.

Ob Mattis etwas gelernt hat, ob er sich zu einem unterstützenden Vater entwickelt hat, bleibt auch am Ende des Romans eine offene Frage. Ebenso offen ist die damit verbundene Frage, ob Ronjas Frühlingsschrei, dessen Nachhall im Wald das Buch beschließt, tatsächlich ein „Jubelschrei" (RR, S. 237) ist. Vielleicht verdeckt er auch nur die Verzweiflung, diesem Vater sich nicht in freier innerer Entscheidung zuwenden zu können.

Katrin Askan hat zu Recht darauf hingewiesen, dass *Ronja Räubertochter* offen endet (Askan 2001, S. 627). Diese Offenheit lässt sich möglicherweise schließen, wenn man die Auffassung vertritt, dass man aus diesem Ende nicht mehr machen soll, als da steht. Schließlich ist es ein Märchen, eine fantastische Abenteuergeschichte. Aber das irritierende Gefühl bleibt: Mit diesem inneren Vater wird es Ronja schwer haben. Und der äußere Vater hilft Ronja nicht, mit dem inneren ins Reine zu kommen. Birk wird viel Geduld haben müssen!

5 Schluss

Es ließe sich leicht widerlegen, dass Astrid Lindgren nur kindliches Glück schildert. Mitnichten hat sie das getan! Insofern ist hier nicht behauptet worden, gegen die heile Welt im Werk Lindgrens müsse auch das Dunkle und das Brüchige gesehen werden. Sowohl im realistischen wie im fantastischen Werkkomplex gibt es kindliches Leid, gibt es kindliche Ängste. Wenn wir an solche Gefühle der Verzweiflung denken, wie sie Lotta (Lindgren 1961a) und Pelle (Lindgren 1950) beherrschen, bevor sie sich entschließen auszuziehen, dann machen die Texte trotz ihrer mitunter ironisch-distanzierten Erzählhaltung sehr wohl deutlich, dass Pelle, Lotta und das sich mit ihnen identifizierende Kind, das die Geschichte vorgelesen bekommt, tatsächlich von Gefühlen der Wut und Trauer ergriffen sind. Und sie lösen die mit diesen Gefühlen verbundene Verzweiflung im Happy-End der Geschichte auf, das kindliche Autonomie als lebbar schildert, weil sie rückgebunden ist in das Aufgehobensein bei Mutter und/oder Vater.[20] Auch die Brüder Löwenherz sind mit ihren Ängsten vor dem, was jenseits des Hier und Jetzt mit seinen existenziellen Bedrohungen liegt, aufgehoben in einer philosophisch-kosmologischen Einheit von Gut und Böse, einer Bestimmung durch das Licht,

---

[20] Vgl. zum Wirkungsmechanismus dieses Rezeptionsgeschehens grundsätzlich Kallenbach 2003.

dessen Botschafterin die weiße Taube ist. Sie sind aufgehoben in den Vorstellungen und Hoffnungen, für die Astrid Lindgren mit Nangijala und Nangilima poetische und wirksame Namen gefunden hat.[21]

Aber es gibt auch ungelöste Trauer, unerfüllte Sehnsucht und anhaltendes Leid und sie bilden etwas, das man die Spur eines latenten Texts in Astrid Lindgrens Werk nennen könnte. Diese Spur muss und soll nicht ausgespielt werden gegen andere Spuren, seien sie nun ebenso latent oder seien sie manifest. Aber Forschung könnte versuchen, das Leiden, die ungestillte Sehnsucht, die Differenz und die Brüche als Bestandteil und vielleicht sogar als Bedingung dessen zu sehen, was den Erfolg ausmacht. Eine solche Forschung könnte zwar auch jener ironischen Distanzierung anheim fallen, die Astrid Lindgren anderen literaturwissenschaftlichen Analysen ihres Werks hat angedeihen lassen (Lindgren 1959; 1983) und deren Wiederholung immer wieder beliebt ist (vgl. u. a. Boie 2002, S. 17), möglicherweise um literaturwissenschaftliche Perspektivierung wenn nicht in die Schranken zu verweisen, so doch deutlich zu relativieren. Aber das ist ja auch nicht die Aufgabe literaturwissenschaftlicher Fragebildung, dass sie sich mit den Perspektiven der Autoren und Autorinnen deckt, denn es gibt jenseits dessen, was Autorinnen und Autoren über ihr Werk sagen, immer interessante Werkaspekte zu entdecken. Die für diese Entdeckung nötige Haltung der Kritik und der empathischen Differenz gegenüber dem Objekt bedeutet im Falle der Kinder- und Jugendliteratur-Forschung immer auch Entidentifizierung vom inneren Kind und den auf das wissenschaftliche Objekt projizierten kindlichen Selbstanteilen. Gerade der Komplex der autobiographischen Konstruktion der „Astrid Lindgren" und seiner zahlreichen biographischen Tradierungen lässt ein Bedürfnis sichtbar werden, es möge jemanden geben, der/die das „entschwundene Land" der Kindheit dauerhaft bewahrt. Hier kritische und analytische Sichtweisen in Anwendung zu bringen bedeutet gerade nicht Verdrängung und Ausgrenzung der Kindlichkeit, sondern Entdeckung von Bedeutungsvielfalt und Wiederannäherung in der Fähigkeit zu empathischer Differenz. Der Gewinn einer solchen Analyse besteht nicht nur darin dem Verständnis von Astrid Lindgrens Werk und des biographischen Kontexts ihrer schriftstellerischen Professionalität weitere Facetten hinzuzufügen. Er besteht auch in einer differenzierteren Sicht auf die Forscherinnen und Forscher sowie ihr kindliches Selbst. Denn: Ist nicht jede gelingende Erkenntnis des Anderen immer auch verknüpft mit einer gelingenden Erkenntnis des Selbst?

---

[21] Die Wirksamkeit dieses Konzepts zeigt sich u. a. im Umgang mit Astrid Lindgrens eigenem Tod durch die sich tröstenden Hinterbliebenen (vgl. etwa Kvint 2002). Dieses Trostkonzept kommt auf beeindruckende Weise auch in einer Todesanzeige zum Tod einer Grundschülerin zur Anwendung, die ich in der Nordwest Zeitung / Oldenburg vom 27. August 2003 fand: „Jasmin ist auf dem Weg nach Nangijala, auf dem Weg zu ihren Freunden, den Gebrüdern Löwenherz, in das Land der Märchen und Sagen und Abenteuer und Lagerfeuer." (NWZ 27.08.2003, S. R8)

Literatur

Askan, Katrin (2001): Ronja Räubertochter. In: Zum Donnerdrummel! Astrid Lindgren – Ein Werk-Porträt in einem Band. Hg. von Paul Berf und Astrid Surmatz. Hamburg: Rogner und Bernhard bei Zweitausendeins, S. 624–627

Belgrad, Jürgen (1996): Detektivische Spurensuche und archäologische Sinnrekonstruktion. Die tiefenhermeneutische Textinterpretation als literaturdidaktisches Verfahren. In: Literarisches Verstehen – Literarisches Schreiben. Positionen und Modelle zur Literaturdidaktik. Hg. von Jürgen Belgrad und Hartmut Melenk. Baltmannsweiler: Schneider Verlag Hohengehren, S. 133–148

Berf, Paul; Surmatz, Astrid (Hrsg.) (2001): Zum Donnerdrummel! Astrid Lindgren – Ein Werk-Porträt in einem Band. Hamburg: Rogner und Bernhard bei Zweitausendeins

Boie, Kirsten (2002): Frag doch einfach das Kind in dir. In: Oetinger Lesebuch. Almanach 2002/2003. 39. Jg. Hamburg: Oetinger, S. 13–19

Cromme, Gabriele (1996): Astrid Lindgren und die Autarkie der Weiblichkeit: literarische Darstellung von Frauen und Mädchen in ihrem Gesamtwerk. Hamburg: Kovac

Cromme, Gabriele (1998): Die traditionellen Mädchenbücher Astrid Lindgrens. Vorboten einer veränderten Mädchenliteratur. In: Das Fremde in der Kinder- und Jugendliteratur. Interkulturelle Perspektiven. Hg. von Bettina Hurrelmann und Karin Richter. Weinheim u. a.: Juventa, S. 59–75

Devereux, Georges (1967): Angst und Methode in den Verhaltenswissenschaften. München: Hanser

Erdheim, Mario (1988): Adoleszenz zwischen Familie und Kultur. In: Ders.: Die Psychoanalyse und das Unbewußte in der Kultur. Aufsätze 1980–1987. Frankfurt a. M.: Suhrkamp, S. 191–214

Figdor, Helmuth (1994): Lotta zieht um. Kindliche Konflikte in den Geschichten Astrid Lindgrens. In: Kinderbuch-Klassiker psychoanalytisch. Von Robinson bis Hotzenplotz. Hg. von Sylvia Zwettler-Otte. München; Basel: Reinhardt, S. 55–79

Freud, Sigmund ([1899] 1952): Über Deckerinnerungen. In: Ders.: Gesammelte Werke. Hg. von Anna Freud u. a. Band 1: Werke aus den Jahren 1892–1899. London: Imago, S. 530–554

Gansel, Carsten (2000): Der Adoleszenzroman. Zwischen Moderne und Postmoderne. In: Taschenbuch der Kinder- und Jugendliteratur. Band 1: Grundlagen – Gattungen. Hg. von Günter Lange. Baltmannsweier: Schneider Verlag Hohengehren, S. 359–398

Kallenbach, Gudrun (2003): Entwicklungspsychologische Aspekte der Rezeption von Bild und Text. In: Handbuch Kinderliteratur. Grundwissen für Ausbildung und Praxis. Hg. von Jörg Steitz-Kallenbach und Jens Thiele. Freiburg: Herder, S. 53–68

Kvint, Kerstin (2002): Astrid in der weiten Welt. In: Oetinger Lesebuch. Almanach 2002/2003. 39. Jg. Hamburg: Oetinger, S. 34–44

Lindgren, Astrid ([1945a] 1967): Pippi in der Villa Kunterbunt. [Ursprünglich: Pippi Langstrumpf]. In: Pippi Langstrumpf. Deutsch von Cäcilie Heinig. Mit Bildern von Rolf Rettich. Hamburg: Oetinger, S. 7–132 [Im Text mit der Sigle „PL" nachgewiesen]

Lindgren, Astrid ([1945b] 1987): Pippi in der Villa Kunterbunt. [Ursprünglich: Pippi Langstrumpf]. In: Pippi Langstrumpf. Deutsch von Cäcilie Heinig. Zeichnungen von Rolf Rettich. Hamburg: Oetinger, S. 7–145

Lindgren, Astrid ([1946] 1967) Pippi geht an Bord. In: Pippi Langstrumpf. Deutsch von Cäcilie Heinig. Mit Bildern von Rolf Rettich. Hamburg: Oetinger, S. 133–252

Lindgren, Astrid ([1950] 1998): Pelle zieht aus. In: Dies.: Sammelaugust und andere Kinder. Deutsch von Karl Kurt Peters. Zeichnungen von Ilona Wikland. [Deutsche EA 1952] Hamburg: Oetinger, S. 79–85

Lindgren, Astrid ([1959] 2001): Der Weg nach Sonnenau. Ein Dialog zwischen Eva von Zweigbergk und Astrid Lindgren. In: Zum Donnerdrummel! Astrid Lindgren – Ein Werk-Porträt in einem Band. Hg. von Paul Berf und Astrid Surmatz. Hamburg: Rogner und Bernhard bei Zweitausendeins, S. 441–449

Lindgren, Astrid ([1961 a] 1962): Lotta zieht um. Hamburg: Oetinger

Lindgren, Astrid ([1961b] 2001): 20 Fragen an Astrid Lindgren. Ein Interview von Per Martin Hamberg mit Astrid Lindgren. In: Zum Donnerdrummel! Astrid Lindgren – Ein Werk-Porträt in einem Band. Hg. von Paul Berf und Astrid Surmatz. Hamburg: Rogner und Bernhard bei Zweitausendeins, S. 402–408

Lindgren, Astrid ([1964] 1992): Ferien auf Salkrokan. [Deutsche EA 1965] Deutsch von Thyra Dohrenburg. Hamburg: Oetinger [Im Text mit der Sigle „FaS" nachgewiesen]

Lindgren, Astrid ([1972] 2001): Wo kommen nur die Einfälle her? In: Zum Donnerdrummel! Astrid Lindgren – Ein Werk-Porträt in einem Band. Hg. von Paul Berf und Astrid Surmatz. Hamburg: Rogner und Bernhard bei Zweitausendeins, S. 511–517

Lindgren, Astrid ([1975] 1977): Das entschwundene Land. Hamburg: Oetinger [Im Text mit der Sigle „DeL" nachgewiesen]

Lindgren, Astrid ([1977] 2001): Astrid Lindgren über Astrid Lindgren. In: Zum Donnerdrummel! Astrid Lindgren – Ein Werk-Porträt in einem Band. Hg. von Paul Berf und Astrid Surmatz. Hamburg: Rogner und Bernhard bei Zweitausendeins, S. 15–19

Lindgren, Astrid ([1981] 1982): Ronja Räubertochter. Deutsch von Anna-Liese Kornitzky. Zeichnungen von Ilona Wikland. Hamburg: Oetinger [Im Text mit der Sigle „RR" nachgewiesen]

Lindgren, Astrid ([1983] 2001): Warum schreibt man Kinderbücher? In: Zum Donnerdrummel! Astrid Lindgren – Ein Werk-Porträt in einem Band. Hg. von Paul Berf und Astrid Surmatz. Hamburg: Rogner und Bernhard bei Zweitausendeins, S. 782–791

Lindgren, Astrid ([1992] 2001): Ich habe Kinder immer mehr geliebt als Männer. Ein Interview von Brigitte Jakobeit mit Astrid Lindgren. In: Zum Donnerdrummel! Astrid Lindgren – Ein Werk-Porträt in einem Band. Hg. von Paul Berf und Astrid Surmatz. Hamburg: Rogner und Bernhard bei Zweitausendeins, S. 839–846

Lindgren, Astrid ([1995] 2001): Frau Langstrumpf hat 'nen Mann am Bein. Ein Interview von Wolfgang Lechner mit Astrid Lindgren. In: Zum Donnerdrummel! Astrid Lindgren – Ein Werk-Porträt in einem Band. Hg. von Paul Berf und Astrid Surmatz. Hamburg: Rogner und Bernhard bei Zweitausendeins, S. 848–857

Ljunggren, Kerstin (1994): Besuch bei Astrid Lindgren. Hamburg: Oetinger [OA 1992]

Lorenzer, Alfred (1983): Sprache, Lebenspraxis und szenisches Verstehen in der psychoanalytischen Therapie. In: Psyche, 37. Jg., H. 2, S. 97–115

Lorenzer, Alfred (1986): Tiefenhermeneutische Kulturanalyse. In: Kultur-Analysen. Hg. von Alfred Lorenzer u. a. Frankfurt a. M.: Fischer, S. 11–98

Martinez, Matias; Scheffel, Michael (2000): Einführung in die Erzähltheorie. 2. Aufl. München: Beck

Mertens, Wolfgang (1994): Entwicklung der Psychosexualität und der Geschlechtsidentität. Band 2: Kindheit und Adoleszenz. Stuttgart; Berlin; Köln: Kohlhammer

Pietzcker, Carl (1992): Lesend interpretieren. Zur psychoanalytischen Deutung literarischer Texte. Würzburg: Königshausen und Neumann

Steitz-Kallenbach, Jörg (2002): Verstrickungen in Literatur. Literaturunterricht, Interaktion, Identität. Baltmannsweiler: Schneider Verlag Hohengehren

Steitz-Kallenbach, Jörg (2003): Literarische Sozialisation im frühen Kindesalter. In: Handbuch Kinderliteratur. Grundwissen für Ausbildung und Praxis. Freiburg: Herder. Hg. von Jörg Steitz-Kallenbach und Jens Thiele. Freiburg: Herder, S. 18–36

Steitz-Kallenbach, Jörg; Thiele, Jens (Hrsg.) (2003): Handbuch Kinderliteratur. Grundwissen für Ausbildung und Praxis. Freiburg: Herder

Strömstedt, Margareta (Text); Norman, Jan-Hugo (Fotos) (1988): Astrid Lindgren. Mein Småland. Hamburg: Oetinger [OA 1987]

Surmatz, Astrid (2001): Von „Ur-Pippi" zu Pippi. In: Zum Donnerdrummel! Astrid Lindgren – Ein Werk-Porträt in einem Band. Hg. von Paul Berf und Astrid Surmatz. Hamburg: Rogner und Bernhard bei Zweitausendeins, S. 67–109

Törnqvist, Lena (1999): Astrid aus Vimmerby Hamburg: Oetinger [OA 1998]

THOMAS MÖBIUS

„Von jetzt an bleib ich in der Wirklichkeit"[1]

Zum Einfluss des Internets auf die Modellierung von Wirklichkeit in der aktuellen realistischen Kinder- und Jugendliteratur

Die Lebenswirklichkeit von Kindern und Jugendlichen wird in zunehmendem Umfang durch Computernutzung und Internet-gestützte Kommunikationsformen geprägt. Seit Beginn der neunziger Jahre wird das Internet auch in der Kinder- und Jugendliteratur thematisiert. Dies geschieht zum Teil in Texten, die sich der Phantastik[2] zuordnen lassen und von Gansel als „Cyberspace-Novel" bezeichnet werden.[3] Kennzeichnend ist die Nutzung traditioneller Motive des Phantastischen wie Verwandlung, Zeitreise, Sprung in andere Welten, Gedankenlesen und die Relativierung der phantastischen „Unschlüssigkeit" durch den Einsatz des Computers, der die rational nicht erklärbaren Vorgänge in den Erzählungen motiviert und plausibilisiert (vgl. Gansel 1999, S. 168). Auf der anderen Seite werden die durch das Internet bereit gestellten technischen Innovationen in der realistischen Literatur für Kinder und Jugendliche[4] fast vollständig ohne Anreicherung durch phantastische Elemente aufgenommen; diesen Texten widmet sich der vorliegende Beitrag.

Auf der Grundlage von Romanen, die zwischen 1994 und 2003 entstanden sind, wird untersucht, wie eine Thematisierung des Internets aussieht, die sich an solchen „normalen" Erfahrungen aus der vorfindlichen Lebenswirklichkeit der

---

[1] Aus danger.de: Der Alptraum. Surfen im Internet gefährdet die Gesundheit von Jordan Cray (1999, S. 219).

[2] Vgl. zu den unterschiedlichen Bestimmungsversuchen der Phantastik Rank 2002, S. 101–125. Nach einer ganz allgemeinen Definition von Rank lassen sich dem Genre der Phantastik solche Texte subsumieren, in denen eine literarische Realität entworfen wird, die sich nicht analog zu den Gesetzen der Wirklichkeit verhält, die im „normalen" Erfahrungsbereich von Leserinnen und Lesern liegt (vgl. Rank 2000, S. 812).

[3] Gansel begreift „Cyberspace-Novel" als Subgenre der Phantastik und unterscheidet drei Typen: Im Grundmodell A treten in die real-fiktive Welt plötzlich Figuren, Gegenstände, Erscheinungen, die aus einem phantastischen Handlungskreis kommen oder innerhalb der real-fiktiven Welt laufen Veränderungen (Verwandlungen) ab, im Grundmodell B gelangt man durch bestimmte Schleusen aus der real-fiktiven Welt in die phantastische und zurück, Grundmodell C ist dadurch geprägt, dass die Konstruktion der phantastischen Welten in verfremdeter Form Spiegelbild der realen sein könnten (vgl. Gansel 1999, S. 168 f.). Beispiele für das phantastische Subgenre sind Andreas Schlüters *Level 4 – Die Stadt der Kinder* (1994), *Der Ring der Gedanken* (1995), Chloe Raybans *Echt unecht* (1996), Dietmar Röslers *Störtebecker im Netz* (1997) Charlotte Kerners *Geboren 1999* (1990).

[4] In Anlehnung an Scheiner werden für die Eingrenzung der zu untersuchenden Texte unter dem Begriff der „realistischen Kinder- und Jugendliteratur" solche Texte zusammengefasst, „die von Kindern und Jugendlichen im sozialen Bezugsfeld ihres alltäglichen Lebensbereiches handeln" (Scheiner 2000, S. 158) und die ihre Themen aus diesem aktuellen sozialen und politischen Kontext nehmen (vgl. ebd., S. 164).

Leserinnen und Leser orientiert. Es wird danach gefragt, wie die einzelnen Internet-Dienste in den ausgewählten Werken der realistischen Kinder- und Jugendliteratur aufgenommen werden, welche medienpädagogischen Aspekte mit der
Aufnahme verknüpft werden und welche formalen Auswirkungen die Thematisierung auf den Erzähltext hat. Schließlich werden Anhaltspunkte erläutert, mit
deren Hilfe sich die Darstellung der virtuellen Welt im Hinblick auf die Modellierung der literarischen Realität bestimmen lassen.

1 Wie werden die einzelnen Internet-Dienste in den ausgewählten Werken der realistischen Kinder- und Jugendliteratur aufgenommen?

In Anlehnung an Ostheimers Stufenmodell, das die Verwendung des Computers
auf drei verschiedenen Ebenen jeweils der realistischen und der phantastischen
Literatur zuordnet (vgl. Ostheimer 2002, S. 21), lässt sich für die Beschreibung
der Funktion des Computers im untersuchten Textkorpus festhalten, dass er entweder als Arbeits- und Kommunikationsmittel (Stufe 1 bei Ostheimer) oder als
virtueller Handlungsraum (Stufe 2 bei Ostheimer) angesehen wird.[5] Der Com-
putereinsatz wird in den untersuchten Beispielen mit traditionellen Themen[6] sowie mit erfolgreichen Genres der Kinder- und Jugendliteratur verknüpft:[7] So ist
der Internet-Dienst „Email" das strukturierende Element in den „reinen"
Email-Romanen, die dem traditionellen Typus des Briefromans zuzuordnen

---

[5] Ostheimer ordnet Texte, in denen der Computer die Funktion eines virtuellen Handlungsraums bekommt, bereits der Phantastik zu; die im Rahmen des vorliegenden Beitrages untersuchten Beispiele legen allerdings eine diesbezügliche Verwendung mit ausdrücklicher Zuordnung zur realistischen Literatur nahe: So ist in einem Email-Roman der Computer beispielsweise genauso virtueller Handlungsraum wie in MUD- oder Chat-Sitzungen, ohne dass der Text automatisch der Phantastik zuzurechnen wäre.

[6] Konflikte im Elternhaus wie Scheidung, Streit mit Eltern / Stiefeltern werden beispielsweise in *Auf
Wiedersehen im Cyperspace*, in der *danger.de-*, *Fanny & Pepsi-* sowie der *Cyber.kdz*-Serie aufgegriffen. Schulprobleme aller Art finden ihre Berücksichtigung in den *Fanny & Pepsi*-Romanen sowie in *Auf Wiedersehen im Cyberspace*. Dem zentralen Thema der Freundschaft und Liebe
widmen sich die *danger.de*-Romane, die Trilogie *Chat, Connect, Crash*, die *Fanny & Pepsi*-Roma-
ne, die *Cyber.kdz*- und *Netsurfer*-Serie sowie *Hilferuf aus dem Internet*; der Wegzug aus einer gewohnten Umgebung und die Problematik des Sich-neu-Zurechtfindens stellen in der *Cyber.kdz*-
Serie, im *Copy C@ts*-Roman sowie in *Salamander im Netz* den situativen Kontext dar. Die
kritische Kinder- und Jugendliteratur findet ihre Berücksichtigung in thematischen Schwerpunkten
wie der Umweltproblematik (*Umweltengel*-Romane, *Salamander im Netz*), die psychologisch orientierte Kinder- und Jugendliteratur wird in der Auseinandersetzung mit persönlichen Ängsten in
Auf Wiedersehen im Cyberspace und in Verbindung mit der Missbrauchsthematik in *Wildwassermädchen* aufgenommen. Straftaten aller Art, wie sie der klassische Krimi kennt, finden sich beispielsweise in den Romanen aus der *danger.de*-Reihe sowie in *Das Geheimnis des Spinnennetzes*.

[7] Bei der folgenden Darstellung der verwendeten Internet-Tools werden die von Ostheimer und
Henschel zugrunde gelegten Genres „Krimi", „Thriller" und „Liebesroman" (vgl. Ostheimer
2002, S. 22; Henschel 2000, S. 14f.) unter Berücksichtigung der Terminologie von Alewyn und
Gerber (vgl. Lange 2000, S. 525) weiter differenziert.

sind; zu diesem zählen der psychologische Mädchenroman *Wildwassermädchen*, die traditionellen Liebesromane *Chat, Connect, Crash* und die dem Genre des emanzipatorischen Mädchenromans (vgl. Grenz 2000, S. 341f.) verpflichteten *Fanny & Pepsi* und *Fanny & Pepsi – alles wird gut*. Ohne formale Auswirkungen auf die Erzählweise bleibt die Rezeption der Textsorte „Email" in dem Roman *Hilferuf aus dem Internet*, in dem die Protagonistin die Anonymität dieser virtuellen Kommunikationsform ausnutzt; die Einsicht in die Verwerflichkeit ihrer Handlung wird wie in den traditionellen *Trotzkopf*-Romanen belohnt. Das WWW wird als zentrales Recherche-, Publikations- und Informationsmedium in den Detektivromanen der *Netsurfer*-Reihe, in *Das Geheimnis des Spinnennetzes* und eher beiläufig in *Reality Game* verwendet. Als Informationsmedium dient es auch in dem Thriller *Back-up*; das phantastische Element der digitalen Bewusstseinsspeicherung und der dadurch ermöglichte Zugriff auf die Informationsfülle des Internets begründen eine motivische Verwandtschaft zu der 1992 entstandenen phantastischen Erzählung *The Lawnmower Man* von Stephen King. Der Internet-Dienst MUD („Multiple User Dialogue") ermöglicht die gemeinsame Nutzung einer virtuellen Spielplattform; er wird eher beiläufig in dem Detektivroman *Auf Wiedersehen im Cyberspace* und in der Hauptsache in *Cyber.kdz. Virenjagd* thematisiert.

Mehrheitlich spielt in den untersuchten Romanen nicht ein einzelner Dienst, sondern eine Kombination aus verschiedenen Internet-Diensten eine Rolle, wie z. B. in den Detektivromanen *Beruf: Umweltengel* und *Der Umweltengel und die Kinder vom rauchenden Berg*, wo WWW und Email gemeinsam als Recherche- und Informationsmedien eingesetzt werden: In dem mit Thrillermomenten ausgestatteten Detektivroman *danger.de: Der Alptraum* wird die Anonymität des Chat zum handlungsauslösenden Moment; die Aufklärung des Verbrechens erfolgt mit maßgeblicher Hilfe des WWW. In dem Detektivroman *Die Spur des Hackers* wird das Internet zur Raumüberwachung eingesetzt; mit Hilfe von Emails versucht ein jugendlicher Computerexperte die kriminellen Machenschaften einer Software-Firma aufzudecken. Eine collagenartige Montage von Chat, WWW, Email und traditionellem linearem Erzählen bestimmt die Erzählstruktur des Verbrechensromans *Copy C@ts auf Abwegen im Internet*; sämtliche gängigen Internet-Tools finden sich schließlich in dem Detektivroman *Salamander im Netz* und in der *Cyber.kdz*-Reihe wieder. Die in diesen Romanen aufweisbaren formalen Einflüsse des Internets auf die Erzählweise werden in Kapitel 3 näher untersucht werden.

2 Welche medienpädagogischen Aspekte werden mit der Aufnahme verknüpft?

Die skizzierte Aufnahme der Internet-Dienste erfolgt teilweise mit versteckter, teilweise mit offener medienpädagogischer Bewertung. In positiver Weise wird das WWW als Informations- und Recherchemedium in *Reality Game*, in den beiden *Umweltengel*-Romanen, in *Das Geheimnis des Spinnennetzes* und in *Die Spur des Hackers* aufgefasst; als Publikationsmedium forciert es die Wahrheitsfindung. Am Rande klingt insbesondere in *Die Spur des Hackers* der hohe Zeitbedarf an, den die Beschäftigung mit dem Internet mit sich bringen kann.

Als Kommunikationsmedium wird das Internet in den drei Romanen *Chat, Connect, Crash* keiner kritischen Betrachtung unterzogen, es ermöglicht vielmehr durch das Kommunikationsangebot die Bekanntschaft zwischen Bev und Max. Überaus positiv, insbesondere wegen der Geschwindigkeit, stellt sich das Internet mit dem Kommunikationsangebot auch in *Fanny & Pepsi – alles wird gut* dar; negative Kritik findet sich in der Schilderung des Vaters von Pepsi, der als Programmierer arbeitet und Tag und Nacht vor dem PC sitzt. In den *Cyber.kdz*-Romanen ermöglicht das Internet überhaupt erst den Kontakt innerhalb des Freundeskreises, dessen Mitglieder über die ganze Welt verstreut sind; gleichzeitig wird auch das Bewusstsein geschärft, dass das Internet kriminellen Handlungen als Rahmen dienen kann. Internet-Straftaten wie Datendiebstahl oder das Eindringen in geschützte virtuelle Räume stehen in den Romanen der *Netsurfer*-Reihe einer überaus positiven Bewertung des Internets nicht im Wege; als Informations- und Kommunikationsmedium in einem dient es der Aufdeckung krimineller Aktivitäten. In *Back-up* lässt sich eine positive Bewertung des Internets unter der Voraussetzung ausmachen, dass es kontrolliert und zu friedvollen Zwecken eingesetzt wird; die Gefahr von kriminellen Machenschaften wird erkannt.

Positiv, aber in differenzierter Weise wird das Internet in den beiden Romanen *Wildwassermädchen* und *Salamander im Netz* gesehen: In *Wildwassermädchen* begründet die Annahme einer Email-Identität eine vertrauensvolle Gesprächssituation mit therapeutischer Zielsetzung. In *Salamander im Netz* wird der Täter mittels einer fingierten Firmen-Website überführt, darüber hinaus stellt das Netz die Kommunikation zwischen Jugendlichen her, die sich auf verschiedenen Kontinenten aufhalten. Beide Beispiele sind deshalb bemerkenswert, weil in ihnen explizit die Vorstellung multipler Identitäten mit Internet-Diensten gekoppelt und in positiver Weise gesehen wird: Das Medium „Email" erlaubt es Zoë, der Protagonistin in *Wildwassermädchen*, mit ihrer Lehrerin in aller Offenheit über belastende Erfahrungen zu sprechen; es verspricht Erleichterung und die Chance der Selbsterfahrung – beides sind Zielsetzungen, die Turkle als Begründung für die Praxis multipler Identitätsentfaltung im Online-Leben annimmt (vgl. Turkle 1998, S. 423). In dem transistorischen Raum des Internets können Dinge ausprobiert werden, die in der Realität aus unterschiedlichen Gründen nicht gelingen (vgl. Turkle 1998, S. 427f.). Auf diese Weise kann die virtuelle Firmengründung in *Salamander im Netz* zur Überführung der Täter beitragen. Dass das Annehmen verschiedener Persönlichkeiten auch negative Folgen haben kann, wird in *Danger.de/der Alptraum* vorgeführt: Die multiple Persönlichkeit des virtuellen Raums gewinnt hier reale Gestalt in den beiden Zwillingen, die zu einer lebensbedrohlichen Gefahr für Jonah und Jen werden. Auch in *Hilferuf aus dem Internet* wird das Annehmen einer anderen Identität kritisch gesehen und letztlich verurteilt.

Die anderen negativen Bewertungen in den untersuchten Romanen treffen sich jeweils mit den gängigen medienpädagogischen Kritikpunkten, die beispielsweise Zeitintensität, Vereinzelung, Informationsfülle, Abhängigkeit und Entfremdung (vgl. von Hentig 2002, S. 67–89) hervorheben: In *Der Umweltengel und die Kinder vom rauchenden Berg* werden der hohe Zeitbedarf der Internetnutzung und die eine Entscheidungsfindung erschwerende Informationsfülle (vgl. von Hentig 2002, S. 67–69, S. 83) kritisiert; Ben, die Hauptfigur in *Die Spur des Hackers*, wird von seiner Freundin darauf hingewiesen, dass er viel Zeit am PC verbringt. Die Problematik der Vereinzelung (vgl. von Hentig 2002, S. 76) stellt beispielsweise *danger.de: Der Alptraum* heraus. Nach von Hentig verändert die Beschäftigung mit dem Internet das Verhältnis des Menschen zur Natur, sie kann zu einer Form der Entfremdung führen (vgl. von Hentig 2002, S. 89). Diesen Gedanken formuliert der Roman *Auf Wiedersehen im Cyberspace*, in dem vor negativen Folgen des PC-Spielens gewarnt wird, das mit Spielsucht, Realitätsverlust und der Entstehung psychischer Krankheiten einhergeht; der virtuelle Raum wird zum Katalysator latenter Ängste, der Roman schließt mit dem Appell, das reale Leben höher zu schätzen als die virtuelle Realität (vgl. Cross 2003, S. 250 f.). Der Topos „Wertschätzung der Natur und der persönlichen Begegnung" findet sich auch in *Die Spur des Hackers* und in *Copy C@ts auf Abwegen im Internet*: In diesem Roman tritt der Vater der Protagonistin als Internet-Befürworter auf: Er bezeichnet es als „größte soziologische Revolution seit Gutenberg" (Wilhelm 2000, S. 78), während die Mutter für handgeschriebene Briefe plädiert und den Mangel an realer Nähe sowie die Problematik krimineller Machenschaften hervorhebt. Am Ende wird die Position der Mutter bestätigt und die Protagonistin zieht – stellvertretend für den Adressaten – eine Lehre aus den Erlebnissen, die wie am Schluss von *danger.de: Der Alptraum* mit den Worten formuliert werden könnte: „Von jetzt an bleib ich in der Wirklichkeit" (Cray 1999, S. 219).

Der Vorwurf der Isolation und der Entfremdung von der Natur spitzt sich letztlich in der Vorstellung Küblers zu, dass die menschliche Körperlichkeit durch die virtuelle Realität vollständig überflüssig werde (vgl. Kübler 2001, S. 11). Feibels *BackUp*-Thriller konkretisiert diese Annahme in einem phantastischen Element: Das Bewusstsein von GoTo wird nach dessen physischem Tod auf der Festplatte gespeichert, es befriedigt seinen Informationsbedarf mit Hilfe des Internets.

3 Welche formalen Auswirkungen hat die Thematisierung auf den Erzähltext?

Augenfällig sind zunächst grafische Designelemente auf dem Buchcover, die thematisch dem Internet bzw. der Computertechnik zuzuordnen sind und die jeweils in einem motivischen Zusammenhang mit dem Buchinhalt gesehen werden können (vgl. Ostheimer 2002); ihre Funktion lässt sich ganz allgemein mit dem Ziel der Absatzförderung bestimmen. Solche gestalterischen Elemente sind z. B. spezifische Internet-Schreibweisen und Symbole wie „@" oder url-Schreibweisen (*danger.de: Der Alptraum*), Hardware-Elemente wie Tastatur und Computerbildschirm (*Hilferuf aus dem Internet; Fanny & Pepsi – alles wird gut; Copy C@ts auf Abwegen im Internet; Die Spur des Hackers; Reality Game; Cyber.kdz. Virenjagd*), Disketten (*Das Geheimnis des Spinnennetzes*), PC-Platinen (*Copy C@ts auf Abwegen im Internet; Back-up*), Cyberhelm (*Auf Wiedersehen im Cyberspace*), WebCam (*Cyber.kdz.² Pixelbluff*) sowie computergenerierte alphanumerische Codes (*Cyber.kdz*-Romane). Keinerlei Hinweise auf das Motiv des Internets finden sich z. B. auf den Umschlägen von *Salamander im Netz*, den *Chat-, Connect-, Crash*-Romanen, den *Netsurfer*-Romanen, den *Umweltengel*-Romanen und von *Wildwassermädchen*. Quantitativ gesehen weist die Covergestaltung bei etwas mehr als der Hälfte aller untersuchten Romane auf die besondere Computer- bzw. Internetthematik hin; Texte ohne entsprechenden grafischen Hinweis auf die Internet-Thematik verzichten dennoch nicht auf eine Rezeption Internet-spezifischer Textsorten.

Wie sieht nun die Rezeption von solchen ursprünglich in multimedialen Kontexten präsentierten Textsorten, wie sie in der Email-, Chat- und MUD-Kommunikation vorliegen, aus? Lässt sich ein Einfluss auf die Erzählweise im rezipierenden Medium nachweisen?[8]

Die genannten Textformen werden in den vorliegenden Romanen meist in einen traditionellen linearen Erzählverlauf eingefügt: So wird das klassische Genre des Briefromans unter Verwendung der entsprechenden Textsorte zum Email-Roman (vgl. *Chat, Connect, Crash, Wildwassermädchen, Copy C@ts auf Abwegen im Internet* und in *Fanny & Pepsi – alles wird gut*). Die realistische Montage einer Email, wie sie in *Chat, Connect, Crash*, den *Cyber.kdz*-Romanen, *Copy C@ts auf Abwegen im Internet* und in *Fanny & Pepsi – alles wird gut* und teilweise auch in den *danger.de*-Romanen vollzogen wird, sieht idealtypisch so aus, dass die komplette Mail samt Mailkopf mit Adress- und Absenderangaben, Datum und Uhrzeit sowie Betreff- bzw. Themenzeile – zumeist mit anderen Schrifttypen gesetzt – abgedruckt wird.

---

[8] Vgl. zum Desiderat einer solchen Untersuchung auch Hentschel 2000, S. 16.

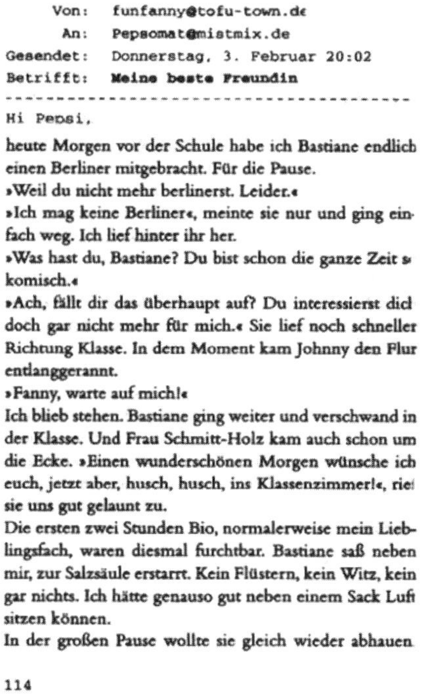

Von: funfanny@tofu-town.de
An: Pepsomat@mistmix.de
Gesendet: Donnerstag, 3. Februar 20:02
Betrifft: **Meine beste Freundin**

Hi Pepsi,

heute Morgen vor der Schule habe ich Bastiane endlich
einen Berliner mitgebracht. Für die Pause.
»Weil du nicht mehr berlinerst. Leider.«
»Ich mag keine Berliner«, meinte sie nur und ging einfach weg. Ich lief hinter ihr her.
»Was hast du, Bastiane? Du bist schon die ganze Zeit so
komisch.«
»Ach, fällt dir das überhaupt auf? Du interessierst dich
doch gar nicht mehr für mich.« Sie lief noch schneller
Richtung Klasse. In dem Moment kam Johnny den Flur
entlanggerannt.
»Fanny, warte auf mich!«
Ich blieb stehen. Bastiane ging weiter und verschwand in
der Klasse. Und Frau Schmitt-Holz kam auch schon um
die Ecke. »Einen wunderschönen Morgen wünsche ich
euch, jetzt aber, husch, husch, ins Klassenzimmer!«, rief
sie uns gut gelaunt zu.
Die ersten zwei Stunden Bio, normalerweise mein Lieb-
lingsfach, waren diesmal furchtbar. Bastiane saß neben
mir, zur Salzsäule erstarrt. Kein Flüstern, kein Witz, kein
gar nichts. Ich hätte genauso gut neben einem Sack Luft
sitzen können.
In der großen Pause wollte sie gleich wieder abhauen.

114

[5]

MUD Session Manager Login – Fr. 15:18 (Fr. 20:18 MGZ)
Welchen Namen willst Du während dieser Session
verwenden?
>**Paul der Große**
Session Login Complete
Öffne MUD Log Datei für: Paul der Große

(Paul der Große, betritt den MUD, der als GORGOTHS
VERLIES bekannt ist.)
>umsehen
    Du befindest dich in einem trostlosen Dorf. Es regnet.
    Im Osten siehst du Geschäfte, im Westen steht der
    Karren eines Händlers. Nach Norden und Süden führen
    Straßen. Im Nordosten steht ein Brunnen, der aussieht,
    als wäre er mit Blut gefüllt. Im Norden liegt auf
    einem Berg ein geheimnisvolles Schloss, welches das
    Dorf überblickt. Mitten auf dem Platz steht eine fies
    aussehende Kreatur. Sie ist über zwei Meter groß, hat
    grünbraune Haut wie aus Leder, monströse Pranken
    und ist stark behaart. Sie hat eine verrostete Rüstung an
    und hält eine riesige Axt in der Hand.
>mit Kreatur sprechen
    PAUL: Kann ich dich mal einen Augenblick sprechen?
    MUNDGERUCH DER GEMEINE: Klar, was willst du?
    PAUL: Ich bin auf der Suche nach einem Freund. Er
    hängt hier ziemlich oft rum. Vielleicht hast du ihn
    gesehen?

39

Abb. 1 Beispiel für die Wiedergabe einer
        Email in *Fanny & Pepsi – alles wird
        gut* (Belz; Schilling 2002, S. 114)

Abb. 2 Beispiel für die Wiedergabe eines
        MUD-Chats in *Cyber.kdz. Viren-
        jagd* (Balan 2000a, S. 39)

Chat-Gespräche werden als Dialoge wiedergegeben, die mit einer neuen Schriftart vom Erzähltext abgesetzt sind. In *Cyber.kdz. Virenjagd* werden auch Systemmeldungen beim Einloggen in den Chat verwendet; die Aufnahme von MUD-
Protokollen erfolgt mit Systemmeldungen beim Ein- und Ausloggen, Spielakti-
onsangaben werden abgedruckt.

Als Funktion der Montage von solchen spezifischen Internet-Textformen lässt
sich der Versuch der Realitätsnähe bestimmen. Je überzeugender Realitätsnähe
inszeniert wird, desto höher kann die erzeugte Lese-Spannung sein; mit dieser
Funktion wird die Geschwindigkeit der Email-Kommunikation gespiegelt, die
sich in einigen Passagen von z. B. *Fanny & Pepsi – alles wird gut* (vgl. Belz; Schilling, S. 146–162) der Geschwindigkeit eines mündlichen Dialogs annähert, ohne
dass jedoch der Schreibstil als spezifisch für die rezipierte Textsorte gelten kann.

In den bislang erwähnten Romanen, die mit dem Mittel der Email- oder Chat-
Montage arbeiten, wird die spezifische Textsorte lediglich grafisch simuliert. Anstelle der konzeptionellen Mündlichkeit, einem entscheidenden Kennzeichen
der Chat-, Email- und MUD-Kommunikation, steht dort eine poetisch geglätte-
te Version der Kommunikationsweise. Von einer realistischen Wiedergabe der

Kommunikation kann somit keine Rede sein – es dürfte schwer sein, Jugendliche zu finden, die sich bei ihren MUD- oder Chat-Sessions auf diese Weise ausdrükken (vgl. das Beispiel in Abb. 2).

Nur in einem einzigen Text geht der Versuch einer realistischen Wiedergabe über das Formal-Äußerliche hinaus: In Honeys *Salamander im Netz* wird auf die Wiedergabe von Systemmeldungen oder eines Email-Kopfes verzichtet, dafür wird die Textsorte „Email" mit ihrer Tendenz zu konzeptioneller Mündlichkeit in realistischer Weise, d. h. mit typischen Fehlern einer „schnellen", eben mündlich gedachten Kommunikation verwendet. Auch die für diese Textform typischen gestalterischen Möglichkeiten werden benutzt, wie in dem folgenden Auszug deutlich wird:

MeineMutterdeineTante sagt Ihr wird's besser gehn.
Ich hab dich zweimal gesehn.
Uno Hochzeit Sydney wir sA ßen ganz vorne und knackten dünne Langustenbeine & saugten si aus bis so ein meckriger Verwandter unswegzog well wir ZU VEIL KRACH machten!!!!
die Läute konnnten die öhden Rehden nicht höhren?
Das war ich, die mit dir weggezerrt wurde
Duo Weihnachten Melbourne. Das war MOLTO TOLLO well wir in den Ferien runterflogen. Wir Kinder waren alle schüchtern
und GRADE als wir gute Freunde wurden HA HA HA SEHR KOMISCH FLIPPEN WIR mal AUS& klettern wir auf die GIEGANNNNNTISCHE Kiefer im Parknebenan mussten wir abfahren weißtdUNOCH?
Du magst SSSSSSSSSSSSSSSSSSSSSchlangen stimmts?
Kusl

28

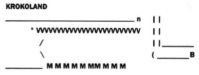

KROKOLAND

Helenas Tochter. Total verrückt! Klar erinnere ich mich an das Weihnachten.
Grinsend las er das Ganze viermal, danach surfte er im Netz herum und fühlte sich ein ganzes Stück leichter. Er entdeckte eine neue Spiel-Site und spielte Schach mit einem Jungen in Alaska, bis der plötzlich aufhörte.

FERNmann hat den Raum betreten.
Ned hatte schon oft beim Chatten zugeguckt, aber noch nie mitgemacht.
Das ist wie ins Springseil springen. Oberschlaue Typen, die rumalbern und flirten. Zufällig. Billig, schweinisch, blöd. Schrott.
Der Chat rollte über den Bildschirm wie kleine Wellen in flachem Gewässer.
Dann kam eine merkwürdige Stimme dazu, die *ihn* direkt ansprach!

dieSense: O FERNmann Großartiger Name !! Warum nennst du dich FERNmann?
FERNmann: Ich habe nicht die entfernteste Idee.
dieSense: Ferne Ereignisse von Ferne auslösen?
FERNmann: Ja.

29

Abb. 3 Beispiel für eine realistische Adaption der Textsorte „Email" aus *Salamander im Netz* (Honey 2002, S. 28f.)

Die abgedruckte Email verstößt an zahlreichen Stellen gegen einschlägige Regeln des schriftlichen Sprachgebrauchs durch das Zusammenschreiben von Wörtern („MeineMutterdeinerTante"), durch Buchstabenhäufungen („SSSSSSSSSSSSSSSSSSSSSchlangen", durch Übergeneralisierungen („öhden"), fehlerhafte Großschreibungen („sA ßen"), orthografische Fehler („si") und durch die Kombination aus mehreren dieser Phänomene („weißtdUNOCH"). Die Syntax ist der der mündlichen Sprache angepasst: „und GRADE als wir

gute Freunde wurden HA HA HA SEHR Komisch FLIPPEN WIR mal AUS&.“
Diese Merkmale zeigen, dass die Email-Verfasserin das Medium im Hinblick auf
die Realisierung konzeptioneller Mündlichkeit nutzt; gleichwohl lassen sich die
beschriebenen Abweichungen von der Sprachrichtigkeit auch als spielerischer
Umgang mit der Sprache deuten, die das Medium „Email“ ermöglicht.

Wenn schriftliche Texte im Internet aufgenommen werden, dann können sie dazu tendieren, kürzer, fast fragmentarisch zu werden, eine Rhizomstruktur auszubilden und mit einer Vielzahl intertextueller Bezugnahmen zu arbeiten. Digital
und multimedial präsentierte Zeichen, wie sie in einem solchen „Hypertext“ vorliegen, nähern sich mit ihrer delinearen Rhizomstruktur den assoziativen Formen unseres Denkens an. Im Vergleich zu einem klassischen Text sind Delinearität und Multimedialität somit die besonderen Kennzeichen eines Hypertextes
(vgl. Schlobinski 2001, S. 58f.). Dabei kann sich Delinearität insbesondere in
der Netzliteratur zum chaotisch Labyrinthischen auswachsen, sie verlangt vom
Leser das Nachvollziehen nicht-linearen Denkens. In Buch-Form lassen sich das
Rhizomatisch-Labyrinthische und die Multimedialität aufgrund der technischen
Beschränkung nur partiell realisieren. Erzählerische Mittel der Umsetzung sind
die im modernen Roman klassischerweise benutzten wie zum Beispiel die
schnelle Schnittfolge, das Auflösen narrativer Strukturen, die Multiperspektivik, der Szene- und, Zeitwechsel, die Erzählgeschwindigkeit; Multimedialität
kann durch Text-Bild-Gemenge erzeugt werden (vgl. Gansel 1999, S. 172ff.).

Untersucht man das Textkorpus auf solche Elemente partieller Delinearität hin,
so stellt man fest, dass fast alle Romane eine traditionelle Erzähltechnik aufweisen, die zum Teil einzelne Elemente wie Multiperspektivik benutzen, sich ansonsten aber einer strikt linearen Erzählstruktur bedient. Nur in einem Beispiel lässt
sich der Versuch einer partiellen Adaption von Hypertext-Merkmalen wahrnehmen: Betrachtet man den in Abb. 3 wiedergegebenen Ausschnitt aus *Salamander im Netz*, so fällt auf, dass der Text unterschiedliche gestalterische Elemente
(Fett-, Kursivdruck, Kapitälchen), Textbilder, Abbildungen sowie montierte Sequenzen aus der Chat- und Email-Kommunikation bietet: Email, innerer Monolog, Start einer Chat-Kommunikation mit Systemmeldungen, Erzählerbericht,
erneuter innerer Monolog, Chat-Dialog sind in chronologischer Reihenfolge die
in Abb. 3 verwendeten Rede-, Bewusstseins- und Textformen. Die einzelnen
Textsequenzen sind dabei recht kurz, die narrative Struktur zum größten Teil
fragmentarisch. Der schnelle Wechsel von Erzählperspektive, Redeform und
Textsorte lässt sich wenigstens als partiell delinear bezeichnen, eine gewisse Verwandtschaft mit dem Hypertext ist somit beschreibbar.[9] Zusammen mit der Ro-
man-Serie *Cyber.kdz* ist *Salamander im Netz* ein Beispiel für solche literarischen
Texte, die in ihrer Bauweise partiell mit dem Hypertext verwandt sind, indem sie

---

[9] Partielle Delinearität lässt sich als erzähltechnisches Merkmal auch in den *Cyber.kdz*-Romanen
feststellen.

durch das Aneinanderreihen polyperspektivischer Sequenzen den kontinuierlichen Erzählverlauf unterbrechen und die verschiedenen Internet-typischen Textsorten wie Chat, Email, MUD, Newsgroup-Kommentare abbilden.

Ein weiteres Kriterium für die Untersuchung, ob eine für das Internet typische Zeichenverwendung in Buchform vorliegt, ist das Vorhandensein von Koalitionen zwischen linear verschrifteter Sprache und Bildern: Text und Bild stehen nebeneinander, ergänzen sich durch Aussageunterstützung oder Widerspruch, Texte können wie Bilder gestaltet werden, schließlich können Text-Bild-Gemenge entstehen.[10] In Online-Form dienen solche Gemenge dazu, den Aussageinhalt des jeweils anderen Zeichensystems zu unterstützen, sie verstärken die Assoziationsfülle und unterstreichen die Rhizomartigkeit multimedial präsentierter Texte. Bilderassoziationen im Zusammenspiel mit Schriftzeichen sind Kennzeichen multimedialer Hypertexte. In Abb. 3 findet sich ein Beispiel für die Gestaltung von Schrift als Bild: Den Emailkopf schmückt ein aus Buchstaben geformtes Gesicht, das Ende der Email wird mit einem ebenfalls aus Buchstaben gestalteten Krokodil illustriert, das die Herkunft der Email-Verfasserin aus „Krokoland" verbildlicht – außerdem ist es ein Hinweis auf Reptilien, denen die Zuneigung Neds gilt.

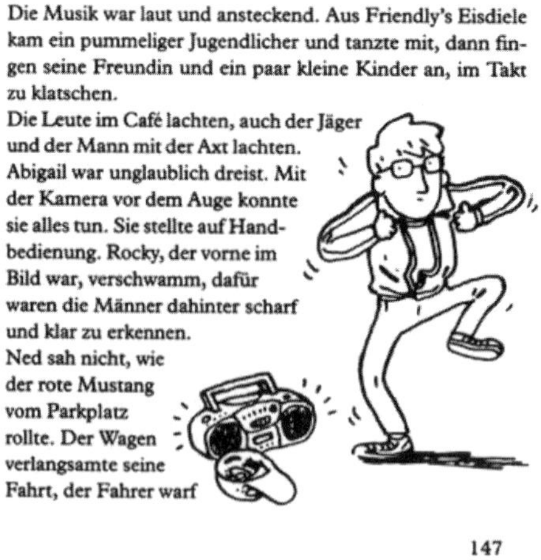
Die Musik war laut und ansteckend. Aus Friendly's Eisdiele kam ein pummeliger Jugendlicher und tanzte mit, dann fingen seine Freundin und ein paar kleine Kinder an, im Takt zu klatschen.
Die Leute im Café lachten, auch der Jäger und der Mann mit der Axt lachten. Abigail war unglaublich dreist. Mit der Kamera vor dem Auge konnte sie alles tun. Sie stellte auf Handbedienung. Rocky, der vorne im Bild war, verschwamm, dafür waren die Männer dahinter scharf und klar zu erkennen.
Ned sah nicht, wie der rote Mustang vom Parkplatz rollte. Der Wagen verlangsamte seine Fahrt, der Fahrer warf

147

Abb. 4 Text-Bild-Gefüge in *Salamander im Netz* (Honey 2002, S. 147)

In Abb. 4 dient die bildliche Darstellung von Rockys Tanz der Ausgestaltung dessen, was im Text selbst nur als Hintergrund nebenbei erwähnt wird. Der beigefügte Text konzentriert sich vor allem auf die Beschreibung des situativen Kontextes des Tanzes: die Handlungen der fotografierenden Abigail, die Reaktionen der Café-Besucher, das Auftauchen des verdächtigen Wagens. Bild und Text liefern somit unterschiedliche Informationen – und ergänzen sich in der Vervollständigung des Bildes fiktionaler Realität.

In aller Regel werden also Internet-spezifische Textsorten in bereits bestehende traditionelle Gattungsformen der Kinder- und Jugendliteratur integriert; Anhaltspunkte dafür, dass die Rezeption dieser Textsorten oder generell

10 Vgl. Schmitz 2003, S. 29. Als Bild wirkt grundsätzlich auch die Montage mit scheinbar originalen Emails oder Chat-Protokollen, wie sie in *Copy C@ts auf Abwegen im Internet* und in *Fanny & Pepsi – alles wird gut.* vorliegen. Die besondere Form dieser Textsorten stellt Assoziationen zu multimedialen Kontexten her und lässt den Leser auch die bestimmte Textform erwarten.

der Internet-Motivik zu einem völlig neuen Genre führt, das beispielsweise die Bezeichnung „Internetroman" oder „virtueller Roman" verdienen würde, lassen sich nicht ausmachen. Lediglich in den wenigen beschriebenen Beispielen kann man eine partielle Übernahme hypertextueller Zeichenverwendung und Erzählstruktur nachweisen.

4 Die Rezeption der virtuellen Welt im Hinblick auf die Modellierung der literarischen Realität

Die fiktionale Realität ist das Ergebnis eines bestimmten Wahrnehmungs- und Deutungsmodells (vgl. Rank 2002, S. 107); die Rezeption der wahrgenommenen virtuellen Realität des Internets kann daher Auswirkungen auf die Konstruktion der erzählten Welt haben. In den ausgewählten Texten der realistischen Kinder- und Jugendliteratur beobachtet man, dass die textinterne Realität nach dem Modell der empirisch-rationalen Logik der textexternen Welt gestaltet ist: Nur in zwei Beispielen finden sich Ausnahmen von dieser Regel: In *Der Umweltengel und die Kinder vom rauchenden Berg* „reisen" die Jugendlichen mit der Geschwindigkeit einer Email auf die Philippinen (vgl. Schweres 2002, S. 65); in *Back-up* existiert der Geist des Hackers in virtueller Form weiter (vgl. Feibel, S. 126). In beiden Fällen handelt es sich um einzelne phantastische Phänomene, die sich gewissermaßen als besondere „Kniffe" im Fiktionalitätsvertrag bewerten lassen, ohne dass durch sie eine generelle Zuordnung der beiden Romane zur Phantastik erlaubt wäre.

Der Vergleich mit dem Wirklichkeitsentwurf in phantastischen Texten ist allerdings hilfreich für die Beschreibung des Wirklichkeitsmodells in den das Internet rezipierenden realistischen Texten. Eine Gemeinsamkeit von allen untersuchten Texten ist die auch in phantastischen Texten zu beobachtende dualistische Strukturierung der Wirklichkeit: Die virtuelle Welt existiert völlig eigenständig innerhalb der literarischen Realität. Sie lässt sich über bestimmte Zugangswege betreten, die durch die technischen Mittel für die Herstellung und Nutzung von Internet-Verbindungen gebahnt werden. Neben der Verfügbarkeit der technischen Voraussetzungen ist die Kenntnis eines Passwortes notwendig, das das Tor in die virtuelle Welt öffnet. Innerhalb der Internet-Welt existieren passwortgeschützte Räume, in denen Mitglieder eine exklusive Kommunikation pflegen: So ist in Wilhelms *Copy C@ts* das Forum, auf dem die raubkopierte Software gehandelt wird, nur Eingeladenen zugänglich (vgl. Wilhelm 2000, S. 158), und auch in Balans *Cyber.kdz. Virenjagd* kommunizieren Jugendliche in einem eigenen exklusiven Chat-Raum (vgl. Balan 2000a, S. 48). Das Zeichen der Zugehörigkeit zu solchen privaten Räumen ist die Kenntnis des Zugangscodes:

Wähle 1900.61.08.29 …
Verbunden mit Cyber.kdz

UNIX SLRS 2.4
Tagchen. Ohne Passwort kommst du nicht rein.
Eingabe:
(Balan 2000 a, S. 128).

Gleichzeitig bietet die Computertechnik Möglichkeiten an, Zugangscodes zu geschützten Räumen bzw. Netzwerken zu ermitteln. Damit wird der Schutz des abgegrenzten Raums vor unbefugtem Eindringen zu einer vordringlichen Aufgabe
(vgl. Balan 2000 a, S. 75 ff.).

Der Eintritt in die Welt des Internets ist mit dem Entwurf einer virtuellen Identität verbunden, die einen eigenen Namen tragen und neu zu definierende Persönlichkeitsmerkmale aufweisen kann (vgl. *danger.de: Der Alptraum; Cyber.kdz.
Virenjagd; Salamander im Netz, Fanny & Pepsi. Alles wird gut.*). Die neue Identität verbirgt die reale Identität und gewährleistet auf diese Weise Anonymität;
dieser Umstand kann als Mittel zur Entlarvung von Verbrechern (vgl. *Salamander im Netz*) oder als Möglichkeit, selbst strafbare Handlungen auszuüben (vgl.
Copy C@ts auf Abwegen im Internet), genutzt werden. Die Anonymität durch
die Annahme einer zweiten, autonomen Identität kann Vertraulichkeit herstellen (vgl. *Hilferuf aus dem Internet*). Selbst die scheinbare Anonymität bei
gleichzeitiger Verwendung des Klarnamens verringert Kommunikationsbarrieren und stellt wie in Popes *Wildwassermädchen* eine Offenheit her, die in der
Realität nicht möglich wäre: „Aber dass es sehr wichtig für mich ist, mit Ihnen zu
reden, das habe ich ernst gemeint; in diesem Computer fühle ich mich freier als
in der 'wirklichen' Welt" (Pope 1998, S. 61). Gleichzeitig können individuelle
Identitätsentwürfe, die das Auftreten im Netz bestimmen, in dieser Gemeinschaft eine eindeutig bestimmbare Gestalt annehmen, so dass sogar eine Person
in der virtuellen Welt gesucht und gefunden werden kann, die aus der realen Welt
verschwunden zu sein scheint (vgl. Balan 2000 a, S. 46 f.).

Das erfolgreiche Suchen nach einem im virtuellen Raum existierenden Individuum ist an die Kenntnis der Funktionsweisen und Regeln der virtuellen Welt geknüpft. Diese virtuelle Welt ist nämlich keineswegs – wie es z. B. der Klappentext
von *danger.de: Der Alptraum* verspricht – eine regelfreie Welt „ohne Gesetze
und ohne Grenzen, in der man sein kann, wer immer man will. Egal, ob es
stimmt oder nicht" (Cray 1999, Klappentext). Ihre Konstruktion gehorcht entweder vollständig dem Vorbild der empirisch-rationalen Logik der literarischen
Realität oder zusätzlich eigenen Gesetzmäßigkeiten und Regeln, die erlernt werden müssen, damit man sich in der anderen Realität zurecht findet und von der
virtuellen Gemeinschaft akzeptiert wird:

a) Folgt das Modell der virtuellen Welt den Regeln der realen Welt und ihrer empirisch-rationalen Logik, so werden die eingesetzten digitalen Kommunikations- und Informationsdienste mit den Funktionsweisen traditioneller Medien
integriert; sie ließen sich denn auch durch traditionelle Medien ersetzen, ohne dass sich erzählstrukturelle Änderungen ergäben. Diese Beobachtung gilt

beispielsweise für die Informationsrecherche in *Reality Game,* in den *Um-weltengel*-Romanen oder in *Das Geheimnis des Spinnennetzes.* Den Regeln der realen Welt der literarischen Fiktion folgt daneben auch traditionelles kommunikatives Brauchtum, das zu Bestandteilen der „Netiquette" wird; in Balans *Cyber.kdz. Virenjagd* beispielsweise kritisiert Tereza ihren Freund Sanjeev, weil er wiederholt auf Anrede- und Grußformeln in der Email-Kor-respondenz verzichtet hat:

> Nur weil wir diese großartige Möglichkeit haben, übers Netz blitzschnell zu kommuni-zieren, müssen wir nicht auf die altbewährten Traditionen des Briefeschreibens mit An-rede und Schluss verzichten. Also verwende bitte in Zukunft Grußformeln. (Balan 2000, S. 13)

Schließlich finden sich die einschlägigen Straf- und Zivilrechtsordnungen in Tatbeständen wie Betrug, dem Handel mit Raubsoftware (vgl. *CopyC@ts*) oder in der Sachbeschädigung durch Viren (vgl. *Cyber.kdz. Virenjagd*) wie-der. Insbesondere das In-Umlauf-Bringen von maligner Software wird wegen der damit verbundenen existenziellen Bedrohung der Internet-Welt als ein Kardinaldelikt betrachtet, der Kampf gegen Viren und ihre Programmierer wird, wie man dem Appell Deeders, des jugendlichen Computerexperten in *Cyber.kdz. Virenjagd*, entnehmen kann, mit besonderer Härte und allen Mit-teln geführt: „Killt alle Viren, bevor sie euch killen! Dreckschleudern dieser Erde, nehmt euch in Acht." (Balan 2000, S. 17; vgl. auch S. 145f.).

b) Kommen zusätzlich Regeln, die der dem Computermedium immanenten Lo-gik folgen, hinzu, so schließen sie sowohl die oben bereits erwähnten Entwür-fe virtueller Identitäten als auch vor allem spezifische Verhaltensformen ein: Das Verhalten in der virtuellen Welt unterliegt eigenen Gesetzmäßigkeiten, selbst die Körperbewegungen sind neu zu koordinieren. Eine so geartete Er-fahrung macht die Protagonistin des Romans *Auf Wiedersehen im Cyberspa-ce* nach dem Aufsetzen des Spielehelms:

> Sie hob versuchsweise die rechte Hand und streckte den Zeigefinger aus. Den Bruchteil einer Sekunde später erschien die Hand als einfache graue Form vor ihrem Gesicht. Sie wies weder Linien noch Nägel noch Knöchel auf, doch sie zeigte direkt auf die Tür. Und es funktionierte. Die Tür schien sofort auf sie zuzuschweben und Miriam begriff, dass sie es war, die auf die Tür zuglitt. (Cross 2003, S. 19)

Neben der Notwendigkeit, sich in dem neuen virtuellen Umfeld mit seinen ei-genen „Naturgesetzen" orientieren zu müssen, sind mit den Dimensionen von Raum und Zeit die Bezugsgrößen der realen Welt teilweise außer Kraft gesetzt; eine nahezu in Echtzeit stattfindende Kommunikation bildet die Grundlage für die Pflege von Beziehungen zwischen Menschen, die weit von-einander entfernt leben (vgl. *cyber.kdz*-Romane, *Chat-Connect-Crash, Net-surfer*-Romane). In der Metapher von GoTos Bewusstsein in Feibels *Back-up*-Thriller, das sich blitzschnell durch das Netz bewegt und Informationen sammelt, wird dieses Außerkraftsetzen exemplarisch zugespitzt (vgl. Feibel 2000, S. 160).

Mit der „Bewegung" im virtuellen Raum in einem allgemeineren Sinne haben virtuelle Umgangsformen etwas zu tun; sie müssen erst erlernt werden, bevor man von der virtuellen Gemeinschaft akzeptiert und als Kommunikationspartner ernst genommen wird: In Wilhelms *Copy C@ts auf Abwegen im Internet* wird dem „Newbie" Anna schnell klar, dass sie sich bei ihrer ersten Teilnahme an einer Forendiskussion falsch verhält und dass sie ihr noch nicht bekannte Zeichen verwenden muss, wenn ihr Beitrag berücksichtigt werden soll. Da sie trotzdem weiterhin vergisst, sich mit „?" zu melden und mit „GA" das Ende des Beitrags anzuzeigen, wird sie vom Sysop aus dem Forum ausgeschlossen (vgl. Wilhelm 2000, S. 40–43). In einer separaten Mail erläutert er ihr später die Grundlagen der Kommunikations- und Verhaltensregeln wie die Verwendung von Smilies und die Beachtung der Netiquette.

Eine weitere Gemeinsamkeit mit Texten des phantastischen Genres ist schließlich die Existenz von bestimmten Gruppen von „Eingeweihten", von Computer-Freaks in der realen Welt der literarischen Fiktion, die – scheinbar wie Zauberer oder Magier – die Funktionsregeln der Internet-Welt besonders gut kennen und sie zu nutzen verstehen; dieses Spezialistenwissen erscheint den anderen nicht mit diesem Wissen ausgestatteten Personen der „realen" Welt zuweilen als unerklärlich und wunderbar; in dem Erstaunen Annas in Wilhelms *Copy C@ts* über ihre unerwartete „Rettung" durch Conni schwingt die Bewunderung der „magischen" Fähigkeiten ihres „Retters" mit:

> Johnny war tatsächlich von der Polizei gewesen und Conni hatte es gewusst. Irgendwie hatte er davon erfahren, und als er Anna nicht hatte dazu bringen können, das Forum zu verlassen, hatte er sie offensichtlich kurzerhand alle gerettet. Wie er das angestellt hatte, konnte sich Anna beim besten Willen nicht vorstellen. Irgendwie hatte er alle ihre Namen und Identifikationen gelöscht und dem Ermittler so die Möglichkeit genommen zu beweisen, dass sie bei der Übergabe beteiligt gewesen waren. (Wilhelm 2000, S. 197)

Fragt man abschließend nach der Funktion der rezipierten Elemente aus der virtuellen Realität, so lassen sich die folgenden Feststellungen formulieren: Wird der verwendete Internet-Dienst nicht oder nur andeutungsweise mit seinen spezifischen Merkmalen verwendet bzw. ist er durch ein anderes Medium, beispielsweise einen Brief oder eine Bibliothek, ersetzbar, ohne dass sich in der Erzähl- oder Handlungsstruktur etwas ändern würde *und* folgt der Entwurf der virtuellen Realität der empirisch-rationalen Logik, so lässt sich die Rezeptionsfunktion im Sinne einer bloßen modischen Aktualisierung bestimmen. Diese Funktion realisieren beispielsweise *Das Geheimnis des Spinnennetzes*, Der *Umweltengel und die Kinder vom rauchenden Berg* sowie sämtliche Email-Romane.

Eine Rezeption in formaler Hinsicht funktionalisiert die im Internet verwendeten spezifischen Textsorten und integriert deren spezifische Eigenarten in die Gestaltung der Erzählstruktur (vgl. *Salamander im Netz, Cyber.kdz*-Romane). Wird das Internet dagegen ein Element der Handlungsstruktur, so kann es entweder als Ort der Konfliktauslösung und/oder der Konfliktauflösung angesehen werden (vgl. *danger.de: Der Alptraum, cyber.kdz*-Romane). Insbesondere in den Romanen, in denen das Modell der virtuellen Welt den Regeln der realen Welt der literarischen Fiktion *und* zusätzlich eigenen Regeln, die der dem Computermedium immanenten Logik folgen, gehorcht, wird das Internet als Raum begriffen, in dem Ereignisse ausgelöst werden, die sich in der Realität auswirken:[11] In *danger.de: Der Alptraum* ändert Nicole die Prüfungsergebnisse von Jonah, indem sie sich via Internet einen Zugang zum Schulcomputer verschafft (vgl. Cray 1999, S. 41); in *Cyber.kdz. Virenjagd* wird mit Hilfe des Internets ein Feueralarm ausgelöst (vgl. Balan, S. 148), in *Salamander im Netz* wird der Täter mittels einer fingierten Firmen-Webseite überführt (Honey, S. 250f.), in *Auf Wiedersehen im Cyberspace* werden latente Psychosen durch das virtuelle Spiel geweckt, die sich in der Realität als Verfolgungswahn manifestieren (vgl. Cross 2003, S. 97f.) – es ließen sich noch eine ganze Reihe weiterer Beispiele finden. Honeys *Salamander im Netz* thematisiert diese Funktionalitätsbestimmung bereits im symbolhaften englischen Titel *Remote Man* und in der Wahl des Spitznamens für den Protagonisten („FERNmann").

In Weiterführung dieser Funktionsbestimmung lässt sich sagen, dass auch bestimmte Eigenarten des Regelsystems der virtuellen Welt Einfluss auf die Konstruktion der realen Welt der literarischen Fiktion nehmen, indem Naturgesetze teilweise außer Kraft gesetzt werden oder außer Kraft gesetzt zu sein scheinen. Die Aufhebung der Gebundenheit an die Dimensionen von Raum und Zeit wird in der schon eingangs erwähnten blitzschnellen Reise der Jugendlichen auf die Philippinen im Roman *Der Umweltengel und die Kinder vom rauchenden Berg* die (vgl. Schweres 2002, S. 65) vorausgesetzt.

Zusammen mit den aufgezeigten Gemeinsamkeiten mit der phantastischen Literatur und mit den formalen Auswirkungen auf den Erzähltext sind diese Gesetzmäßigkeiten der Wirklichkeitskonstruktion der virtuellen Welt, die sich auf die Modellierung der fiktionalen Realität auswirken, die eigentlich spannenden und interessanten, weil sie das inhaltlich und formal Eigentümliche der virtuellen Wirklichkeit betreffen. Eine solche spezifische Rezeptionsweise ist nur in ganz wenigen Romanen anzutreffen. Die Mehrheit der untersuchten Beispiele der zeitgenössischen realistischen Kinder- und Jugendliteratur thematisiert das Internet ausschließlich mit der offensichtlichen Funktionsintention einer modischen Aktualisierung.

---

[11] Dieses Kriterium ist für Gansels Einteilung Ausschlag gebend für die Zuordnung zum Grundmodell A (vgl. Fußnote 2).

Literatur

Primärliteratur

Balan, Bruce (2000a): Cyber.kdz. Virenjagd. Aus dem Amerikanischen von Martin Grund-
mann. Hamburg: Argument [OA Cyber.kdz – In Search of Scum, 1997]

Balan, Bruce (2000b): Cyber.kdz². Pixelbluff. Aus dem Amerikanischen von Corinna
Kühn. Hamburg: Argument [OA Cyber.kdz: 2 – A Picture's Worth, 1997]

Balan, Bruce (2001): Cyber.kdz³. SOS Nasa. Aus dem Amerikanischen von Corinna Kühn.
Hamburg: Argument [OA Cyber.kdz:3 – The Great Nasa Flu, 1997]

Belz, Corinna; Schilling, Regina (2001): Fanny & Pepsi. Hamburg: Carlsen

Belz, Corinna; Schilling, Regina (2002): Fanny & Pepsi – alles wird gut. Hamburg: Carlsen

Benson, Stéphanie (2002): Das Geheimnis des Spinnennetzes. Aus dem Französischen von
Doris Heinemann. Reinbek: Rowohlt [OA Le mystère de la toile d'araignée, 2000]

Cray, Jordan (1999): danger.de: Der Alptraum. Surfen im Internet gefährdet die Gesundheit. Aus dem Englischen von Eva Fensch. Ravensburg: Ravensburger [OA dan-
ger.com@1//Gemini7, 1997]

Cross, Gillian (2003): Auf Wiedersehen im Cyberspace. Aus dem Englischen von Hilde
Linnert. München: dtv, 4. Aufl. [OA New World, 1994]

Feibel, Thomas (2000): Back-up. Ein Hacker-Thriller. München: Egmont Franz Schneider

Honey, Elisabeth (2002): Salamander im Netz. Aus dem Englischen von Heike Brandt.
Weinheim: Beltz [OA Remote Man, 2000]

Jeier, Thomas (2001): Hilferuf aus dem Internet (EA 1998). Würzburg: Arena, 2. Aufl.

Mc Carthy, Nan (1999): Chat :-) Eine ganz moderne Liebesgeschichte 1. Aus dem
Englischen von Karin Dufner. München: Goldmann [OA Chat, 1995]

Mc Carthy, Nan (1999): Connect :-) Eine ganz moderne Liebesgeschichte 2. Aus dem
Englischen von Karin Dufner. München: Goldmann [OA Connect, 1996]

Mc Carthy, Nan (1999): Crash ;-) Eine ganz moderne Liebesgeschichte 3. Aus dem
Englischen von Karin Dufner. München: Goldmann [OA Crash, 1998]

Pope, James (1998): Wildwassermädchen. Aus dem Englischen von Hans Hermann.
Ravensburg: Ravensburger [OA Spin the Bottle, 1997]

Schlüter, Andreas (2002): Die Spur des Hackers. Berlin; München: Altberliner Verlag

Schlüter, Andreas (2003): Reality Game. Berlin; München: Altberliner Verlag

Schweres, Michael (1999): Beruf: Umweltengel. München: ElefantenPress; Bertelsmann

Schweres, Michael (2002): Der Umweltengel und die Kinder vom rauchenden Berg.
München: ElefantenPress; Bertelsmann

Wilhelm, Andreas (2000): Copy C@ts auf Abwegen im Internet (1997). Ravensburg:
Ravensburger

Winkler, Dieter (1999a): Netsurfer – Sams Geheimnis. Stuttgart; Wien; Bern: Thienemann

Winkler, Dieter (1999b): Netsurfer – Operation Delta. Stuttgart; Wien; Bern: Thienemann

Winkler, Dieter (2000): Netsurfer – Michelle in Gefahr. Stuttgart; Wien; Bern: Thienemann

Winkler, Dieter (2001a): Netsurfer – Abenteuer in New York. Stuttgart, Wien, Bern:
Thienemann

Winkler, Dieter (2001b): Netsurfer – Nummer 5 hebt ab. Stuttgart; Wien; Bern: Thienemann

Winkler, Dieter (2003): Netsurfer – Gefahr für die Netsurfer. Stuttgart; Wien; Bern:
Thienemann. [darin: 52 Stunden Angst und Michelle in Gefahr]

Sekundärliteratur

Gansel, Carsten (1998): „Neue Probleme tauchen auf und erfordern neue Mittel!" – Kinder- und Jugendliteratur als Gegenstand von Literaturwissenschaft und -didaktik. In: Zwischen Märchen und modernen Welten: Kinder- und Jugendliteratur im Literaturunterricht. Hg. von Carsten Gansel. Frankfurt a. M. u. a.: Lang, S. 13–60.

Gansel, Carsten (1999): Moderne Kinder- und Jugendliteratur. Ein Praxishandbuch für den Unterricht. Berlin: Cornelsen

Grenz, Dagmar (2000): Mädchenliteratur. In: Taschenbuch der Kinder- und Jugendliteratur. Bd. 1. Hg. von Günter Lange. Baltmannsweiler: Schneider Verlag Hohengehren, S. 332–358

Hentig, Hartmut von (2002): Der technischen Zivilisation gewachsen bleiben. Nachdenken über die Neuen Medien und das gar nicht mehr allmähliche Verschwinden der Wirklichkeit. Weinheim; Basel: Beltz

Hentschel, Ute (2000): Treffpunkt Level 4. Das Netz als Thema der Jugendliteratur. In: Bulletin Jugend und Literatur, H. 1, S. 13–17

Kübler, Hans-Dieter (2001): Wie anthropologisch ist mediale Kommunikation? Über Sinn und Nutzen einer neuen Teildisziplin. In: medien praktisch, Jg. 25, H. 4, S. 11–20

Lange, Günter (2000): Krimis für Kinder und Jugendliche. In: Taschenbuch der Kinder- und Jugendliteratur. Bd. 1. Hg. von Günter Lange. Baltmannsweiler: Schneider Verlag Hohengehren, S. 525–546

Ostheimer, Astrid (2002): Computer Novels für junge Leser. In: Mitteilungen des Instituts für Jugendbuchforschung, H. 1, S. 15–23

Rank, Bernhard (2000): Philosophie als Thema von Kinder- und Jugendliteratur. In: Taschenbuch der Kinder- und Jugendliteratur. Bd. 2. Hg. von Günter Lange. Baltmannsweiler: Schneider Verlag Hohengehren, S. 799–826

Rank, Bernhard (2002): Phantastik im Spannungsfeld zwischen literarischer Moderne und Unterhaltung. Ein Überblick über die Forschungsgeschichte der 90er Jahre. In: Kinder- und Jugendliteraturforschung 2001/2002. Hg. von der Arbeitsgemeinschaft der Kinder- und Jugendliteraturforschung. Stuttgart; Weimar: Metzler, S. 101–125

Scheiner, Peter (2000): Realistische Kinder- und Jugendliteratur. In: Taschenbuch der Kinder- und Jugendliteratur. Bd. 1. Hg. von Günter Lange. Baltmannsweiler: Schneider Verlag Hohengehren, S. 158–200

Schlobinski, Peter (2001): Hypertext und Hypertextanalyse: Schülerzeitschriften im Netz. In: Der Deutschunterricht, Jg. 53, H. 2, S. 58–67

Schmitz, Ulrich (2003): Zum Textbildschirm. Text-Bild-Gemenge in neuen Medien. In: Deutschdidaktik und neue Medien. Konstitutionsprobleme im Spannungsfeld zwischen Altlasten und Neugierde. Hg. von Susanne Gölitzer. Baltmannsweiler: Schneider Verlag Hohengehren, S. 26–53

Tabbert, Reinbert (1999): Wie Eisberge in der Bücherflut: Erfolgreiche Kinderbücher. In: Erfolgreiche Kinder- und Jugendbücher. Was macht Lust auf Lesen? Hg. von Bernhard Rank. Baltmannsweiler: Schneider Verlag Hohengehren, S. 7–22

Turkle, Sherry (1998): Leben im Netz. Identität im Zeitalter des Internet (1995). Reinbek: Rowohlt

Autobiographische
Lese- und Schreiberfahrungen

MARTIN RAUCH

Textverarbeitung – eine Schreibbiographie

In dem klugen Buch *Telephon, Film, Typewriter* von Friedrich Kittler (Kittler 1986) ist die Entwicklung dessen beschrieben, was heute allgemein Textverarbeitung heißt. Auf einen nüchterneren Begriff ist dieser edle Umgang des Menschen mit seiner Erfindung, der Schrift, nicht zu bringen.

Mir geht es im Folgenden nicht etwa darum, bisher Unerforschtes zum Thema beizutragen, sondern ganz schlicht um meine eigenen Erfahrungen. Insofern steht der Text in der Tradition der Lesebiographien, nur dass es eben um das dem Lesen verwandte und es voraussetzende Schreiben geht, und zwar nicht um Techniken, wie sie Schreibwerkstätten vermitteln, sondern um den Wandel der Schreibwerkzeuge, wie er sich im Verlauf eines (Berufs-)Lebens vollzogen hat. Es geht um die skizzenhafte Schreibbiographie eines Menschen, der 1940 in Freiburg geboren, nach Schule und Pädagogischer Akademie Volksschullehrer wurde, neun Jahre unterrichtete und nach Zweitstudium Professor für Schulpädagogik war, zuerst 15 Jahre in Reutlingen, dann 14 Jahre in Freiburg.

Alles begann 1946 in Freiburg-Littenweiler in der ersten Klasse – dabei stimmt es so gar nicht, wenn ich es recht bedenke. Wie die meisten Kinder nahm ich Schrift als etwas Eigenes *vor* der Schulzeit wahr, bei mir schlug sich dies in einer bedenkenswerten *Zeichnung* nieder. Sie ist noch vorhanden (Mutters Sammelwut sei Dank) und zeigt eine Straße mit einem Kino. Allerdings ist das Wort KINO (in Großbuchstaben) seitenverkehrt, spiegelbildlich geschrieben, warum auch immer. Ich erinnere mich, dass meine Eltern vergeblich versuchten, mir diese Spiegelbildlichkeit als etwas Besonderes mitzuteilen. Da ich aber weder eine Vorstellung von „bildlich" noch von „spiegelbildlich" hatte, verschloss sich mir die Besonderheit des Vorgangs. Offensichtlich war ich in einem Alter, in dem Kinder vor dem Spiegel nicht sich selbst, sondern ein fremdes Kind wahrnehmen.

Das Schreiben in der Schule war für mich ein großes Erfolgserlebnis. Nicht nur begeisterte es mich, mit Griffel auf der Schiefertafel zu schreiben, ich wurde in der Schule und zu Hause überaus gelobt für die sorgfältige Ausführung. Unter Kindern ist dies ja nicht hoch bewertet, aber ich hatte in der Grundschule vier Jahre lang meist die Note Eins für Schönschreiben in meinen Heften stehen. Die schwarze Schiefertafel wurde übrigens bald durch eine weiße Kunststofftafel abgelöst, auf der mit einem schmierenden Stift geschrieben wurde – ein glatter Rückschritt in meiner Erinnerung. Falls verbessert werden musste, verwischte das zu Korrigierende und bildete hässliche Wolken auf der Tafel.

Aufwärts ging es erst wieder mit dem ersten Heft und der Umstellung auf Feder und Tinte. 1947 wurden wie selbstverständlich nicht nur die alten Schulmöbel verwendet, sondern auch die vorhandenen Tintenfässer, Federhalter und

Federn. Ab und an füllte die Lehrerin aus einer Art Maggi-Flasche neue Tinte nach, spannend war dann, ob sich die blaue oder die schwarze Tinte aus ihrem Füllhorn ergoss. Natürlich war das Schreiben auf Papier einerseits nervenaufreibend, denn Korrekturen waren nur mittels Durchstreichen möglich, andererseits, welche Verantwortung, sollte versucht werden eine fehlerfreie Seite zu erzeugen!

Ein weiterer, entscheidender Entwicklungsschritt war für mich die Anschaffung des ersten Füllers, was erst mit dem Übertritt in das Freiburger Rotteck-Gymnasium möglich wurde. Ich erinnere mich genau, dass ich diesen ersten Füller, einen Pelikan-Füller mit grünen Tankstreifen (wer sich auf diesem Gebiet auskennt, weiß sofort, wovon ich schreibe) bei den Geschwistern Kaiser gegenüber dem Stadttheater selbst kaufte; sie hatten nach dem Krieg ihr Schreibwarengeschäft in einer Baracke aufgeschlagen. Ich wurde mit besonderem Wohlwollen behandelt, weil ich mit dem Handpuppenspieler Theodor Schück befreundet war, den auch sie gut kannten. 12,80 DM kostete dieses kostbare Stück, mit dem ich heute noch schreibe (wenn auch selten genug, doch davon später).

Im Unterschied zur Grundschule vervielfältigte sich auf dem Gymnasium das Schreibgut. Es gab Fächer und Lehrer, Geographie mit Herrn Stock beispielsweise, in denen ständig mitgeschrieben werden musste. Dieser Mitschrieb wurde dann zu Hause ins Reine übertragen, weshalb sich der (Zeit-)Aufwand verdoppelte. Dieses massive Schreiben kam mir damals einerseits entgegen, andererseits begann eine Entwicklung, die inzwischen dazu geführt hat, dass ich heute (außer Notizen) nichts mehr von Hand schreibe, nicht einmal mehr Briefe. Ich schreibe inzwischen erheblich schneller am PC als von Hand, außerdem ist der Text gleich in einer (vorläufigen) Endform und kann leicht nachgebessert werden – doch auch davon später, noch sind wir bei der Entwicklung des Schreibens von Hand, der Handschrift.

Schrift entwickelt sich. In meinem Fall nahm ich die Tafelschrift von Lehrerinnen und Lehrern als Vorbild und Anregung. Für Jahre übernahm ich einzelne Buchstaben vom beliebten Englischlehrer Herrn Simon (ich habe versäumt, ihm dies mitzuteilen, als ich ihn Jahre später auf einer Wanderung traf). Überhaupt hatten manche Lehrer eine bemerkenswerte und bemerkenswert schöne Handschrift. Die Heftführung, insbesondere in den Sachfächern, machte mir nach wie vor Vergnügen; beispielsweise verwandte ich viel Zeit auf Zeichnungen, insbesondere auf Landkarten, die ich abzeichnete. Auch entwickelte ich eine spezielle Rauch'sche „Ausklapptechnik" für Fälle, in denen auch eine Doppelseite als Format nicht ausreichte. Ich war überrascht, diese meine „Erfindung" später in Zeitschriften, auch Atlanten wiederzufinden.

Als Besonderheit ist zu erwähnen, dass ich mich als Jugendlicher jahrelang mit Kalligraphie befasste. Anstoß gab die evangelische Pfadfindergruppe, die ihre Aktivitäten in einem Schaukasten der Friedenskirche dokumentierte. Rasch avancierte ich zum Chefdesigner für Schaukastengestaltung. Meine Fotos wurden mit knackigen Kommentaren versehen und auf Plakatkarton platziert, das Ganze unter Überschriften wie „Im Zeichen des Roten Rhombus" – kein Krimititel, sondern ein Hinweis auf eine Fernwanderung von Baden-Baden nach Freiburg. Dies entwickelte sich weiter zu reinen großformatigen Schriftsätzen, etwa eines Luthertextes zum Reformationstag. Ich brachte mir anhand eines kleinen Schriftbüchleins des berühmten Schriftkünstlers Rudolf Koch einige klassische Schriften bei: Gotik, Antiqua und die jeweilige Kursivvariante. Selbst an die Erfindung einer eigenen Schrift wagte ich mich heran. Letzte Ausläufer dieser Tätigkeit waren handgeschriebene Gedichte anlässlich erster Schwärmereien – die Mädchen mögen es mir nachsehen. Besondere Freude machte ich meinem verstorbenen Freund Hans Hartmann mit einem Lieblingsgedicht von Benn, das Jahrzehnte lang über seinem Schreibtisch hing.

Selbst im Studium 1959–61 schrieb ich wie allgemein üblich von Hand. Es gab zwar ehemalige Sekretärinnen, die ihre Hausarbeiten und auch ihre Zulassungsarbeit mit der Maschine schrieben, aber dies waren Ausnahmen. Das Gymnasium hatte einfach versäumt, seinen Absolventen diese Kulturtechnik beizubringen. Von der Möglichkeit, einen Schreibmaschinenkurs in der Volkshochschule zu belegen, machte niemand Gebrauch.

Dies blieb auch so während meiner ersten Dienstjahre als Lehrer.

Den entscheidenden Wandel brachte die Aussicht auf ein Zweitstudium.

Im August 1969, nach Beginn der Schulferien, erhielt ich aus Stuttgart die Nachricht, dass ein Stipendium für maximal vier Jahre an einer Universität des Landes nach Wahl genehmigt sei. Der Studienbeginn war für Mitte Oktober geplant. Parallel zur Wohnungssuche in Konstanz und dem Umzug dorthin begann ich mit einem autodidaktischen Schreibmaschinenkurs. Ich wusste: jetzt oder nie, denn parallel zum Studium hätten sich vermutlich Schwierigkeiten ergeben. Ein Freund, der selbst auf diese Weise Schreibmaschine gelernt hatte, steuerte seine Broschüre bei, ich verfeinerte das System, indem ich einen Schuhkarton so ausschnitt, dass man nicht auf die Tasten sehen konnte. Dadurch konnte ich nach 6 Wochen täglichen Übens leidlich „Zehn-Finger-blind" schreiben, jetzt ging es nur noch darum, die Geschwindigkeit zu steigern.

Die Maschine, die berühmte Reiseschreibmaschine Erika, der Typ, auf dem viele Schriftsteller geschrieben hatten, wurde mir von meiner Mutter geliehen, die selbst darauf nur mit zwei Fingern schreiben konnte. Bald kaufte ich die erste eigene mechanische Schreibmaschine, eine Triumph Adler Gabriele. Mir war wichtig, nicht die üblichen Schrifttypen zu verwenden, sondern so etwas wie eine eigene, Rauch'sche Typologie. Daher wählte ich eine zierliche Groteskschrift, die mir auch heute noch gefällt. Auf ihr entstand u. a. die umfangreiche Dissertation mit über vierhundert Seiten, die ja alle einmal getippt werden mussten! Die Reinschrift besorgte allerdings eine professionelle Schreibkraft.

Irgendwann stach mich dann der Hafer und es musste „etwas Elektrisches" her. Ich entschied mich wieder für eine Triumph-Adler (auch eine längst untergegangene Firma). Zur Wahl standen eine einfache elektrische Maschine, bei der bei gleicher Mechanik die Tasten motorisch bewegt werden – eine IBM-Kugelkopfmaschine oder eine Typenradmaschine. Damals war die IBM das Maß aller Dinge, aber sie war schwer, teuer und eigentlich für professionelle Schreibbüros gedacht. Außerdem klapperte sie recht laut. Im Nachhinein war die Typenradmaschine eine gute Wahl. Sie erlaubte den Wechsel der Schriftart, und ich kaufte mir gleich drei Schriftgrößen, die kleinste für Karteikarten, eine normale Briefschriftgröße und eine größere für die Beschriftung von Folien, denn Schreiben war immer noch ein bedeutsamer, wohl zu überlegender Vorgang.

Hier muss nun auf die Zielperson der Festschrift, Bernhard Rank, verwiesen werden, denn er übertrumpfte mich in diesem Stadium der Text-Verfassung. Er glänzte mit einer IBM, die in der Lage war, Proportionalschrift zu produzieren. Üblicherweise verwenden Schreibmaschinen eine diktengleiche Schrift, d. h. für alle Buchstaben ist derselbe *Platz* vorgesehen; daher die breiten, aufgeblasenen „i" und die zusammengequetschten, hässlichen „m". Anders bei der Proportionalschrift: Hier hat jeder Buchstabe seinen angemessenen Raum, ein „i" also wenig und ein „m" viel Platz. Die meisten PC-Schriften sind heute Proportionalschriften, nur Laien, die den PC als Schreibmaschine nutzen, oder Fachleute für besondere Anwendungen (z. B. beim Programmieren) verwenden noch diktengleiche Schriftsätze am Computer. Dass Bernhard Rank bereits damals eine Schreibmaschine mit Proportionalschrift wählte, verrät also nicht nur seinen Sachverstand beim Lesen, sondern auch beim Schreiben!

Möglicherweise wäre ich in diesem (für viele bereits elaborierten) Entwicklungsstadium stehen geblieben, aber es kam anders. 1983 war das Schulbuchprojekt Rauch / Tomaschewski: *Schulbücher für den Sachunterricht* (Arbeitskreis Grundschule Band 66/1986) so weit gediehen, dass an die Buchpublikation der Ergebnisse zu denken war. Der Arbeitskreis Grundschule interessierte sich dafür und es sollte ein Doppelband erscheinen. Der Betreuer des AK kam aber mit einer schlechten Nachricht nach der andern: Es sollte kein Doppelband, sondern nur ein Einfachband werden, die beteiligten Verlage hatten Einwände und fürchteten einen Prozess; kurz, entstand der Eindruck, der Betreuer des AK lasse sich jeden Tag etwas Neues einfallen, um das Projekt zu Fall zu bringen. Ohne den mitarbeitenden Kollegen Meiers, der damals im Vorstand des Arbeitskreises war, wäre es auch so gekommen. Die letzte Repression bestand in der Auflage, dass der Band druckfertig vorgelegt werden müsse.

Mit dem PC war es 1982 noch nicht weit her. Auf dem Markt waren weiterentwickelte elektronische Schreibmaschinen mit einem Display. Eine solche Maschine konnte ich bei einer Büromaschinenfirma in Reutlingen entleihen. Die Sekretärin wurde durch den Mitarbeiter in die Handhabung der Maschine eingewiesen. Das Abenteuerliche des Vorhabens bestand darin, dass die Maschine maximal eine Seite Text speichern konnte, dann musste gelöscht werden für die nächste Seite. Herr Tomaschewski las letztmals Korrektur, dann wurde ausgedruckt. Mit diesem Verfahren entstand ein komplettes Buch mit über 250 Seiten. Kurz vor Schluss rief die Bürofirma an, sie brauche die Maschine, sie sei verkauft. Wir waren gezwungen, erneut eine Maschine auszuleihen. So erschöpft wie nach dieser Buchpublikation war ich im Leben nie.

Zu Beginn der 90er Jahre wurde die Fortsetzung dieses Projekts durch die Deutsche Forschungsgemeinschaft genehmigt; einen kompletten PC hatte ich beantragt. So kam ich doch noch, wenn auch spät, zu einem PC. Die Projektmitarbeiterin konnte mich in die ersten Schritte einweisen; bei verzwickten Fällen half zusätzlich ein Mitarbeiter der Forschungsstelle. Damit ich auch zu Hause arbeiten konnte, wurde zusätzlich ein privater PC beschafft. Auf diese Weise konnten aktuelle Dateien hin und her transportiert werden. Die „Textverarbeitung" (!) hat somit den derzeitigen Stand der Technik erreicht und ich nutze deren Möglichkeiten voll aus. Was wirklich Freude macht, ist die leichte Handhabung des kompletten Layouts. Der PC an der PH gehört jetzt einem Kollegen, meinem Nachfolger im Personalraum, und der Löschvorgang aller meiner Dateien, deren Aufbau Jahre erfordert hatte, dauerte ca. 20 Sekunden. Der Preis dieser maschinellen Perfektion: Von Hand schreibe ich nur noch meine täglichen Besorgungszettel, und lesen kann nur noch ich selbst sie, so schludrig sind sie geschrieben.

Bernhard Rank hingegen ist vielen auch hier bereits einen Schritt voraus: Er ist in der Lage, nicht nur seine eigene Webseite zu erstellen, sondern sie auch ständig zu betreuen. Ich traue ihm zu, dass er demnächst Bahnbrechendes zur Entwicklung der Textverarbeitung erfindet.

THEODOR KARST

Erste Lesejahre – autobiographische Befunde

1 Lesenlernen

Seine Begierde zu lesen war nun unersättlich.

Mit diesem Satz beschreibt Karl Philipp Moritz (1757–1793) den Zustand des fast achtjährigen Anton Reiser, nachdem es diesem gelungen war, „durch vieles Buchstabieren mit Mühe […] zuerst einige Zeilen, bei denen er sich etwas denken konnte", herauszubringen und schließlich „nach einigen Wochen" flüssig lesen zu können (Moritz 1972, S. 15 f.). In der Erzählweise eines *psychologischen Romans* – so der Untertitel des epochalen Werks (EA 1785/90) – verbirgt der Verfasser seine Autobiographie und enthüllt sie zugleich. Rund 200 Jahre später beschreibt Ulla Hahn (geb. 1946) in ihrem autobiographischen Roman *Das verborgene Wort* (2001), wie sie beim Lesenlernen die Durchdringung von Laut und Sinn entdeckt: „Wenn ich jetzt die Bedeutung eines Wortes nicht kannte, machte mich das unglücklich, unruhig wie eine verschlossene Tür, hinter der märchenhafte Schätze der Entdeckung harrten." (Hahn 2001, S. 58)

Autobiographische Zeugnisse über das Lesen, insbesondere über die Initiationserfahrung des Lesenlernens finden sich in großer Zahl, seit dem späten 18. Jahrhundert zunehmend und kennzeichnend für die Ausbildung zunächst einer bürgerlichen Lesekultur, seit dem 19. Jahrhundert auch für das Streben der Arbeiterschaft nach Emanzipation durch Literatur, grundsätzlich für die Entwicklung und Prägung der Persönlichkeit.[1]

Im (natur-)wissenschaftlich-technisch geprägten Zeitalter erscheinen Lesekompetenz und durch Lesen förderbare Kreativität als wichtige Qualifikationen möglichst vieler Menschen zur Bewältigung zunehmend komplexer Lebensverhältnisse. Entsprechend werden Bedingungen, Schwierigkeiten und Verläufe von Lesesozialisation erforscht – individuelle, familiale, schulische, gesellschaftliche Faktoren –, um Strategien differenzierter Leseförderung zu gewinnen. Diese Bemühungen zielen darauf, schichtspezifische Nachteile abzubauen, geschlechtsspezifische Unterschiede zu überbrücken, vor allem aber den Herausforderungen der dominierenden elektronischen Medien zu begegnen.[2]

---

[1] Auszüge und Kurztexte z. B. in: Unseld 1975, Wie sie an die Bücher kamen 1979 und Naumann 2003.

[2] Vgl. die Sammelbände zur Leseforschung von Bonfadelli; Bucher 2003, Franz; Payrhuber 2002, Franzmann; Hasemann; Löffler; Schön 2001; mit Blick auf literaturdidaktische Fragestellungen auch Lange 2001 und Rank; Rosebrock 1997 und zu den aktuellen Veränderungen des Medienangebots für Heranwachsende Richter; Riemann 2000; Ewers 2002 sowie die entsprechenden Beiträge in JULIT 2/2003.

Im Blick auf die Ergebnisse der Lese(r)forschung, auf die Fülle empirisch-statistischer Befunde über Lesen und Nichtlesen, über hemmende und fördernde Faktoren bieten sich auch individuelle Leserbiographien an[3]. Sie können auf ihre strukturelle Bedeutsamkeit, auf soziale und geschichtliche Faktoren, vielleicht auch auf ihre stimulierende Funktion befragt werden. Besonders eindrucksvolle Berichte über das Lesenlernen – vor allem das Lesen von Büchern – stammen von späteren Autorinnen und Autoren. Sie sehen im Lesen nicht nur eine besondere und intensive Erkenntnis- und Lebensmöglichkeit, sie schaffen im Schreiben selbst jene zweite Wirklichkeit der Kunst, die die erste darstellt und deutet. Ihnen gilt: „Mit Schreiben und Lesen fängt eigentlich das Leben an." (Auf einer Wachstafel mit Schulübungen aus Mesopotamien, 4.–5. Jahrhundert n. Chr., als Motto bei Ulla Hahn zitiert.) Entscheidend, eindrücklich und prägend sind die Anfänge – die Anfänge des Lesens, der Eintritt in die Welt der Bücher, die ersten Lesejahre.

2 Eine Fallstudie

Im Folgenden wird versucht, die sprachlich-literarische Sozialisation eines jungen Menschen nachzuzeichnen, der später als Lehrer und Hochschullehrer, als Germanist und Literaturdidaktiker das Ziel verfolgte, seinerseits Menschen zum Lesen anzuregen, Literatur zu vermitteln und insbesondere die Buchlektüre zu fördern. Die zu beschreibenden Sachverhalte und Prozesse spielen sich in den späten dreißiger und in den vierziger Jahren des 20. Jahrhunderts ab. Die Themenaspekte sind also auch in ihrem historischen Kontext zu bewerten. Der Protagonist sei für die Dauer dieser Studie Theo genannt. Er ist dem Verfasser hinlänglich bekannt, wenngleich nicht behauptet werden kann, dass er ihn in jeder Beziehung vollkommen kenne. Da beide gleich alt sind und sie auch sonst vieles miteinander verbindet, könnte eingewendet werden, dass zwischen dem erkennenden und dem zu erkennenden Subjekt ein zu geringer Abstand bestünde, als dass objektive Erkenntnisse möglich wären. Andererseits erlaubt ein hohes Maß an Nähe die Erkenntnismethode der teilnehmenden Beobachtung, so dass sich Einsichten ergeben könnten, die einem distanzierteren Beobachter eher verwehrt sind. Als Vorteil dieser wie immer problematischen Konstellation kann gelten, dass der Verfasser den Protagonisten in seiner jeweiligen Gegenwart ziemlich genau beobachten und, weil er auch dessen späteres Leben kennt, kommentieren kann.

In Theos Elternhaus gab es nicht viele Bücher, aber er sah, dass gelesen wurde. Es gab Bücher zu elektrotechnischen Themen, die der Vater, Fernmeldetechniker bei der Reichspost, zu seiner Fortbildung las. Von lebenslangem Lernen war

---

[3] Zum autobiographischen Schreiben und seinen didaktischen Aspekten vgl. Karst 1993; Waldmann 2000; Praxis Deutsch 1998, H. 152.

noch nicht die Rede, dass der Vater aber auch als Erwachsener lernte und dabei auch Bücher benutzte, war dem Jungen eine vertraute Erfahrung. Mit einer gewissen Scheu und Achtung zugleich erschien Theo z. B. ein Buch aus der Lehrzeit seines Vaters – *Lehrbuch zur Vorbereitung für die Ablegung der Gesellen- und Meisterprüfung im elektrotechnischen Installations-Gewerbe*, verfasst von Friedrich Bode. Frankfurt a. M. [ohne Jahr]. Das Buch, das heute noch in Theos Bibliothek steht, enthält die handschriftliche Widmung des Lehrherrn – „Seinem Lehrlinge zum Geschenke" mit dem Datum 27. Oktober 1919.

Die Mutter sah er öfter mit einem Buch in der Hand; Theo vermutete – ohne es genau zu wissen –, dass es sich um Romane handelte. In späteren Jahren las sie regelmäßig in einem Andachtsbuch. Von ihr bewahrt der Sohn ein nur unvollständig erhaltenes *Lesebuch für die Sonntagsschulen der Pfalz* auf, in das sie sich mit der Jahreszahl 1916 als Besitzerin eingetragen hat. Es enthält Gedichte und Geschichten literarischer und sachkundlicher Art.

Einen beständigen Platz nahm die Zeitung ein. Seit Theo denken kann, war die örtliche Tageszeitung abonniert, die von beiden Eltern gelesen wurde. Die Zeitung wurde auch ihm, sobald er lesen konnte, eine tägliche Quelle des gedruckten Worts. Die Zeitung war sogar ein wichtiges Motiv, endlich lesen zu lernen. Er wollte nicht länger die Mutter bitten müssen, ihm die Witze vorzulesen, die die Zeitung an fester Stelle brachte. Die Zeitung bot sich damals mehr als heute zur mehrmaligen Lektüre an. Als aktueller Nachrichtenbote lag sie im Wohnzimmer oder auf dem Küchentisch, doch hatte sie noch weitere Funktionen zu erfüllen. Vor allem lag sie, wenn es ordentlich zuging, zu handlichem Format kleingeschnitten, in jenem Kabinett, in dem man meditierend Abfälliges und Überflüssiges hinter sich lässt. Dabei konnte man durchaus versucht sein, den kleinformatierten Zeitungsblättern vor ihrer materiellen Funktion noch sprachlich-spirituelle Botschaften zu entnehmen, soweit nicht andere Familienmitglieder diesen Ort dringlich zu besetzen wünschten. Aber auch als Einwickelpapier und als Starthilfe beim Feuermachen im Küchenherd war die Zeitung gefragt – alles Gelegenheiten, dem vergänglichen Medium im letzten Augenblick noch ein paar kodierte Nachrichten zu entreißen.

Aus diesen Erfahrungen lässt sich folgern, dass Zentralheizung und zartes Toilettenpapier zwar angenehm sind, Zivilisationsgüter der Luxusklasse, dass sie aber bestimmte situative Leseanreize verhindern können. Der Leseanfänger Theo erlebte so das gedruckte Wort außer im Buch sehr deutlich auch in der regelmäßigen und zugleich vergänglichen Form der Zeitung. Gleichzeitig war ihm das gesprochene Wort gegenwärtig im Gespräch seiner Eltern und anderer Menschen seiner Umgebung, aber auch im monologischen Reden von Ferne her durch das Radio. An vorschriftlichen literarischen Texten verfügte er über einige Kinderreime, Lieder und Gebete. Zu diesem kleinen Fundus oraler Poesie gehörten auch Schlager, nicht zuletzt solche, die die jeweilige psychisch-politische Lage dokumentierten. Theo erinnert sich z. B., dass er mit anderen Kindern im Hof herumhüpfte und das Lied vom Seemann, den nichts erschüttern kann, in einer spezifischen Fassung zum Luftkrieg gegen England sang: „Das kann doch einen Seemann nicht erschüttern, Rosmarie, Rosmarie, Rosmarie. Und wenn die ganze Welt verbrennt und der Churchill im Hemd rumrennt – das kann doch …"

Von allen Liedern und Schlagern, die Theo in den Kriegsjahren über das Radio – Soldatensender Belgrad – hörte, war am eindrücklichsten *Lili Marleen*: „Vor der Kaserne, vor dem großen Tor …" Die Melancholie, in die hier eine Liebe in der Zeit des Krieges und der Trennung – vielleicht für immer – eingehüllt ist, hat sich ihm tief eingeprägt. Ihm ist das Lied (Text von Hans Leip, 1915) als sentimentaler Ausdruck von Süße und Bitternis lebendig geblieben.

Theo freute sich darauf lesen zu lernen. Er musste jedoch ein halbes Jahr länger warten als erwartet, da gerade im Jahre 1941 der Schulbeginn vom Frühjahr auf den Herbst verlegt wurde. So begann er seine Schulkarriere mit sieben Jahren und unter schwierigen Bedingungen. Zwei Jahre lang schon herrschte Krieg: Polen, Frankreich, Dänemark, Norwegen, Griechenland und einige andere Länder waren besetzt, in Nordafrika wurde verlustreich gekämpft. Die Landkarten mit Frontverläufen in der Zeitung, die Nachrichten im Radio mit Namen von fremden Ländern und Städten vermittelten grobe geographische Kenntnisse. In den Sommerwochen 1941 – kurz vor der Einschulung – dröhnten die Siegesmeldungen vom Vormarsch in Russland aus den Lautsprechern. Die heroisch-pathetischen Fanfarenstöße aus Franz Liszts *Les Preludes*, mit denen die Sondermeldungen eingeleitet wurden, begleiteten Theo auf dem Weg als Schulanfänger.

In seiner Klasse mögen fünfzig oder mehr Kinder gewesen sein. Häufiger Wechsel älterer Lehrer – die jüngeren standen als Soldaten an der Front –, Fliegerangriffe bei Nacht, bald auch bei Tag, viele Unterrichtsausfälle haben seine Lernfortschritte nicht gerade gefördert. Vom Sommer 1944 bis Ende 1945 hat er überhaupt keine Schule von innen gesehen. Seine Schreibkünste waren sehr zurückgegangen. Dennoch: Er hat schließlich lesen, schreiben und rechnen gelernt, aber Bücher, von den Schulbüchern abgesehen, haben in diesen Jahren in der Schule keine Rolle gespielt. Theo kann sich nicht erinnern, dass ein Lehrer einmal aus einem (Kinder-) Buch vorgelesen hätte. So war die Erweiterung seiner sprachlichen Fähigkeiten und literarischen Erfahrungen in der Schule hauptsächlich an das Lesebuch gebunden.

Dafür mögen zwei Beispiele stehen. Einmal ging es darum, den Bedeutungsgehalt eines Wortes richtig zu erfassen. In einer Lesebuchgeschichte hebt der Wind einen Dachziegel aus, der Hausbesitzer aber behebt den kleinen Schaden nicht. Der nächste Sturm kann durch die kleine Öffnung fahren und deckt das ganze Dach ab. Da wäre es besser gewesen, den kleinen Schaden „beizeiten" zu beheben. Theo hatte einige Mühe, dieses ihm bisher unbekannte Wort „beizeiten" im Sinne von rechtzeitig zu verstehen. Aber vielleicht gerade wegen dieses Hemmnisses hat er diese lehrhafte Geschichte *Bessere beizeiten* nie vergessen und vermutlich auch dann und wann danach gehandelt.

Ein anderes unvergessenes Erbe seiner literarischen Grund(schul)bildung ist eine Lesebuchfassung der Äsopschen Fabel *Wer hängt der Katze die Schelle um?* In einer Versammlung der Mäuse, die schwer unter der Katze leiden, wird beraten, wie man sich vor dieser Gefahr besser schützen könne. Ein junges Mäuslein schlägt vor, der Katze eine Schelle umzuhängen. Dann könne man die Katze hören und sich in Sicherheit bringen. Alle sind begeistert und beschließen so zu verfahren. Eine Maus aber – offensichtlich eine Bedenkenträgerin – stellt die Frage, auf die niemand antwortet: „Wer hängt der Katze die Schelle um?" Theo ist diese Frage später immer wieder eingefallen, nicht nur, wenn es um das Theorie-Praxis-Verhältnis ging. Solche Erfahrungen könnten literaturdidaktisch darüber nachdenken lassen, weltliterarische Erbstücke, gewissermaßen kanonische Kernbestände – auch im Medium des Lesebuchs – nicht gering zu schätzen.

Eine Leseerziehung mit dem Ziel der Buchlektüre hat Theo in der (Grund-) Schule nicht erfahren. Dennoch sind ihm Bücher wichtig geworden. Dabei haben zwei Bücher, die er zu Hause vorfand, eine wichtige Rolle gespielt. An den Abenden – besonders im Winter –, an denen die Familie am Tisch der geheizten Küche oder des auch heizbaren Wohnzimmers saß, die Eltern, die ältere Schwester – lesend oder mit Handarbeiten beschäftigt –, alle auf eine einzige Lichtquelle zentriert, holte Theo sich immer wieder ein dickes Buch aus dem Schrank. Es war ein älteres Bildwörterbuch, der Bilder-Duden, den Theos Vater vermutlich in früheren Jahren gekauft hatte. Durch dieses Buch, in dem viele Dinge durch einfache Strichzeichnungen dargestellt und sprachlich benannt werden, hat Theo viele Einzelheiten aus vielen Bereichen des Lebens kennen gelernt und seinen Wortschatz erweitert – Pflanzen, Tiere, Maschinen, Geräte, Gebäude, Verkehr … – Natur und Zivilisation.

Was Theo damals noch nicht wusste: Mit diesem Bilder-Duden lernte er unter der Hand nach dem Modell des *Orbis sensualium pictus* – der gemalten Welt –, jener Urform des Bildersachbuchs von 1658 des Pädagogen und Bischofs der Brüdergemeine in Böhmen Jan Amos Comenius. Dieser wollte mit Holzschnitten und Wörtern die sichtbare Welt anschaulich und begrifflich vermitteln, wollte, wie er schrieb, einen „kurzen Begriff der ganzen Welt und der ganzen Sprache, voller Figuren oder Bildungen, Benennungen und der Dinge Beschreibungen" geben.

Eine ähnliche Rolle wie der Bilder-Duden spielte ein alter Schulatlas, der offenbar schon durch viele Hände gegangen war. Theo saß immer wieder Stunden um Stunden über ihm, wurde mit den Kontinenten und Weltmeeren vertraut, mit Ländern, Gebirgen und Flüssen, auch mit Sternbildern und Himmelsregionen. So waren manche Namen von Bergen und Städten, die ihm bei späterer Lektüre begegneten, schon bekannt. Berühren konnte aber auch der pure Klang des Geheimnisvollen oder des poetischen Timbres, der sich ihm mit manchen Namen verband, z. B. Amazonas, Orinoko, Daressalam, Sambesi, Sansibar … Solche

Namen waren nicht nur geografisches Wissen, sie verhießen fremde Welten und Abenteuer.

Der soziokulturell und zeitgeschichtlich bedingte Umstand, dass Theo zunächst nur zu wenigen Büchern Zugang hatte, lässt fragen, ob auch eine genaue Durchdringung und die intensive Aufnahme von wenig Material zu Bildungseffekten führen können. Nicht nur die häufige Beschäftigung mit dem Bilder-Duden und mit dem Weltatlas ist hier zu nennen. Auch erzählende Texte hat er in Ermanglung anderer Bücher mehrmals gelesen. Dazu gehörte auch ein Band mit Grimms Märchen, dessen abgegriffener Einband auf seine Weise von einer intensiven Rezeptionsgeschichte erzählte. Wenn Theo das Märchenbuch immer wieder zur Hand nahm, so hat er es nicht gleichmäßig durchgelesen, sondern hat einzelne Märchen wiederholt, andere nur einmal gelesen. Die Motive der Auswahl zu erforschen, würde hier zu weit führen. Die Folgen der selektiven Lektüre zeigen sich bis heute in einer unterschiedlichen Kenntnis und Nähe zu einzelnen Märchen. Dass das Märchenbuch in Fraktur gesetzt war, wie viele andere Bücher jener Zeit, hat Theo nicht als lese-erschwerend in Erinnerung.

Mindestens so oft wie *Grimms Märchen* nahm Theo in seinen ersten Lesejahren das *Füllhorn der Westmark* in die Hand, eine Sammlung von *Märchen, Sagen und Geschichten*, so der Untertitel, herausgegeben von Franz Fahnemann im Westmark-Verlag Ludwigshafen, Saarbrücken, ohne Jahresangabe, aber zweifellos in der Zeit des Dritten Reiches, wie die aus der NS-Sprache stammende Gaubezeichnung „Westmark" und das *Vorwort an die jungen Leser* belegen.

In diesem Buch lernte Theo Sagen und anekdotische Geschichten um historische Figuren kennen. Hier erfuhr er zum ersten Mal von Siegfried dem Drachentöter, von Barbarossa und Richard Löwenherz, von Liselotte von der Pfalz und vom Schinderhannes, von geschichtlichen Ereignissen an bestimmten Orten, von dämonischen Sagengestalten. Im Vorwort wird den „westmärkischen Jungen und Mädel" gesagt, was sie in den Geschichten erkennen sollen, „ein Stück Eurer schönen und vielfältigen Heimat Pfalz, Saar und Lothringen, dieser alten Grenzlandschaft des Reiches, die so viel Leid ertragen mußte und trotzdem nicht den Frohsinn verlernte […] und dem großen deutschen Vaterlande immer die Treue bewahrte." Schließlich werden die jungen Leser ermahnt, zu „erkennen, wieviel Stolz und Liebe Ihr Eurer Heimat schuldig seid!" Ob Theo dieses Vorwort damals gelesen hat, ist nicht bekannt. Noch weniger lässt sich sagen, ob und wie – falls gelesen – es ihn beeinflusst hat, z. B. in seinem Verständnis von Heimat und Vaterland. Plausibel dagegen wäre die Vermutung, dass dieses Buch sein geschichtliches Interesse geweckt haben könnte.

Bilder-Duden, Weltatlas, Märchenbuch, Sagenbuch – dies war die Elementarbibliothek, die der Leseanfänger vorgefunden hat. Der zufällige Bestand entspricht zugleich einer lesepädagogischen Vorstellung, nach der Bilder-Sachbücher, Märchen und Sagen am Anfang einer Lesekarriere zu stehen hätten, also Sachinformation und sogenannte Volkspoesie.

Von Bilderbüchern oder (Vorlese-)Geschichten für Kinder finden sich in Theos Erinnerung keine Spuren. Soweit die Rekonstruktion der ersten Lesejahre einen Einblick erlaubt, ist von einer Planung der Lektüre nichts zu erkennen. Die Schule hätte hier große Chancen gehabt. Eine frühe Leseförderung und Buchpädagogik aber zählten nicht zu den Aufgaben der Schule unter den Bedingungen und Umständen der Diktatur und des Krieges.

Dagegen hat eine andere Institution, die von den damals Herrschenden letztlich vernichtet werden sollte, zu Theos literarischer Bildung erheblich beigetragen. Im Religionsunterricht sowohl (von einem Pfarrer erteilt) als auch im sonntäglichen Gottesdienst hat er Lieder und Bibeltexte kennen gelernt. Vertonte Gedichte von Martin Luther, Paul Gerhardt, Friedrich Rückert, Christian Fürchtegott Gellert, Matthias Claudius und anderen deutschen Liederdichtern sind ihm lebenslange Begleiter geworden. Durch biblische Texte, Psalmen und Gleichnisse zumal wuchs ihm eine erste Ahnung von Literatur weltliterarischen Rangs zu.

An zwei Bücher aus seinen Leseanfängen kann Theo sich noch erinnern. In beiden Fällen hat das Gedächtnis vor allem den Titel bewahrt. In dem Buch *Heimkehr aus Wolhynien* wird vom Leben deutscher Bauern in jener Landschaft in der Ukraine und von ihrer Rücksiedelung in das Deutsche Reich erzählt. Außer diesem Grundsachverhalt ist Theo aus seiner Lektüre nur noch eine Episode in Erinnerung geblieben: Der Großvater in der Geschichte meinte, dass Gott wohl nicht gewollt habe, dass der Mensch rauche, sonst hätte er ihn mit einem Schornstein geschaffen. Offenbar hat diese Auffassung den jungen Leser sehr beeindruckt. Er erinnert sich daran, dass er seinem eigenen Großvater bei einer Fahrt auf dem Pferdewagen zur Feldarbeit davon erzählte. Unvergessen ist ihm, wie der Großvater, die Pferdezügel gelassen in der Hand, belustigt und milde lächelte, ohne die Tabakpfeife aus dem Mund zu nehmen. Das Buch war vermutlich als Lektüre der älteren Schwester ins Haus gekommen. In puncto rauchende Großväter hat es den Wirklichkeitstest nicht bestanden.

Nach Recherchen aus Anlass dieser Fallstudie wurde das Buch von Eva Schauwecker verfasst und ist 1941 bei Enßlin & Laiblin in Reutlingen erschienen. Die Wolhyniendeutschen, die das Land im 19. Jahrhundert in mehreren Schüben besiedelten, hatten in beiden Weltkriegen schwer zu leiden. Die zu Beginn des Zweiten Weltkriegs im polnischen Teil Wolhyniens lebenden Deutschen wurden 1939/40 in das Gebiet von Posen umgesiedelt. Die Erzählung *Heimkehr aus Wolhynien* bezog sich bei seinem Erscheinen also auf ein aktuelles Ereignis und passte politisch in die Zielvorstellung, die Deutschen in einem Großreich zu vereinen – „Heim ins Reich". Dem Gedächtnis eines jungen Lesers am wichtigsten war offenbar die Frage, ob das Rauchen zur Natur des Menschen passe.

Das zweite Buch, das Theo bei seinen Leseanfängen in den Kriegsjahren in die Hände kam, hieß *Durch kommen wir doch. Ein Buch vom Kampf und Sieg im Westen*, verfasst von Major P. Steffmann. Es erschien 1942 im Verlag Erich Klinghammer in Berlin. Jemand, an den Theo sich nicht erinnern kann, hat ihm das Buch geschenkt. Es ist offenbar viel verkauft worden. Das geschenkte Exemplar, das sich bis heute in Theos Bibliothek erhalten hat, gehört zur Auflage „41.–105. Tausend".

Das Buch ist eine kriegsverherrlichende Schilderung des Frankreichfeldzuges 1940 (Mai / Juni), ein Preislied auf die siegreiche deutsche Armee, besonders auf die Panzertruppen. Zeichnungen und Fotos zeigen Szenen des Blitzkrieges, Schlachten, Zerstörungen und gefangene Franzosen. Das Buch ist keineswegs als Kinderbuch ausgewiesen, doch war seine Absicht zweifellos, auch junge Leser für den Krieg zu begeistern, mitzumarschieren im Sinne des letzten Satzes: „Deutsche Soldaten marschieren – marschieren in die Zukunft des Deutschen Reiches – neuen Taten entgegen." (S. 206)

Ob und in welcher Weise dieses Buch den jungen Leser beeinflusst hat, ist nicht auszumachen. Theo kann sich nicht erinnern, dass er als Acht- oder Neunjähriger von der Kriegsbegeisterung des Major Steffmann erfasst worden wäre. Inzwischen hatte er ja den Krieg auch als Kind schon von einer ganz anderen Seite erlebt. Bei seinem Schuleintritt 1941 schon gehörten Fliegerangriffe und Mangelerfahrungen zum alltäglichen Leben. Noch im ersten Schuljahr im Winter 1941/42 wurde er mit anderen Kindern seiner Klasse und einem Handwagen durch eine Straße geschickt, um warme Kleidung für die frierenden Soldaten in Russland zu sammeln. Was sich dort vor Leningrad, Moskau und andernorts bei 40 Grad minus wirklich abspielte, hat er erst später erfahren. Ebenfalls in diesem Winter wurden die Klassen seiner Schule auf den Markplatz geführt, um mitzuerleben, wie die Glocken von der Stiftskirche geholt wurden, sie sollten bei der Produktion von Granaten verwendet werden.

Auch wenn das Buch über den Frankreich-Krieg – den spärlichen Erinnerungen nach – Theo nicht sonderlich beeindruckt hat, so gewann es durch ein etwas früheres zeitgeschichtliches Ereignis doch ein gewisses Interesse. Als sich im Frühjahr 1940 der Aufmarsch der deutschen Wehrmacht zum Angriff auf Frankreich vollzog, wurde auch in Theos Elternhaus (im Einzugsbereich des Westwalls in der Pfalz) ein Soldat einquartiert, vermutlich für einige Wochen. Dieser Soldat aus Thüringen war von Beruf Lehrer. Auf seinem Schoß erlebte der damals fünfeinhalbjährige Theo nicht nur das Vergnügen von Kniereitern, er lernte auch andere Kinderreime. Einer davon ist in seinem Gedächtnis mit der Person dieses freundlichen Lehrers in Uniform verknüpft. Es ist das Fingerspiel „Das ist der Daumen, der schüttelt die Pflaumen, der liest sie auf, der trägt sie nach Haus – und der Kleine isst sie alle auf."

Die Soldaten warteten auf ihren Einsatz. Fritz B. und Theos Familie hatten sich angefreundet, sonntags ging man zusammen spazieren. Es war ein warmes Frühjahr, Theo konnte seinen Matrosenanzug mit kurzen Hosen tragen, er war stolz auf seine Matrosenmütze mit den flatternden Streifen auf der Rückseite und auf das Schriftband, das rund um die Tellermütze lief. Auf ihm stand „Panzerkreuzer Deutschland". Vermutlich gehört diese Inschrift zu den frühesten Wörtern, die

Theo vorschulisch entziffern konnte. Natürlich folgte Theo auch den Erläuterungen des Gastes über die Funktionsweise des Gewehrs. Fast noch eindrucksvoller war die große Drahtschere (in einem Lederbehälter), mit der die Soldaten den feindlichen Stacheldraht durchschneiden sollten, ehe sie sich zum Sturmangriff erhoben. Zum Abschied begleitete die Familie den neuen Freund zur Sammelstelle. Mit vielen guten Wünschen versehen, bestiegen die Soldaten ihre Lastwagen und ab gingś zum Blitzkrieg im Westen.

Mit Fritz B. blieb die Familie noch lange in Verbindung. Wenn – meist zur Weihnachtszeit – die Postkarten von ihm, bald schon aus Russland, vorgelesen wurden, fand sich immer eine Bemerkung, die sich Theo besonders eingeprägt hat „… und hoffen wir, dass bald wieder friedliche Zeiten einkehren …" Aus dem Tonfall und der Art, wie die Eltern solche Sätze lasen, begann Theo zu ahnen, dass damit mehr und auch anderes gemeint war. Viel später lernte er, dass sich in Wörtern und Sätzen auch semantische Tiefenstrukturen verbergen können, die sich Empfängern in situativen Kontexten enthüllen.

Theo war in jenen Jahren nicht nur ein Leseanfänger, er lernte auch, genau hinzuhören, besonders wenn Erwachsene mit einem gewissen Heimlichkeitsgestus leise miteinander redeten, sich Nachrichten zuflüsterten. Es war ihm schon geläufig, dass man sich Geschichten erzählte, über Vorkommnisse in Familie und Nachbarschaft berichtete. Die erzählte Welt als oral poetry erlebte er nun immer wieder in einem Dunst des Heimlichen und Gefährlichen – Kennzeichen von Diktaturen mit ihren Spitzelsystemen. Theo erinnert sich, wie bewegt und erschüttert seine Mutter mit der einen oder anderen guten Bekannten über die Bombardierung von Großstädten sprach. Aus den offiziellen Nachrichten und aus dem, was an Informationen und Gerüchten durchsickerte, ergaben sich schreckliche Bilder, zum Beispiel nach dem Angriff auf Hamburg im Juli 1943: Tausende von Toten, im Phosphor verbrannt, durch Sprengbomben und Luftminen in Häusern und Bunkern verschüttet.

Mit solchen Geschichten lernte Theo eine Urform der Literatur kennen. Über bedeutsame, schreckliche, erschütternde Ereignisse von überindividuellen, umfassenden Dimensionen wurde – gewissermaßen vorhomerisch – mündlich berichtet. Dazu gehörten auch Nachrichten von schlimmen Ereignissen besonders an der Ostfront. Geflüstert wurde auch von Lagern, in denen Menschen eingesperrt waren. Der Name Dachau ist in seinem Gedächtnis hängen geblieben. Was literarisch als oral poetry erscheint, kann im Blick auf die Geschichtserfahrung und die Ausbildung eines Geschichtsbildes als oral history bezeichnet werden.

Bei der Einschätzung solcher mündlicher Formen der Spracherfahrung auch für die Ausbildung literarischer Sensibilität darf der Rundfunk nicht vergessen werden. Für Theo gehörte das Radio von Anfang an zur Möblierung des Wohnzimmers, gewissermaßen zur kulturellen Alltagsausstattung. Ob seine Eltern wenig Musik hörten oder ob sie sich ihm schwächer eingeprägt hat, kann er nicht sagen.

Deutlich sind seine Erinnerungen an das gesprochene Wort, vor allem an die Nachrichtensendungen während des Krieges. Er erinnert sich auch an die besondere Anspannung, mit der die Eltern den Schrei-Reden von Hitler, Göring und Goebbels zuhörten.

Das gesprochene Wort also, die Rede, konnte, auch in der medialen Verbreitung, eine besondere Wirkung „ausstrahlen", konnte Menschen beeinflussen. Und es konnte auch gefährlich, sogar lebensgefährlich sein. Theo sieht noch vor sich, wie an dem Drehknopf, mit dem man das Radiogerät – „Blaupunkt" – ein- und ausschaltete, ein rotes Pappstück eingeklemmt war mit dem Aufdruck (dem Sinne nach): Wer Feindsender hört, wird mit Zuchthaus bestraft. Es war verboten, ausländische Sender – „Feindpropaganda" – zu hören. Manchmal nun traf Theo seinen Vater am Abend im dunklen Wohnzimmer mit dem Ohr dicht am ganz leise eingestellten Radio. Er hat das Zimmer sofort wieder verlassen, es wurde nie darüber gesprochen. Vielleicht hat das Kind hier, ohne dass man es ihm erklärte, gelernt, wie wichtig es ist, auch verschwiegen sein zu können. Vielleicht hat es die Weisheit des Predigers Salomo gespürt – „Ein jegliches hat seine Zeit … schweigen und reden."

Durch die Kriegsereignisse ist Theo über die schon erwähnten, mit weiteren Sprachphänomenen bekannt geworden, die ihn in normalen Zeiten nicht erreicht hätten. Dass man beim Einkaufen nicht nur Geld, sondern auch Lebensmittelkarten oder Bezugsscheine brauchte, war eine alltägliche Selbstverständlichkeit. Eins der Wörter, die er lange nicht verstand, die sich aber unausweichlich aufdrängten, hieß „Bruttoregistertonnen". Es wurde in den ersten Kriegsjahren in den Nachrichten oft genannt, als die deutschen U-Boote britische und bald auch amerikanische Schiffe versenkten. Die Erfolgsmeldungen waren umso imposanter, je höher die Zahl der Bruttoregistertonnen, d. h. je größer die versenkten Schiffe waren. Dass der Keller, in denen die Menschen viele Nächte und gegen Kriegsende oft viele Tage zubrachten, Luftschutzraum genannt wurde, ist ein Beispiel für eine Sprachbehandlung, durch deren semantische Färbung Denken und Fühlen beeinflusst werden sollten. In den Reden der Schreier im Radio stachen Wörter wie unabänderlich, fanatisch, unbarmherzig heraus. Die Namen z. B. von Städten wie Leningrad, Charkow und Stalingrad oder auch Tobruk und El-Alamein wurden geläufig und zu Namen für schwere Kämpfe und Katastrophen.

Im Laufe des Krieges wurde die Zeitung immer schwärzer, d. h. die Zahl der Todesanzeigen nahm zu. Dem jungen Zeitungsleser, der manchmal auch in diesen Seiten las, haben sich zwei Wendungen eingeprägt. Die Soldaten, so hieß es, seien den Heldentod gestorben, „für Führer, Volk und Vaterland." Manche Angehörigen zeigten dies „in stolzer Trauer" an. Die weinenden Frauen – Mütter, Ehefrauen –, die Theo im Bekanntenkreis seiner Familie erlebte, vermittelten einen völlig anderen Eindruck. Es würde zu weit führen, Spuren früher Skepsis manipulierender Sprache gegenüber nachzugehen.

In den turbulenten letzten Monaten des totalen Krieges und auch noch mehrere Monate danach, also von etwa Mitte 1944 bis zum Herbst 1945, fand keine Schule statt. Die Menschen waren mit dem alltäglichen Überleben befasst, und auch Theo hatte viel zu tun, z. B. für die Stallhasen Futter besorgen, im Wald Brennholz sammeln. Der Ausnahmezustand der Verhältnisse hatte auch gewisse abenteuerliche Elemente, z. B. sich vor schießenden Tiefliegern noch rechtzeitig in ein Haus oder in einen Graben retten und gespannt sein, ob man wieder aufstehen könnte. Dies war noch spannender als Abenteuerbücher lesen. Die sich im März 1945 gegen Reste von Verteidigung heranschießenden amerikanischen Panzer, erzeugten eine hochgespannte Erwartung aus aufgeregter Neugier und dem Bewusstsein tödlicher Gefahr. Das Leben war der vorliterarische Ernstfall.

Nach dem Ende des Krieges blieb das Leben zwar zunächst noch sehr schwierig, aber das Schweigen der Waffen war doch eine große Befreiung. Für Theo, nun im elften Lebensjahr, begann jetzt erst seine eigentliche Lesebiographie, vorbereitet durch seine Lektüre in den Kriegsjahren – seine ersten Lesejahre überhaupt.

Nun machte er sich auf die Suche nach Büchern, tauschte Lesestoff mit Klassenkameraden, nutzte die Ausleihmöglichkeiten der kleinen Stadtbibliothek, und er begann – nach der Währungsreform 1948 – zögerlich und mit sehr bescheidenen Mitteln, gelegentlich ein Buch zu kaufen. Selten bekam er ein Buch geschenkt. Eines der frühen Geschenke in dieser Zeit, an das er sich erinnern kann, war Mark Twains *Tom Sawyer* – eigentlich war es kein Buch, sondern eher eine dicke Zeitung. Der Rowohlt Verlag druckte damals Bücher auf der Rotationsdruckmaschine im Zeitungsformat.

In der nun folgenden Leseperiode tauchen viele Titel vielfältiger Art auf, im Mittelpunkt aber steht – für etwa zwei Jahre, vom 12. bis 14. Lebensjahr – Karl May, die große Leseleidenschaft vieler Generationen zumindest männlicher Leser.

3 Wiedergelesen

Exemplarisch wird im Folgenden Theos Erstbegegnung mit einem Karl May-Band skizziert mit einigen Bemerkungen des Verfassers, der dieses Buch nach 56 Jahren wiedergelesen hat.

Es mag 1946 gewesen sein, also noch in der armen Zeit, als eine befreundete Familie Theo aus ihrem Bestand ein Buch schenkte, das dem Aussehen nach schon ein längeres Nutzungsleben hinter sich haben musste. Es hieß *Zobeljäger und Kosak*, verfasst von Karl May und 1885 erstmals veröffentlicht.

Das Buchgeschenk ist Band 63 von Karl May's [sic] *Gesammelten Werken*, bearbeitet von Dr. E. A. Schmid und Franz Kandolf, in dieser Ausgabe erschienen 1934 (Theos Geburtsjahr) im Karl-May-Verlag in Radebeul bei Dresden, 21. bis 40. Tausend, 542 Seiten, gesetzt in Fraktur. Der Band hat viele Umzüge überstanden. Abgegriffen, abgewetzt der grünliche Einband mit lose hängendem

Rückenteil, trägt es alle Spuren eines langen Buch-Lebens in schweißigen Händen von Lesern mit bewegten Herzen und roten Köpfen.

Die Vorderseite des Einbands zeigt einen Mann, mit dem Rücken ganz, mit dem Kopf im Halbprofil zum Leser. Offenbar ist er unterwegs, mit einem Knotenstock in der rechten Hand. Er trägt einen Rucksack, auf den ein Mantel und eine Balaleika aufgebunden sind. Der Mann geht in eine Ebene hinein mit einem Fluss oder See im Mittelgrund. Jenseits des Wassers liegt ein Haus mit einem Ziehbrunnen, wie sie in Steppenlandschaften zu finden sind. Dieses Haus, vielleicht ein Bauernhof, könnte das Ziel, zumindest das Tagesziel des wandernden Balaleikaträgers sein.

Theo hatte noch nie „einen Karl May" in der Hand gehabt oder gar gelesen. Das Inhaltsverzeichnis weckte zuerst die Vorstellung in ihm, dass es sich um einzelne Geschichten handele.

Da heißt es u. a. *Auf dem Jahrmarkt in Werchne-Udinsk, Die Tochter des Burjatenfürsten, Der Geisterfrosch, Zwei Gauner unter sich, Schurken büßen ihre Schuld.* Theo las diese und jene Geschichte, kam aber nicht zurecht damit, bis er merkte, dass sie zusammengehörten. Nun las er das Buch vom Anfang her und war bald tief in die Geschichte eingetaucht.

Das Buch vermittelt eine Vorstellung von Sibirien zur Zeit des zaristischen Russland mit Leibeigenen, Verbannten und einer korrupten Verwaltung, von Kosaken, sibirischen Volksstämmen, von der Pelzjagd in den winterlichen Tundren ... – in der Weise, wie sie Karl May darstellt. Natürlich waren es nicht die Informationen über Land und Leute, sondern die abenteuerlichen Ereignisse, die das Buch zur spannenden Lektüre machten.

Gefahren bestehen, dunkle Gestalten jagen, Mächtigen ein Schnippchen schlagen, Unterdrückten helfen – dieses abenteuerlich-moralische Erzählmuster mit Witz und Humor bilden einen Lese-Sog, aus dem man erst wieder herausfindet, wenn nach Kämpfen und Turbulenzen die Welt wieder in Ordnung gebracht, d. h. wenn das Buch ausgelesen ist. Dazu bedarf es vor allem der Helden, mit denen man mitfiebern und mitsiegen kann. In *Zobeljäger und Kosak* erfüllt diese Funktion das Trapper-Trio Sam Hawkins, Dick Stone und Will Parker. Dieses Kleeblatt merkwürdiger Westmänner reist, einem Verbrechen und einem Verschollenen auf der Spur, von den amerikanischen Prärien über San Francisco und Wladiwostok tausende von Kilometern in die sibirische Steppe, um ein Verbrechen aufzuklären. Schon diese globale Weite übte auf Theo, den in einer Kleinstadt am Küchentisch Lesenden, der noch nicht über einen Umkreis von 30 km hinaus gekommen war, eine beträchtliche Faszination aus. Nachdem Theo dann etwa vierzig Bände des Mayschen Werks gelesen hatte, fühlte er sich in vielen Ländern der Erde nicht mehr ganz fremd.

Sam Hawkins vor allem, treffsicher, schlau und, wie andere Karl-May-Superhelden in vielen Künsten bewandert, war die bewunderte und zur Nachahmung reizende Figur. Auch wenn man nicht schießen konnte wie er, so konnte man doch

so reden und den eigenen Sätzen dessen rhetorisches Markenzeichen anhängen
– „Wenn ich mich nicht irre, hihihihi." An solchen Redewendungen hatte Theo
gemeinsam mit anderen Karl-May-Lesern seinen Spaß, an diesen erkannten sie
einander als literarische Kenner und Teilhaber an einem Kanon spannender Literatur.

In dieser Männerwelt der Guten und der Bösen, der Schurken und der Schützen
fanden sich aber auch Frauengestalten, die dem (vor)pubertierenden Leser als
Modell-Entwürfe weiblicher Figuren dienen konnten. Hier war es die schöne
und selbstbewusste Karpala, Tochter des Burjatenfürsten. Sie wird bei ihrem ersten Auftreten nicht nur in ihrer körperlichen Schönheit – „hoch und ebenmäßig
gewachsen" – und ausgesuchten Garderobe beschrieben. Der Erzähler erkennt
in ihrem Gesicht das Wesen ihrer Person: „Der Adel einer unberührten, reinen
Seele leuchtete aus den träumerisch tiefen Augen, und der ernste Mund trug unbewusst einen Schimmer jenes Lächelns, das nur der Heiterkeit eines liebevollen
Herzens entspringt." (May 1934, S. 14) Kitsch oder Kunst – es ist nicht auszuschließen, dass solche Sätze auch eine Ahnung von Poetisch-Sensiblem angestoßen haben könnten – neben dem Hauptvergnügen am Abenteuerlich-Spannen-
den des Buches.

Als Theo etwa zwanzig Jahre später sich um eine Dozentur für Deutsche Sprache
und Literatur und ihre Didaktik bewarb, wählte er für seinen Vortrag das Thema
Zum Beispiel Karl May. Aspekte der Trivialliteratur und der Literatursoziologie.
Dabei hatte er über den einst heiß geliebten Autor und sein Werk eine Menge
Kritisches zu sagen. Das aber geht weit über die ersten Lesejahre hinaus.

Literatur

Primärliteratur

Erwähnte Werke ohne bibliographischem Nachweis: Bilder-Duden, Schulatlas, Grimms
      Märchen

Bode, Friedrich (o. J.): Lehrbuch zur Vorbereitung für die Ablegung der Gesellen- und
      Meisterprüfung im elektrotechnischen Installations-Gewerbe. Frankfurt a. M.: Verlag
      der Hauptstelle des V.E.I.

Fahnemann, Franz (Hrsg.) (o. J.): Füllhorn der Westmark. Märchen, Sagen, Geschichten.
      Ludwigshafen; Saarbrücken: Westmark

Hahn, Ulla (2001): Das verborgene Wort. Stuttgart, München:DVA

May, Karl (1934): Zobeljäger und Kosak. Radebeul: Karl-May-Verlag [EA 1885, GW Band
      63]

Moritz, Karl Philipp: (1972): Anton Reiser. Ein psychologischer Roman. Stuttgart: Reclam
      [EA 1785/90]

Salzgeber, Franz (Hrsg.) (ca. 1910): Lesebuch für die Sonntagsschulen der Pfalz. Zwei-
      brücken: Kranzbühler [ohne Jahr]

Schauwecker, Eva (1941): Heimkehr aus Wolhynien. Reutlingen: Enßlin & Laiblin

Steffmann, Major P. (1942): Durch kommen wir doch. Ein Buch vom Kampf und Sieg im Westen. Berlin: Erich Klinghammer (41.–105. Tausend)

Twain, Mark (o. J.): Tom Sawyer. Hamburg: Rowohlt [Rotationsroman im Zeitungsformat aus dem Zeitraum 1945–1950; EA 1876]

Sekundärliteratur

Bonfadelli, Heinz; Bucher, Priska (Hrsg.) (2002): Lesen in der Mediengesellschaft. Stand und Perspektiven der Forschung. Zürich: Pestalozzianum

Ewers, Hans-Heino (Hrsg.) (2002): Lesen zwischen neuen Medien und Pop-Kultur. Kinder- und Jugendliteratur im Zeitalter multimedialen Entertainments. Weinheim; München: Juventa

Franz, Kurt; Payrhuber, Franz-Josef (Hrsg.) (2002): Lesen heute. Leseverhalten von Kindern und Jugendlichen und Leseförderung im Kontext der PISA-Studie. Baltmannsweiler: Schneider Verlag Hohengehren

Franzmann, Bodo; Hasemann, Klaus; Löffler, Dietrich; Schön, Erich (Hrsg.) (2001): Handbuch Lesen. Baltmannsweiler: Schneider Verlag Hohengehren

Groeben, Norbert; Hurrelmann, Bettina (Hrsg.) (2002): Lesekompetenz. Bedingungen, Dimensionen, Funktionen. Weinheim; München: Juventa

JULIT. Informationen 2/2003 des Arbeitskreises für Jugendliteratur

Karst, Theodor (1993): Autobiographien – Lektüre für die Jugend? Überlegungen zur didaktischen Bedeutung von literarischen Lebens- und Lesemodellen. In: Beiträge Jugendliteratur und Medien. 4. Beiheft 1993: Jugendliteratur und Gesellschaft. Hg. von Horst Heidmann, S. 144–152

Lange, Günter (Hrsg.) (2001): Lese-Erlebnisse und Literatur-Erfahrungen. Baltmannsweiler: Schneider Verlag Hohengehren

Naumann, Uwe (Hrsg.) (2003): Verführung zum Lesen. Zweiundfünfzig Prominente über Bücher, die ihr Leben prägten. Reinbek: Rowohlt

Praxis Deutsch (1998), 25. Jg., H. 152: Themenheft „Autobiographisches Erzählen"

Rank, Bernhard; Rosebrock, Cornelia (Hrsg.) (1997): Kinderliteratur, literarische Sozialisation und Schule. Weinheim: Deutscher Studienverlag

Richter, Karin; Riemann, Sabine (Hrsg.) (2000): Kinder – Literatur – „neue" Medien. Baltmannsweiler: Schneider Verlag Hohengehren

Unseld, Siegfried (Hrsg.) (1975): Erste Lese-Erlebnisse. Frankfurt a. M.: Suhrkamp

Waldmann, Günter (2000): Autobiographisches als literarisches Schreiben. Kritische Theorie, moderne Erzählformen und –modelle, literarische Möglichkeiten eigenen autobiographischen Schreibens. Baltmannsweiler: Schneider Verlag Hohengehren

Wie sie an die Bücher kamen. 21 Autoren erinnern sich (1979). Freiburg; Basel; Wien: Herder

Bildungstheoretische
Ausblicke

CORNELIA ROSEBROCK

Literaturunterricht zwischen Bildungsnormen und Leseleistung[1]

Im Zentrum dieses Beitrags stehen Überlegungen zu den Normen, denen das Nachdenken und Handeln im engeren Bereich der Literaturdidaktik und, mehr noch, im Literaturunterricht selbst ausgesetzt ist. Das hat einen Grund und zwei Anlässe, die ich zunächst entfalten will.

1 „Vergnügen" als Kategorie der Kinderliteratur

Der Grund, Bildungsnormen, insbesondere Literaturnormen, also Lesevor-schriften, zu diskutieren, liegt in der Person und dem Werk von Bernhard Rank, um dessen Würdigung es geht. Eine leise, aber dann doch bestimmte Abwendung von normativen Selbstverständlichkeiten im fachdidaktischem Brauchtum macht einen übergreifenden Zug seiner literaturdidaktischen Texte der letzten zehn Jahre aus, bei aller Vielfalt der fachlichen Gegenstände, denen er sich jeweils zugewendet hat.

Am deutlichsten wird das in den Arbeiten zur Kinderliteratur: Texte für junge Leser sind seit Mitte der 90er Jahre Schwerpunkt seiner literaturdidaktischen Arbeit. Nicht, dass Bernhard Rank die ideologischen Debatten grundsätzlich scheut, denen Kinderliteratur im didaktischen und literaturwissenschaftlichen Überbau ausgesetzt ist: Sie waren die 90er Jahre hindurch durch die Frage angetrieben, ob der Kinderliteratur die Dignität eines literaturwissenschaftlichen Gegenstands abzusprechen ist, weil sie sozial in pädagogischen Feldern steht, sowohl produktions- als auch rezeptionsästhetisch – eine genuin normative Frage. Bernhard Rank hat diese Debatte u. a. in *Belehrungen über das Lesen* (1997) dargestellt und sie durch Analysen der Vor- und Nachworte in kinderlitera-rischen Texten in ihrer Bedeutung differenziert und relativiert. In einer der jüngsten Veröffentlichungen, der Wechselrede mit Gerhard Härle zur Eröffnung des Bandes *Wege zum Lesen* (2004), findet sich die aktuelle Variante dieser alten Konfliktlinien wieder: Schließt die literarästhetische Bildungsnorm Kinder-literatur im wesentlichen aus, so dass Kinderliteratur höchstens einen propä-deutischen Status im Prozess des Literaturerwerbs hat, oder muss diese Norm vielmehr selbst relativiert werden? Werden tatsächlich die literarisch anspruchs-vollen Texte in einer kinderliteraturorientierten bzw. lesefördernden Didaktik

---

[1] Dies ist die im Wesentlichen unveränderte Schriftfassung des gleichlautenden Vortrags für den Stu-dientag zu Ehren von Prof. Dr. Bernhard Rank „Am Anfang war das Staunen" im Mai 2004 an der Pädagogischen Hochschule Heidelberg.

notwendig vernachlässigt, so dass das genuine Ziel des Literaturunterrichts, diese literarästhetisch anspruchsvollen Texte zugänglich zu machen, verloren gegangen ist?

Auch hier macht sich Bernhard Rank nicht zum Streiter für oder gegen einen an der Lesenorm der Bildungstradition orientierten Lese- und den entsprechend distinktionsorientierten Literaturbegriff. Aber er zeigt im gleichen Buch, wie sinnvoll es ist, die normativen Vorgaben eines literarischen Bildungsbegriffs aus der Tradition des deutschen Idealismus beiseite zu lassen und statt dessen den ästhetischen Wert eines kinderliterarischen Textes in der Vielschichtigkeit der Vergnügungen zu beschreiben, die er seinen jungen und alten LeserInnen bereiten kann. Die Kategorie des Vergnügens ernst zu nehmen als einen möglichen Gegenentwurf zur Spaßkultur, der in der Didaktik fruchtbar gemacht werden kann – das ist ein Denk-Projekt vorbei an der Literaturnorm, ohne den Bildungsgedanken aufzugeben.

Weil dieses Projekt einer Untersuchung des Vergnügens am Ästhetischen und an seinen Erkenntnispotentialen unter Umgehung der Bildungsnorm so fruchtbar erscheint, lohnt eine Überprüfung, wie Adornos *Ästhetische Theorie* dazu steht. Denn Adorno hat hier – historisch vor aller rezeptionsästhetischen Komplizierung der Verhältnisse – die Begriffe des autonomen Kunstwerks und der ästhetischen Erfahrung untersucht und die Literatur – oder, besser gesagt, die Kunstnorm insgesamt noch einmal zu einem Höhepunkt geführt und gültig formuliert. Er hat das, anders als das Bildungsbürgertum, unter dem Vorzeichen der Kritik getan, aber doch auf breiter Linie dessen Erbe angetreten und, wenn man so will, in einem Literaturbegriff gerettet, der Kunst zum Anderen der Lebenspraxis macht. Mich hat interessiert, ob Bernhard Ranks Kategorie des Vergnügens tatsächlich so produktiv querköpfig zur ästhetischen Lesenorm steht wie es in seinem Text erscheinen will. Und tatsächlich: „wer Kunstwerke konkretistisch genießt, ist ein Banause", heißt es bei Adorno (1970, S. 26 f.), denn „autonom ist künstlerische Erfahrung einzig, wo sie den genießenden Geschmack abwirft". Es sei im Kern die Erfahrung der Negativität bei der Rezeption eines autonomen Kunstwerks, mit der der Affirmation an das schlechte Bestehende in der Erfahrung der Literatur zu entkommen sei, eine Erfahrung, die sich im einzelnen lesenden Subjekt gewinnen lasse. Freilich: Genuss negiert sich nicht selbst. Und auch vom Vergnügen, das ja alltagssprachlich eine triebferne, eine gewissermaßen sublimierte Form des Genusses benennt, kann man das schwerlich vermuten. Es kann sich höchstens selbst zivilisieren und verfeinern: Lust an der Kritik, Vergnügen an der Distanzierung wären dann solche Steigerungen, gleichsam wie Schaumkronen auf der Oberfläche des Meeres. Sie können sich zwar gegen die Bewegungen des Wassers kehren, das sie trägt und hervorbringt, ebenso wie sich die kognitive Verarbeitung von dem Leseprozess abheben kann, auf den sie sich bezieht – aber Negativität sitzt doch der elementaren mentalen Verbindung mit dem Text im Lesen bloß auf wie die Gischt dem Wasser. Die elementare Basis des

literarischen Lesens ist mit diesem Bild dann doch die konkretistische innere Zuwendung, die Adorno so verabscheut – zumindest kann sich das, wer Kinder und
ihre Formen des Vergnügens bei der Medienrezeption beobachtet, kaum anders
vorstellen.

Literatur sei vorrangig das Andere des Lebens: Da ist sie, die Literaturnorm.
Der Gegensatz von Hoch- und Trivialliteratur bildet ihre Basis, das Vergnügen
am Lesen ist dem Trivialen assoziiert. Aber Vergnügen ist nicht einfach nur Spaß
oder Triebbefriedigung. Dass Vergnügen auch Erkenntnispotentiale beinhaltet,
wie Bernhard Rank zeigt, ist der Literaturnorm der Kritischen Theorie so fern
wie der Blick auf tatsächliche Leseprozesse, so fern wie diejenigen Erschei-
nungsformen des Literarischen, die in Lebenspraxis eingebunden sind und insofern auch den Gesetzen der Situation gehorchen, so dass sie nicht ganz Kunst
sind und sein können, aber wohl auch nicht nur ihr Gegenteil.

Kinderliteratur ist so ein gleichsam unreines Medium des Literarischen: Sie kann
Verfahren des Poetischen in vielerlei Hinsicht verwirklichen, wie wir in den Texten von Bernhard Rank nachlesen können, sei es rhetorisch, sei es auf der Ebene
des Stils oder in Hinsicht auf die Bedeutungstiefe und -vielfalt. Zugleich ist sie,
wenn sie gut ist, auch angepasst, und zwar an die Fähigkeiten und Horizonte der
Rezipienten und an die Lebenswelt, in die sie hineinspricht. Damit entspricht sie
freilich nicht der Norm des autonomen Kunstwerks, das solche Anpassung eben
gerade ausschließt. Zudem sind nicht nur im Blick auf das Medium Kinderliteratur die Widersprüche zwischen Bildungsnorm und Bildungspraxis elementar, sie
betreffen generell Literaturunterricht als schulische Praxis: Unterricht ist selbst
eine institutionell geformte Situation, die der Idee der Autonomie ihrer Gegenstände strukturell widerspricht, so dass der Idealismus der Norm und die Praxis
der Institution einander auch dann Reibungsflächen liefern, wenn die Kinderliteratur ganz außen vor bleibt.

Bernhard Rank streitet in seinem Essay zum Ernstcharakter des Vergnügens
nicht um das Für und Wider dieser Bildungsnormen, aber er lässt sie auf der Suche nach den bildenden Potentialen im kinderliterarischen Erzählen selbst gewissermaßen freundlich beiseite. Schon in seinen Modellen zu kinderliterarischen Texten aus den 80er und frühen 90er Jahren[2] lässt sich dieser Zugang auf
Kinderliteratur zeigen; in den späteren Untersuchungen, insbesondere denen zu
Härtling, wird das weiter verfolgt.

In dem anderen großen Thema seiner Arbeiten der letzten Jahre ist dieses Vorgehen ebenso fruchtbar geworden wie bei der Kinderliteratur: Ich meine die Phantastik, zumal die kinderliterarische. Phantastische Texte sind insgesamt
'Schmuddelkinder' der Literaturwissenschaft, sie finden nur am Rande deren
Aufmerksamkeit. Das hat wohl damit zu tun, dass es das Genre der literarischen

---

[2]   Unterrichtsmodelle von Bernhard Rank zu kinder- und jugendliterarischen Büchern sind zu finden
      in der von Gerhard Haas herausgegebenen Reihe *Lesen in der Schule mit dtv junior* der Jahre 1980,
      1986, 1987, 1988, 1989, 1990, 1992 und 1993, alle: München, dtv.

Phantastik auszeichnet, mit dem Affekthaushalt des Lesers oder der Leserin offensiv zu spielen, mit Spannung, Involviertheit, Angst, Staunen und insbesondere mit Unsicherheit im Blick auf den Status der Aussagen im Text. Sie ist in anderer, aber strukturell vergleichbarer Weise ebenso wie die Kinderliteratur ein gewissermaßen 'unreines' Genre, gemessen an den Maßstäben der Literaturnorm. Aber phantastische kinderliterarische Texte sind von eminenter Wichtigkeit für die tatsächlichen Wege zur Literatur, wie sie faktisch gegangen werden; denn Kinder greifen, wenn man sie lässt, bekanntlich nicht zu den Formen von Realismus, die wir in der Regel für wertvoller halten, sondern zum kinderliterarisch Phantastischen, zumal, wenn es komisch und spannend ist. Das hat wohl mit der Klarheit zu tun, mit der der einfache phantastische kinderliterarische Text seine eigene Rede auch als fiktionale der Lebenswelt entgegen stellt oder, in den komplexeren Formen der Phantastik, sogar mit den unterschiedlichen fiktionalen Wirklichkeiten spielt, indem er sie zueinander ins Verhältnis setzt. Diese Klarheit hilft im Literaturerwerbsprozess, den fiktionalen Raum als eigengesetzlichen zunächst zu konstruieren, um von dort aus auch die literarische Konstruktion des Realismus als fiktionale Eigenwelt verstehen zu können (vgl. Rank 2002).

2 Ein Literaturbegriff unter der Erwerbsperspektive

Wie kommt man zu so einer produktiven Haltung gegenüber mächtigen normativen Vorgaben, wie sie in den Texten Bernhard Ranks zu diesen beiden Themenfeldern sichtbar werden? Ich glaube, die für sein Denken so wesentliche Perspektive des Erwerbs von Literatur ist dabei sozusagen die Geburtshelferin. Nicht umsonst heißen zwei der Bände unter seiner Herausgeberschaft *Wege zu …*, nämlich *zur Grammatik, zum Erzählen, zum Lesen, zur Literatur* – es geht darin eben nur im Hintergrund um Grammatik als System der Sprache oder um Erzählen als narrative Poetik, um das Lesen an sich oder um die Literatur als Kanon der reichhaltigsten Texte. Vorrangig und strukturbildend sind in diesen Bänden die Fragen nach den Wegen dorthin, die Wege, die Kinder und andere Anfänger finden oder die sie finden könnten. Fachdidaktik überhaupt und im Besonderen Literaturdidaktik ist für Bernhard Rank auf das Fundament der Erwerbswege der jeweils spezifischen sprachlichen und kulturellen Kompetenzen zu gründen. Die biographisch wohl prägendsten Erfahrungen auf dem Feld der Literaturdidaktik waren für mich persönlich diejenigen Gespräche und Projekte mit ihm, in denen er die Erwerbsorientierung als Basis didaktischen Denkens konturierte und, als Leiter des Lesezentrums, für das ich damals arbeitete, für unsere Aktivitäten formuliert und vertreten hat.

Diese Perspektive kann deshalb den impliziten oder expliziten Lese- und Literaturnormen und dem Streit um sie vergleichsweise fern stehen, weil sie sich weniger für das Soll der Norm als für den Prozess der Aneignung interessiert, weniger für die ästhetischen Potentiale der Texte an sich als für die Vorläufer und

Varianten des ästhetischen Zugangs zu Texten. Aus dieser Perspektive auf die Subjekte, auf den Prozess der Entfaltung und Differenzierung ihrer Fähigkeit, Literatur zu verstehen und zu genießen, ließe sich Literaturdidaktik als ganze begründen, so damals seine Argumentation. Diese Idee ist mir persönlich für meine weitere Tätigkeit im Feld der Literaturdidaktik von zentraler Bedeutung geworden, und ich bin überzeugt davon, dass der Entwurf für unsere Disziplin tragfähig ist. Dürfte man sich von einem Geburtstagskind etwas wünschen, so wäre es das: Eine systematische Darstellung und Begründung der (Kinder-)Literatur als Theorie des Literaturerwerbs, also einer Perspektive auf den Gegenstand der Literaturwissenschaft unter dem Aspekt seiner faktischen Aneignung – das könnte Bernhard Ranks wissenschaftliches Projekt der kommenden Jahre werden. Denn wer einen Entwurf in die Welt setzt, sollte ihn auch aufschreiben. Das hat schließlich der Zöllner schon von Lao-Tse verlangt, wie Brecht erzählt.

3 Legitimationsverluste der Bildungsnormen durch die Globalisierung der Bildungssysteme

Zwei Anlässe bestimmen mich, diesen Beitrag unter das Thema Lese-, Literatur- und Bildungsnormen zu stellen. Der erste Anlass ist eine frappierende Erfahrung bei den Interviews mit HauptschulabsolventInnen, die wir in den letzten Jahren in Frankfurt geführt haben (vgl. Pieper u. a. 2004). Dabei wurde nämlich sichtbar, dass tradierte Bildungsnormen, wie sie die verschiedenen Felder gesellschaftliche Selbstverständigung insgesamt durchziehen, durchaus kein anspornender, sondern ein eklatant hemmender Faktor für die produktive Einstellung zum Lesen bzw. zur Literatur und für tatsächliche Lesepraktiken sind, im Rahmen der Schule genauso wie jenseits davon. Solche Lese- und Bildungsnormen scheinen, und das ist das Erstaunliche, um so wirksamer zu sein, je abstrakter sie sind, also je weniger die Betreffenden selbst sie faktisch einholen. So ist bei den von uns befragten HauptschulabsolventInnen Lesen durchweg als Praxis tatsächlich auffindbar, und zwar in seinen instrumentellen, zweckorientierten Funktionen. Das ist unmittelbar nachvollziehbar, denn auch jenseits von Ausbildung und Berufsschule, kann man sozial gewissermaßen kaum überleben, ohne zu lesen. Diese faktische Lektüre ist aber von den jungen Leuten in der unteren Etage der Bildungshierarchie als 'wirkliches Lesen' nicht anerkannt. 'Eigentliches' Lesen beschreiben sie als Lebensform von anderen sozialen Schichten, nämlich von den schulisch und gesellschaftlich Erfolgreichen. Ihre Vorstellungen vom Lesen sind durchweg dominiert von einem hochkulturell ausgerichteten literarästhetischen, von einem geradezu enthusiastischen Lesebegriff – „Gedichte von Wilhelm Goethe" wären zum Beispiel ihr Medium, wie eine Interviewte sagte. Diese Vorstellungen vom 'Lesen der Anderen' stehen in scharfer Opposition zu den eigenen alltagspraktischen Mediengebrauchsformen, insbesondere zum Fernsehen; sie erscheinen insgesamt als eine hochgradig idealistische Vision von sozialer und humanitärer geistiger Freiheit, manifestiert durch die Lebensform 'literarisches Lesen' und in ihr. Da ist sie wieder, die Bildungsnorm; in den Vorstellungen der Hauptschulabsolventinnen geistert sie so praxisfern wie unerreichbar herum. Sie wird paradoxer Weise da besonders übersteigert, wo sie ganz fern steht, und führt dazu, dass die je eigenen Lesemöglichkeiten und -fähigkeiten ausschließlich im Licht des Defizitären oder Minderwertigen wahrgenommen werden, von den SchülerInnen wie von ihren LehrerInnen. Die guten Seiten eines Ideals, Leuchtfeuer der Lernentwicklung zu sein, sind bei diesen jungen Leuten von 'ganz unten' im Blick auf die kulturellen Literaturnormen nicht wirksam. Aber die destruktiven, nämlich Distinktion und entsprechende Resignation, lassen die vorhandenen Potentiale verkümmern, indem sie die Motivation untergraben. Die Selektionsfunktion der Institution Schule wird zu Lasten der Bildungsfunktion übermächtig.

Noch ein anderer Pol dieser Bildungsnorm wird bei den impliziten Lesebildern der HauptschülerInnen sichtbar: Lesen ist für sie auch das primäre Lern- und Wissensmedium, und wer durch „Natur und Faulheit", wie sie sich oft selbst beschreiben, dieser Sphäre nicht angehört, der kann sich eben auch in diesen Feldern nicht bewähren. Die lebensweltlich näher liegenden Medien wie das Fernsehen werden, gängigen Vorurteilen folgend, in Opposition zu diesem Lesebegriff gesetzt und medial abgewertet, so dass in der Tendenz Partizipation am kulturellen Leben in der Selbstwahrnehmung ausgeschlossen wird. Ihre Schule, die Hauptschule, hat bei den interviewten SchülerInnen diese Einstellungen und Normen nicht konterkariert, sondern sie vielmehr unter der Hand bestärkt, wenn nicht hervorgebracht; denn die Defizite der Schülerschaft gegenüber der Bildungsnorm bestimmen bei aller Gutwilligkeit unterschwellig auch die Einstellungen und Handlungen der ebenfalls interviewten LehrerInnen – nicht die Orientierung an der tatsächlichen Lesepraxis, nicht die Relativierung der Norm und erst recht nicht die Durchsetzung anderer, praxisnäherer Normen, wie man es sich wünschen würde, stehen bei ihnen im Vordergrund.

Hier wird sichtbar, dass die literaturbezogene Bildungsnorm durchaus kein einheitliches Gebilde ist; die historische Aufarbeitung ihrer Genese im Bildungsbürgertum über gut 250 Jahre macht zahlreiche Verwerfungen und Differenzierungen sichtbar (vgl. Assmann 1993; Hurrelmann 2004). Aber die Vorstellung, Bildungsnormen hätten in der Erlebnisgesellschaft soweit an Wirksamkeit verloren, dass sie nur noch historische Bedeutung haben, ist naiv. Zumindest in trägen Institutionen wie der Schule und auch in der fachdidaktischen Diskussion spielen diese Normen eine gewaltige Rolle; sie übertragen sich auch dann auf die Einzelnen, auf ihre kulturelle Selbstverortung und ihr Selbstbewusstsein, wenn im Vordergrund von Lesefreude als Unterrichtsziel die Rede ist.

Der zweite Anlass, die Bildungsnorm zu thematisieren, ist im engeren Feld der Fachdidaktik angesiedelt: Gegenwärtig werden die normativen Vorstellungen, die die Didaktik begleiten und, explizit oder verborgen, bestimmen, ganz gehörig durcheinander gewirbelt. Das hat mit den Prozessen der Globalisierung des Bildungswesens zu tun, zu denen die großen internationalen Schulleistungsstudien der letzten Jahre nur den Auftakt gebildet haben; bekanntlich werden weitere folgen. Aber hier wurde bereits ein Stück weit die Bedeutung des Lesens in literaturbezogenen Bildungsprozessen neu bestimmt, und es wurden auch gleich die Standards, denen die Lesekompetenz der Einzelnen zu genügen hat, in den Grundzügen mitgeliefert. Diese Definitionen stellen zweifellos einen Angriff auf tradierte literaturdidaktische Zielvorstellungen dar. Ganz unabhängig davon, ob oder wieweit man mit der Neudefinition des Lesens bei und durch PISA und IGLU einverstanden ist: Die globalen Prozesse der offensiven Ökonomisierung von Bildung zwingen doch dazu, die Standards der Leseleistung, die PISA gesetzt hat, im Grundsatz zu akzeptieren und über die Perspektiven des Literaturunterrichts neu nachzudenken.

Da ist z. B. in letzter Zeit die Rede davon, dass es der hohe Anteil an Literaturunterricht im Fach Deutsch sei, der dazu geführt hätte, dass das Leseverstehen im Unterricht vernachlässigt wurde, insgesamt, dass es die literaturbezogenen Bildungsnormen in ihrer spezifisch deutschen Ausprägung seien, die eine zweckrationale Orientierung des muttersprachlichen Unterrichts auf pragmatische Basisfähigkeiten blockierten (vgl. beispielsweise Ludwig 2002). Solche Positionen führen natürlich sofort zu einer Verteidigung von ästhetisch orientierten Bildungsideen und dem Nachweis ihrer Notwendigkeit gerade gegen eine sich universal setzende Pragmatik des Lesebegriffs.

Wenn man in diesem Feld streitet, so tut man das für oder gegen Normen, an denen sich unser Handeln faktisch ausrichtet – im besten Fall mit unserem Einverständnis, im schlechtesten unterlaufen sie uns. Solche Normen sind grundsätzlich präskriptiv. Deskriptiv bzw. empirisch könnte höchstens gezeigt werden, wieweit sie vom tatsächlichen Unterrichtsgeschehen eingelöst werden, aber nicht, was Ziel unterrichtlichen Handelns sein soll – das sind vorgängige und, wenn man so will, die elementareren Entscheidungen.

Solch eine Norm ist beispielsweise die Vorstellung, dass Kenntnisse kanonischer Literatur unabdingbar für jede höhere Bildung sind. Hier sind mir wieder Adornos Schriften zur Ästhetik der Bezugspunkt: Banausen durch und durch sind für Adorno beispielsweise TechnikerInnen oder ÄrztInnen, soweit sie in ihrem positivistischen Schrifttum befangen bleiben. Denn erst die von allen lebensweltlichen Funktionen losgelöste Lektüre literarischer Kunstwerke eröffnet kritische Erkenntnis und darin gleichsam den Weg des Menschen zu sich selbst. Wie wirkungsmächtig diese historisch gewachsene Norm ist, wird etwa deutlich, wenn man sich vergegenwärtigt, wie undenkbar es noch vor einer Generation war, die Beschäftigung mit Literatur in den Sekundarschulen weitgehend hintanzustellen. Genau das wird aber heute plötzlich bis hin zum Gymnasium diskutiert im Rahmen einer bildungspolitischen Position, die der Fachdidaktik den angloamerikanischen Literacy-Begriff verordnen will, so dass Schöne Literatur von ihrer zentralen Position im Fachunterrichts an seine Peripherie rückt.

Insgesamt geraten gegenwärtig, wie gesagt, die didaktischen Normen für Literatur und Lesen auf dem Prüfstand der Globalisierung der Bildungssysteme. Insofern scheint es mir notwendig und als eine aktuelle Aufgabe, die normativen Dimensionen der Literaturdidaktik so weit als möglich zu durchdenken, um das verteidigen zu können, was es wert ist, im Prozess der Ökonomisierung gerettet zu werden – das ist m. E. das Bildungspotential der Literatur –, aber um möglicherweise auch wahrnehmen zu können, wo die normative Orientierung der Disziplin und die faktischen Lehr-Lern-Prozesse so weit auseinander klaffen, dass Idee und Wirklichkeit des Unterrichts den Kontakt zueinander verloren haben und neues Nachdenken tatsächlich dringend notwendig ist. Das ist nach meiner Wahrnehmung für den zu enthusiastischen Literaturbegriff im Deutschunterricht aller Schulformen der Sekundarstufe 1 eine drängende Aufgabe.

4 Die Bipolarität im Begriff literarischer Bildung

Bildungsnormen sind natürlich insgesamt kein kohärentes Feld. Kein Wunder, dass die Zielperspektiven des Literaturunterrichts, in denen sie sich manifestieren, schon immer unter erheblicher Spannung zueinander standen. Literaturunterricht soll einerseits ästhetische Erfahrung eröffnen. Ermöglicht werden soll, dass sich die SchülerInnen in und durch Literatur selbst finden; das ist denkbar, weil Literatur ein Modus der kognitiven und ästhetischen Selbstvergewisserung von Subjektivität in gesellschaftlichen, historischen, kulturellen, lebensweltlichen und psychischen Kontexten darstellt. Diese Idee finden sich, übersetzt in Ziele, auch im Konzept des Literaturunterrichts heute: In seinem Katalog von sechs Zielen spricht Spinner[3] mit zweien diese Dimension an: „Identitätsfindung und Fremdverstehen" sind das eine Ziel, die „Förderung von Imagination und Kreativität" das andere (Dehn u. a. 1999, S. 599 f.).

Andererseits geht es in den Schulen bekanntlich jetzt wie immer schon um Literaturwissen, um die Kenntnis der wichtigsten Klassiker, es geht um Goethe-Balladen, um *Die Judenbuche*, um *Effi Briest*, um *Die Verwandlung* usw. bis hin zu Brecht, Frisch, Dürrenmatt. Gegenwärtig ist diese Dimension in dem regelmäßigen Ruf der Feuilletons nach der Autorität eines Kanons immer wieder zu hören als eine unerschrocken daherkommende Forderungen, auch in einer Mediengesellschaft das nationale Erbe an schöner Literatur nicht einfach aufzugeben,

---

[3] Spinner gibt insgesamt sechs Ziele an: „Literarische Bildung" und „Auseinandersetzung mit anthropologischen Grundfragen" fasse ich hier in dem Begriff Kanon-Wissen zusammen, „Förderung von Imagination und Kreativität" und „Identitätsfindung und Fremdverstehen" erscheinen hier als ästhetische Erfahrung, und für „Förderung der Freude am Lesen" und „Texterschließungskompetenz" steht hier Lesekompetenz mit den Komponenten Lesemotivation und Leseleistung (vgl. Dehn 1999, S. 597 ff.).

sondern dessen Wert zu würdigen und zu bewahren. Diese klassischen Texte der Nationalliteratur müssen im Horizont von Geschichte und, wenn man so will, Nation und Muttersprache gelesen werden (vgl. Ivo 1999). Und wie soll das anders geschehen als dadurch, dass sie in den Schulen verbindlich werden oder, wie man realistischer sagen sollte, verbindlich bleiben. Denn in sämtlichen Rahmenplänen von Gymnasium und Realschule werden ja tatsächlich kanonische Texte und die Fähigkeit, sie angemessen einzuordnen, verlangt. Spinner benennt diese Norm in seinem Katalog ebenfalls in zwei Zielen: Eines heißt schlicht „literarische Bildung", das zweite „Auseinandersetzung mit anthropologischen Grundfragen" (Dehn u. a. 1999, S. 599 f.).

Zwischen diesen normativen Zielideen, also zum einen der Forderung, dem Einzelnen einen literarästhetischen Raum zu schaffen, in dem er zu sich selbst kommt, und zweitens der nach einem kanonorientierten Literaturunterricht, der das literarische Erbe bewahrt, zwischen diesen beiden normativen Horizonten ist abstrakt eine Übereinstimmung denkbar – es ist ja gerade das Wesen des Kanons, dass er die historischen Formen, mittels derer in den sozialen, gesellschaftlichen, kulturellen und subjektiven Feldern Identität entworfen und transzendiert wurde, selektiert und aufbewahrt, so dass sie dem Einzelnen für seine Bildungsprozesse durch die Aneignungsprozesse der Lektüre hindurch zur Verfügung stehen. Und in gutem Unterricht insbesondere in den Leistungskursen der Oberstufe mag es immer wieder Momente geben, in denen solche Bildungserfahrungen auch gelingen.

Aber diese Übereinstimmung ist doch sehr voraussetzungsreich. Praktisch ist ein Unterricht, der Bildungserfahrungen im einzelnen Subjekt anzielt, ein anderer als einer, in dem es um die Vermittlung von historischem Literaturwissen geht. Ich glaube, um das Konstatieren dieser Differenz kommt man nicht herum: Wer im Unterricht ästhetische Erfahrung sucht, plant Verfahren, in denen die Imaginationsfähigkeit auf den Text gerichtet und angestoßen wird, in denen kreative, auch musische Methoden des Umgangs mit Texten zum Tragen kommen, um seine Bedeutungsvarianzen sinnlich werden zu lassen, Methoden, in denen die ganzheitliche Übernahme fremder Perspektiven erprobt wird, um den Möglichkeitssinn zu erweitern usw. Der Text bleibt dabei mehr oder weniger im Heute, seine Historizität kommt bestenfalls als Horizont hinzu, und er muss der Lebenswelt der jungen LeserInnen so nahe stehen oder gestellt werden, dass das Ziel realistisch wird, ihn umfassend zur personalen Erfahrung werden zu lassen, ein Ziel übrigens, das kaum evaluierbar scheint. Um es in die immer wieder kontroverse Methodenfrage zu übersetzen: In einem Unterricht, in dem es wirklich um die ästhetischen Erfahrungen von SchülerInnen geht, werden handlungs- und produktionsorientierte Verfahren einen prominenten Platz haben, weil sie eine intensive subjektiven Beteiligung an Texten provozieren. Und wo es diesem Unterricht um Versprachlichung von ästhetischer Erfahrung geht, wird das offene literarische Gespräch zum Einsatz kommen, weil es in der Lage ist, den Aus-

tausch über die subjektiven Formen der Einbettung des Textes in die Lebenswelt
zu leisten und darüber Verständnis und Erfahrung zu vertiefen.

Wer dagegen die Vermittlung von literarischem Wissen anzielt, holt die subjektiven Deutungen der SchülerInnen bestenfalls zum Anwärmen ab, wählt aber im
Wesentlichen Methoden, die sich von diesen subjektiven Formen gerade abwen-
den. Denn es geht darum, die historisch gewachsenen Deutungsdimensionen des
Textes zu erarbeiten. Im Kern ist es das philologische Terrain, auf dem sich solcher Unterricht bewegt und, um erfolgreich zu sein, auch bewegen muss. Er zielt
eben nicht oder höchstens am Rande auf die subjektiven Texterfahrungen der
SchülerInnen, und er wählt Primärtexte aus, die durchaus schon Staub in Gestalt
eines intertextuellen Umfelds angesetzt haben, zu denen es also eine reiche Rezeptionsgeschichte gibt, die der spontanen Lektüre gerade abgeht. Solche Se-
kundärtexte zu erarbeiten, in ihrer Evidenz am Primärtext zu überprüfen, gegeneinander abzuwägen, in ihrer jeweiligen Bedingtheit zu erkennen usw. muss
Ziel dieses Unterrichts sein, und die Verfahren, derer er sich dabei bedient, sind
solche der Textarbeit, also des Vergleichs, der Zusammenfassung, der metho-
disch geleiteten Analyse und Interpretation. Wo es um mündliche Arbeitsformen
geht, kann das fragend-entwickelnde Unterrichtsgespräch solche vorab geplan-
ten Lehrinhalte einholen; offene Formen des Gesprächs leisten das schlechter.

Beide Zielsetzungen stehen dabei durchaus in Übereinstimmung mit der Bildungsnorm, sie akzentuieren gewissermaßen zwei interne Pole, die sich auch historisch nacheinander entwickelt haben (vgl. Hurrelmann 2004). Ich sehe, wie
angedeutet, nicht, dass diese beiden Zielvorstellungen begrifflich oder faktisch
zusammenfallen, insbesondere nicht im Blick auf diejenigen Schulstufen und
-formen, in denen sich die Mehrheit der SchülerInnen aufhält.

Aber sie sind beide legitim: Einmal ist literarästhetisches und –historisches Wissen die Voraussetzung, wesentliche Texte des Kanons überhaupt verstehend lesen zu können, und der Literaturunterricht ist eben auch dafür da, dieses Wissen
zu vermitteln, wie das anderer Fachunterricht mit seinen Gegenständen auch
tut. Diejenige Dimension von Literatur, mit der sie in unser Leben hineinreicht,
hat aber m. E. ebenfalls ein unabweisbares Recht. Die etwas bissigen Anmerkungen eines sprachdidaktischen Fachkollegen, man möge doch mal die Identität
der SchülerInnen ihnen selbst überlassen und das tun, was man im Unterricht
tun kann, nämlich Wissen, Fertigkeiten und Einstellungen zu vermitteln, diesen
Anmerkungen ist eben deshalb nicht zuzustimmen, weil die Potentiale von Literatur sich nicht im Wissen um etwas, in Fertigkeiten, z. B. die Hauptpersonen zu
charakterisieren, oder in einer Einstellung dazu erschöpfen. Unser Gegenstand,
die Literatur, kommt eben nur da wirklich zu ihrem Recht, wo sich die Subjekte
in ihr selbst entwerfen – darunter ist sie nicht zu haben. Insofern ist der altbacke-
ne Ausdruck von der Literatur als 'Lebenshilfe' gar nicht so falsch – man könnte
auch sagen, als 'schöne Lebenslehre', weil Literatur weniger zeigt, wo es lang-
geht, als vielmehr unseren Phantasien für die Alternativen unseres Daseins auf

die Füße hilft. 'Literatur als Lebenslehre' wäre mir begrifflich lieber als die Rede von der Identitätsorientierung, die in den deutschdidaktischen Diskursen diese Position besetzt hält, aber vielleicht sind das nur geschmäcklerische Differenzierungen.

Deutlich ist hoffentlich, was gemeint ist: Es geht um die Spannung zwischen einem Literaturunterricht, der auf Literaturwissen zielt, und einem, der den Erfahrungsraum, den literarische Texte bereithalten, zugänglich machen will. Diese Diskussion ist wahrhaftig nicht neu (vgl. beispielsweise Haas 1997, S. 39 ff.; Müller-Michaels 2002). Doch was ihr grundsätzlich und schon seit langem fehlt, ist die empirische Überprüfung, welche dieser Ziele eigentlich tatsächlich eingeholt werden und wie das geschieht, wie erfolgreich also die jeweiligen literaturdidaktischen Konzepte tatsächlich sind, gemessen an ihren eigenen Zielen. Auf diesem Feld sind wohl einige Überraschungen zu vermuten – aber das steht zunächst auf einem anderen Blatt. Hier kommt es darauf an, zu zeigen, dass diese oppositionellen Zieldimensionen jeweils bestimmte Aspekte der literarischen Bildungsnorm umsetzen.

5 Die vergessene Frage nach den Lesefertigkeiten

Diese Ziele geraten m. E. durch das Aufkommen der Lesesozialisationsforschung in den 90er Jahren und dann insbesondere durch die Diskussion um die PISA-Studie noch einmal in ein neues Licht. Denn seitdem wird der Deutschunterricht auch in seinen literaturdidaktischen Anteilen von der Forderung eingeholt, Verantwortung für die Entwicklung von Lesekompetenz zu übernehmen. In dieser Diskussion hat sich ein differenzierter Begriff von Lesekompetenz behauptet, der weit über das Dechiffrieren von Wörtern und Sätzen hinausgeht und auch sehr komplexe Verstehensleistungen beim Lesen einfordert und überprüfbar macht.[4] Zunächst ist dadurch weniger eine neue Norm hinzugetreten, vielmehr entpuppte sich eine vermeintliche Selbstverständlichkeit des Literaturunterrichts als falsch, nämlich die Voraussetzung zureichender Lesefähigkeit bei den SchülerInnen. Sichtbar ist geworden, dass der schulische Unterricht insgesamt und damit auch der Literaturunterricht zum Teil konzeptuell auf unzutreffenden Annahmen basiert. Für den Literaturunterricht ist das die Vorstellung, dass es genügt, differenzierte Lektüren komplexer Literatur in Gestalt von Textanalysen, Interpretationen und Reflexionen im Fachunterricht gleichsam vorzuzeigen, um diese höchste Stufe des Leseverstehens in den SchülerInnen und Schülern irgendwie als aktive Fähigkeit zu verankern. Im Nachvollzug der professionellen Lektüren, wie sie in Interpretationen usw. niedergelegt sind, sollen sie dadurch auf die Fährte gelockt werden, selbständig tiefere Verstehens-

---

[4] Vgl. zur Diskussion um die Konsequenzen von PISA für die Deutschdidaktik neben den Thematisierungen in den Fachzeitschriften insbesondere Härle; Rank 2004; Kämper-van den Boogaart 2004; Abraham u. a. 2003; Rosebrock 2003; Franz; Payrhuber 2002.

bemühungen beim Lesen literarischer Texte zu leisten. Das geschieht aber bei vielen Kindern und Jugendlichen nicht – darauf weisen über PISA hinaus auch Ergebnisse der Lesesozialisationsforschung hin. Es funktioniert jedoch vermutlich leidlich gut bei Kindern, die ohnehin und unabhängig von der Schule lesen.

Wie wird in unserer Kultur literarische Lesekompetenz von den Kindern und Jugendlichen faktisch entwickelt? Ist es so, dass eine ausgeprägte Lesephase, die noch in der Grundschule einsetzt, dafür Bedingung ist, eine Lesephase, in der einige tausend und mehr Seiten an Kinderliteratur selbstständig gelesen werden, eine Lesephase, die in weiten Bereichen in der Freizeit stattfindet und mindestens bis zur Pubertät anhält? Einiges spricht für diese Hypothese, denn die kognitive Automatisierung der Wort- und Satzerkennung, die mühelose Herstellung von Inferenzen und lokalen Kohärenzen und der 'lange Leseatem', der umfassende mentale Modelle aufbaut und über längere Zeit prozessiert, diese Fähigkeiten brauchen vermutlich schlichtweg eine größere Menge Lektüre als die Grundschule oder die Förderstufe im institutionellen Raum gewährleisten. Allerdings sollte man sich eingestehen, dass es sich hierbei um eine Vermutung handelt: Die biographische Lesesozialisationsforschung ist auf die Mittelschicht beschränkt und kommt zudem nicht sehr valide an diese Phase des Lesens heran. Wirkliche Längsschnittstudien zur Verstehenstiefe der Rezeption in den verschiedenen Altersstufen und Gruppen fehlen. Wir wissen also nicht, ob es erfolgreiche Lesesozialisationsverläufe mit einer guten Lesekompetenz gibt, die keine Viellesephase in der Freizeit im Zeitraum der späten Kindheit kennen, die also allein durch den schulischen Textgebrauch in allen Fächern zu guten Lesefähigkeiten und guter Orientierung in den Schriftwelten gelangen. Erst recht wissen wir nicht, welches Ausmaß diese Viellesephase haben soll oder muss, um die Voraussetzungen des schulischen Lernens und dann des Literaturunterrichts zu liefern, ob es eine kritische Untergrenze gibt und wo sie liegt, ob diese Phase tatsächlich belletristisch zentriert ist, wie es der Augenschein will.

Wenn Freizeitlektüre also derzeit und faktisch eine wesentliche, womöglich die wesentlichste Komponente bei der Genese der allgemeinen Lesekompetenz ist, und wenn die Heranwachsenden Kinderliteratur zum zentralen Medium ihrer Freizeitlektüre machen, dann muss, so eine naheliegende Konsequenz, der Literaturunterricht in die Verantwortung dafür genommen werden, dass dies auch und gerade denjenigen Heranwachsenden aus bildungsfernen Familien gelingt, die in Gefahr sind, ihre Lesefähigkeit während der Schulzeit nicht ausreichend zu entwickeln, weil sie das außerschulische Lesen vermeiden. Familiäre Dispositionen hin oder her: Die Schule und eben der Literaturunterricht müssen sich fragen lassen, was sie dafür tun, dass die Heranwachsenden zu diesem ausgeprägten Lesen finden, das so umfangreich ist, dass sie die Automatisierung der hierarchieniedrigen Leseverstehensleistungen kognitiv ausbilden, dass hier also etwas geleistet wird, was in der Schule direkt nicht oder nicht ausreichend vermittelt wird. Dass dabei die intrinsische Motivation der Kinder und Jugendlichen, sich Geschichten anzuvertrauen, eine wesentliche Rolle spielt, versteht sich von selbst. Hier wäre entsprechend ein Literaturunterricht gefragt, der Unterhaltungslesen als kulturelle Alltagspraxis vermittelt, der zum Lesen motiviert und der Muster, nach denen diese Praxis in der Freizeit funktionieren könnte, zur Verfügung stellt. Es ist ja der Zusammenhang von Freizeitlesen und Lesekompetenz, der weit stärker zu sein scheint als der von Literaturunterricht und Lesekompetenz und der nun den oben skizzierten Zielen des Literaturunterrichts weitere hinzugefügt hat, nämlich die, das belletristisches Lesen im außerschulischen Bereich durch den Unterricht gefördert und gestützt werden muss.

Freilich: Stellt man die Frage grundsätzlicher als eine Strukturfrage im Horizont der Normativität auch der Fachdidaktik, so gerät sie in ein Feld, das die Dimensionen des gegenwärtigen Literaturunterrichts übersteigt: Wie vollzieht sich eigentlich das Lesenlernen in der gesamten Schullaufbahn im Blick auf die Entwicklung der notwendigen kognitiven Leistungen? Wir haben ein differenziertes Lese- und Schreibcurriculum für die Phase des unmittelbaren Schriftspracherwerbs, für die ersten beiden Jahre der Grundschule also. In dieser Phase wird, formuliert aus der Perspektive eines kognitionstheoretischen Lesekompetenzbegriffs, die Wort- und Satzerkennung im Schriftmedium erworben und ein Stück weit automatisiert, die propositionale Verknüpfung von Sätzen beim Lesen wird angebahnt, die ja ihrerseits auf generelle Sprachkompetenzen zurückgreift, die für den aktiven Eintritt in die Schriftsprache umorganisiert werden. Dann folgt in der Grundschule das so genannte „Weiterführende Lesen". Hier lenkt die fachdidaktische Literatur die Aufmerksamkeit auf SchülerInnen mit Leseproblemen, insbesondere auf deren Diagnostik. Die anderen SchülerInnen lesen im Lesebuch, und im Übrigen hält der Orthographieunterricht faktisch in weiten Feldern des Deutschunterrichts der zweiten Grundschulhälfte die Lufthoheit. Ab der Sekundarstufe beginnt zumindest in den höheren Schulformen der Literaturunterricht als Fachunterricht, der nunmehr konzeptionell plötzlich auf der hierarchiehöchsten Ebene der Leseverstehensleistungen ansetzt: Es geht in der Zielorientierung nun um die Fähigkeiten, Darstellungsstrategien und Textintentionen im Rezeptionsprozess zu erkennen. Aber das ist aus der Perspektive einer kognitionstheoretischen Stufung der Leseverstehensleistungen die letzte und die komplexeste Leistungsdimension. Hier klaffen die literaturbezogene Bildungsnorm mit den ihr entsprechenden Unterrichtszielen und die Lesewirklichkeit der SchülerInnen deutlich auseinander: Es fehlen ja, geht man vom unmittelbaren Schriftspracherwerb als dem ersten Schritt des Erwerbs von Lesekompetenz aus, ab der zweiten Hälfte der Grundschule die curricularen Zwischenschritte, die systematisch hin zu diesem hierarchiehöchsten, also letzten Schritt des Kontextualisierens tief eingebetteter und nur indirekt erschließbarer Textgehalte führen können. Zwischenschritte sind, wiederum aus der Perspektive der kognitionstheoretischen Stufung der Leseleistung, zunächst eine Anzahl von Automatisierungsleistungen bis hin zur Verknüpfung von Satz-

folgen, dann die globale Kohärenzherstellung, dann die Errichtung von Makro-
strukturen. Ich will nicht bestreiten, dass Deutschlehrerinnen und -lehrer mit
guter Praxis jeweils konkret an diesen Ebenen des Leseverstehens mit Ihren
SchülerInnen arbeiten, auch nicht, dass von Seiten der Fachdidaktik Lehrbücher
und Modelle entstehen, die diese Schwierigkeiten sozusagen von unten her
produktiv angehen; und zweifellos wird ein sinnvolles Lesecurriculum auch keinesfalls diese Hierarchieebenen des Leseverstehens einfach zeitlich nacheinander abstottern. Aber mir liegt doch daran evident zu machen, dass konzeptuell
die Schritte zwischen den Anforderungen des Dechiffrierens und denen der elaborierten Interpretation fachdidaktisch nicht eingeholt sind. Das Fehlen eines
systematischen Lesecurriculums kommt dem Literaturunterricht als Fachunterricht, wie er sich selbst versteht und normativ orientiert, notwendig immer wieder in die Quere. Dieses Defizit bedeutet, dass zentrale Bereiche des Erwerbs
von Lesekompetenz im gegenwärtigen Unterrichtsaufbau nicht ausreichend benannt und als Zielideen verankert sind, so dass sie systematisch in den außerschulischen Bereich verschoben werden. Deshalb, so die These, ist hierzulande
die Ausbildung von guten Lesekompetenzen stark auf das Freizeitlesen insbesondere der späten Kindheit angewiesen. In anderen Ländern, z. B. in den USA,
spielen humanistische ästhetische Bildungsnormen eine weit geringere Rolle,
zugleich trainiert man dort intensive differenzierte Lesetechniken. Erfolgreich
scheinen solche Trainings erst dann zu werden, wenn sie ganzheitlich in literale
Praktiken eingebunden werden.[5] Auch deshalb ist in Deutschland die Sozial-
schichtabhängigkeit des Bildungserfolgs hoch wie in keinem anderen der
OECD-Länder, wie PISA bekanntlich herausgestellt hat: Wir haben ab den
Sekundarschulen einen Literaturunterricht als Fachunterricht, der aus seinen
Traditionen heraus kein Leseunterricht ist und sein will, und zugleich haben wir
keinen eigenen Leseunterricht. Wenn der Literaturunterricht in Reaktion auf
dieses Dilemma nun ausschließlich auf die Förderung des Freizeitlesens zielte,
also 'Lesemotivation' als Zielperspektive einfach ganz oben im Katalog der
ohnehin widersprüchlichen Ziele ansiedeln würde, würden diese Verhältnisse in
der Tendenz fortgeschrieben.

Die Sachstruktur des Lernziels Lesekompetenz erfordert für die Altersgruppe
der Acht- bis Vierzehnjährigen zum einen die Lektüre erheblicher Textmengen,
die im Rahmen der Halbtagsschulen kaum geleistet werden können. Sie erfordert aber zum anderen auch ein Lesecurriculum, das den Aufbau von komplexen
Leseverstehensfähigkeiten sukzessive und zielorientiert betreibt. Als Ziele des
Literaturunterrichts hat Spinner diese Dimensionen benannt: „Förderung der
Freude am Lesen" und „Texterschließungskompetenz" heißen die letzten beiden
seiner sechs Zieldimensionen des Literaturunterrichts (Dehn u. a. 1999, S. 598).
Dahinter steht eine historisch relativ neue Norm, die von der tradierten

---

[5] Vgl. für ein solches evaluiertes Programm Schoenbach u. a. 1999, für einen Überblick International
Reading Association 2004.

Bildungsnorm gewissermaßen nie ernst genommen wurde und die erstmals PISA breit und explizit formuliert hat. Sie lautet: Jeder muss so gut lesen können, dass er in der gegenwärtigen Informationsgesellschaft handlungsfähig ist. Diese Norm entstammt nicht den Traditionen des genuinen Literaturunterrichts, sie tritt gewissermaßen von außen an ihn heran und stellt ihn in Frage. Ich will sie vereinfachend die Leseleistungsnorm nennen und gedanklich der Bildungsnorm in ihrer oben entfalteten bipolaren Ausdifferenzierung konfrontieren.

Für diese Leseleistungsnorm wurden schon die Zielideen benannt, unter denen sie im Literaturunterricht erscheint. Auch die Methoden, die diesen Zielen am deutlichsten entsprechen, können angegeben werden. Praktisch muss ein solcher Unterricht, der sich vom Ende der Grundschule bis weit in die Sekundarstufe hinein der Lesekompetenzsicherung und -entwicklung verschreibt, erstens etwas für die Lesemotivation auch im Freizeitbereich tun; dafür muss er, grob skizziert, weg von der Klassenlektüre und hin zu differenzierenden Formen der Textauswahl, weg von der intensiven, verlangsamenden Textarbeit hin zu extensiven Lesehaltungen, weg von Texten, die aufwendiger unterrichtlicher Vermittlung bedürfen, hin zu lebensweltnahen und motivierenden Themen, hin zu spannenden und komischen Texten. Zweitens muss er SchülerInnen dazu bringen, ihren Verstehensprozess beim Lesen aktiv zu betreiben und vielseitige Strategien dafür einzusetzen, er muss also ein Stück weit gewissermaßen lesetechnische Verfahren trainieren, um solche aktiven Formen zu fördern. Für das Lesetraining ergibt sich ein großer Bereich der Überlappung von literarischen mit universalen Strategien des Lesens wie Visualisieren, Zusammenfassen, Prognostizieren usw., deren Training durch die Fächer hindurch, also auch durch den Literaturunterricht, betrieben werden muss. Dazu gehört auch wiederum mit engerem Blick auf den Literaturunterricht, den Anspruch auf Deutung auf die Erstrezeption zurück zu verlagern. Denn der konventionelle Literaturunterricht züchtet geradezu eine Lesehaltung, der zu Folge der Text zwar durchzulesen ist, die Verstehensarbeit aber unter der Regie der Lehrperson steht. Diese Lesehaltung läuft aber der Entwicklung von Lesekompetenz zuwider und ist überdies lebenspraktisch nicht brauchbar.

Nun könnte man fordern, den Leseunterricht auch in den weiterführenden Schulen innerhalb des Deutschunterrichts der Sprachdidaktik zuzuordnen, die ihren angestammten Bereichen ab der Sekundarstufe einen weiteren hinzuzufügen hätte, und im Terrain der Literatur alles beim Alten belassen. Wie bereits gesagt, ist das so in etwa auch gefordert worden (vgl. Ludwig 2002). Abgesehen von den schlechten Erfolgsaussichten einer Separierung der Lernprozesse voneinander – der Literaturunterricht würde sich damit selbst endgültig in das schöngeistige Abseits bugsieren, dem er manchen Interpretationen der PISA-Studie zufolge schon angehört. Im Gegenteil muss m. E. die schwierige Integration dieser verschiedenen normativen Zielideen in eine Gesamtkonzeption von Literaturunterricht gelingen, einem Unterricht, der sowohl leseleistungsaufmerksam als auch wissens- als auch subjektorientiert ist. Integration heißt bekanntlich nicht, dass eines nach dem anderen kommt, sondern dass die unterschiedlichen Komponenten zueinander in Beziehung treten und sich selbst dadurch verändern. Dabei müssen die dahinter stehenden generellen Normen wohl Federn lassen, ohne freilich ganz aufgegeben zu werden.

6 Ein integrativer Begriff von literarischem Lesen

So anspruchsvoll und groß so ein Projekt daher kommt, so deutlich scheint mir auch zu sein, dass sein zentrales Medium die unterhaltende Kinder- und Jugendliteratur sein muss. Denn Kinderliteratur ist selbst ein im Blick auf die Bildungsnorm mit ihren Polen des Wissens und der Erfahrung, des Trivialen und des autonom Ästhetischen ein integrativer Bereich des Literarischen: Sie ist noch nicht autonome Literatur, aber verwirklicht in Einzelmomenten deren spezifische Merkmale; sie gehört thematisch noch der kindlichen Lebenswelt an, tritt aber durch ihren Anschluss an die Literatur für Erwachsene bereits in eine gewisse Konfrontation zu dieser Welt; und sie ist schließlich das Medium, in dem Kinder und Jugendliche erfahren können, dass sich Lesen lohnt, weil es Vergnügen bereitet und Erkenntnis ermöglicht, ohne sich damit dem Unterhaltungs- und Spaßsektor bruchlos zuzuordnen. Kinder- und Jugendliteratur genügt also in der Regel den Normen im Hintergrund nicht ganz, aber doch mehr oder weniger; für die einzelnen Texte kann diese Spanne didaktisch ausgewiesen werden. Das eröffnet die Möglichkeit, diese Normen nicht in der Weise mächtig werden zu lassen, dass sie den Literaturunterricht insgesamt in den Effekten konterkarieren können, wie es bei den HauptschulabsolventInnen in der oben beschriebenen Untersuchung der Fall ist, und wie es auch in vielen gymnasial geprägten Leseautobiographien aufscheint. Schließlich: Kinder- und Jugendliteratur kann auch gegenüber der Leseleistungsnorm im Sinne von 'reading literacy' ansatzweise bestehen, ohne in deren Zweckorientierung aufzugehen, bedenkt man die enormen Effekte ausgeprägten kindlichen Freizeitlesens für die Lesekompetenz.

An diesem Punkt stoße ich wieder auf die Arbeit von Bernhard Rank, dessen Engagement für die Leseförderung an der Hochschule als Nachfolger von Gerhard Haas in der Leitung und Konturierung des Lesezentrums in diesem Beitrag zu wenig Würdigung erfahren hat. Der Literatur für Kinder und Jugendliche und der Unterhaltungsliteratur in der LehrerInnenbildung Geltung zu verschaffen und offene, gleichsam normferne Formen des Gesprächs darüber zu etablieren und zu pflegen, wie er es seit der Übernahme des Lesezentrums vor zehn Jahren tut, ist keine geringe Aufgabe. Zugleich ist sie notwendig – wie soll sich der Literaturbegriff des Fachunterrichts öffnen, wenn die Erfahrungsdimensionen, die damit angestrebt werden, im Studium keinen Raum haben? Diesem Gedanken folgend leitet er mit dem Lesezentrum der Pädagogischen Hochschule Heidelberg eine in der deutschen Hochschullandschaft ziemlich einmalige Institution.

Wenn das Lesevergnügen vorbeikommt, muss man ihm einen Stuhl hinstellen – so könnte man in Abwandlung eines jüdischen Sprichworts formulieren und dankbar darauf verweisen, dass Bernhard Rank sehr viele solcher Stühle bereit gestellt hat.

Literatur

Abraham, Ulf; Bremerich-Vos, Albert; Frederking, Volker; Wieler, Petra (Hrsg.) (2003): Deutschdidaktik und Deutschunterricht nach PISA. Freiburg: Fillibach

Adorno, Theodor W. (1970): Ästhetische Theorie. Frankfurt a. M.: Suhrkamp

Assmann, Aleida (1993): Arbeit am Nationalen Gedächtnis. Eine kurze Geschichte der deutschen Bildungsidee. Frankfurt a. M.; New York: Campus

Dehn, Mechthild; Payrhuber, Franz-Josef; Schulz, Gudrun; Spinner, Kaspar H. (1999): Lesesozialisation, Literaturunterricht und Leseförderung in der Schule. In: Handbuch Lesen. Hg. von Bodo Franzmann u. a. München: Saur, S. 568–637

Franz, Kurt; Payrhuber, Franz-Josef (Hrsg.) (2002): Lesen heute. Leseverhalten von Kindern und Jugendlichen und Leseförderung im Kontext der PISA-Studie. Baltmannsweiler: Schneider Verlag Hohengehren

Haas, Gerhard (1997): Handlungs- und produktionsorientierter Literaturunterricht. Theorie und Praxis eines anderen Literaturunterrichts für die Primar- und Sekundarstufe. Seelze: Kallmeyer

Härle, Gerhard; Rank, Bernhard (Hrsg.) (2004): Wege zum Lesen und zur Literatur. Baltmannsweiler: Schneider Verlag Hohengehren

Hurrelmann, Bettina (2004): Bildungsnormen als Sozialisationsinstanz. In: Lesesozialisation in der Mediengesellschaft. Hg. von Norbert Groeben und Bettina Hurrelmann. Weinheim; München: Juventa, S. 280–305

International Reading Association (2004): Contemporary methods of quantitative data collection and analysis in literacy research. Reading Research Quarterly, Vol. 39, No. 1, S. 94–112

Ivo, Hubert (1999): Deutschdidaktik. Die Sprachlichkeit des Menschen als Bildungsaufgabe in der Zeit. Baltmannsweiler: Schneider Verlag Hohengehren

Kämper-van den Boogaart, Michael (Hrsg.) (2004): Deutschunterricht nach der PISA-Studie. Frankfurt a. M.: Lang

Ludwig, Otto (2002): PISA 2000 und der Deutschunterricht. In: Der Deutschunterricht, Jg. 54, H. 2, S. 51–55

Müller-Michaels, Harro (2002): Geschichte der Literaturdidaktik und des Literaturunterrichts. In: Grundzüge der Literaturdidaktik. Hg. von Klaus-Michael Bogdal und Hermann Korte. München: dtv, S. 30–48

Pieper, Irene, Rosebrock, Cornelia, Volz, Steffen, Wirthwein, Heike (2004): Lesesozialisation in schriftfernen Lebenswelten. Lektüre und Mediengebrauch junger Leute mit Hauptschulabschluss. Weinheim; München: Juventa

Rank, Bernhard (1994): „Nacherzählen" oder „Weitererzählen"? Zum Einfluss der Kinderliteratur auf die Erzählfähigkeit. In: Erfahrungen mit Phantasie. Analysen zur Kinderliteratur und didaktische Entwürfe. Festschrift für Gerhard Haas zum 65. Geburtstag. Hg. von Bernhard Rank. Baltmannsweiler: Schneider Verlag Hohengehren, S. 159–186

Rank, Bernhard (1997): Belehrung über das Lesen. Zur Bedeutung von Vor- und Nachworten in der Kinderliteratur. In: Kinderliteratur, literarische Sozialisation und Schule. Hg. von Bernhard Rank und Cornelia Rosebrock. Weinheim; Basel: Beltz, S. 29–54

Rank, Bernhard (1999a): „Ihr könnt doch noch gar nicht wissen, was Liebe ist": Ben liebt Anna von Peter Härtling. In: Erfolgreiche Kinder- und Jugendbücher. Hg. von Bernhard Rank. Baltmannsweiler: Schneider Verlag Hohengehren, S. 189–210

Rank, Bernhard (1999b): Formen und Veränderungen des Erzählens in Bearbeitungen kinderliterarischer Szenarien auf CD-ROM. In: Bilderwelten. Vom Bildzeichen zur CD-ROM. Hg. von Kurt Franz und Günter Lange. Baltmannsweiler: Schneider Verlag Hohengehren, S. 190–206

Rank, Bernhard (2000a): Aktuelle Entwicklungen im Handlungssystem Kinder- und Jugendliteratur. In: Der Deutschunterricht, Jg. 52, H. 5, S. 91–93

Rank, Bernhard (2000b): Kinder- und Jugendliteratur im Spannungsfeld zwischen pädagogischen und literarischen Autoritäten. In: Kinder- und Jugendliteraturforschung 1999/2000. Hg. von Hans-Heino Ewers u. a. Stuttgart; Weimar: Metzler, S. 79–82

Rank, Bernhard (2000c): Philosophie als Thema der Kinder- und Jugendliteratur. In: Taschenbuch der Kinder- und Jugendliteratur. Band 2. Hg. von Günter Lange. Baltmannsweiler: Schneider Verlag Hohengehren, S. 799–826

Rank, Bernhard (2001): Härtling für Große. Eine Einladung, über die Kinderliteratur hinaus zu blicken. In: Julit, Jg. 27, H. 4, S. 12–14

Rank, Bernhard (2002): Phantastik im Spannungsfeld zwischen literarischer Moderne und Unterhaltung. Ein Überblick über die Forschungsgeschichte der 90er Jahre. In: Kinder- und Jugendliteraturforschung 2001/2002. Hg. von Hans-Heino Ewers. Stuttgart; Weimar: Metzler, S. 101–130

Rank, Bernhard (2004): Kinderliteratur, literarische Sozialisation und Schule oder: Vom Vergnügen am Umgang mit kinderliterarischen Texten. In: Wege zum Lesen und zur Literatur. Hg. von Gerhard Härle und Bernhard Rank. Baltmannsweiler: Scheider Verlag Hohengehren, S. 187–214

Rosebrock, Cornelia (2003): Wege zur Lesekompetenz. In: Beiträge Jugendliteratur und Medien, Jg. 55, H. 2, S. 85–95

Schoenbach, Ruth; Greenleaf, Cyntia; Cziko, C.; Hurwitz, L. (1999): Reading for understanding. A Guide to Improving Reading in Middle and High School Classrooms. The Reading Apprenticeship Guidebook. San Francisco:Jossey-Bass

STEFFEN VOLZ

Literaturunterricht im Bildungskeller

1 Kritische Sichtung

Mit kaum einem Unterrichtsgegenstand dürften so breit gefächerte Erwartungen verknüpft sein wie mit (kinder-)literarischen Texten. Die Beschäftigung mit ihnen soll der Ausbildung kognitiver, emotionaler, sozialer, moralischer und kreativer Fähigkeiten dienen, zudem sollen Fantasie und Vorstellungsbildung angeregt, Sprachbewusstsein ausgebildet, Wissen erworben, Lesekompetenz geschult und Leseinteresse gefördert werden. Obgleich Literatur all dies potenziell leisten kann, besteht für die schulische Literaturvermittlung ein grundsätzliches Problem: Literatur entzieht sich von der Sache her einer unmittelbaren didaktischen Verwertung. Dennoch findet im schulischen Kontext insgesamt ein weitgehend instrumenteller Zugriff auf literarische Texte statt und deren Vermittlung wird direkt mit Lehrzielen verknüpft. Verschärft zeigt sich diese Tendenz im Unterricht mit SchülerInnen der Förderschule. Ihr Scheitern an der Regelschule erklärt sich eher aus der Schrift- und Bildungsferne ihrer Herkunftsfamilien als aus kognitiven Defiziten (vgl. Wocken 2000). Schwierigkeiten im Schriftspracherwerb bilden dabei eine der wichtigsten Ursachen für den Bruch im Bildungsverlauf. Aufgrund der anhaltenden lesetechnischen Schwierigkeiten dieser Schülergruppe werden Beschäftigung mit Literatur und Erwerb literarischer Kompetenzen kaum als eigenständige Unterrichtsziele erachtet, eher rücken sozial-erzieherische und lesetechnische Ziele in den Mittelpunkt.[1]

Die Erarbeitung literarischer Texte mit FörderschülerInnen steht vor einer weiteren Herausforderung, besteht doch zwischen ihrer noch gering ausgebildeten (technischen) Lesefertigkeit und ihrer (literarischen) Verstehensfähigkeit eine nicht unerhebliche Differenz. In der Regel können SchülerInnen komplexe Texte besser verstehen als selbstständig erlesen. Überlegungen zur didaktischen Vermittlung zwischen diesen beiden differierenden aber grundlegenden Kompetenzen wurden in der Sonderpädagogik bislang nicht angestellt. In der Unterrichtspraxis bleibt bei der Textauswahl die technische Lesefertigkeit zumeist das ausschlaggebende Kriterium. Alphabetisierung ist jedoch keinesfalls die primäre Voraussetzung von Literarisierung (vgl. Rosebrock 1999). Der Vorrang der Lesefertigkeit führt zudem häufig zu einer Auswahl altersinadäquater Texte, was der Lesemotivation in hohem Maße abträglich sein kann.

---

[1] Die Skizzierung des Literaturunterrichts an Förderschulen basiert auf einer Analyse sonderpädagogischer Literatur und Unterrichtsvorschläge sowie einer Befragung von SchülerInnen (vgl. Volz 2001).

Gelesen werden in der Förderschule vorrangig literarische Kurzformen. Moderne Kinder- und Jugendliteratur spielt eine untergeordnete Rolle (vgl. Oskamp 1996) und findet erst allmählich Eingang in die Unterrichtspraxis. Bevorzugt werden problemorientierte Texte.

Die Tendenz, literarische Texte zur unmittelbaren Schulung der Lesefertigkeiten einzusetzen, lässt sich insbesondere an der vorherrschenden Form der Texterschließung, dem lauten Reihum-Lesen, erkennen. Die Bedeutung, die dem lauten Lesen im Erstleseunterricht zukommt, führt offenbar dazu, dass diese Methode unhinterfragt fortgeführt und deren Problematik übersehen wird. Zum Textverständnis trägt das laute Lesen wenig bei, da die Aufmerksamkeit nicht auf die Textzusammenhänge fokussiert ist. Dies gilt insbesondere für das laute Lesen leseschwächerer SchülerInnen (vgl. Klicpera; Gasteiger-Klicpera 1995).

Neben dem lauten Lesen stellen Nacherzählung und Inhaltsparaphrase sowie Fragen zum Textinhalt die vorherrschenden Erarbeitungsformen dar, oftmals beschränkt sich der Unterricht somit vollkommen auf inhaltssichernde und inhaltsreproduzierende Formen.

Als besonders problematisch ist hier die Nacherzählung einzustufen. Sie beschneidet fiktionale Texte um ihren fundamentalen bildungstheoretischen Gehalt: dem der Imagination und individuellen Erfahrung. Selbst komplexe narrative Texte werden zwangsläufig auf eine pure Ereigniskette reduziert und auf der untersten, einfachsten Bedeutungsebene, dem Geschehensablauf, festgeschrieben. Eine Auseinandersetzung mit den Perspektiven der Figuren oder der Position des Erzählers wird damit unmöglich gemacht (vgl. Hurrelmann 1982). Von den Lehrkräften dürfte die Nacherzählung hauptsächlich als Instrument zur Einschätzung der Verstehensleistung eingesetzt werden. Da eine Nacherzählung aber in die Struktur des Ausgangstextes grundlegend eingreift, Kommentierungen des textinternen Erzählers eliminiert, die Erzählerposition insgesamt tilgen muss und damit das klärungs- und interpretationsbedürftige Spannungsverhältnis zwischen der Erfahrungswelt der LeserInnen und der textinternen Welt zum Verschwinden bringt (vgl. Hurrelmann 1982), kann sie nur eingeschränkt zum Verständnis fiktionaler Texte beitragen. Eine weitergehende Beschäftigung mit dem Gehalt wird ebenso erschwert wie eine innere Beteiligung am Geschehen, einem wesentlichen Merkmal literarischer Rezeptionsprozesse. Schließlich ist noch die paradoxe Kommunikationssituation, das Wiederholen einer Geschichte, die alle Zuhörenden gemeinsam rezipiert haben, als problematisch zu erachten. Tatsächlich besitzt die schulische Nacherzählung keinerlei kommunikative Funktion.

Inhaltsparaphrase und Inhaltsreproduktion unterliegen einer Tendenz der Entfiktionalisierung und Vereindeutigung. Literarische Texte werden wesentlicher Elemente – ihrer Poetizität und Fiktionalität – beraubt und für eine schulische Verwertung instrumentalisiert, die Eindeutigkeit und Widerspruchsfreiheit als Voraussetzung braucht. Damit werden Unterschiede zwischen fiktionalen und nicht-fiktionalen Texten getilgt; literarisches Verstehen wird auf die Funktion der kognitiven Informationsentnahme beschränkt. Dementsprechend finden Poetizität und Fiktionalität in den Unterrichtsarrangements kaum Berücksichtigung. Zudem leisten diese Texterarbeitungsformen monologischen Interaktionsformen Vorschub und erschweren den Aufbau lesefördernder dialogischer Kommunikationsstrukturen (vgl. Wieler 1997).

Erste Ansätze zu einer Veränderung des Literaturunterrichts an Förderschulen lassen sich seit kurzem ausmachen, ohne dass damit die Dominanz der skizzierten Verfahren aufgehoben wäre.

2 Praktische Erprobung

Im Folgenden werden Teilergebnisse eines Unterrichtsprojekts an Förderschulen vorgestellt. Ziel dieses Projektes war es, Befunde zu den literarischen Kompetenzen der SchülerInnen zu erheben und Möglichkeiten einer Erarbeitung literarischer Texte mit lernschwachen SchülerInnen jenseits von Lesetraining und moralischer Erziehung zu erproben. Literarische Kompetenz wurde dabei nicht als übergreifende Fähigkeit verstanden. Es existiert keine spezifische Kompetenz literarischen Verstehens, die es einem Rezipienten ermöglicht, jeden beliebigen literarischen Texte adäquat zu verstehen. Somit lässt sich literarische Kompetenz nicht generell erheben. Es können jedoch die text- und leserspezifischen Merkmale untersucht werden und die Rezeptionsanforderungen einzelner Texte bzw. die bei der jeweiligen Lektüre erbrachten individuellen Rezeptionsleistungen aufgeschlüsselt werden (vgl. Heuermann 1981).

Ausgesucht wurden altersangemessene literarische Texte mittleren Komplexitätsgrades, die den LeserInnen Identifikationsmöglichkeiten anbieten und einen Bezug zu ihrer Lebenswelt besitzen. Einer der ausgewählten Texte, Paul Maars Erzählung *Die verschlossene Tür*, wurde mit Förderschulklassen der Jahrgangsstufen 5 und 6 erarbeitet. Diese spannungsreiche Erzählung besteht aus zwei Episoden, die das Thema Angst und deren erfolgreiche Überwindung zum Gegenstand haben. Im Mittelpunkt stehen geheimnisvolle Türen, hinter denen Gefahren vermutet werden. Überwunden werden die Ängste jeweils durch das Öffnen der Tür, die Welt dahinter entpuppt sich in beiden Fällen als harmlos. Erzählt werden die Erlebnisse aus Sicht eines Ich-Erzählers. Vorgelesen wurde den SchülerInnen die erste Episode bis zum Spannungshöhepunkt, das Öffnen der Tür steht unmittelbar bevor. In diesem Teil der Erzählung entdeckt der kindliche Protagonist auf dem Dachboden seiner Großeltern eine ihm bislang unbekannte Tür. Missverständliche Angaben des Großvaters, die Tür habe schon immer existiert, sie sei unverschlossen und führe „nirgendwohin", verunsichern das Kind. Es kann diese rätselhaften Angaben nicht logisch auflösen, interpretiert sie als Hinweise auf eine Gefahr. Seinen ersten Versuch die Tür zu öffnen und damit deren Geheimnis zu lüften, muss das Kind abbrechen, ein ihm unbegreifliches Unbehagen hält es davon ab. Dieses Unbehagen steigert sich schließlich zu nächtlichen Angstzuständen und Albträumen mit Todesthematik. Bedrohlich und zugleich diffus bleiben die Träume assoziationsoffen, können als Vorankündigung einer Gefahr verstanden werden. Angespielt wird dabei auf den Topos einer Tür als Zugang zu sekundären Welten. Diese Funktion einer Grenze zwischen realer und fantastischer Welt besitzt die Tür ausschließlich in den Angstträumen des Protagonisten, das Geschehen selbst bleibt in der realen Welt angesiedelt. Nachdem das Kind dem Großvater seine Ängste offenbart hat, gelingt ihm unter dessen Beistand das Öffnen der Tür. Jetzt werden die Angaben verständlich. Es handelt sich um eine zugemauerte Verbindung zum Nachbarhaus. Die Angst erweist sich als unbegründet und ist bewältigt. Das Angstüberwindungskonzept des Großvaters – „Man muss durch die Angst durch. […] Du musst es selbst tun" – erweist sich als erfolgreich. Die zweite Episode schildert eine ähnliche Begebenheit aus dem Erwachsenenleben, sie dient der Bestätigung des Konzeptes, (irrationale) Ängste durch aktives Handeln zu bewältigen.

Im Anschluss an das Vorlesen wurden die SchülerInnen um eine Fortführung in Wort oder Bild und um Formulierung eines Titels gebeten. Zur Ermittlung literarischer Kompetenzen standen somit Produkte zur Verfügung, die eine Analyse von Verstehensleistungen und narrativer Strukturen, also rezeptiver und produktiver Aspekte literarischer Kompetenz, ermöglichen. Vorgestellt werden im Folgenden ausschließlich schriftliche Fortsetzungen.

Fortsetzungsaufträge sollen die Vergegenwärtigung des bisherigen Handlungsablaufes und die Antizipation möglicher Fortführungen anregen. Bezugnahme auf den Ausgangstext und dessen Fortentwicklung gestatten Rückschlüsse auf das Textverständnis, auf die Annahmen, Schlüsse und Vorstellungen der LeserInnen. Die Textabbruchstelle – der Wendepunkt, ist eingeleitet aber noch nicht vollzogen – nötigt dazu, die bisherigen Informationen zu rekapitulieren und zu bewerten. Da dem Textauszug nicht zu entnehmen ist, wie die Verwicklung gelöst werden wird, handelt es sich um eine anspruchsvolle Aufgabenstellung. Die Thematisierung vager, unbewusster Ängste und das dabei eingesetzte Motiv einer Tür als (potenzieller) Grenze zwischen Real- und Fantasiewelt stellt zusätzliche Anforderungen dar.

Bis zur Abbruchstelle lässt sich zum Genre der Erzählung noch keine definitive Aussage treffen. Neben Anzeichen auf eine realistische Auflösung (Konstruktion als Rückblende, keine Hinweise auf Differenz zur rationalen Weltordnung) finden sich gleichfalls Indizien, die eine fantastische Fortführung möglich erscheinen lassen (missverständliche Angaben des Großvaters, mysteriöse Albträume mit Übergangsmotiv und Todesthematik).

Eine realistische Fortführung bedarf einer rationalen Erklärung des Rätsels der Tür, das mit dem Öffnen gelüftet wird. Daraus ergibt sich ein dramaturgisches Problem: Mit der Aufklärung ist die Spannung gelöst, der Erzählstrang am Ende angelangt. Eine Ansiedlung im Fantastischen eröffnet eine Vielzahl an Fort-

führungsmöglichkeiten. Ein Abweichen von der Logik einer rationalen Aufklärung enthebt zugleich von der Schwierigkeit, die widersprüchlich erscheinenden
Angaben sinnvoll aufklären zu müssen. Der Bezug zur Ausgangssituation kann
vollkommen gelöst werden, der Themenkomplex Angst bedarf keiner ausdrück-
lichen Berücksichtigung.

3 Verschlossene Türen

Hinsichtlich Umfang, inhaltlicher Komplexität, sprachlicher Elaboriertheit und
Verständlichkeit liegt ein breites Spektrum von Schülerarbeiten vor. Es reicht
von Beiträgen, die auf ein bemerkenswertes Repertoire an literarisch-narrativen
Kompetenzen hinweisen, bis zu solchen, die nur sehr elementare Erfahrungen
mit narrativen Strukturen vermuten lassen. Das Kriterium einer Fortsetzung erfüllen die Arbeiten mehrheitlich. Daneben wurden Schilderungen des Span-
nungshöhepunkts oder Nacherzählungen angefertigt. In allen Schülertexten
bleibt ein Bezug zum Original bewahrt. Rund ein Drittel der Texte enthält Dar-
stellungsmuster der literarischen Fantastik, die übrigen Arbeiten sind in einer
realistischen Textwelt angesiedelt.

Die Verortung des Geschehens gestattet Rückschlüsse auf das Textverständnis.
So wird die unterbrochene Geschichte mit der Situierung im Realistischen als
Alltagserzählung aufgefasst, deren Lösung ausschließlich in der realen Welt liegen kann. Die Bedingungen des Ausgangstextes bleiben von wesentlicher Bedeutung für den Fortgang. Die Situierung im Fantastischen dagegen interpretiert
den Ausgangstext als Auftakt, der der Einführung der Figuren und der Skizzierung der Ausgangskonstellation dient. Für den weiteren Verlauf besitzt dieser
Auftakt lediglich die Funktion eines Rahmens, der als Einleitung in die eigentliche Binnenerzählung dient. Mit der jeweiligen Situierung wird zudem eine implizite Bewertung der Angst vorgenommen. Bei einer Ansiedlung im Fantastischen
wird die Angst zur Vorahnung bedrohlicher Ereignisse. Sie gründet sich und verweist auf eine tatsächlich bestehende Gefahr. Mit einer Ansiedlung in der realen
Welt dagegen wird die Angst als Empfinden eingeordnet, das sich durch rationale
Aufklärung beseitigen lässt, da von der Tür und dem Unbekannten, das sich dahinter verbirgt, keine tatsächliche Gefahr ausgeht.

Im Folgenden werden zunächst exemplarisch ausgewählte Schülerarbeiten vorgestellt und kurz kommentiert. Im Anschluss daran werden zusammenfassend
Befunde der Analyse aller Texte referiert. Die Schülertexte wurden u. a. daraufhin untersucht, unter welchen inhaltlichen Schwerpunktsetzungen die Erzählung fortgeführt wird, welche sprachlich-literarischen Mittel und narrativen
Muster verwendet und welche Eingriffe in die Textstruktur im Zuge des individuellen Aneignungsprozesses vorgenommen wurden. Einige der vorgestellten Ergebnisse mögen kaum erwähnenswert erscheinen oder als selbstverständlich erachtet werden. Vor dem Hintergrund der Lernausgangslage der SchülerInnen

sind sie dies aber nicht. Handelt es sich doch um SchülerInnen, die an den Anforderungen der Regelschule gescheitert sind und die mehrheitlich mit erheblichen und anhaltenden Schwierigkeiten im Schriftspracherwerb zu kämpfen haben.

Das geschilderte dramaturgische Problem realistischer Fortführungen führt dazu, dass einige Arbeiten äußerst knapp ausfallen. Das Entwickeln einer längeren Erzählpassage bedarf zusätzlicher erzähltechnischer Strategien. Am häufigsten werden hierzu Verzögerungstechniken eingesetzt. So entwirft Cynthia[2] einen Dialog der Hauptfiguren und schildert daran anschließend das Öffnen der Tür und dessen Konsequenzen:

> Die Gruseltür
>
> „Nein! Aber ich habe solche Angst vor der Tür!" „Ach, Tim, ich sag's dir, wenn man Angst hat, soll man den ganzen Mut zusammen kriegen! Und dann musst du die Tür öffnen. Verstanden?" „Okay, ich öffne die Tür." Meine Zähne klappern vor Angst! Die Tür ist ein bisschen offen. Ich ging hinein. Ich drücke Großvaters Hand so fest, dass er mit hineingeht. Das sind alte Bücher, ein Monsterbild und Spinnweben. Dann sagt Großvater: „Du brauchst keine Angst mehr zu haben." Dann gingen sie die Treppe herunter. Tim sagt: „Ich habe keine Angst vor fremden Türen." In der nächsten Nacht träumte er nicht mehr von der Tür. Er schlief lächelnd ein. Er sagt heimlich: „Ich bin kein Angsthase mehr!" Ende. (Cynthia, 11J.)

Der bisherige Handlungsverlauf wird plausibel fortgesetzt, die Voraussetzungen des Originals werden dabei genau beachtet. Das Öffnen der Tür erfolgt unter erkennbarer psychischer Anspannung, es bedarf der Unterstützung des Großvaters. Diese Anstrengung wird belohnt, die Vorhersage des Großvaters erweist sich als zutreffend: die Angst des Protagonisten wird überwunden. Die Angst bleibt zentrales Motiv. Sie wird in den Dialogpassagen und im Erzähltext ausdrücklich beschrieben. Das Problem des Helden wird nicht nur gelöst, ihm gelingt zusätzlich ein bedeutsamer Entwicklungsschritt. Das Konstruktionsprinzip des Ausgangstextes, Problemüberwindung mit Persönlichkeitsentwicklung zu kombinieren, wurde übernommen.

Im Text 'Die Handtür' wird ebenfalls mit einer Verzögerungstechnik gearbeitet und eine logisch strukturierte Erzählung entfaltet. Es handelt sich hierbei um den einzigen realistischen Text, in dem das Öffnen der Tür nicht unmittelbar zur Beseitigung der Angst führt:

> Die Handtür
>
> Großvater ging mit Patrick an die Treppen. Sie waren noch unten. Sie beschlossen, hoch auf den Dachboden zu gehen. Sie waren am Ende von den Treppen. Sie gingen Schritt für Schritt. Sie liefen ganz langsam. Der Boden krachte. Sie gingen einen Schritt zurück. Sie dachten, da wäre jemand, aber das war nur der Boden. Er war schon

---

[2] Die Namen der beteiligten Schülerinnen und Schüler wurden geändert. Alle Schülertexte werden ungekürzt wiedergegeben. Zur Verbesserung der Lesbarkeit wurden Rechtschreibfehler getilgt und Satzzeichen eingefügt. Grammatikalische und stilistische Eigenheiten und Fehler werden dagegen nicht verändert.

ziemlich alt, der Boden. Patrick machte die Spinnenweben von dem Henkel weg. Die Tür war so arg verstaubt, dass man was drauf schreiben gekonnt hatte. Sie machten die Tür also auf. Sie hatten die Augen ganz arg fest zu. Auf einmal hatte Patrick einen Arm in der Hand. Er schreite ganz laut, wo er den Arm in der Hand hatte. Er hat so laut geschrien, dass das sogar die Nachbarn gehört haben. Er hat nicht mehr schlafen gekonnt. Er hatte die Hand in seinen Augen. Immer wieder passierte das und so ging das viele Jahre mit Patrick. Er hatte oft noch die Albträume, aber es ging mit der Zeit wieder rum. Oma hat sie heimlich reingelegt. Das war nämlich nur eine Wachshand und hinterher hat Oma die Hand auf den Esstisch gelegt und sagte zu ihren Enkeln: „Das war nur eine Wachshand, die ich schon viele Jahre hinter dieser Tür hatte. Auch meine anderen Enkel wollten (auch) immer wissen, was hinter dieser Tür ist, aber die Tür hat nie jemand aufgemacht. Außer dir! Du warst bisher mein mutigster Enkel." Und so war es mit Patrick und Großopa. Ende (Jessica, 12J.)

Schon der ungewöhnliche Titel ist geschickt gewählt. Inspiriert vom Albtraum des Protagonisten – dort verbirgt sich hinter der Tür eine lebensbedrohliche Hand – wird das Motiv der Wachshand gewählt. Die Fortsetzung selbst setzt nicht an der Abbruchstelle ein, sondern führt in der Chronologie der Ereignisse nochmals zurück. Spannungsvoll wird die Annäherung an die Tür geschildert, Spinnweben und Augenschließen werden als Elemente der Spannungssteigerung benutzt. Mit geschlossenen Augen ergreift der Protagonist eine Hand, das Öffnen der Tür wird dadurch dramatisiert. Mit der Auflösung, der inszenierten Mutprobe, erhält die Erzählung eine zusätzliche Schlusspointe, das verängstigte Kind wird zum „mutigsten Enkel". Eindeutig ist ein Verständnis der Komplikation und Erzähllogik des Ausgangstextes gegeben, dessen Hauptthema bleibt erhalten und wird in einer eigenständigen Episode zu einem stimmigen Abschluss gebracht.

Die beiden bislang angeführten Texte weisen hinsichtlich dramatischer Gestaltung, Erwartungslenkung und Auflösung diverse Parallelen auf. So lassen beide Fassungen den Leser zunächst über die Ansiedlung des Geschehens im Unklaren. Dieses Spielen mit Mehrdeutigkeiten gestattet den Einsatz mysteriöser Ereignisse, nach dieser Erwartungslenkung wirken die rationalen Auflösungen umso überraschender.

Im folgenden Text wird der Ausbau der Erzählhandlung über einen Übergang von der Handlungsbeschreibung zur Reflexion geleistet:

Die geschlossene Tür

Ich zögerte nicht lange. Vater gab mir einen Stubs. Ich öffnete die Tür. Hinter der Tür waren Flaschen. Hunderte von Flaschen. Er trug die staubigen Flaschen nach unten zu Oma und säuberte sie. Ich hatte keine Angst mehr. Aber, ich muss noch viele Ängste überwinden, z. B.: „Das Stargate, das Bettmonster, der Friedhof, der Wald, das Toilettenmonster, die Telefonzelle, die Schule!" Aber, ich glaube, die Ängste muss ich allein überwinden. (Julian, 10J.)

Unter Verwendung einzelner Elemente und unter Beibehaltung der Erzählform des Originals wird diese Variante gestaltet. Die Rolle des Ich-Erzählers wird übernommen, die Erfordernisse dieser Rollenübernahme in inhaltlicher und formaler Hinsicht gemeistert, die Innenperspektive des erlebenden Ichs berücksichtigt.

Gemeinsames Kennzeichen aller realistischen Fortsetzungstexte ist der Versuch, in Auflösung und Fortführung die Bedingungen des Ausgangstextes zu erfüllen. Motive, Elemente und die Grundkonstellation werden aufgegriffen und weiter entwickelt. Es erfolgen durchweg plausible Lösungen. In den fantastischen Arbeiten wiederum markiert die Tür eine durchlässige Grenze, sie dient als Übergang zwischen verschiedenen Welten. Der Protagonist tritt mit dem Öffnen der Tür entweder in eine 'andere' Welt ein oder sieht sich mit Fabelwesen konfrontiert, die einen Zugang zur realen Welt erhalten haben. Es gilt nun, eine oder mehrere Bewährungsprobe(n) zu bestehen:

> Die verschlossene Tür
>
> Ich zögerte etwas, dann öffnete ich doch die Tür und sah eine riesengroße Platte. Dort stand drauf: Steinzeit, Ritterzeit, Vogelzeit. Ich wählte die Ritterzeit und ging durch die Tür. Plötzlich trug ich eine Ritterrüstung, ein Schwert und ein Schild bei mir. Ich fand ganz viele Säfte. Nur, es gab ein kleines Problem. Die Säfte wurden von schwarzen Rittern bewacht. Plötzlich klopfte mir einer auf die Schulter. Ich drehte mich um und sah Hunderte von Soldaten. Einer von ihnen sagte: „Brauchen Sie Hilfe, Sir?" „Ja!". Drei Stunden später griffen wir an. Einer meiner Männer rief: „Für den König von England!" Als wir unten ankamen, gab es ein großes Gemetzel. Als das Gemetzel zu Ende war, nahm ich so viele Säfte mit nach Hause wie ich konnte. Und wenn wir nicht gestorben sind, dann trinken wir noch heute. (Tobias, 11J.)

Der Einstieg in die andere Welt mittels Wahlmöglichkeiten ist an den Aufbau von Computerspielen angelehnt. Inhaltlich orientiert sich die Fassung am 'Sword and Sorcery'-Genre, die entworfene Story ist in sich stimmig. Den einzigen Zusammenhang zur Ausgangsgeschichte bildet das Motiv der Säfte, die Suche nach Flaschen zum Abfüllen von Obstsaft führte die Figuren im Original auf den Dachboden. Doch stellt der Schluss den Bezug zur Ausgangssituation wieder eindeutig her. Der Ausgangstext erhält somit die Funktion einer Rahmenhandlung, nach erfolgreichem Abenteuer kehrt der Protagonist in die reale Welt zurück. Beachtenswert ist neben der inhaltlichen Konstruktion auch die sprachliche Form dieser Fassung. Das Beibehalten der Erzählform gelingt problemlos. Mit sprachlicher Sicherheit wird die Erzählung entfaltet, die trotz deutlicher Anleihen an einschlägige Motive einen eigenen Ton besitzt. Originell ist die veränderte Bedeutung des Saftes, der die Klammer zwischen den im Fantastischen und Realistischen angesiedelten Passagen bildet. Mit dem Übertritt in die fantastische Welt findet zudem eine Veränderung des Protagonisten statt: Aus dem albtraumgeplagten Kind wird der Held einer fantastischen Rittergeschichte. Einzelne Versatzstücke dieses Genres werden zitiert und ineinander montiert. Mit der Formulierung, „Nur, es gab ein kleines Problem" und der variierten Märchenformel werden Elemente der Ironisierung eingesetzt, mit der die Erzählung eine fast schon parodistische Note erhält.

In Patricks Fassung sieht sich der Protagonist nach dem Öffnen der Tür mit einem bedrohlichen Fabelwesen konfrontiert:

> Die verschlossene Tür
>
> Ich machte die Tür auf und sah eine Tür. Ich machte die Tür auf und sah einen Masianer. Der Masianer tötete mich, das hört sich nicht gut an. Mein Opa flickte mich zusammen, aber nicht mit Haut, sondern Dosen, Wolle, Federn, Holz, Erzen und Ton. Danach machte niemand mehr die Tür auf, außer Harry. Aber das ist eine andere Geschichte. (Patrick, 11J.)

Hinter der Tür befindet sich eine weitere Tür, hinter der wiederum lauert eine tödliche Gefahr, ein nicht näher beschriebener „Masianer". Diese zweite Tür eröffnet eine fantastische Welt, ein Übertritt findet aber nicht statt. Der Eindringling, der Ich-Erzähler, wird umgehend getötet, um anschließend wiederbelebt zu werden. Mit der Wiederbelebung endet der eigentliche Plot. Trotz Beibehaltung der Hauptpersonen und des bedrohlichen Charakters der Tür bleibt der inhaltliche Bezug zur Ausgangsgeschichte gering. Es wird ein eigenständiger Handlungsstrang entwickelt. Bewahrt bleibt hingegen die Ich-Erzählform. Dennoch erfährt der Leser nahezu nichts über die Innenperspektive des Erzählers. Dessen Ängste und Emotionen werden nicht weiter thematisiert. Vorherrschend ist ein distanzierter Erzählton.

Im Vergleich mit den realistischen Fortsetzungstexten heben sich die fantastischen durch eine stärkere Ablösung vom Original ab. Einige Episoden entfalten eine unverkennbare Eigendynamik. Dennoch bleiben Bezüge über die Figuren, einzelne Textelemente und Motive bestehen. Mit dem Aufgreifen des Motivs der Tür bleiben die zentralen Themen Angst und Angstbewältigung als mehr oder weniger bedeutsame Elemente erhalten.

4 Literarische Kompetenzen

Aus der Analyse aller vorliegenden Arbeiten des Unterrichtsprojekts wird deutlich, dass es den SchülerInnen durchweg gelingt, die wesentlichen semantischen Grundelemente zu erfassen. Dies gilt auch für diejenigen Beiträge, die keine Fortsetzung ausführen. So ist nahezu allen die Dramatik des Wendepunktes eingeschrieben. Ein Verständnis des Entscheidungscharakters der Abbruchsstelle ist eindeutig erkennbar. Hinsichtlich deren erzähllogischer Bedeutung, einer dramatischen Zuspitzung der Komplikation, liegen keinerlei Fehldeutungen vor. Des Weiteren wird das Motiv der Tür als angstbesetztes Objekt durchweg übernommen, der Bezug zum Hauptthema des Ausgangstextes bleibt somit bewahrt. Dies gilt für im Fantastischen und im Realen angesiedelte Arbeiten gleichermaßen.

Die mit dem Fortsetzungsauftrag implizit geforderte literarisch-fiktionale Bearbeitungsweise wird mehrheitlich eingelöst. Den VerfasserInnen gelingt es, mit dem Ausgangstext „Kontakt aufzunehmen und eine […] emotional-affektive oder kognitive Verbindung" (Haas 1997, S. 35) einzugehen. Mit diesem Sich-Einlassen, der Anbindung eigener Erfahrung an den Text, wird eine Grundvoraussetzung subjektiv bedeutsamer Rezeption erfüllt.

Hinsichtlich der inhaltlichen Ausrichtung lässt sich eine eindeutige Tendenz zur Ausgestaltung aktionsreicher Fortsetzungsepisoden ausmachen. Dies korrespondiert mit Befunden, die das literarische Interesse von SchülerInnen dieser Altersgruppe und Bildungsherkunft als vorrangig an Handlung orientiert beschreiben (vgl. Scheller 1987). Die Schwerpunktsetzung auf die Gestaltung äußerer Ereignisse führt aber nicht zu einer Ausblendung der psychologischen Dimension der Erzählung. Emotionen und Motive des Protagonisten bleiben im Blick. Eine Thematisierung eigener Angsterfahrungen lässt sich nur in Julians Text nachweisen, häufiger nachweisbar sind Darstellungsformen (Ironisierung, Veränderung der Hauptfigur), die sich als Versuche der Abgrenzung von der Verängstigung des Protagonisten interpretieren lassen.

Rückschlüsse auf die Textaneignung gestattet weiterhin die Ausgestaltung der Hauptfigur. Diese behält durchweg ihre handlungstragende Funktion. Auffällig an ihrer Ausgestaltung sind die häufig vorgenommene Namensgebung und/oder die Geschlechtsbestimmung als männlich. Damit werden Uneindeutigkeiten des Ausgangstextes beseitigt und die Identifikationsmöglichkeiten und Vorstellungsbildungen erleichtert.

Mit dem Wechsel der Erzählform findet sich ein weiterer Eingriff in die Textstruktur. Die ursprüngliche Ich-Erzählung wird in rund der Hälfte der Arbeiten in eine Er-Erzählung transformiert, eine Beibehaltung der Ich-Form findet sich bei einem Viertel der Schülertexte, die restlichen Arbeiten schwanken zwischen Ich- und Er-Form. Die Arbeiten, die konsequent die erste Person beibehalten, sind mehrheitlich im Fantastischen angesiedelt. Die Situierung im Fantastischen erleichtert die Beibehaltung der Ich-Form offenbar, ist damit doch der fiktionale Charakter des Erzählten eindeutig angezeigt. Mit der Veränderung der Erzählform geht kein Wechsel des personalen Erzählstandortes einher. Es wird unverändert aus der Sicht des Kindes, der Perspektivfigur, erzählt.

Zur Bewältigung der Aufgabenstellung bringen die SchülerInnen medial geprägte Textsorten-Schemata zur Anwendung. Die Anlehnung an diese Muster erleichtert den Entwurf fiktionaler Welten und die Ausführung einer Erzählhandlung. Am markantesten zeichnen sich dabei Handlungs-Schemata aus fantastischen Genres sowie der Abenteuer- und Reiseerzählung ab. Motive und Stoffe dieser Gattungen werden aufgegriffen, variiert und auch karikiert. Daneben finden sich Strukturelemente aus Comics und Computerspielen.

Der Einsatz fantastischer Motive und Topoi erfolgt zielgerichtet und textangemessen. Die AutorInnen verwenden in konsequenter Anlehnung an die Ausgangssituation den Topos einer verschlossenen Tür, die als Übergang ins Unbekannte dient. Dieses Motiv der Grenzüberschreitung geht durchweg mit dem der

Bewährungsprobe einher. Die erste Bewährungsprobe, das Öffnen der Tür, dient als Auftakt. Ausgehend von dieser Grundkonstellation eröffnet sich die Möglichkeit zur Entfaltung aktionsreicher Episoden. Mit dem Kampf zwischen Gut und Böse und dem letztendlichen Sieg des Guten wird ein Grundschema fantastischer Literatur aufgegriffen, mit der Veränderung des Charakters des Protagonisten beim Übertritt in die fantastische Welt ein ebenso einschlägiges Motiv verwendet. Der Einsatz geläufiger Themen und Motive der Fantastik kann angesichts der Bedeutung fantastischer Elemente bei den in dieser Altersgruppe bevorzugten Medienprodukten wenig überraschen. Erstaunlich erscheint dagegen die Verwendung nicht ausschließlich schematischer Erzählformen.

Beim Entwurf der Fortsetzungen gelingt mehrheitlich die Formulierung eines kohärenten Erzähltextes, obgleich Brüche und Inkonsistenzen erkennbar sind. Eingesetzt wird ein typisches Erzählschema. Entweder wird dabei die Struktur der Ausgangserzählung unmittelbar zu Ende geführt, die bestehende Komplikation in eine Auflösung überführt, oder es werden eigenständige Episoden entworfen, die mit Exposition, Komplikation, Auflösung und ggf. einer Coda die klassischen Strukturmerkmale einer Erzählung aufweisen. Die Realisierung narrativer Schemata korrespondiert mit einschlägigen Erkenntnissen der Erzählforschung (vgl. Bertschi-Kaufmann 2000). Leseschwachen Kindern wird allerdings eine geringe Sensibilität für die Struktur von Geschichten und eine wenig ausgeprägte Kohärenz bei der Wiedergabe einer Geschichte nachgesagt (vgl. Klicpera; Gasteiger-Klicpera 1995).

Mit der Verwendung narrativer Schemata entwickeln einzelne SchülerInnen weit über die Ausgangsgeschichte hinausreichende Fabeln und Plots. Es gelingt ihnen, Handlungsstränge von beachtlicher Länge und Komplexität zu entwerfen und deren Abfolge zu handhaben. Die im Fantastischen angesiedelten Fortsetzungen zeichnen sich tendenziell durch komplexere Plots aus.

Zur Gestaltung der Beiträge greifen die SchülerInnen auf ihr Repertoire sprachlich-literarischer und literarisch-ästhetischer Mittel zurück. Bedingt durch den Abbruch des Ausgangtextes auf dem Erzählhöhepunkt finden sich in zahlreichen Arbeiten Verfahren des Spannungsaufbaus. Am häufigsten wird ein Aufschieben der Auflösung eingesetzt. Es geht zumeist mit einer Zeitverzögerung einher, so dehnt Jessica die Erzählzeit, indem sie ausführlich die zögerliche Annäherung an die Tür, Momente des Zurückschreckens und das abschließende Öffnen der Tür schildert (s. o.). Weiterhin wird mit Aussparungen als Mittel zur Spannungssteigerung gearbeitet. In Patricks Fassung (s. o.) schließlich erfolgt der Spannungsaufbau mittels vorübergehender Verzögerung durch Wiederholung. Seine Fassung beginnt mit zwei fast identischen Sätzen, deren Differenz allein in der Variation des Objekts besteht. Diese Parallelität bewirkt neben dem Spannungsaufbau zusätzlich ein Moment der Überraschung. Der Schock des Protagonisten wird dadurch für den Leser nachvollziehbar. Als weiteres spannungsförderndes

Mittel lässt sich die Verwendung des (historischen) Präsens nachweisen. Auf dem Erzählhöhepunkt eingesetzt markiert es die Wendung im Geschehen und erweckt den Eindruck der Unmittelbarkeit. In den umfangreicheren Arbeiten werden die spannungsfördernden Elemente zu einem Spannungsbogen komponiert, der jeweils mit Exposition, plötzlicher Verwicklung, Kulmination, glücklicher Lösung oder überraschender Wende alle typischen Elemente einer Höhepunkterzählung enthält. Mit dem Erzählerkommentar und der direkten Leseransprache finden sich weitere erzähltechnische Verfahren, die in spannungserhaltender und erwartungslenkender Funktion eingesetzt werden.

Aus der Zusammenschau aller vorliegenden Arbeiten lassen sich abschließend folgende Aspekte nochmals besonders hervorheben: Trotz des Rückgriffs auf Handlungsschemata und Motivbestände vertrauter Genres tragen die Beiträge erkennbar individuelle Züge. Die Muster, deren Herkunft aus der audiovisuellen Rezeptionspraxisteilweise offenkundig ist, werden in produktiver und textangemessener Weise eingesetzt. Mit dieser Adaption ihrer in der primären Rezeption erworbenen narrativen Kompetenzen gelingt den SchülerInnen eine beachtliche Transferleistung. Des Weiteren schaffen es die SchülerInnen trotz ihres Fokus auf die Gestaltung äußerer Ereignisse die psychische Konfliktsituation der Hauptfigur adäquat einzubeziehen. Dies ist insofern erwähnenswert, als SchülerInnen bildungsferner Herkunft Schwierigkeiten beim Erfassen der psychischen Dimension eines Erzähltextes nachgesagt werden (vgl. Scheller 1987).

Aus dem hier kurz skizzierten Unterrichtsprojekt dürfte zumindest in Ansätzen erkennbar geworden sein, dass auch lese- und lernschwache SchülerInnen über nennenswerte rezeptive und produktive literarische Kompetenzen verfügen. Erst wenn es gelingt das schulische Missverständnis auszuräumen, Lesekompetenz sei die Voraussetzung literarischer Kompetenz, Lesesozialisation die Vorbedingung der literarischen Sozialisation, können diese literarischen Kompetenzen genutzt und gefördert werden. Hierzu bedarf es solcher Unterrichtsarrangements, die anstelle des Lesetrainings den Literaturerwerb in den Mittelpunkt des Literaturunterrichts rücken. Verfahren aus dem Kontext des handlungs- und produktionsorientierten Literaturunterrichts dürften darin eine wesentliche Bedeutung erhalten. Ein solcher Literaturunterricht verliert die bestehenden technischen Leseschwierigkeiten mitnichten aus dem Blick, doch sind literarische Texte dabei kein bloßes Material für Leseübungen, sondern bieten vielmehr Gelegenheit, dem mühevollen Prozess des Schriftspracherwerbs einen subjektiven Sinn zu verleihen und den Gebrauchswert des Lesens zu vermitteln.

Literatur

Bertschi-Kaufmann, Andrea (2000): Lesen und Schreiben in einer Medienumgebung. Die literalen Aktivitäten von Primarschulkindern. Aarau: Sauerländer

Haas, Gerhard (1997): Handlungs- und produktionsorientierter Literaturunterricht. Theorie und Praxis eines 'anderen' Literaturunterrichts für Primar- und Sekundarstufe. Seelze: Kallmeyer

Heuermann, Hartmut (1981): Ist literarische Kompetenz messbar? Bericht über eine empirische Untersuchung. In: Literaturwissenschaft und empirische Methoden. Hg. von Helmut Kreuzer und Helmut Viehoff. Göttingen: Vandenhoeck und Ruprecht, S. 264–284

Hurrelmann, Bettina (1982): Kinderliteratur im sozialen Kontext. Eine Rezeptionsanalyse am Beispiel schulischer Literaturvermittlung. Weinheim; Basel: Beltz

Klicpera, Christian; Gasteiger-Klicpera, Barbara (1995): Psychologie der Lese- und Schreibschwierigkeiten. Entwicklung, Ursachen, Förderung. Weinheim: Psychologie Verlags Union

Maar, Paul (1987): Die verschlossene Tür. In: Der Tag, an dem Tante Marga verschwand und andere Erzählungen. Hamburg: Oetinger, S. 122–128

Oskamp, Irmtraud M. (1996): Jugendliteratur im Lehrerurteil. Historische Aspekte und didaktische Perspektiven. Würzburg: Könighausen und Neumann

Rosebrock, Cornelia (1999): Zum Verhältnis von Lesesozialisation und literarischem Lernen. In: Didaktik Deutsch, 4. Jg., H. 6, S. 57–68

Scheller, Ingo (1987): Szenische Lernprozesse. Überlegungen zum Literaturunterricht mit Haupt- und Sonderschülern. In: Diskussion Deutsch, 18 Jg., H. 93, S. 41–47

Volz, Steffen (2001): Literaturerwerb im „Bildungskeller". In: Deutschunterricht, 54. Jg., H. 2, S. 31–34

Wieler, Petra (1997): Vorlesen in der Familie. Fallstudien zur literarisch-kulturellen Sozialisation von Vierjährigen. Weinheim; München: Juventa

Wocken, Hans (2000): Leistung, Intelligenz und Soziallage von Schülern mit Lernbehinderungen. In: Zeitschrift für Heilpädagogik, 51. Jg., S. 492–503

SUSANNE GÖLITZER

„Es gibt keine Hilfe!" oder doch?

Über den Erwerb von Literatur und Wirklichkeitsmodellen im Literaturunterricht

1 Wirklichkeitsmodelle in der Literatur

Die Lebensnähe, der Bezug zu lebensweltlichen Problemen von Kindern und Jugendlichen ist für viele LehrerInnen ein wichtiger Aspekt bei der Auswahl der Unterrichtslektüre. Verständlicherweise möchten Lehrkräfte im Unterricht etwas zum Thema machen, das relevant für die SchülerInnen ist und mit ihnen „zu tun" hat. Runge stellt 1996 nach einer schriftlichen Befragung von Lehrkräften fest, dass die drei wichtigsten Kriterien für die Auswahl eines Kinder- und Jugendbuches, das in der Klasse gelesen wird, erstens das Schülerinteresse, zweitens das Vorhandensein als Klassensatz und drittens die persönliche, soziale, politische oder gesellschaftliche Relevanz des (Problem-)Themas ist (Runge 1996, S. 223). Dieser Befund wird durch neuere Untersuchungen bestätigt (vgl. Pieper; Rosebrock u. a. 2004).

Dieses Auswahlmotiv ist einleuchtend und basiert auf der Erfahrung, dass die eigenen (Lebens-)Themen immer wieder mit Genuss in Büchern aufgesucht und erlesen werden. Diese für die literarische Sozialisation bedeutsame Lesemotivation bezieht sich allerdings auf freiwillige Lektürepraktiken, die nicht einfach auf den Unterricht übertragen werden können, und individuell, schicht- und geschlechtsspezifisch sehr unterschiedlich sind. Zudem lässt sich der Zusammenhang von individueller Lebenspraxis und Textthema häufig nicht in den Kategorien von 'Lernen', 'Wissenserwerb' oder auch 'Bildung' fassen, während wir es im Unterricht in der Regel mit einem Lesen zu tun haben, das gerade unter diese Zielperspektiven fällt. Die Zuordnung eines literarisch bearbeiteten Themas zu Themen der angenommenen Lebenswelt von SchülerInnen ist in der Schule oft stark an – zuweilen stereotype – Interessen*annahmen* gebunden, deren schicht- und geschlechtsspezifische Profilierung vernachlässigt wird. Es sind geradezu didaktische und erkenntnistheoretische Kurzschlüsse, wenn angenommen wird, ein literarischer Text referiere unmittelbar auf die Lebenswelt von Kindern und Jugendlichen oder das thematische Interesse von Heranwachsenden führe direkt zum Lesen thematisch interessanter Bücher oder literarischer Texte.

Die erzählten Welten der literarischen Fiktionen referieren nicht auf Lebenswelten, auch nicht auf die Realität einer als Lebenswirklichkeit bezeichneten Wirklichkeit, sondern sie 'zitieren' diese Wirklichkeiten bloß. Dieses 'Zitieren' ist eine selektive und kompositorische Bezugnahme auf eine als Lebenswirklichkeit bezeichnete Wirklichkeit. Wolfgang Iser (1983) beschreibt diesen Prozess des 'Zitierens' als „Dekomposition". Die fiktionalen Texte kommen nach Iser durch Operationen zustande, die er als „Selektion" und „Kombination" beschreibt.

> Die Selektion ist insofern Grenzüberschreitung, als die Realitätselemente, die nun in den Text eingehen, nicht mehr an die semantische oder systematische Strukturiertheit der Systeme gebunden sind, denen sie entnommen wurden. (Iser 1983, S. 125)

Die Selektion ist ein „Akt des Fingierens" (ebd.), durch den die sprachlichen Äußerungen ihren „gewohnten" Referenzrahmen, mehr noch, ihre „Gebundenheit" verlieren. Durch die Selektion sind die sprachlichen Bezüge zur Lebenswirklichkeit „eingekapselt" im literarischen Text, sie bleiben in Zitaten, Anspielungen und deutlichen Bezeichnungen als solche identifizierbar. Nach Iser bringt sich in der Selektion besonders die „Intentionalität" zur Geltung, während in der Kombination intertextuelle Beziehungen, „Relationierungen" sichtbar werden. Aus der Sprache der Lebenswelt bekannte semantische Felder, syntaktische und grammatikalische Gebrauchsformen werden überschritten, Bedeutungen müssen neu ausgehandelt werden. Iser beruft sich auf die von Nelson Goodman (1990) ausgeführten Überlegungen zum Wirklichkeitsbezug in fiktionalen Werken:

> Ob geschrieben, gemalt oder gespielt, die Fiktion trifft in Wahrheit weder auf nichts noch auf durchsichtige mögliche Welten zu, sondern, wenn auch metaphorisch, auf wirkliche Welten. (Goodman, N. 1990, S. 129f.)

Die Fiktion unterscheidet sich nach Goodman nicht nach der Art ihres Zustandekommens (etwas ausdenken) von der Nicht-Fiktion; sie operiere vielmehr

> sehr ähnlich wie die Nicht-Fiktion. Cervantes, Bosch und Goya – nicht weniger als Boswell, Newton und Darwin – nehmen und zerlegen uns vertraute Welten, schaffen sie neu, greifen sie wieder auf, formen sie in bemerkenswerten und manchmal schwer verständlichen, schließlich aber doch erkennbaren – d. h. *wieder-erkennbaren* – Weisen um. (ebd.)

Allerdings sei die Funktion der Sprache in der fiktionalen Literatur eine andere als in der Nicht-Fiktion. Sie diene nicht der Denotation, sondern dem „Ausdruck" (ebd.). Fiktionale Literatur fiktionalisiert die nicht-fiktionalen Anteile des Textes (vgl. Japp 1994, S. 51) durch die Selektion und durch intertextuelle Bezüge. Aber gerade durch diese Verfremdung kann die 'Welt' deutlicher vor Augen kommen (Goodman, N. 1990, S. 131). Fiktionale Welten spiegeln also in keinem Fall die Lebenswirklichkeit von Menschen, die dargestellten Figuren bilden nicht einfach die real existierenden Personen einer (historischen) Wirklichkeit ab, auch wenn diese aus der „wirklichen Welt" (Eco 1999, S. 99) 'geborgt' sind.

Das schwierige Verhältnis von fiktionaler und wirklicher Welt lässt sich noch genauer konturieren, wenn man zum Bezugspunkt für die fiktionale Welt nicht die wirkliche Welt, sondern ein „Wirklichkeitsmodell" nimmt, wie das Bernhard

Rank (2002) in seiner Auseinandersetzung mit phantastischer Literatur getan hat. Rank bezieht sich darin auf die Ausführungen von Umberto Eco (1999) zum Lesen von fiktionaler Literatur:

> Auch außerhalb der Literatur ist „Wirklichkeit" nur im Rahmen von Wahrnehmungs- und Deutungsmodellen „zu haben", und Literatur ist eine der Möglichkeiten, diesen erkenntnistheoretischen „Normalfall" implizit oder explizit zu thematisieren und mit ihm zu experimentieren – indem sie eine „erzählte Welt" entwirft und dabei entschieden wird, nach welchem „Wirklichkeitsmodell" diese funktioniert: nach Regeln, die strukturell dem Modell der empirisch-rationalen Logik und den daraus ableitbaren Wahrscheinlichkeiten entsprechen […] und/oder nach einem, in dem einzelne (nicht alle) Gesetzmäßigkeiten dieses Modells außer Kraft gesetzt sind […]. (Rank 2001, S. 107)

Literarische Texte beziehen sich demnach auf unterschiedliche „Wirklichkeitsmodelle". Wie diese aussehen können, soll unten exemplarisch gezeigt werden. Zunächst soll aber der zweite didaktische Kurzschluss betrachtet werden: Lesemotivation werde hauptsächlich über „lebensnahe" Themen entwickelt.

Den meisten Kindern und Jugendlichen mangelt es kaum an Themen, mit denen sie sich lesend, Fernsehen schauend, Radio und CDs hörend oder einfach nur unterhaltend beschäftigen. Ein thematisches Interesse kann, soweit ein Leser bereits eine stabile Lesehaltung herausgebildet hat, durchaus zur Lektüre eines Buches verlocken und helfen, schwierige Leseaufgaben, die sich durch die sprachliche Komplexität eines literarischen Textes oder die Textlänge, das Schriftbild u. ä. stellen, erfolgreich zu bewältigen. Allerdings wird dieses Rezeptionsbedürfnis durch unterschiedliche Medien bedient. Das Buch muss hier mit Filmen oder Dokumentationen konkurrieren, deren Rezeption weniger an die komplexen Fertigkeiten und Fähigkeiten des Lesens und Verstehens gebunden sind. In der Konkurrenz um 'Spannung' kann das Buch oder der literarische Text nur gewinnen, wenn das Lesen selbst spannend wird. Anders gesagt, das Lesen eines kinder- oder jugendliterarischen Textes muss als solches zu einer Tätigkeit werden, die unterschiedliche Gratifikationserwartungen erfüllt und dabei nicht nur die (Lebens-)Welt sprachlich verdoppelt, sondern möglichst auch noch zu 'sprachlichen' Welten führt, die Kindern und Jugendlichen unbekannt sind. Sie müssen lesend die Erfahrung machen, dass Literatur den „erkenntnistheoretischen 'Normalfall' implizit oder explizit" (Rank 2002, S. 107) thematisiert und mit ihm experimentiert.

Dem Literaturunterricht käme also die Funktion zu, das Lesen selbst zu einer interessanten Angelegenheit zu machen *und* Fertigkeiten zu vermitteln, Fähigkeiten zu fördern, die zum Erwerb literarischer Rezeptionskompetenz notwendig sind. Im Folgenden wird ein Aspekt literarischer Rezeptionskompetenz expliziert, der für den Umgang mit Wirklichkeitsmodellen besonders relevant erscheint.

2 Erwerbsorientierte Überlegungen zum Lesen von Literatur

Beim Lesen von Literatur ist der Leser immer wieder herausgefordert, das komplizierte Verhältnis von Realität, Wirklichkeitsmodellen und erzählter Welt auszumessen. Die Rezeptionshaltung gegenüber fiktionaler Literatur lässt sich nach Irmgard Nickel-Bacon (2003) auf einer Skala zwischen der „Erwartung von Wirklichkeitsentsprechung" oder „keiner Erwartung von Wirklichkeitsentsprechung" verorten. Ist das Wirklichkeitsmodell, auf das sich ein literarischer Text bezieht, erst einmal identifiziert, muss während des Lesens trotzdem immer wieder eine Passung vorgenommen werden. Beim Lesen werden Hypothesen über den weiteren Verlauf des Textes, über die Zusammenhänge aufgestellt und verworfen, die Leerstellen „aufgeladen"[1] und Deutungen auch in Beziehung zum unterstellten Wirklichkeitsmodell entworfen.

In interaktionistischer Perspektive (vgl. Bredella 2002) wird das Lesen von Literatur als Prozess verstanden, in dem der Text Bedeutungsangebote macht, die der Leser erst in Sinn verwandelt. Dem Modell des „Lesens als Interaktion" liegt die Vorstellung zugrunde, dass im Lesen Erwartungen am Text ausgebildet und zugleich an den Text herangetragen werden, Schemata zum Verständnis des Textes bereits zur Verfügung stehen und zugleich verändert oder ausgebildet werden müssen. Lesen ist kein dem Verstehen vorgängiger Prozess, sondern vielmehr selbst eine Sinn konstituierende Handlung. Kenneth S. Goodman (1997) bezeichnet das Lesen aus diesem Grunde als „transaktionalen Prozess":

> Nach dem transaktionalen Diktum konstruiert zunächst der Autor einen Text mit Hilfe von Transaktionen zwischen der jeweiligen Fassung seines Textes und der Bedeutung, die er ausdrücken will. In diesem Austauschprozeß verändern sich sowohl der Text als auch die kognitiven Schemata des Autors, also die Art und Weise wie er sein Wissen organisiert. Auf der anderen Seite konstruiert der Leser während des Lesens eines publizierten Textes mittels Transaktionen einen eigenen „Text", dabei verändern sich die kognitiven Schemata des Lesers nach den Bedingungen von Assimilation und Akkomodation im piagetschen Verständnis.

> Die transaktionale Perspektive sieht somit das Lesen vornehmlich als einen aktiven Rezeptionsprozeß, einen von vier in literalen Gesellschaften möglichen sprachlichen Handlungen. Bei den produktiven und generativen sprachlichen Handlungen (Sprechen und Schreiben) wird ein Text produziert (konstruiert), um eine bestimmte Bedeutung, einen Inhalt darzustellen; in den rezeptiven Handlungen (Hören, Lesen) wird ein Bedeutungsraum konstruiert durch Transaktionen mit dem Text selbst und damit indirekt auch mit dem Autor des Textes. Aber sowohl die produktiven als auch die rezeptiven Handlungen basieren auf konstruktiven, aktiven und transaktionalen Prozessen. (Goodman, K. 1997, S. 46f.)

---

[1] Der Begriff scheint mir zutreffender zu sein als der leider verbreitete Begriff des „Füllens". Gerade dies werden die wenigsten Leserinnen und Leser tun; die Leerstellen werden wohl eher diffus wahrgenommen und konkretisieren sich erst im Verlauf des Lesens mit Bildern oder Texten.

Kognitive Schemata sind durch Erfahrung gebildete Auffassungen von erwartbaren Eigenschaften, Handlungen, Handlungsverläufen und Ereignissen (vgl. Viehoff 1988) im literarischen Text und bezogen auf den literarischen Text. Kompetente LeserInnen von Literatur sind mit deren Konventionen in einem gewissen Umfang vertraut, sie verfügen über eine Reihe entsprechender Schemata, die beim Lesen von literarischen Texten in unterschiedlichem Maße aktualisiert oder reformuliert werden müssen – z. B. Fiktionalitätsschemata, Narrationsschemata, Perspektivenschemata, Metaphernschemata und Schemata der uneigentlichen Sprachverwendung.

Zu einem Fiktionalitätsschema gehört die Nicht-Erwartung von Wirklichkeitsentsprechungen. Eine kompetente Leserin und ein kompetenter Leser gehen nicht 'automatisch' davon aus, dass es wirklich so gewesen ist, wie es im Buche steht, möglicherweise aber davon, dass die erzählte Welt dem Wirklichkeitsmodell des Alltags entspricht.

Zum Narrationsschema literarischer Texte gehört zum Beispiel die Erzählperspektive. Während sie in der Alltagserzählung bereits durch den Sprecher selbst gegeben ist, wird sie im literarischen Text extra markiert. Eine dialogische Geflechtserzählung unterscheidet sich erheblich von einer monologischen Höhepunkterzählung (vgl. Rank 1994). Während im Gespräch viel stärker auf Frage- und Antwort-Muster gesetzt werden kann, muss im schriftlichen Text die Kontextinformation, die zum Verständnis des beschriebenen Geschehens nötig ist, in der Vorwegnahme möglicher Fragen eines Lesers kohärent gegeben werden.

Zur Frage des Verstehens der Perspektive haben Kaspar H. Spinner und Els Andringa wichtige Vorarbeiten geleistet, auf die ich hier nur kurz verweisen möchte. Andringa (1987) und Spinner (1993) zeigen, wie sich das Schema im Laufe der kognitiven Entwicklung ausdifferenziert. Während Vorschulkinder weitgehend nur aus einer Perspektive blicken und Handlungsfolgen nur hinsichtlich dieser Perspektive abschätzen können, sind Erwachsene meist in der Lage, verschiedene Perspektiven miteinander in Beziehung zu setzen.

Der Prozess des Verstehens von Metaphern, des Produzierens von Metaphern und des Erklärens von Metaphern ist unter der Erwerbsperspektive abhängig von Alter und Leseintensität und kommunikativer Erfahrung. Zu Teilaspekten des Metaphernverständnisses zählt August (1981) die Unterscheidung metaphorischer und wörtlicher Bedeutung, die Umorganisation des mentalen Lexikons (Erweiterung des Wortschatzes und der Deutungsebenen), die Kenntnis über Gebrauchssituationen der Metapher und die Unterscheidung von Homonym und Polysem.

Für die uneigentliche Rede im Allgemeinen und die Ironie im Speziellen gibt es kein eindeutiges Signal. In jedem Fall muss das Kind über eine distanzierte und kritische Haltung gegenüber der konventionellen Sprachverwendung verfügen, um sie zu verstehen. Dem Sinn auf der wörtlichen Ebene wird ein anderer, mitunter gegenläufiger Sinn beigelegt, ohne den 'ersten' zu tilgen.

Schemata können in dem Lesekompetenz-Modell nach Hurrelmann (2002) dem Bereich der Kognition zugeordnet werden. Sie beschreibt fünf Bereiche, in denen Kinder und Jugendliche Fertigkeiten erwerben und Fähigkeiten ausbilden müssen:

> Textverstehen verlangt kognitive Leistungen, motivationale und emotionale Beteiligung, die reflexive Begleitung des Rezeptionsprozesses auf Metaebene und als kulturelle Praxis auch die Fähigkeit zur Teilnahme an Anschlusskommunikationen in sozialer Interaktion. (Hurrelmann 2002, S. 277)

Es dürfte deutlich werden, wie komplex der Literatur-Erwerbsprozess ist, da in allen Bereichen Teilkompetenzen erworben werden müssen. Diese Teilkompetenzen sind nicht unabhängig voneinander, sondern beeinflussen sich gegenseitig (vgl. Rosebrock 2003).

Schemata literarischen Lesens und Verstehens erwerben Kinder bereits vor ihrer Schulzeit in Vorlesesituationen, in Spielsituationen mit Erwachsenen oder anderen Kindern, in Gesprächen mit Erwachsenen über Bücher, Theaterstücke, Sprache allgemein usw. und in Interaktionssituationen, in denen das Sprechen, Erzählen und Schreiben seine Funktion erhält. Es sind die literarischen „literacy events" (vgl. Barton 1993, vgl. Heath 1994) des Alltags, die zum Erwerb solcher Schemata führen. Die beiläufige Art und Weise, in der der Erwerb bis zur Einschulung stattfand, findet in aller Regel mit dieser ein Ende. Dies bedeutet für die literarische Sozialisation einen Verlust und Gewinn zugleich. Ein Verlust ist es insofern, als Lesen in der Schule meist nicht mehr nur in spielerischer Absicht geschieht, sondern um an dem Text etwas zu lernen. In der für die frühkindliche literarische Sozialisation geradezu sinnbildlich gewordenen Vorlesesituation, in der ein Erwachsener und ein Kind dialogisch ein Buch lesen, wird soziale Nähe durch das gemeinsame Lesen und Sprechen hergestellt. Die Bedeutung des Lesens ist gewissermaßen in dieser Nähe aufgehoben. Im Unterricht werden stattdessen Lesesituationen geschaffen, deren Praktiken für das Kind nur noch in dem institutionellen Kontext bedeutungsvoll sind und keinen funktionalen Bezug zum Lesen außerhalb der Schule haben.[2] Solche Praktiken sind die in „einer Kultur üblichen Formen des Schriftgebrauchs, auf die Menschen bei einem Schriftereignis zurückgreifen" (Barton 1993, S. 216). Unter „Schriftereignis" versteht Barton „ein wiederkehrendes Ereignis mit bestimmten Interaktionsformen" (ebd.). Auch die allabendliche Vorlesesituation ist ein „Schriftereignis". Die Praktiken, auf die die Menschen bei einem Schriftereignis zurückgreifen, sind sozial und kulturell verschieden. Praktiken des Lesens literarischer Texte im Unterricht scheinen weitgehend unabhängig von der Textsorte oder –gattung zu sein. In der Phase der Primärrezeption und der meist unmittelbar anschließen-

---

[2] Die Kinder, die in der Familie solche dialogischen, nahen Vorlesesituation nicht kennen gelernt haben, sind in der Schule benachteiligt: sie können die Praktiken des schulischen Vorlesens nicht auf der Folie geglückter frühkindlicher Lese- und Literaturerfahrungen interpretieren.

den Phase der Anschlusskommunikation[3] konnten wir in sieben Klassen (5./6. Schuljahr) an sieben verschiedenen Hauptschulen in Baden-Württemberg und Hessen folgende Praktiken beobachten:[4]

1. das ungeübte laute Vorlesen kleiner Abschnitte durch SchülerInnen und die mündliche „Übersetzung" einzelner Wörter oder Ausdrücke im Anschluss daran;

2. das ungeübte laute Vorlesen kleiner Abschnitte durch SchülerInnen und die mündliche Wiedergabe der expliziten Textaussage durch SchülerInnen im Anschluss daran (Klärung der Bedeutungen auf der Ebene der Denotationen / des lexikalischen Eintrages);

3. mehrmaliges Wiederholen der expliziten Textaussagen durch SchülerInnen und die Lehrerin;

4. das laute Vorlesen durch die Lehrerin und eine Anschlusshandlung wie in 1, 2 oder 3;

5. das Zusammenstellen des auseinandergeschnittenen Textes in der Kleingruppe und das anschließende Vorlesen des Textes oder Textabschnittes durch SchülerInnen;

6. das Lesen von Klappentexten;

7. das Ansehen von Illustrationen zum Text und Beschreiben der Illustrationen;

8. das Übersetzen von einzelnen Textpassagen oder Textkomponenten in nicht-sprachliche und sprachliche Ausdrucksgestalten (Bilder, Texte, Stichpunkte usw.);

9. das schriftliche und mündliche Beantworten von Fragen zu den expliziten Textaussagen und zum Lebensweltbezug der SchülerInnen.[5]

Während sich die Praktiken unter 1, 2, 3 und 4 auf die Sicherung des Verstehens der Textbedeutungen im Sinne eines Ermittelns von Informationen, die im Text explizit angegeben sind und auf das Erkennen des offenkundigen Hauptgedankens des Textes (PISA 2001, S. 89) gerichtet sind, dienen 7 und 8 stärker der Herstellung von Bezügen zwischen Informationen aus dem Text und einem allgemeinen Alltagswissen. Das Vorlesen durch die Lehrerin – 4 – erinnert an die Praxis des häuslichen Vorlesens. Insgesamt können 1, 2, 3 und 4, aber auch 7 und 9, eingeschränkt auch 6 im Gegensatz zu 5 und 8 als unterrichtliche Adaptionen einer frühkindlichen Vorlesesituation interpretiert werden. In der frühen Lesesoziali-

---

[3] Hier ist der Begriff rein deskriptiv verwandt und bezeichnet die Kommunikationssituation nach dem ersten Lesen, in der über den Text gesprochen wird.

[4] Die abschließenden Ergebnisse der Untersuchung zu den Normen und Praktiken des Lesens im Literaturunterricht der Hauptschule sind noch nicht veröffentlicht. Die qualitative Untersuchung wurde 2003 im Rahmen des F-und-N-Kollegs „Lesesozialisation, literarische Sozialisation und Umgang mit Texten" (Sprecher: Prof. Dr. Bernhard Rank) an der Pädagogischen Hochschule Heidelberg durchgeführt. Teilergebnisse sind in Gölitzer 2004 veröffentlicht.

[5] Vgl. Gölitzer 2004. Die Praktiken wurden nach verschiedenen Phasen geordnet, da diese Phaseneinteilung hier aber nicht von Bedeutung ist, verzichte auf weitere Ausführungen.

sation dienen das Vorlesen und das Bilderbuch-Betrachten häufig dem Spracher-
werb. Das Verstehen der Wort- oder Satzbedeutungen spielt in diesen Lesesituationen also eine wichtige Rolle. Die Qualität solcher literarischer Schriftereignis-
se hängt ganz wesentlich davon ab, ob Erwachsene ähnlich wie in Spracher-
werbssituationen dem Kinde den ganzen Text zumuten und durch den Gebrauch
im Textkontext die Bedeutung des Wortes, des Ausdrucks deutlich wird oder ob
der Text in Einzelteile zerlegt wird, deren Zusammenhang ein Kind nicht selbst
herstellen kann. Genau dies passiert aber im Unterricht.

Die Verfahren eignen sich nur bedingt dazu, die Schemata literarischen Lesens
und Verstehens nachhaltig zu erweitern, weil kaum ein Verfahren berücksichtigt,
dass das Lesen von Literatur nicht nur Teilkompetenzen des Lesens, sondern gerade auch Teilkompetenzen zum Aufbau einer *literarischen Rezeptionskompetenz* erfordert (annäherungsweise nur 4, 8 und 9). Darüber hinaus wird der Erwerb von Motivation zum Lesen von Literatur nicht genügend gefördert (die
Maßnahmen unter 5, 6 und 7 dienen dazu, ein Interesse an dem Buch oder Text
zu wecken, nicht aber, das Interesse beim Lesen aufrecht zu erhalten).

3 Literaturunterricht: Was muss er im Kern leisten?

Kinder und Jugendliche erfassen an der rein sprachlich konstituierten Wirklichkeit nicht automatisch, quasi wie von selbst, das Diskursprinzip literar-ästheti-
scher „Welterzeugung" (Goodman, N. 1990), sie bedürfen dabei der besonderen
Unterstützung durch die Schule. Diese Unterstützung zeigt sich besonders in der
Auswahl von Texten und in den Praktiken des Lesens von Literatur im Unterricht.

Im Folgenden soll am Beispiel eines jugendliterarischen Klassikers gezeigt werden, welche Angebote der Text hinsichtlich der Wirklichkeitsmodelle macht und
welche Praktiken des Lesens den Erwerb von Schemata literarischen Lesens und
Verstehens unterstützen könnten. Ich werde mich auf das Fiktionalitätsschema
beschränken. Es handelt sich bei dem Text um Fritz Mühlenwegs *In geheimer
Mission durch die Wüste Gobi* (im Weiteren nachgewiesen mit „IgM").[6]

3.1 „In geheimer Mission durch die Wüste Gobi" von
Fritz Mühlenweg

> „Du hast uns lange im Dunkeln sitzen lassen", tadelte Glück. „Nicht so lange wie beim
> Prinzen Gi", warf Großer-Tiger geschwind ein. „Wie war es bei dem?" fragte Glück.
> „Ich weiß es auch nicht", sagte Schlangenfrühling, „und ich will es gar nicht wissen."

---

[6] Bernhard Rank hat mich auf das Buch aufmerksam gemacht. Ich habe es mit größtem Vergnügen
gelesen, es war eines der Bücher, deren Ende man hinauszögert, um noch ein bisschen länger in der
Welt der Figuren zu verbleiben, eines der Bücher, deren Figuren in den eigenen Freundeskreis aufgenommen werden und ein Buch, das man gerne Wort für Wort auswendig lernen möchte.

„Erzähle", bat Ungemach, „wir erfahren so wenig von dem, was in der Welt geschieht.""Es ist nicht jetzt passiert", setzte Großer-Tiger auseinander, „es ist einige Jahre her, etwa dreitausend, glaube ich." (IgM, S. 328)

„Es ist einige Jahre her", meint Großer-Tiger und schätzt, es könnten dreitausend sein. Ohne zu wissen, um wen es sich bei Großer-Tiger handelt, können wir
an dieser Stelle ganz sicher eines sagen: er hat einen anderen Zeitbegriff als ein
durchschnittlicher Mitteleuropäer. Die Monate, Wochen und Tage zählen nicht
viel in der Region, in der sich die beiden zwölfjährigen Jungen Großer-Tiger und
Christian,[7] der auch Kompaß-Berg genannt wird, bewegen. Die beiden Freunde
werden, als sie am Bahnhof Schi-Schi-Men in Peking einen Drachen steigen lassen wollen, von einem Hauptmann überredet, in einen Zug einzusteigen und geraten so in ein unblutiges Scharmützel und in die Hände des Generals Wu-Pei-
Fus, von dem Großer-Tiger sagt, dass er den Bürgerkrieg gewinne und Frieden
bringe (IgM, S. 31). Der General hält es für zu gefährlich, die Jungen auf dem
schnellsten Wege wieder nach Peking zurück zu schicken, da dort seine Truppen
bald einmarschieren werden und mit Kämpfen zu rechnen sei. Er schickt Großer-
Tiger und Christian in Begleitung des ehemaligen Rotbartes Glück[8] auf eine lange Reise durch die Wüste Gobi in die Provinz Sinkiang, um dort dem Marschall
von China Yang-Tsen-Hsin eine geheime Nachricht zu übermitteln. Eigentlich
soll die Reise nur zehn Tage dauern, aber Glück nimmt unterwegs noch einen
Chinesen Namens Grünmantel auf, der schließlich den Lastwagen stiehlt und die
drei anderen zurücklässt, so dass die Jungen mehrere Wochen in der Wüste ver-
bringen. Mit Hilfe Naidangs, Mondscheins, Dampignaks, des Uralten-Herrn
und anderer Mongolen, die mit Grünmantel noch eine Rechnung offen haben,
gelingt es unter dramatischen Umständen Grünmantel zu stellen und nach Ur-
umtschi zu gelangen. Dort werden die Jungen bereits erwartet und offen emp-
fangen, es glückt ihnen, die Geheimbotschaft an Yang zu überbringen.

Der Roman ist nach Handlung, Figuren und Ort der Handlung dem Genre des
Abenteuerromans zuzuordnen. Mühlenweg benutzt eine geradezu klassisch zu
nennende Konstellation, um dieses Abenteuer zu erzählen: Zwei im Wachstum
begriffene, gar nicht mutige junge Helden müssen sich in der Fremde bewähren,
um wieder nach Hause zu gelangen. Sie werden in diesem Durchgangsraum nicht
nur älter, sondern entwickeln sich von naiven, unsicheren Jungen zu geschickten
und selbstsicheren Taktikern im politischen und kulturellen Spiel der Erwachsenen. Dies gelingt ihnen, indem sie die mongolische Sprache, die Umgangsformen und die kulturellen Gebote, die in der Wüste gelten, gebrauchen lernen.

---

[7] „Wir sind jeder dreizehn Jahre alt", sagte Großer-Tiger. „Christian ist zwar nur zwölf, aber das
kommt daher, weil seine Eltern das Geburtsjahr nicht mitrechnen wie meine" (IgM, S. 34), gibt
Großer-Tiger gegenüber dem General Wu-Pei-Fu an.
[8] Glück ist ein treuer Soldat des Generals und ehemaliger Räuber, der in der Lage ist, ein Auto zu
fahren und der die Kinder begleiten soll.

In der literarischen Sozialisation spielen Abenteuergeschichten (besonders für Jungen) eine bedeutende Rolle (vgl. Runge 1996). Alfred Clemens Baumgärtner begründet die Lust an der Rezeption der Abenteuer-Erzählung:

> Ihre befreiende Funktion ist darin zu sehen, dass sie den Lesern Gegenbilder der Ordnung vermittelt, in der sie sich befinden, und zwar nicht in Form von Bildern anderer, für besser gehaltener Ordnungen, wie dies meist in der Utopie geschieht, sondern als Vergegenwärtigung des Außer-Ordentlichen. (Baumgärtner 2000, S. 430f.)

Entsprechend entwickelt Christoph Launer die didaktische Begründung für das Lesen von Abenteuerromanen im Unterricht anhand der Begriffe „Identitätsfindung" und „Fremdverstehen" (Launer 2000, S. 424ff.). Launer bezieht sich hierbei auf Spinner:

> Lesend kann man sich von der eigenen Sichtweise lösen und sozusagen probehalber die Welt mit anderen Augen sehen. (Spinner 1999, S. 600, zit. n. Launer 2000, S. 434)

Die didaktische Perspektive ist damit primär auf die Wahrnehmung der erzählten Welt und die Figuren gerichtet, es ist nahezu unerheblich, ob es sich bei dieser erzählten Welt um eine reale oder eine ausgedachte handelt.

Fritz Mühlenweg hat zwischen 1927 und 1932 dreimal die innere Mongolei besucht und an zwei Expeditionen teilgenommen; in *In geheimer Mission durch die Wüste Gobi* (1950/1999) und in *Fremde auf dem Pfad der Nachdenklichkeit* (1952/1992) hat er diese Erfahrungen literarisch verarbeitet. Die fremde erzählte Welt ist nach dieser Erfahrung auch eine 'wirkliche' fremde Welt für Mühlenweg und einen durchschnittlichen mitteleuropäischen Leser.[9] Insofern unterstellt wird, dass das Wirklichkeitsmodell, auf das Mühlenweg sich mit seinem Roman bezieht, das Wirklichkeitsmodell ist, in dem die Regeln „der empirisch-rationalen Logik und den daraus ableitbaren Wahrscheinlichkeiten" (Rank 2002, S. 107) einer (mittlerweile untergegangenen) mongolischen Kulturgemeinschaft herrschen, ist der Roman ein realistischer Roman. Allerdings können die Regeln weder für den Leser noch für den Autor als bekannt vorausgesetzt werden; Fritz Mühlenweg und der Leser sind selbst Fremde in dieser Kultur. Er betrachtet diese Welt mit dem Blick des teilnehmenden Ethnographen. Dieser Blick ist auch dem Erzähler des Romans eigen. Das Fremdsein in dieser Welt vermittelt sich aber nicht nur durch den so akzentuierten Erzähler, sondern auch durch die Protagonisten, die sich in der Fremde zurecht finden müssen. An einem Ausschnitt des Romans sei das verdeutlicht. Siebenstern, ein mutiges mongolisches Mädchen, mit der sich die beiden Jungen befreunden, möchte mit ihnen die Kamele zur Tränke führen. Sie

> gab Christian und Großer-Tiger jedem einen Führungsstrick mit dem daran hängenden Kamel. „Jirr!" rief Christian und führte das Kamel hinter sich drein. „Jirr!" rief Großer-

---

[9] Grundsätzlich ist jede literarisch erzählte Welt zunächst eine fremde, auch wenn uns der Rekurs auf alltagstaugliche Wirklichkeitsmodelle in literarischen Texten manchmal das Gegenteil suggeriert.

> Tiger und wollte sich auf den Weg machen. „Halt!" sagte Siebenstern, „so macht man das nicht, man macht es anders. Der Mensch", sprach sie ernst, „ist nicht zum Gehen mit den Füßen auf der Welt. Man hat zwei Beine, damit man reiten kann." „Aha!" sagte Großer-Tiger. „Aber es ist nur ein kurzes Stück bis zum Fluß", wandte Christian ein. „Wir Mongolen", belehrte ihn Siebenstern, „denken, daß man einen kurzen Weg ebenso gut reiten kann wie einen langen. Bolwo?" „Bolna!" sagte Christian. (IgM, S. 395)

Christian und Großer-Tiger sind bereits dazu in der Lage, sich mit Worten und Gesten verständlich zu machen, wichtige kulturelle Eigenarten der Mongolen sind ihnen jedoch noch fremd: Sie können zwar ein Kamel zur Tränke führen, haben aber noch nicht die Gewohnheit der Mongolen angenommen, sich jederzeit auf dem Rücken eines Kamels fortzubewegen. Sie müssen erst noch lernen, sich in der anderen Kultur zu bewegen. Dieses Lernen geschieht in dem zitierten Beispiel ganz explizit; das ist nicht immer so in dem Roman. Offenkundig wird hier mit Christian und Großer-Tiger der Lese-Novize durch die Belehrung Siebensterns angesprochen.[10] Ganz ohne Frage ist die Antwort Siebensterns eine sinnige und keinesfalls eine, die weniger logisch oder sinnvoll wäre als die Annahme der Jungen, einen kurzen Weg zu Fuß zu gehen. Hinter Siebensterns Antwort steckt ein ganzes Weltbild, ein Wirklichkeitsmodell, das beim Lesen langsam sichtbar wird: Die Mongolen in Mühlenwegs Roman sind Nomaden, die monatelang durch die Wüste ziehen, der Besitz von Kamelen bedeutet Reichtum und Wohlstand. Den Jungen wie dem Leser ist diese Welt zunächst fremd. Im Verlauf der Lektüre mag diese Fremdheit etwas geringer werden, weil die Regeln, die dieses Wirklichkeitsmodell konstituieren, zunehmend deutlicher und vom Leser verstanden werden können. Wir werden im Lesen aber auch der Strategien ansichtig, die die Novizen anwenden, wenn sie unbekanntes Terrain betreten, nach unbekannten Regeln spielen müssen – und diese Ausgangslage trifft auch auf kindliche und jugendliche Romanleser zu:

> „Es gibt keine Hilfe", sagte Großer-Tiger düster. „Es gibt keine Hilfe", bestätigte Christian.
>
> „Wie!" rief Großer-Tiger, „du sagst auch, es gibt keine Hilfe? Das darfst du nicht tun. Du musst etwas anderes sagen." „Es fällt mir nichts anderes ein." „Kwi-Schan!" rief Großer-Tiger flehend, „es muß dir etwas einfallen! Es geht nicht, daß wir beide mutlos sind." „Dann", sagte Christian, „müssen wir einen Vertrag machen: Nur einer von uns darf verzweifelt sein und 'Es gibt keine Hilfe' sagen." „Das bin ich", sagte Großer-Tiger geschwind. „So wäre es kein Vertrag. Ein Vertrag ist anders. Sobald einer von uns 'Es gibt keine Hilfe' sagt, dann muß der andere von etwas Zuversichtlichem reden, und dann ist es ein Vertrag, der gilt." „Ich habe es zuerst gesagt." „Da bestand der Vertrag noch nicht!" „Besteht er den jetzt?" „Ja", sagte Christian, „wenn es dir recht ist, besteht er." „Es ist mir recht", erklärte Großer-Tiger, „und ich sage als erster: 'Es gibt keine Hilfe.'" Großer-Tiger schaute, was Christian für ein Gesicht mache, und dann mußten beide lachen. Christian öffnete die Ledermappe. „Ich werde", schlug er vor, „auf dem „Südlichen Blatt" nachsehen, wie unsere Sache steht." (IgM, S. 235)

---

[10] Die beiden Jungen sind gewissermaßen Novizen der mongolischen Kultur.

„Es gibt keine Hilfe" darf nur gesagt werden, wenn die Situation aussichtslos erscheint und Zuversicht gebraucht wird. Es ist ein Sprachspiel, das mindestens zu
Zweien gespielt werden muss, auch deshalb 'bedarf' es in diesem Roman zweier
Jungen. Nicht die Massivität der Bedrohung, die von einer solchen abenteuerlichen Reise für einen Zwölfjährigen ausgeht, ist es, die zwei Helden 'erfordert',
sondern die Möglichkeit des Erzählens im Dialog legt die Paarung nahe. Diese
Form des dialog-orientierten Erzählens macht die Qualität des Buches aus. Neben dem Wirklichkeitsmodell einer fremden Welt – fremden Kultur, die die Erwartung auf Wirklichkeitsentsprechung zulässt, wird nun noch ein Modell sichtbar, das der Philosophie entnommen ist. Es ist die besprochene, die dialogisch
angeeignete Welt, die hier skizziert wird. Es wird uns Lesern geradezu vorgeführt, wie eine Welt nachdenkend, im Dialog 'erzeugt' und angeeignet wird.

Das Buch bietet nicht nur reichlich Stoff zur Identifikation und Gelegenheit, andere Denk- und Sprachweisen kennen zu lernen, sondern durch die stark dialog-
orientierte Darstellungsweise [11] verliert das Wirklichkeitsmodell 'fremde Kultur'
seinen quasi-natürlichen Status. Der Leser sieht lesend zu, wie die Regeln dieser
erzählten Welt langsam entfaltet werden. Dies gelingt in hervorragender Weise
auch deshalb, weil Mühlenweg die orale Kultur der (erzählten) Mongolen immer
wieder vorführt: „Was mich betrifft [...] bin ich nur so mitgeritten. Entschuldigt
meine Anwesenheit" (IgM, S. 443), sagt einer mit dem sprechenden Namen
„Ungemach", der niemandem etwas zu leide tun, niemandem Ärger bereiten
möchte, aber oft Pech im Leben gehabt hat. Begegnungen, Zusammenhänge
werden umständlich erzählt, die Kunst, etwas auszudrücken, ohne es deutlich
gesagt zu haben, gepflegt. Insgesamt ist Mühlenwegs Erzählweise eine, die an
mündliches Erzählen erinnert und mit intelligenter Leichtigkeit durch 758 Seiten
(Ausgabe 1999) führt (vgl. Wilcke 1999).

Wir brauchen in der Schule mehr Bücher, die die Kinder und Jugendlichen einerseits durch interessante Handlungen oder spannende Darstellungsweisen zum
Lesen 'verlocken' und andererseits literarisch komplex genug sind, damit die Le-
se-Novizen herausgefordert werden, über Sprache, Wirklichkeitsmodelle, philosophische und existentielle Fragen u. ä. nachzudenken. Es ist die Erzählhaltung
des Autors, die *In geheimer Mission* für den Literaturunterricht interessant
macht, denn:

> Literarisch sind nicht die Faktoren der „erzählten Welt" ausschlaggebend, sondern eine
> Erzähl-Haltung, die Nachdenklichkeit praktiziert und einfordert. Mit anderen Worten:
> das Erzählkonzept solcher Texte ist durch einen „Modell-Autor" bestimmt (vgl. Eco
> 1994), der zugleich Erzähler und (sokratischer) Philosoph ist. (Rank 2000, S. 820)

Nun mag dies auf Mühlenwegs Text nicht in gleicher Weise zutreffen wie auf Jürg
Schubigers Texte, die Bernhard Rank hier im Blick hat. Der Modell-Autor des
Mühlenweg-Romans ist eher ein Ethnograph als ein sokratischer Philosoph, der

---

[11] Dies zeigt sich auch in einem hohen Anteil wörtlicher Rede.

die unbekannte Welt verstehen möchte, in der Sprache der Figuren bleibt und sich zugleich eine vorsichtige ironische Distanz vorbehält:

> „Wir wollen die Tiere zur Tränke führen", sagte sie [Siebenstein] und gab Christian und Großer-Tiger jedem einen Führungsstrick *mit dem daran hängenden* Kamel. (IgM, S. 395. Hervorhebung von S. G.)

3.2 Lesen von Literatur im Unterricht: 'Sitzt ihr auch leicht und gut?' – 'Keine Besorgnis deswegen!' [12]

Damit Kinder und Jugendliche den Roman nicht als eine Reise-Dokumentation des Lufthansa-Angestellten Fritz Mühlenweg verstehen, der für eine direkte Fluglinie Peking-Berlin meteorologische Daten über die Wüste Gobi erheben sollte, sondern als fiktionalen Text, müssen die Praktiken des Lesens im Literaturunterricht auch auf die entsprechenden Textsignale bezogen sein und dürfen zugleich nicht dazu führen, den Textzusammenhang zu zerstören. Folgendes Vorgehen scheint mir deshalb sinnvoll – Schulstufen und Schulformen spielen m. E. hier eine untergeordnete Rolle:

Vor der Erstlektüre mag es ratsam sein, eine kurze Einführung zu dem Buch, dem Autor und den Figuren zu geben, ohne dabei die Hintergründe zu Grünmantel o. ä. bereits zu verraten. Dieser grobe Zusammenhang stellt das inhaltliche Kontextwissen dar, das die Einordnung der komplexen Informationen, die in dem Roman gegeben werden, erleichtert. Solche Rahmen müssen immer wieder gegeben oder mit SchülerInnen erstellt werden. Das Lesen des Buches oder von Teilen des Buches braucht danach viel Zeit. Es ist gut vorstellbar, dass in Lesestunden abwechselnd von der Lehrerin oder dem Lehrer vorgelesen wird oder die SchülerInnen Gelegenheit haben, leise das Buch zu lesen. Gerade im Vorlesen durch die Lehrkraft können die oftmals metaphorischen Wendungen und sprechenden Namen besonders herausgehoben oder im Fluss des Vorlesens erklärt werden. Besonders interessant für den Erwerb eines Fiktionalitätsschemas dürften die Stellen sein, an denen die beiden Jungen Christian und Großer-Tiger über ihre Situation sprechen, weil in ihnen das Erzählkonzept besonders deutlich wird: „Ich bitte um Vergebung …, meine Rede stimmt nicht, das wünschte ich nicht zu sagen" (IgM, S. 42), entschuldigt sich Christian, als er den General mit „Selber Hallo" begrüßt. Das Verhältnis von Vertraut- und Fremdheit wird dialogisch 'eingefangen' und nicht als gegebene Realität gesetzt. Ein anderes immer wiederkehrendes retardierendes Moment in der Erzählung, das die Fiktionalität und das Narrationsmuster zugleich markiert, ist die Formel „Da ist keine Hilfe". Es ist das Signal für die LeserInnen, dass wieder ein Ereignis bevor-, eine Veränderung ansteht. Die Fragen nach Bedeutungen und Anschlussmöglichkeiten sind offene Fragen, auf die es verschiedene Antworten gibt. Diese unterschiedlichen Möglichkeiten können und sollen mit SchülerInnen erörtert werden. Aller-

---

[12] In geheimer Mission, zitiert aus dem Nachwort von Ekkehard Faude in Mühlenweg (1999), S. 760.

dings muss der Literaturunterricht den SchülerInnen auch dabei helfen, diese 'Gelenkstellen', an denen über den Verlauf der Erzählung, die Psychologie der Figuren, die Dynamik der Handlung u. ä. (textlich) entschieden wird, aufzufinden. Dies kann nur geschehen, wenn SchülerInnen zunächst Gelegenheit haben, längere Textpassagen zu lesen und anschließend einzelne Sequenzen – auch mit Hilfe handlungs- und produktionsorientierter Verfahren – noch einmal betrachten können. Literaturunterricht muss so gesehen immer auch Leseunterricht sein. Anspruchsvolle Literatur und eine genussorientierte Lektüre muss nicht immer ein Gegensatz sein. Beides gehört m. E. zum „literarisierenden Unterricht", wie ihn Bernhard Rank in seinem Vortrag zur Ringvorlesung an der Pädagogischen Hochschule Heidelberg *Wege zum Lesen und zur Literatur* skizziert hat. In ihm könnten wir „aktiv ins Spiel ernsthafter literarischer Kommunikation eintreten".[13]

Literatur

Primärliteratur

Mühlenweg, Fritz (1992): Fremde auf dem Pfad der Nachdenklichkeit. Lengwil: Libelle [EA 1952]
Mühlenweg, Fritz (1999): In geheimer Mission durch die Wüste Gobi. Lengwil: Libelle [EA Freiburg: Herder 1950, 5. Aufl. 1954; gekürzte Neuausgabe 1963, 8. Aufl. 1989 sowie München: dtv 1983, 8. Aufl. 1994. Im Text nachgewiesen mit der Sigle IgM]

Sekundärliteratur

Andringa, Els: (1987): Wer sieht wen wie? Entwicklungen in der Wahrnehmung fremder Perspektiven. In: Willenberg, Heiner (Hrsg.): Zur Psychologie des Literaturunterrichts. Frankfurt a. M.: Diesterweg, S. 87–108
Augst, Gerhard u. a. (1981): Zur Ontogenese der metaphorischen Kompetenz. Erste Ergebnisse eines Forschungsprojekts. In: Wirkendes Wort, 31. Jg., S. 363–377
Barton, David (1993): Eine sozio-kulturelle Sicht des Schriftgebrauchs – und ihre Bedeutung für die Förderung des Lesens und Schreibens unter Erwachsenen. In: Bedeutungen erfinden – im Kopf, mit Schrift und miteinander. Hg. von Heiko Balhorn und Hans Brügelmann. Konstanz: Faude, S. 214–219
Bredella, Lothar (2002): Literarisches und kulturelles Verstehen. Tübingen: Narr
Deutsches PISA-Konsortium (Hrsg.) (2001): Pisa 2000. Basiskompetenzen von Schülerinnen und Schülern im internationalen Vergleich. Opladen: Leske und Budrich
Eco, Umberto (1994): Im Wald der Fiktionen. Sechs Streifzüge durch die Literatur. München: dtv

---

[13] Dies ist ein Zitat nach meiner Mitschrift des Vortrages. Dokumentiert ist der Vortrag in Härle; Rank 2004, S. 187–213.

Faude, Ekkehard (1993): Hammaguä! Man soll Geschriebenem nicht nachlaufen. Nachwort zu Fritz Mühlenweg: In geheimer Mission durch die Wüste Gobi. Lengwil: Libelle, S. 760–773

Gölitzer, Susanne (2004): Die Funktionen des Literaturunterrichts im Rahmen der literarischen Sozialisation. In: Wege zum Lesen und zur Literatur. Hg. von Gerhard Härle und Bernhard Rank. Baltmannsweiler: Schneider Verlag Hohengehren, S. 121–136

Goodman, Kenneth S. (1997): Lesen – ein transaktionaler Prozess. In: Konstruktionen der Verständigung: die Organisation von Schriftlichkeit als Gegenstand didaktischer Reflexion. Hg. von Karl Holle. Lüneburg: Universität Lüneburg, S. 145–186 [EA 1985]

Goodman, Nelson (1990): Weisen der Welterzeugung. Frankfurt a. M.: Suhrkamp [EA 1978]

Härle, Gerhard; Rank, Bernhard (Hrsg.) (2004): Wege zum Lesen und zur Literatur. Baltmannsweiler: Schneider Verlag Hohengehren

Heath, Shirley, B. (1994): What no bedtime story means: Narrative skills at home and in school. In: Language and literacy in social practice. The Open University. Hg. Von J. Maybin. Clevedon, Phildalphia, Adelaide, S. 73–95

Hurrelmann, Bettina (2002): Prototypische Merkmale der Lesekompetenz. In: Lesekompetenz. Bedingungen, Dimensionen, Funktionen. Hg. von Norbert Groeben und Bettina Hurrelmann. Weinheim: Juventa, S. 275–286

Iser, Wolfgang (1983): Akte des Fingierens. Oder: Was ist das Fiktive im fiktionalen Text? In: Funktionen des Fiktiven. Hg. von Dieter Henrich und Wolfgang Iser. München: Fink, S. 121–152

Japp, Uwe (1994): Die literarische Fiktion. In: Die Dichter lügen, nicht. Über Erkenntnis, Literatur und Leser. Hg. von Carola Hilmes und Dietrich Mathy. Würzburg: Königshausen und Neumann, S. 47–58

Mattenklott, Gundel (1994): Zauberkreide. Kinderliteratur seit 1945. Frankfurt a. M.: Fischer Taschenbuch, S. 86–90. [EA: Stuttgart 1989]

Nickel-Bacon, Irmgard (2003): Vom Spiel der Fiktionen mit Realitäten. In: Praxis Deutsch, Jg. 30, H. 180, S. 4–12

Pieper, Irene; Rosebrock, Cornelia; Wirthwein, Heike; Volz, Steffen (2004): Lesesozialisation in schriftfernen Lebenswelten. Lektüre und Mediengebrauch von HauptschülerInnen. Weinheim; München: Juventa

Rank, Bernhard (1994): „Nacherzählen" und „Weitererzählen". Zum Einfluß der Kinderliteratur auf die Erzählfähigkeit. In: Erfahrungen mit Phantasie. Hg. von Bernhard Rank. Baltmannsweiler: Schneider Verlag Hohengehren, S. 159–186

Rank, Bernhard (2000): Philosophie als Thema von Kinder- und Jugendliteratur. In: Taschenbuch der Kinder- und Jugendliteratur. Hg. von Günter Lange. Band 2. Baltmannsweiler: Schneider Verlag Hohengehren, 2. korr. Aufl., S. 799–827

Rank, Bernhard (2002): Phantastik im Spannungsfeld zwischen literarischer Moderne und Unterhaltung. Ein Überblick über die Forschungsgeschichte der 90er Jahre. In: Kinder- und Jugendliteraturforschung 2001/2002. Stuttgart; Weimar: Metzler, S. 101–125

Rosebrock, Cornelia (2003): Wege zur Lesekompetenz. In: Beiträge zur Jugendliteratur und Medien, 55. Jg., H. 2, S. 85–95

Runge, Gabriele (1996): Lesesozialisation in der Schule. Untersuchungen zum Einsatz von Kinder- und Jugendliteratur im Unterricht. Würzburg: Königshausen und Neumann

Spinner, Kaspar H. (1993): Entwicklung des literarischen Verstehens. In: Leseförderung und Leseerziehung. Theorie und Praxis des Umgangs mit Büchern für junge Leser. Hg. von Ortwin Beisbart u. a. Donauwörth: Auer, S. 55–64

Spinner, Kaspar (1999): Lese- und literaturdidaktische Konzepte. In: Handbuch Lesen. Hg. von Bodo Franzmann u. a. München: Saur, S. 593–601

Viehoff, Reinhold (1988): Literarisches Verstehen – neuere Ansätze und Ergebnisse. In: IASL, Bd. 13, S. 1–39

Wilcke, Gudrun (1999): Vergessene Jugendschriftsteller der Erich-Kästner-Generation. Frankfurt a. M. u. a.: Lang

ULF ABRAHAM

„Dieser Eingang war nur für dich bestimmt"

Literarische Bildung in der Medienkultur – Versuch einer
Neubestimmung

1 Ist „literarische Bildung" heute gefährdet?

Eine *Einführung in die Literaturdidaktik* (Paefgen 1999, S. 157) skizziert für die
Zukunft des Deutschunterrichts ein erschreckendes Szenarium: Er könnte zum
„künstlerischen Nebenfach" herabkommen, wenn und weil er sich auf Leseförderung und Medienerziehung beschränkt, statt literarisch zu bilden.

Diese Warnung ist motiviert von einem tiefgreifenden Wandel in der literarischen
Sozialisation der Heranwachsenden: Die Erfahrungen, die seit der frühen Kindheit mit literarischen Stoffen, Formen und Weltentwürfen gemacht werden, haben sich quantitativ und qualitativ verändert. Führte früher ein Hauptweg über
„einfache Formen", deren Prototyp das Märchen war, zu den „Klassikern" der
Kinderliteratur (Hurrelmann 1995) und weiter zur so genannten hohen Literatur, so kommen heute die meisten Kinder und Jugendlichen mit Formen und
Stoffen der Literatur eher indirekt in Kontakt, nämlich vermittelt über mediale
Sekundärprodukte. *Pinocchio* oder *Pünktchen und Anton* sind zwar vielleicht
noch relativ verlässliche Elemente literarischer Sozialisation in der Kindheit,
und *Romeo und Julia* mag durchaus noch eine ähnliche Rolle für das Jugendalter
spielen. Aber solche Stoffe – mit Müller-Michaels (1997) könnte man sie den
„Denkbildern" der abendländischen Kultur zurechnen – sind den heute mehrheitlich AV-medienorientierten Kindern meist zunächst von Hörkassette, Video
und DVD bekannt, bevor sie im Kontakt mit der Buchliteratur ihre 'ursprüngliche' Gestalt annehmen.

Diese Entwicklung sehe ich allerdings anders als Paefgen: Das Menetekel einer
Marginalisierung des Literarischen in der Mediengesellschaft möchte ich nicht
an die Wand malen.

Es kann keine Rede davon sein, dass Literatur in den Zeiten der Postmoderne
keine Rolle mehr spiele: Erzählbares und ästhetisch Gestaltetes, seit den Zeiten
der „oral literature" (Ong 1987) ein Privileg der Literatur, hat sich ein Medium
nach dem andern erobert – den Film, das Hörspiel, den Comic und in Form des
„living book" nun auch die CD-ROM. Das Aufkommen der Medienverbundkultur hat einen „regelrechten Klassikerbedarf" zur Folge (vgl. Nefzer 2000). Womit
vor knapp hundert Jahren der Film begonnen hat, das setzen die Computermedien fort: die alten Medien gleichsam aufzumischen, ihnen Stoffe und Motive
zu entreißen, um sie in neuer Gestalt und eigenständiger medialer Ästhetik dem

kulturellen Gedächtnis zurückzugeben. Ein Beispiel ist Baz Luhrmanns Film-
version von *Romeo und Julia* (1996), radikal aktualisiert und in die Jugend(sub)-
kultur des späten 20. Jahrhunderts verlegt (zur Analyse vgl. Thiele 2001). Die
Aktualisierung betrifft nicht nur Figuren und Handlung, sondern auch die Ästhetik: „Shakespeare als Videoclip?" (Thiele 2001, S. 195)

Gehört nun dergleichen zur literarischen Bildung in der Medienkultur oder
nicht? Und wenn nicht, warum nicht? Wegen „Kitschverdachts"? Wegen epigo-
naler Plünderung der Filmgeschichte? Wegen Belanglosigkeit angesichts 'wert-
vollerer' Bearbeitungen des Stoffes, von Shakespeare zu Gottfried Keller? Oder
wegen jugendgefährdender Sequenzen, die scheinbar Gewalt verherrlichen?
(Vgl. Thiele 2001, S. 233 f.)

Wie immer man das sieht – man darf nicht die Augen davor verschließen, dass li-
terarisch-ästhetische Sozialisation multimedial wird: Haben wir uns den *Englischen Patienten* durch Buchlektüre angeeignet oder im Kino? Und falls man das
Beispiel, weil es sich um noch nicht kanonisierte „U-Literatur" handelt, nicht
gelten lassen will: Wie steht es mit dem *Tod in Venedig?* Mann oder Visconti? –
Was sich ändert, ist – ich folge Nefzer (2000, S. 68) – die *Vorstellungsmodulation*,
auf die nämlich das Medium, in dem sich die Literatur sozusagen gerade bewegt,
erheblichen Einfluss hat. Über diese vom Medium modulierte Vorstellungstätig-
keit ist noch nicht allzu viel bekannt. Sicher aber ist: Wir müssen unseren Begriff
von Literatur und literarischem Lernen *ablösen* vom Reizwort „Lesen" und dem
– wichtigen – Anliegen der Buchpädagogik. So sehr außer Frage steht, dass Lehrende im Literaturunterricht „ihren mediensozialisierten Schülern eine kognitive Leistung zumuten" (Förster 2000, S. 6 f.) sollten, so wenig geht es in einer
Medienkultur wie der unsrigen an, ein einzelnes Medium sozusagen nach dem
Anciennitätsprinzip gleichsam aus dem Netz herauszuschneiden, durch das es mit
allen anderen Medien verbunden ist.

Nicht also, weil literarische Bildung 'verkümmert', ist sie uns heute didaktische
Herausforderung, sondern weil sie sich gleichsam der *Fortsetzung der Literatur
mit anderen Mitteln* stellen muss. Paefgens *Einführung* grenzt sich hier einfach
ab: gegen die Integration medialer Produkte – so, als sei Deutschunterricht nicht
immer auch Medienunterricht gewesen –, und gegen die Ziele der Leseförderung – so, als könne man literarische Bildung betreiben, ohne dass vorher aus
dem Gebrauch von Kinder-, Jugend- und Unterhaltungsliteratur „leidenschaftli-
che Leser" (vgl. ebd., S. 154) erwachsen wären.

Ich finde es unnötig, auf diese Art Gräben wieder aufzureißen – zwischen Literaturdidaktik und Medienpädagogik sowie zwischen literarischer Bildung und Leseförderung.[1] Ich möchte lieber Brücken bauen: Weder durch die Medien(ver-
bund)kultur noch durch Leseförderung in der Schule ist die Möglichkeit ernsthaft bedroht, das Literarische wahr- und ernstzunehmen. Im Kern ist literarische

---

[1] Das letztere Verhältnis hat Eggert schon ausgewogener beschrieben (vgl. Eggert 1989; 1997).

Bildung nicht gefährdeter als zu den Zeiten von Heinrich Wolgast. Wir müssen nur dafür sorgen, dass die grundlegende Erfahrung des Lesevergnügens auch denen zugänglich wird, deren literarische Sozialisation einseitig oder defizitär ist (vgl. hierzu Hurrelmann; Hammer; Niess 1992). Und auch den durch Sozialisation eher Begünstigten müssen wir eine Perspektive auf Literatur nahe bringen, die in der Freizeitlektüre eine geringe Rolle spielt – eine Perspektive auf die sprachliche Gestalt. Für eine solche Literaturdidaktik des *Sprach- und Formbewusstseins* aber ist und bleibt nun in der Tat die 'Buchform' unverzichtbar.

2 Was ist der Kern literarischer Bildung?

Es geht hier also nicht um „Lesekompetenz". Ich bestreite zwar nicht, dass es mit den Lesefähigkeiten Heranwachsender nicht durchweg zum Besten bestellt ist. Aber erstens stört mich die kulturpessimistische Attitüde, mit der das, verstärkt seit „PISA", oft vorgebracht wird – als wäre es nicht logisch, dass die gestiegenen Anforderungen an unsere Medienkompetenz insgesamt für die kompetente Nutzung eines, und noch dazu so 'langsamen', Mediums Folgen haben. Heranwachsende heute müssen eben nicht nur, sondern *unter anderem* auch die 'alte' Kulturtechnik beherrschen. Zweitens ist Lesefähigkeit von literarischer Kompetenz zu unterscheiden. Natürlich ist Literatur ein Medium, das seine Wirkung, historisch gesehen, erst in der Schriftlichkeit entfaltet hat (auch wenn es älter ist als diese: vgl. Ong 1987). Und es gibt auch zu denken, dass empirische Studien die Überlegenheit der Leser vor den Nicht- oder Weniglesern gerade in der kompetenten Nutzung der AV-Medien belegen (vgl. im Überblick Hurrelmann 1994).

Unbestritten also ist Lesen(können) ein Wert an und für sich in unserer noch immer dominant schriftsprachlichen Kultur. Aber es ist nur ein wichtiges *Mittel*, nicht das einzige und nicht der Kern literarischer Bildung. Was diesen betrifft, lege ich eine *literarische Anthropologie* zu Grunde (vgl. Iser 1991, Müller-Michaels 1999): Es geht zunächst um die Fähigkeit zum literarischen Fantasieren, zur Ausgestaltung und gleichsam 'Besiedlung' eines fiktionalen Übergangs-Raums [2] zwischen Innen- und Außenwelt, zwischen 'Heute' und 'Damals', zwischen 'Hier' und 'Anderswo'. Einen solchen Raum für Probehandeln und Übung im Selbst- und Fremdverstehen zu nutzen, setzt – desto mehr, je komplexer die Texte werden – *Wissen* voraus sowie die Fähigkeit Distanz herzustellen und Strukturen zu erkennen. Aber es *schafft* auch, auf die Dauer, solches Wissen und solche Fähigkeiten.

Neben dieser kognitiven Seite, die in der Rede vom „schönen schweren Lesen" (Kämper-van den Boogaart 1997) wohl gemeint ist, hat literarische Bildung eine ästhetische und emotionale:

[2] Ich kann diesen Begriff hier nicht begründen (vgl. Abraham 1998).

Sie ist *ästhetische Bildung* in dem Sinn, dass sie Wahrnehmung nicht zum Mittel, sondern zum Zweck der Rezeption macht. Diese Wahrnehmung gilt immer einer „Alterität" (Maiwald 1999), sei diese im Einzelnen sprachlicher, struktureller oder inhaltlicher Art.[3]

„Alterität" ist ein relationaler, kein absoluter Begriff. Ein Werk wie Luhrmanns *Shakespeare's Romeo und Julia* rückt einen bekannten, literaturgeschichtlich besetzten und für junge Lernende daher schwierigen Stoff wieder so nahe an aktuelle Erfahrungshorizonte heran, dass die von Shakespeare, Keller und anderen intendierte Alteritätserfahrung wieder möglich wird: Die Spannung zwischen dem – leicht gekürzten – Shakespeare-Text und den postmodernen Bildern des Films leistet das. Sprachlich, strukturell und inhaltlich werden Rezeptionswiderstände errichtet, Irritationen geschaffen (z. B. durch Tabubruch) und Akte der „Anschlusskommunikation" provoziert.

Damit hängt eine emotionale Komponente literarischer Bildung zusammen. Sie hat mit dem zu tun, was der Soziologe Tilmann Habermas „geliebte Objekte" nennt und in den Lebenszusammenhängen von Jugendlichen und Erwachsenen aufsucht: Neben anderen Gegenständen und Medien (persönliche Dokumente wie Tagebücher, Briefe, Fotos und persönliche Objekte wie Kleidungsstücke, Füllfederhalter oder Computer) spielen oft auch Bücher und Filme als literarische Medien in der Biografie der Befragten die Rolle eines geliebten Objekts: Sie werden zu Objektsymbolen und dienen als solche unserer „symbolic self-completion" (Wicklund; Gollwitzer 1982).

Rezeptionswiderstand, Alterität und Inbesitznahme zur „symbolischen Selbstergänzung": Das gehört nach meinem Verständnis zum Prozess literarischer Kommunikation. Der verständige, geduldige, dialogische und kreative Umgang mit geschätzter Literatur ist deshalb für mich der Kern literarischer Bildung. Damit habe ich diese deutlich abgesetzt vom Lesen als Beherrschung einer Kulturtechnik: Nicht alle, aber doch viele Prozesse literarisch-ästhetischer Kommunikation lassen sich auch von anderen Medien her auf den Weg bringen:

– Alteritätserfahrung und Wahrnehmungsbereitschaft für das Störende am eigenen Selbst und an Anderen.

– Anbahnung von Sprach- und Formbewusstsein.

– Bereitschaft und Fähigkeit zur „Anschlusskommunikation" als Auseinandersetzung mit Rezeptionserfahrungen im sozialen Raum (einer Schulklasse, eines Hochschulseminars, im Feuilleton oder Internet).

Prozesse dieser Art, über die wir im empirischen Sinn leider noch immer wenig wissen,[4] schaffen Kinder und Jugendliche offenbar auch mit Hilfe geeigneter

---

[3] Vgl. hierzu genauer Abraham 2000, bes. S. 18.

[4] Der Verfasser hat, in Zusammenarbeit mit Ortwin Beisbart, 1998 und 2000 (Wiederholungsantrag) der DFG ein Forschungskonzept dafür vorgelegt, das jedoch nicht gefördert wurde; dies nur zu dem „nach PISA" häufig zu hörenden Vorwurf, die Fachdidaktik habe sich nie um empirische Absicherung ihrer Lehrmeinungen bemüht.

Filme, Hörkassetten oder – mit Einschränkung – Computermedienprodukte. Auch hier gibt es, wie beim Buchmedium, bessere und schlechtere Produkte, reicht die Spannweite von ästhetisch komplexen bis zu 'trivialen' Rezeptionsangeboten. (Allein am Beispiel der Pinocchio-Verfilmungen zwischen der Disney-Animation von 1940 über den Realfilm von Luigi Comencini 1972 bis zu Steve Barron 1997 ließe sich das zeigen.) Gerade im Interesse einer literarischen Bildung in der Medienkultur müssen wir aufhören, pauschal Medien zu schelten, und anfangen, Medien*produkte* zu vergleichen und zu bewerten – und zwar nicht als Äpfel-Birnen-Vergleich (Ist das Buch besser oder der Film?), sondern innerhalb der Medienästhetik (Welche ist die beste Pinocchio-Verfilmung?).

Alle Medien ermöglichen, auf je spezifische Art, Anschlusskommunikation, Alteritätserfahrung und „Übcrgängc", nun auch ncbcn dcm ticfcnpsychologischen Sinn in einem zweiten, nämlich entwicklungspädagogischen: Sie können beim Aufwachsen helfen. Nichtprintmedien können 'literarisch' wirken, und die Buchliteratur umgekehrt ist heute ein Phänomen der Medienverbundkultur – selbst dort, wo ein Buch nicht oder noch nicht medial transformiert vorliegt, wie etwa zu Anfang des *Harry-Potter*-Booms. Dass die *Vorstellungsmodulation* heute durch die Nichtprintmedien wesentlich mitbestimmt wird, ändert aus meiner Sicht nicht viel daran, dass Harry Potter für Heranwachsende zeitweise genau das ist, was Old Shatterhand für ihre Urgroßeltern im selben Alter war: eine Übergangsfigur, im Sinn der Tiefenpsychologie und im Sinn der Sozialisation.

Man mag sagen, dies haben nun allenfalls mit literarischem *Lernen*, nicht schon mit *Bildung* zu tun. „Literarische Bildung" fragt in der Tat nach dem, was bei den Heranwachsenden *sein soll*, nicht – wie „literarische Sozialisation" – nach dem, was ist. Auf der Suche nach Antworten spricht man von „literarischer Kompetenz" oder „Rezeptionskompetenz". Auch da aber lässt sich der Kern literarischer Bildung so bestimmen, dass keine 'geschlossene Gesellschaft' der Buchmedien entsteht:

– Nicht einsame Rezeption macht literarische Kompetenz aus, sondern *Austausch* über Gelesenes, Gehörtes, Gesehenes, im Internet Gefundenes oder Mitproduziertes.

– Nicht Interpretation als monologischer Akt, sondern Fähigkeit zum Dialog über und zur Darstellung (Inszenierung) von *Lesarten* zeigt literarische Bildung, wie wir sie in der Schule verstehen sollten.

– Nicht Auf- oder Abwertung eines bestimmten Mediums, sondern ein ästhetisch verständiger Blick auf das Wandern der Stoffe durch die Medien und deren Beitrag zum kulturellen Gedächtnis zeichnet den literarisch Gebildeten aus.

– Verlust *sprach*ästhetischer Erfahrung ist das alles nicht von vornherein, die Qualität entsprechender Medienangebote vorausgesetzt.

3 Inwiefern kann und soll das Ziel literarisches Lernens in der Schule heute noch „Bildung" sein?

Wir gebrauchen literarische Texte verschiedenster Art und Qualität sowohl im Alltag als auch in der Schule. Aber nicht einmal dann, wenn es sich um denselben Text handelt, darf man den Unterschied vernachlässigen. Der Literaturunterricht bis in die späte Sek. I bezieht ja erfreulicher Weise Kinder- und Jugendliteratur ein, auch wenn die Bandbreite noch zu schmal ist (vgl. Runge 1997). Manches Buch, das einzelne Lernende schon für sich zu Hause gelesen haben oder lesen würden, wird auf diese Weise zur Klassenlektüre. Diese hat nun, gegenüber der Freizeitlektüre, einen Nachteil und einen Vorteil. Der *Nachteil* ist offensichtlich: Das literarische Lesen ist didaktisch-methodisch reglementiert, die Äußerung darüber in die Bahnen eines mehr oder weniger lehrergesteuerten Unterrichtsgesprächs gelenkt, und überhaupt die Aneignung des Textes sozusagen verzweckt. Unterricht verfolgt Ziele – auch jenseits individueller Gebrauchswünsche. Das von Eggert (1997) benannte „Formbewusstsein" ist ein Beispiel. Es setzt eine *Distanz* voraus, die Lesende oft nicht ohne Hilfe gewinnen. Auf der anderen Seite gibt es – für mich mindestens so wichtig – die Zielperspektive von Literaturgebrauch als *sozialer* Erfahrung: Man kann sich *gegenseitig* helfen, Distanz zu gewinnen; Literaturunterricht ist auch eine soziale Verabredung, und die funktioniert durch Interaktion, d.h. kommunikative und ästhetische Praxis im Klassenzimmer. Dabei findet auch „literarisches Fantasieren" statt (vgl. Köppert 1997). Dieses kann aber nicht, etwa unter Berufung auf die „Rechte des Lesers" (vgl. Pennac 1994), jederzeit aufgenommen und abgebrochen werden. Man ist 'den Andern' Rechenschaft schuldig darüber, was man mit *welchem* Ziel, in *welchem* Interesse gelesen (oder gesehen, gehört) hat. Dieses Rechenschaft-geben im sozialen Raum ist nun aber der Vorzug schulischen Literaturgebrauchs: *Gemeinsame Textlektüre und -gestaltung* ist der Mehrwert der Schul- gegenüber der Freizeitlektüre.

Das heißt nicht, dass die Unterhaltungsfunktion der Lektüre zugunsten ernsthafter Arbeit am Text ausgeschaltet sein müsste. Es heißt lediglich, dass die Unterhaltung gleichsam nicht bewusstlos bleibt: Sie muss sich selbst reflektieren und die am Text erlebte Befriedigung, aber auch Irritation dem Diskurs in der Klasse aussetzen. Maiwald (1999) nennt das, worum es dabei geht, ein *literarisches Gespräch in Anwesenheit eines Experten.* Ich füge hinzu: Das Gespräch ist nur eine Möglichkeit der gemeinsamen Annäherung an einen Text; hinzu treten können und sollen Schreibversuche und szenische Verfahren. Literarisches Lernen findet zwar auch außerhalb von Schule und Unterricht statt, aber dann eher beiläufig, als Nebenprodukt von Freizeitgestaltung (Medien, peer groups). Im Deutschunterricht wird es zu einer Hauptsache: Nicht nur die Wenigen, die durch primäre Sozialisation begünstigt sind, sondern alle (oder doch möglichst viele) sollen einen Zugang zur Literatur finden – genauer gesagt: *ihren* Zugang.

Denn es gibt nicht einen für alle. Viele finden ihren Zugang sozusagen auf dem Durchgang durch die Kinder-, Jugend- und Unterhaltungsliteratur, diesseits und jenseits der Schwelle zum Trivialen; und das ist gut so. Eine Phase suchthaften Lesens im Jugendalter, haben Leseforscher wie Erich Schön und Werner Graf herausgearbeitet, erhöht die Wahrscheinlichkeit, auch später Leser zu bleiben (vgl. Graf 2002, auch schon Eggert 1997). Aber das ist nicht der einzige Zugang. Auch der Literaturunterricht kann Zugänge eröffnen. Er kann sie allerdings auch verschütten oder verstellen – wie der Türhüter in Kafkas Parabel *Vor dem Gesetz*: „Dieser Eingang war nur für dich bestimmt. Ich gehe jetzt und schließe ihn."

Das passiert vor allem dann, wenn buchkulturorientierte Lehrende in bester Absicht, doch mit schlechtester Aussicht litcrarischc Bildung so betreiben, dass Lesekultur kontrafaktisch schon vorausgesetzt ist. Mit Recht hat Hurrelmann (1994) besonders, aber nicht nur dem gymnasialen Umgang mit Literatur vorgehalten, er setze das schon voraus, was er auszubilden vorgebe: Lesebereitschaft, Lesehaltung, Wertschätzung von Literatur, sowie Lesefähigkeit und literarische Kompetenz überhaupt. Und dies sei der Grund, wenn nur eine Minderheit in jeder Klasse vom Literaturunterricht profitiere.

Nötig ist ein „literarisierender Unterricht" (Maiwald), der keine Türhüter der 'richtigen' Interpretation und des dafür erforderlichen philologischen Wissens aufstellt. Über selbst gebildete Vorstellungen zum Text kann sich jede und jeder äußern, ohne dass es von vornherein der im anderen Wortsinn gebildeten Vorstellungen der Philologen bedürfte. Literaturunterricht darf gerade in einer Mediengesellschaft nicht verkommen zum bloßen Wissenserwerb (Bauformen, Stilmittel, Epochen und so genannte Autorintentionen). Dass es auch dafür Türhüter geben muss, bestreite ich keineswegs; nur sind es dann doch eher die weiter innen postierten, die einen *Fachdiskurs* bewachen. Neben und vor diesem gibt es einen *Alltagsdiskurs* über Literatur, der nicht systematisch ordnend und begriffsbildend, sondern eher assoziativ, wertend und dabei vorstellungsbildend ist. *Unterrichtsdiskurse* sind stets eine Mischung aus beiden:

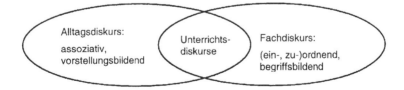

Abb. 1

Die Aufmerksamkeit in Unterrichtsdiskursen sollte bis zum Ende der Sek. I vorrangig den „Denkbildern" der Literatur gelten. In ihnen findet eine beständige „Selbstauslegung der Menschen" statt (Müller-Michaels 1999, S. 167). Literaturunterricht macht menschliche Elementarerfahrungen „diskurszugänglich" (ebd., S. 164), denn Literatur ist (auch) ein Medium, das uns Menschen mit unseren eigenen Entwicklungsaufgaben sowie sozialen und existenziellen Erfahrungen konfrontiert. Sie wirkt als Katalysator für Selbst- und Fremdverstehen und -verständigung. Das ist ihr Sinn, und ihn gilt es in der Schule zu beachten. Sind die Lernenden dort AV- oder computerorientiert, so ist von ästhetischen Erfahrungen auszugehen, die in diesen Medien bzw. durch sie vermittelt bereits vorliegen.

Das hat zwei methodische Konsequenzen: Äußerungen über Literatur, traditionell Mittel zum Zweck der „Interpretation", werden erstens selber zum Zweck; und zweitens beziehen sie andere Medien mit ein, und zwar auch dort, wo es nicht um Medienkonversionsprodukte geht (der Film zum Buch, das Buch zum Film). Stoffe, Motive, Ideen gedanklich (rezeptionsästhetisch) und womöglich auch praktisch (produktionsästhetisch) durch die Medien hindurch zu treiben, wird uns zur Gewohnheit werden müssen. Was das praktisch heißt, zeigt z.B. Schulz (1996) am Beispiel der *Pinocchio*-Adaptionen.

Die Formel „literarisches Gespräch" (Christ et al. 1995), die ich gern erweitert sähe (es ist auch ein *Mediengespräch*!), reflektiert die erste dieser Konsequenzen: Es gilt nicht den Text ehrfürchtig als „Gesetz" zu betreten, zu dem die Lehrperson den Schlüssel hat und im Interpretationsritual aushändigt, sondern es gilt Bedeutung im doppelten Sinn *auszuhandeln,* und zwar auf möglichst „faire" Weise (vgl. Scheffer 1995), d.h. ohne Ausspielen von Wissens- und Machtvorsprüngen im Unterricht.

Die weniger geläufige Formel „medienästhetisches Lernen" reflektiert die zweite Konsequenz. Neben das literarisch-mediale Gespräch tritt die tätige Auseinandersetzung mit Denkbildern in Büchern und Filmen und künftig auch Computermedien. Der modische Begriff „Kulturwissenschaft" bekommt hier eine praktische Fundierung; und die Erforschung kulturtypischer sozialer Topoi und Stereotype sowie ihrer medialen Formate geschieht zwar nicht begriffslos, kann aber auf Belehrung weitgehend verzichten: Der Einbezug von Medien (z.B. Fernsehserien), in denen die Erfahrungen der Lernenden denen der Lehrenden mindestens ebenbürtig sind, erleichtert die Öffnung des Unterrichts.

4 Sich über Denkbilder verständigen: literarische Bildung als Prozess in der Praxis

Literarische Bildung hat mit *Belehrung über Literatur* weniger zu tun, als traditioneller Literaturunterricht erkennen ließ. Will dieser heute den Bildungsprozess begleiten, um den es hier geht, so muss er nicht so sehr von Wissensvorsprüngen der Lehrenden ausgehen als von deren jeweils mitgebrachter Fähigkeit, Vorstellungen zum Text zu entwickeln, Bedeutung zu konstruieren und auszuhandeln. Nur darauf kann man aufbauen.

Ich möchte an einem 'bildungsrelevanten' Beispiel konkretisieren, was es heißt sich über die Denkbilder der Literatur zu verständigen. Dass dieses Beispiel Kafkas Parabel *Vor dem Gesetz* ist, hat mehrere Gründe:

– Der Text wurde hier ohnehin schon gebraucht, wenn auch zunächst 'nur' als Lieferant für eine Metapher (oder eben: ein Denkbild).

– Er ist kurz genug, d. h. überschaubar.

– Er stammt von einem unbestrittenen Kanonautor der Moderne.

– Er ist ein Paradetext der Interpretationskunst, ein Exempel ihrer Möglichkeiten und Grenzen. (Allein über diesen Text gibt es zwei Sammelbände: Bogdal Hrsg. 1993 und Voigts Hrsg. 1994.)

– Ich habe empirische Befunde zu seinem Gebrauch in je einer 3., 7. und 12. Klasse (Hoffart 1999).

Herkömmlicher Weise gehört dieser Text, der nicht nur die (Anti-)Parabel der Moderne schlechthin zu sein scheint und das paradoxe Werk seines Autors wie in einem Brennglas bündelt, sondern sich auch zur kontrastiven Anwendung verschiedener Interpretationsmethoden eignet, ins Lesepensum der Sek. II oder des Germanistikstudiums: Alle Beiträge zu Bogdals Sammelband *Neue Literaturtheorien in der Praxis* beziehen sich auf diese Parabel. Nur einer davon handelt aber vom Literaturunterricht, und dieser – von Clemens Kammler – geht davon aus, der Text zeige die Möglichkeiten und Grenzen der Interpretation in der gymnasialen Oberstufe. So nützlich dieser Aufsatz für Lehrende der Sek. II ist, so sehr zeugt er von Ratlosigkeit, was einen möglichen Gebrauch des Textes durch jüngere Lernende betrifft. Dabei eignet sich der Text, unvoreingenommen gemustert, sehr wohl auch für Jüngere. Wo wäre die Schwierigkeit? In Satzbau und Wortwahl ist er jederzeit verständlich; es gibt nur zwei Figuren; die Handlung lässt sich in einfachen Worten wiedergeben. Was also spräche dagegen, ihn mit einer 3. Klasse zu lesen? – Die „Bedeutung"? Die ist nur ein Problem, wenn man davon ausgeht, dass es sie vor jeder Lektüre immer schon 'gibt'. Aus konstruktivistischer Sicht (vgl. z. B. Scheffer 1992) ist Bedeutung eine in einer Lesegemeinschaft (von der Schulklasse zur *scientific community*) in Anwesenheit von Experten ausgehandelte und damit konsensfähige Lesart.

Man kann diese Definition unter den Verdacht überzogener Komplexitätsreduktion stellen. Aber sie passt nicht nur auf die Autoren der erwähnten Sammelbände, sondern auch auf die Befunde aus den besagten Klassen aller drei Schulstufen. Ich entnehme sie einer Abschlussarbeit, die Astrid Hoffart in Würzburg für das Lehramt Grundschule vorgelegt hat. Sie wollte wissen, welche Vorstellungen und Begriffe in einem möglichst wenig lehrergelenkten Umgang mit Literatur eigentlich gebildet werden, d. h.: welchen Gebrauch Lernende verschiedener Alters- und damit Entwicklungsstufen zunächst von selbst davon machen. Es ergeben sich interessante Hinweise auf literarisches Lernen sozusagen diesseits des Fachdiskurses: Ausgestattet mit einem Minimum an Vorwissen in Bezug auf den Autor und mit einer unvollständigen Textkenntnis (der letzte Absatz wurde weggelassen), sollten die Lernenden (im Lauf des Unterrichtsversuchs bzw. danach)

– einen Schluss erfinden und aufschreiben,

– die dann vorliegenden Schlussvarianten, darunter *unmarkiert* den Schluss des Originals vergleichen und bewerten,

– einen Text schreiben als Antwort auf die Frage: „Wie verhält sich der Türhüter zu Hause?", und

– kurz („ein Wort oder einen Satz") angeben, was ihrer Ansicht nach das Wort „Gesetz" bei Kafka bedeutet.

Nun wird man wohl die erste und zweite Aufgabe im Rahmen eines „handlungs- und produktionsorientierten Ansatzes" akzeptieren; nicht aber die dritte und – für die 3. und 7. Klasse – vielleicht auch nicht die vierte. Insbesondere die Aufgabe darüber nachzudenken, ob der Türhüter ein *Zuhause* habe, mag als Zumutung erscheinen – wenigstens, solange man den Sinn handlungs- und produktionsorientierter Verfahren darin sieht, zu einer *Interpretation* hinzuführen. Ich erinnere aber daran, dass ich das literarische Gespräch gerade nicht als Mittel zu einem solchen Zweck beschrieben habe, sondern selbst als Zweck: Anschlusskommunikation ist das, was in der Schule in Hinblick auf das spätere Leben erlernt werden sollte, nicht die Kunst der Interpretation (eine Sache der Experten, die das kulturelle Gedächtnis bewahren).

Ich sehe also keinen Grund die Aufgabe abzulehnen; sie ist mir als Einstieg in ein literarisches Gespräch sogar lieber als die vierte, weil sie nämlich nicht – wie diese – etwas vorschnell auf Begriffsbildung abhebt, sondern auf Vorstellungsbildung. Und ohne diese findet beim Lesen *keine Literatur* statt (vgl. Gross 1994, S. 29). Das Literarische ist ja, wie alles Ästhetische, nicht ein fixes Merkmal der Gegenstände, sondern eine *Konstruktionsleistung*. Die Fähigkeit, Literatur beim Lesen zu konstruieren, ist aber wie fast jede andere menschliche Fähigkeit entwickelbar.

Das Experiment von Hoffart zeigt spontane Konstruktionsleistungen, die zum Teil sichtbar auf die eigene literarische und mediale Sozialisation zurückgreifen. Die (begrenzte, nicht repräsentative) empirische Erhebung durch Hoffart lässt fünf Feststellungen zu:

1. Entgegen einem pseudo-konstruktivistischen Missverständnis gibt es sehr wohl *mehr oder weniger* angemessene Äußerungen zu einem Text (vgl. auch Zabka 1999). Es gab z.B. Lernende, die den Türhüter seiner Frau von einem merkwürdigen „Mann vom Lande" berichten lassen (z.B. 7/13) oder schildern, wie er nach dem Tod dieses Mannes Gewissensbisse bekommt (7/5). – Andere dagegen fabulieren lediglich irrelevante und/oder banale Lebensvollzüge aus.[5]

---

[5] Abendessen; Zeitung lesen; mit seiner Frau schlafen; saufen; den Hund pflegen (= Hoffart 3/6; 3/12; 7/24 und 7/24; 12/3; 12/8). Bestenfalls wird dann der Charakter eines tyrannischen Hausvaters (3/15, 7/6, 7/16, 12/1) oder brutalen Egoisten (3/17, 12/6) konkretisiert.

2. Lernende unterschiedlichen Alters machten von diesem Text vielfältig Gebrauch, um sich selbst, ihre Umwelt und ihre Grundwerte zu reflektieren. Nicht alle, aber doch viele – und mit steigender Jahrgangsstufe mehr – berührten dabei, ohne über Interpretationsmöglichkeiten belehrt worden zu sein, die vom Text gestellten Grundfragen:
   – den „Staat" im Verhältnis zum Individuum (12. Kl.),
   – den „Sinn des Lebens" (3 × in der 7. Kl.),
   – Sterben, Tod und jüngstes Gericht (3 × in der 7. u. 5 × in der 12 Kl.),
   – die „Erlösung" vom irdischen Dasein (2 × in der 7. u. 1 × in der 12. Kl.),
   – „Macht" und Privilegien als von Institutionen produziert (1 × in der 7. u. 3 × in der 12. Kl.),
   – die Sehnsucht nach „Natur" oder „Paradies" (5 × in der 7. u. 2 × in der 12. Kl.).

3. Die von Piaget und im Anschluss daran von Kohlberg herausgearbeiteten, von der Literaturdidaktik seit Kreft (1977) rezipierten Stufen kognitiver und moralischer Entwicklung stellen eine vereinfachende, aber nicht unzutreffende Beschreibung der Entwicklungsdynamik dar: Vorwiegend konkretoperational beantworten nämlich die Drittklässler die Frage nach der Bedeutung von „Gesetz" („was man darf und was man nicht darf"). Schon die Siebtklässler, nach Piaget auf der Stufe formaler kognitiver Operationen, überlegen, wie und worauf man das Wort „Gesetz" *übertragen* könnte: „Freiheit", „Sinn des Lebens", „Erlösung", „Tod", „Natur", „Paradies" (ich nenne nur die mehrfach vorkommenden Antworten). Die Zwölftklässler schließlich zeigen noch vereinzelt konkrete Operationen (z. B. „Richtlinien für alle") und viele Fortsetzungen formaler Operationen auf der Stufe konventioneller Moralentwicklung („Gewissen", „Staat", auch wieder: „Erlösung"), darüber hinaus aber Ansätze zum Denken auf der Stufe postkonventioneller Moral: Das Gesetz sei „alles, was mehr Macht und Einfluss (über ihn) hat als er selbst", schreibt ein Schüler und zeigt doch: „Die Entwicklung geht von einer 'egozentrischen' bzw. 'prämoralischen' über die 'konventionelle' Moral zur moralischen Autonomie" (Dahrendorf 1998, S. 18).

4. Die Lernenden aller Stufen unterscheiden sich erheblich voneinander in der Fähigkeit und Bereitschaft, *Ungewissheit* und *Ambivalenz* auszuhalten: Da wird der „Mann vom Lande" doch vorgelassen und steht Gott, einem Engel, dem Teufel (7/10) gegenüber; er findet einen Jungbrunnen vor und wird so für sein Warten belohnt (7/12); oder er darf nicht hinein, geht aber abends mit dem Türhüter nach Hause, und die beiden werden gute Freunde (7/15). Auf jeder Stufe kommt auch die Lösung vor, den Mann aus einem bösen Traum erwachen zu lassen (3/18, 7/25, 12/6). Es spricht Einiges dafür, diese Unfähigkeit, Ambi- oder Polyvalenz auszuhalten, auf die Neigung der AV-Medien zum *happy ending* zurückzuführen. Dass andere Schreiber die Aporie nicht auflösten, sondern (wie das ihnen unbekannte Original) den Mann unver-

richteter Dinge sterben ließen,[6] widerspricht dem nicht unbedingt. Eher ist die erkennbar höhere Textkompetenz einiger dieser Lösungen ein weiteres Indiz; immerhin gibt es ja auch die buchorientierten Heranwachsenden noch.

5. Schließlich enthalten die Äußerungen der Lernenden aller Stufen auch Hinweise auf die erwähnte *Übergangsfähigkeit*. Ein tiefenpsychologische Übergang ist etwa zu vermuten bei einem Drittklässler (3/14), der den Mann alle Türhüter „austricksen" und hinter der letzten Tür „tolle Spielsachen" finden lässt, mit denen er so lange hingebungsvoll spielt, bis ihn ein Türhüter „erwischt". Ein entwicklungspsychologischer Übergang deutet sich in vielen Texten der Zwölftklässler an.[7]

Diese Beispiele zeigen, dass angesichts der reichhaltigen Vorstellungs- und Begriffsbildung, zu der dieser Text alle Altersstufen angeregt hat, das Insistieren auf dem Nachvollzug einer textadäquaten Interpretation *vielleicht* möglich, *sicher* aber didaktisch unklug ist: Menschliche „Elementarerfahrungen" werden hier „diskurszugänglich" auf eine Weise, die literarischen Gesprächen vielfältig Anregung und Richtung gibt. Eine Interpretation sollte bei diesem Text am allerwenigsten vorgegeben werden. Interessanter, im angedeuteten Sinn literarischer Bildung auch zielführender ist es zu untersuchen, wie Bedeutungszuschreibungen *entstehen*.

Dass die älteren Lernenden (12. Jahrgangsstufe) im Prozess der literarischen Bildung fortgeschritten sind, zeigt sich weniger daran, dass sie mehr textexternes Wissen (über Kafka oder über Schulen der Interpretation) zur Anwendung brächten, als daran, dass es ihnen besser gelingt das *Textganze* im Auge zu behalten, wenn sie Aussagen über konstruierte Bedeutungen treffen.

Das ist noch nicht Interpretationskompetenz, aber es ist jene Rücksicht auf das Eigenleben der Literatur und jene Achtung vor dem gleichsam lebenden Gewebe 'Text', die ich für einen Ausweis literarischer Bildung halte (als Beispiel mag aus Raumgründen der unten zitierte Text 12/9 stehen). Interpretation erübrigt sich damit nicht; grundlegend dafür ist aber ein früh beginnendes Hinarbeiten auf die Auslegung jener Denkbilder, die – als Sinn–Bilder – heute auch durch die (anderen) Medien wandern.

Was das hier – zum Beispiel – heißt, sei noch angedeutet: Als Fachmann halte ich „das Gesetz" für die (unerfüllbare) Sehnsucht nach einem Ort, wo man mit sich und der Welt im Reinen ist, wo man also *hingehört*. Das aber hieß auch einmal *Heimat*, und ihr Bestand schien garantiert von einer höheren Autorität, die dem Einzelnen Wertentscheidungen, Sinngebung, ja am Ende das Leben selber ab-

---

[6] Ein Bearbeiter (7/2) ließ den „Mann vom Lande" sogar im Sterben noch nach seinem Sohn schicken, damit dieser das Warten fortsetze.

[7] Z. B. 12/5; 12/17 – Texte, die den Mann vom Lande Gott suchen lassen; aber auch dort, wo der Konflikt des Türhüters zwischen Pflicht und „Mitleid" thematisiert und so die Stufe der konventionellen Moral probehalber verlassen wird (7/5); in diesem Sinn deute ich auch die mehrfach beschriebene Diskrepanz zwischen der privaten und der öffentlichen Person (Türhüterrolle: 7/2, 7/4, 12/14).

nehmen konnte. Und genau das tut es ja in Kafkas Parabel: Es nimmt dem „Mann vom Lande" buchstäblich das Leben ab. Nun muss, und kann, man das nicht auf jeder Alters- und Entwicklungsstufe *diskursiv* fassen. Will man es freilich, so wüsste ich keinen besseren Ausgangspunkt als etwa folgenden Schülertext aus der 12. Klasse (12/9):

> Der Mann schreitet auf die Türe zu, um durch einen Spalt der Türe vielleicht einen Blick auf das Gesetz zu erhaschen. Das Licht jedoch ist so grell, dass der Mann auf der Stelle erblindet. Der Türsteher lacht den Mann aus, da dieser nun nie das Gesetz sehen wird, hat aber gleichzeitig Mitleid mit dem alten Mann und läßt ihn durch die erste Tür gehen. Auch die nachfolgenden Pforten durchschreitet der Mann jetzt ohne Probleme, da er blind ist und den Anblick der Türhüter nicht ertragen muß. Der Mann empfindet Freude, da er das Gesetz jetzt endlich gefunden hat, auch wenn er sein Augenlicht verloren hat. Er ist am Ziel seines Lebens.

Der Schreiber hat den Text zugleich verstanden (er beweist es) und nicht verstanden (er lässt offen, wie das Gesetz aussieht). Er greift – durchaus „formbewusst" – ein vorhandenes Motiv (Erblindung) auf, um zu seiner eigenen paradoxen Lösung zu kommen. (Auch ein Siebtklässler kommt übrigens auf diese Idee; er kann aber damit noch nicht so viel anfangen.[8])

Das ist *Interpretieren ohne Interpretation* (vgl. auch Kremer; Wegmann 1998), und zugleich eine Alternative zu Kafkas paradoxem Ende: So im Reinen und im Recht zu sein („im Gesetz" zu leben!), das macht blind.

Am Ende also (im 12. Jahrgang) kommt man im Zug solch literaturgestützter Vorstellungsbildung an den Punkt, wo der berühmte Text beschrieben werden kann als Denkbild getäuschten Begehrens, das seine Ent-Täuschung nicht mehr erlebt. Und das wäre dann auch schon das Klügste, was ich selbst darüber zu sagen wüsste; es wäre dann „Interpretation" in dem eingeschränkten Sinn, den wir für eine allgemeine literarische Bildung reklamieren. Diese Bildung ist ja kein reifeprüfungsfähiger Schulzweck, sondern sollte eine lebenspraktische Bedeutung haben. Sie besteht für mich im Nachdenken über das, was wir einander zu *sagen haben,* indem wir die Denkbilder der Literatur gebrauchen; und indem wir Medien nutzen, die sie ihrerseits gebrauchen.

5 Schluss

Literarische Bildung ist ein unabschließbarer Prozess, der – wie ein Feuer – ständig Nahrung braucht (Stoffe in Medien), und Luft (eine Atmosphäre für Anschlusskommunikation). Als *Privileg* sollten wir sie nicht verstehen, auch nicht

---

[8] „Als der Mann vollkommen erblindet war gewährte ihm der Türhüter eintritt. Der Mann kamm in den zweiten Saal. Dieser Türwächter lies ihn wieder durch. Als er in den dritten Saal kam erinnerte er sich an die Worte des ersten Türstehers: 'Nicht mal ich kann den dritten Türsteher anschauen.' Der alte Mann dachte sich: 'Ich bin blind also kann ich ihn nicht sehen.' Er ging am dritten Türsteher vorbei und er kam im Gesetz an." (7/16)

von den Gegenständen (Buchliteratur) aus gedacht. Wer das Haus der Buchliteratur durch eine Tür betrifft, die andere Medien offen halten, kommt ebenfalls hinein. Als Lehrende sollten wir Wege zu allen Eingängen öffnen oder offen
halten. Literarische Bildung wäre heute auch ohne die Konkurrenz anderer
Medien, die ebenfalls Vorstellungsmodulation leisten und Übergangsbe-
dürfnisse befriedigen, nicht mehr denk- oder herstellbar. Es ist mehr zu leisten
als Anhäufung eines Wissensfundus und/oder Geläufigkeit philologischer Fach-
diskurse. Der Vorbereitung auf das Studium mag das dienen; der Kern literarischer Bildung in der Schule ist es nicht. Hier geht es eher darum eine Beziehung
auch der Buchliteratur zu den Alltagsdiskursen herzustellen und die Fähigkeit zu
„Anschlusskommunikation" und Dialog über Literatur auszubilden. Ohne sie ist
Teilhabe an der kulturellen Praxis der Gegenwart – vom Feuilleton zum Internet-
chat – nicht möglich.

Was Lehrende jedenfalls bis zum Ende der Sek. I dafür tun können und tun
sollten, ist weniger Wege und Ziele des Verstehens vorzugeben als für vielfältige
Zugänge zur und Dialoge über Literatur zu sorgen: *Dieser Eingang ist für dich
bestimmt. Ich gehe jetzt und öffne ihn.*

Literatur

Abraham, Ulf (1998): Übergänge. Literatur, Sozialisation und literarisches Lernen. Wies-
    baden: Westdeutscher Verlag

Abraham, Ulf (2000): Das a/Andere W/wahrnehmen. Über den Beitrag von Literaturge-
    brauch und literarischem Lernen zur ästhetischen Bildung (nicht nur) im Deutschunter-
    richt. In: MdG 47, H. 1, S. 10–22

Bogdal, Klaus-Michael (Hrsg.) (1993): Neue Literaturtheorien in der Praxis. Textanalysen
    von Kafkas 'Vor dem Gesetz'. Opladen: Westdeutscher Verlag

Christ, Hannelore u. a. (1995): „Ja, aber es kann doch sein . . .". In der Schule literarische
    Gespräche führen. Frankfurt a. M.: Lang

Dahrendorf, Malte (1998): Überlegungen zur immanenten Didaktik und Pädagogik der
    Kinder- und Jugendliteratur. In: Kinderliteratur im Unterricht. Theorien und Modelle
    zur Kinder- und Jugendliteratur im pädagogisch-didaktischen Kontext. Hg. von Karin
    Richter und Bettina Hurrelmann. Weinheim; München: Juventa, S. 11–25

Eggert, Hartmut (1989): Veränderungen des Lesens im „Medienverbund"? Überlegungen
    zum gegenwärtigen Stand der Lese(r)forschung. In: Literatur & Erfahrung, 10. Jg.,
    H. 21, S. 19–41

Eggert, Hartmut (1997): Literarische Bildung oder Leselust? Aufgaben des Literaturunter-
    richts in der Literarischen Sozialisation. In: Das Literatursystem der Gegenwart und die
    Gegenwart der Schule. Hg. von Michael Kämper-van den Boogaart. Baltmannsweiler:
    Schneider Verlag Hohengehren, S. 45–62

Eggert, Hartmut; Garbe, Christine (1995): Literarische Sozialisation. Stuttgart; Weimar:
    Metzler

Förster, Jürgen (Hrsg.) (2000): Schulklassiker lesen in der Medienkultur. Stuttgart: Klett

Graf, Werner (2002): Literarische Sozialisation. In: Grundzüge der Literaturdidaktik Hg.
    von Klaus-Michael Bogdal und Hermann Korte. München: dtv, S. 49–60

Gross, Sabine (2002): Lese-Zeichen. Kognition, Medium und Materialität im Leseprozess. Darmstadt: WBG

Habermas, Tilmann (1999): Geliebte Objekte. Symbole und Instrumente der Identitätsbildung. Frankfurt a. M.: Suhrkamp [EA. 1996]

Hoffart, Astrid (1999): Ein Eingang für Dich. Schriftliche Konkretisationen zu dem Text „Vor dem Gesetz" von Franz Kafka in den Jahrgangsstufen 3, 7 und 12. Abschlussarbeit im Rahmen der 1. Staatsprüfung für das Lehramt an Grundschulen. Würzburg [unveröffentl. Masch. Ms.]

Hurrelmann, Bettina (1994): Leseförderung. In: Praxis Deutsch 127, S. 17–26

Hurrelmann, Bettina (Hrsg.) (1995): Klassiker der Kinder- und Jugendliteratur. Frankfurt a. M.: Fischer

Hurrelmann, Bettina; Hammer, Michael; Nieß, Ferdinand (1992): Lesesozialisation. Bd. 1.: Leseklima in der Familie. Gütersloh: Bertelsmann

Iser, Wolfgang (1991): Das Fiktive und das Imaginäre. Perspektiven literarischer Anthropologie. Frankfurt a. M.: Suhrkamp

Kämper-van den Boogaart, Michael (1997): Schönes schweres Lesen. Legitimität literarischer Lektüre aus kultursoziologischer Sicht. Wiesbaden: Dt. Universitätsverlag

Köppert, Christine (1997): Entfalten und Entdecken. Zur Verbindung von Imagination und Explikation im Literaturunterricht. München: Vögel [Diss. Augsburg 1997]

Kreft, Jürgen (1977): Grundprobleme der Literaturdidaktik. Heidelberg: Quelle & Meyer [2. Aufl. 1982]

Kremer, Detlef; Wegmann, Nikolaus (1998): Ästhetik der Schrift. Kafkas Schrift lesen „ohne Interpretationen dazwischen zu mengen"? In: Ästhetik im Prozeß. Hg. von Gerhard Rupp. Wiesbaden: Westdeutscher Verlag, S. 53–83

Maiwald, Klaus (1999): Literarisierung als Aneignung von Alterität. Theorie und Praxis einer literaturdidaktischen Konzeption zur Leseförderung im Sekundarbereich. Frankfurt a. M.: Lang

Müller-Michaels, Harro (1997): Kanon – Denkbilder für das Gespräch zwischen Generationen und Kulturen. In: aber spätere Tage sind als Zeugen am weisesten. Zur literarisch-ästhetischen Bildung im politischen Wandel. FS für Wilfried Bütow. Hg. von Hubert Ivo und Kristin Wardetzky: Berlin: Volk & Wissen, S. 117–123

Müller-Michaels, Harro (1999): Literarische Anthropologie in didaktischer Absicht. Begründung der Denkbilder aus Elementarerfahrungen. In: Deutschunterricht (Berlin) 52, S. 164–174

Nefzer, Ina (2000): Lesen und Vorstellungsbildung in multimedialen Kontexten. Zur Ausdifferenzierung von Medienverbundangeboten am Beispiel kinderliterarischer Klassiker. In: Jahrbuch der Kinder- und Jugendliteraturforschung (1999/2000). Hg. von Hans-Heino Ewers u. a. Stuttgart: Metzler, S. 67–78

Ong, Walter J. (1987): Oralität und Literalität. Die Technologisierung des Wortes. Wiesbaden: Westdeutscher Verlag

Paefgen, Elisbabeth K. (1999): Einführung in die Literaturdidaktik. Stuttgart: Metzler

Pennac, Daniel (1994): Wie ein Roman. Köln: Kiepenheuer & Witsch [Comme un roman, 1992]

Richter, Karin; Hurrelmann, Bettina (Hrsg.) (1998): Kinderliteratur im Unterricht. Theorien und Modelle zur Kinder- und Jugendliteratur im pädagogisch-didaktischen Kontext. Weinheim; München: Juventa

Runge, Gabriele (1997): Lesesozialisation und Schule. Würzburg: Königshausen und Neumann

Scheffer, Bernd (1992): Interpretation und Lebensroman. Frankfurt a. M.: Suhrkamp 1992

Scheffer, Bernd (1995): Klischees und Routinen der Interpretation. Vorschläge für eine veränderte Literaturdidaktik. In: Der Deutschunterricht 47, H. 3, S. 74–83

Schulz, Gudrun (1996): „Cool! Das ist Pinocchio!" In: Praxis Deutsch 135, S. 26–30

Thiele, Jens (2001): „Kiss kiss bang bang". William Shakespeare's Romeo und Julia (Luhrmann, USA 1996). In: Einführung in die Systematische Filmanalyse. 2., durchges. Aufl. Hg. von Helmut Korte. Berlin: Erich Schmidt, S. 195–238

Voigts, Manfred (Hrsg.) (1994): Franz Kafka „Vor dem Gesetz". Aufsätze und Materialien. Würzburg: Königshausen und Neumann

Wicklund, Robert A.; Gollwitzer, Peter M. (1982): Symbolic Selfcompletion. Hillsdale, New Jersey: Erlbaum

Winnicott, Donald W. (1973): Vom Spiel zur Kreativität. Stuttgart: Klett

Zabka, Thomas (1999): Subjektive und objektive Bedeutung. Vorschläge zur Vermeidung eines konstruktivistischen Irrtums in der Literaturdidaktik. In: Didaktik Deutsch 7, S. 4–23

Anhang

Lebensdaten und Schriftenverzeichnis von Prof. Dr. Bernhard Rank

Zusammengestellt von Bianca Müller

Bernhard Rank, Dr. phil., Professor für Deutsche Sprache und Literatur und ihre Didaktik

1944	in Tübingen geboren
1963	Abitur
1960–1966	Studium der Fächer Germanistik (Hauptfach), Philosophie, katholische Theologie und Latein an den Universitäten München und Tübingen. Abschluss des Studiums mit der Ersten Dienstprüfung für das Lehramt an Gymnasien
1971	Promotion zum Dr. phil. (Promotionsschrift: *Romantische Poesie als religiöse Kunst. Studien zu ihrer Theorie bei Friedrich Schlegel und Novalis* Zweite Dienstprüfung für das Lehramt an Gymnasien
1971–1974	Studienassessor und Studienrat an Gymnasien in Baden-Württemberg
1974–1987	Dozent, später Professor an der Pädagogischen Hochschule Reutlingen (Fach Deutsch, Schwerpunkt Sprachwissenschaft / Sprachdidaktik)
1986	Professor an der Pädagogischen Hochschule Schwäbisch Gmünd (Fach Deutsch, Schwerpunkt Sprachwissenschaft / Sprachdidaktik)
1987–1994	Professor an der Pädagogischen Hochschule Ludwigsburg, Abt. Sonderpädagogik in Reutlingen: Abteilung Sprachbehindertenpädagogik. Schwerpunkt: Angewandte Sprachwissenschaft, Sprach- und Literaturdidaktik
seit 1994	Professor an der Pädagogischen Hochschule Heidelberg (Fach Deutsch, Schwerpunkt Literaturwissenschaft / Literaturdidaktik; Leiter des Lesezentrums der Pädagogischen Hochschule Heidelberg)

Schriftenverzeichnis (Auswahl)

Monographien und Herausgeberwerke

Romantische Poesie als religiöse Kunst. Studien zu ihrer Theorie bei Friedrich Schlegel und Novalis. Phil. Diss. Tübingen 1971

Hrsg. *Erfahrungen mit Phantasie. Analysen zur Kinderliteratur und didaktische Entwürfe.* Festschrift für Gerhard Haas zum 65. Geburtstag. Baltmannsweiler: Schneider Verlag Hohengehren 1994

Wege zur Grammatik und zum Erzählen. Grundlagen einer spracherwerbsorientierten Deutschdidaktik. Baltmannsweiler: Schneider Verlag Hohengehren 1995

Hrsg. (zusammen mit Cornelia Rosebrock): *Kinderliteratur, literarische Sozialisation und Schule.* Weinheim: Deutscher Studienverlag 1997 (= Schriftenreihe der Pädagogischen Hochschule Heidelberg; 29)

Grammatik, Rechtschreibung und Zeichensetzung im Überblick. Beiheft zu „Lesen – Darstellen – Begreifen, Neue Ausgabe A". Zusammengestellt von Bernhard Rank. Berlin: Cornelsen 1997

Hrsg.: *Erfolgreiche Kinder- und Jugendbücher. Was macht Lust auf Lesen?* Baltmannsweiler: Schneider Verlag Hohengehren 1999

Hrsg. (zusammen mit Gerhard Härle): *Wege zum Lesen und zur Literatur.* Baltmannsweiler: Schneider Verlag Hohengehren 2004

Aufsätze

Indirektes Auffordern. In: Praxis Deutsch, Jg. 3, 1975, H. 12, S. 20–23

Der Sprachunterricht und die Theorie der Sprechtätigkeit – Thesen zur „Aufhebung" des Grammatikunterrichts. In: Linguistik und Didaktik, Jg. 8, 1977, H. 31, S. 171–181

Das Thema „Konjunktionen und Gliedsätze" im 5./6. Schuljahr. Ein Beitrag zur Konzeption eines „integrierten Grammatikunterricht". In: Deutschunterricht, Jg. 29, 1977, H. 1, S. 51–63

Sprechakttheorie und Textanalyse. Zu: M. Braunroth u. a. „Pragmatik und Textanalyse – vier verschiedene Ansätze". In: Diskussion Deutsch, H. 34, 1977, S. 213–216

Die Jagd nach dem Einhorn. Textteil: In: Peter Jentzsch; Burkhard Wachinger (Hrsg.): Gegenwart und Mittelalter. Materialien zur kontrastiven Textarbeit in einem problemorientierten Deutschunterricht der Sekundarstufe I. Frankfurt: Hirschgraben 1979, S. 9–20

Die Jagd nach dem Einhorn. Kommentar. In: Peter Jentzsch; Burkhard Wachinger (Hrsg.): Gegenwart und Mittelalter. Materialien zur kontrastiven Textarbeit in einem problemorientierten Deutschunterricht der Sekundarstufe I. Lehrerband. Frankfurt: Hirschgraben 1980, S. 31–58

Der triviale Kriminalroman. Analyse und Wertung im Deutschunterricht der Klasse 8/10. In: Theodor Karst (Hrsg.): Kinder- und Jugendlektüre im Unterricht. Band 2. Sekundarstufe. Bad Heilbrunn: Klinkhardt 1979, S. 137–135

Novellen des 19. Jahrhunderts. In: Gerhard Haas (Hrsg.): Literatur im Unterricht. Modelle zu erzählerischen und dramatischen Texten in den Sekundarstufen I und II. Stuttgart: Reclam 1982, S. 57–80

Sprache und Geschlecht. Ein neues soziolinguistisches Thema im Sprachunterricht der Sekundarstufe II. In: Deutschunterricht, Jg. 35, 1983, H. 2, S. 55–74

Was ist und was sein könnte. Erfahrungen mit freien Texten. In: Praxis Deutsch, Jg. 11, 1984, H. 63, S. 18–20 (zusammen mit Renate Rank)

Geschichten über Franziskus von Assisi. In: Praxis Deutsch, Jg. 12, 1985, H. 72, S. 30–39 (zusammen mit Renate Rank)

Trotz und wegen „Mannomann": Es gibt die „Männersprache". Ein Diskussionsbeitrag zu der Kritik von Rolf Gutte: „Mannomann – Ist das Deutsche eine Männersprache?" In: Diskussion Deutsch, H. 88, 1986, S. 210–216

Leseförderung. Zusammenarbeit von Schule und öffentlicher Bibliothek. In: Beispiele, H. 3, 1986, S. 20–21

„Handlungsorientierung" als neues Paradigma? Ein literaturdidaktisches Konzept aus der Sicht der Sprachdidaktik. In: Diskussion Deutsch, H. 98, 1987, S. 529–540

Sprache und Identität: Erzählung und Erzählen im sprachtherapeutischen Unterricht. In: Sonderpädagogik, Jg. 20, 1990, H. 1, S. 15–34

Der Normalfall. Ergebnisse einer Erhebung zur Situation von Schule und Bibliothek. In: Praxis Deutsch, Jg. 15, 1988, H. 92, S. 17 f. (zusammen mit G. Haas und Chr. Haas)

„Nacherzählen" oder „Weitererzählen"? Zum Einfluß der Kinderliteratur auf die Erzählfähigkeit. In: Bernhard Rank (Hrsg.): Erfahrungen mit Phantasie. Analysen zur Kinderliteratur und didaktische Entwürfe. Festschrift für Gerhard Haas zum 65. Geburtstag. Hohengehren: Schneider Verlag 1994, S. 159–186

Belehrung über das Lesen. Zur Bedeutung von Vor- und Nachworten in der Kinderliteratur. In: Bernhard Rank; Cornelia Rosebrock (Hrsg.): Kinderliteratur, literarische Sozialisation und Schule. Weinheim: Deutscher Studienverlag 1997, S. 29–54

„Ihr könnt doch noch gar nicht wissen, was Liebe ist": Ben liebt Anna von Peter Härtling. In: Bernhard Rank (Hrsg.): Erfolgreiche Kinder- und Jugendbücher. Baltmannsweiler: Schneider Verlag Hohengehren 1999, S. 189–210

Formen und Veränderungen des Erzählens in Bearbeitungen kinderliterarischer Szenarien auf CD-ROM. In: Kurt Franz; Günter Lange (Hrsg.): Bilderwelten. Vom Bildzeichen zur CD-ROM. Baltmannsweiler: Schneider Verlag Hohengehren 1999, S. 190–206

„Wird ganz schön arg werden, was?" Ein Beispiel für literarischen und pädagogischen Realismus. In: Gotthilf Gerhard Hiller (Hrsg.): Du könntest mein Vater sein. Wozu eine Kurzgeschichte das pädagogische Denken provoziert. Zum 65. Geburtstag von Erich Warsewa. Langenau-Ulm: Vaas 1999, S. 100–104

Philosophie als Thema der Kinder- und Jugendliteratur. In: Günther Lange (Hrsg.): Taschenbuch der Kinder- und Jugendliteratur. Baltmannsweiler: Schneider Verlag Hohengehren 2000, Band 2, S. 799–826

Kinder- und Jugendliteratur im Spannungsfeld zwischen pädagogischen und literarischen Autoritäten. In: Hans-Heino Ewers u. a. (Hrsg.): Kinder- und Jugendliteraturforschung 1999/2000. Stuttgart; Weimar: Metzler 2000, S. 79–82

Aktuelle Entwicklungen im Handlungssystem Kinder- und Jugendliteratur. In: Der Deutschunterricht, Jg. 52, 2000, H. 5, S. 91–93

Formen und Veränderungen des Erzählens in Bearbeitungen kinderliterarischer Szenarien auf CD-ROM. In: Karin Richter; Sabine Riemann (Hrsg.): Kinder – Literatur – „neue" Medien. Baltmannsweiler: Schneider Verlag Hohengehren 2000, S. 198–216

Per Mausklick in den Mattiswald. Zur Bewertung multimedial aufbereiteter Spielgeschichten. In: Julit, Jg. 27, 2001, H. 3, S. 24–30

Härtling für Große. Eine Einladung, über die Kinderliteratur hinaus zu blicken. In: Julit, Jg. 27, 2001, H. 4, S. 12–14

Phantastik im Spannungsfeld zwischen literarischer Moderne und Unterhaltung. Ein Überblick über die Forschungsgeschichte der 90er Jahre. In: Hans-Heino Ewers u. a. (Hrsg.): Kinder- und Jugendliteraturforschung 2001/2002. Stuttgart; Weimar: Metzler 2002, S. 101–125

Forschungsliteratur zu „Harry Potter", Teil I. In: Hans-Heino Ewers u. a. (Hrsg.): Kinder- und Jugendliteraturforschung 2001/2002. Stuttgart; Weimar: Metzler 2002, S. 126–130

Zwischen Hitliste und pädagogischem Wert. Erfolgreiche Kinder- und Jugendbücher. In: Achim Barsch u. a. (Hrsg.): Schüler 2003: Lesen und Schreiben. Seelze: Friedrich 2003, S. 82–85

Didaktische Materialien für den Umgang mit Kinder- und Jugendliteratur im Unterricht.
Teil 1: Hannelore Daubert u. a.: Lesen in der Schule mit dtv junior. Praxis Lesen: z. B. Astrid Lindgren und Fantastische Geschichten. Hrsg. von Jörg Knobloch. In: Hans-Heino Ewers u. a. (Hrsg.): Kinder- und Jugendliteraturforschung 2002/2003. Stuttgart; Weimar: Metzler 2003, S. 168–171;
Teil 2: Carlsen in der Schule. Ideen für den Unterricht, Klasse 5–9. In: Institut

für Jugendbuchforschung u. a. (Hrsg.): Kinder- und Jugendliteraturforschung 2003/2004. Frankfurt a. M.: Lang 2004, S. 147 f.

Wege zum Lesen und zur Literatur. Problemskizze aus Sicht der Herausgeber (zusammen mit Gerhard Härle). In: Gerhard Härle; Bernhard Rank (Hrsg.): Wege zum Lesen und zur Literatur. Baltmannsweiler: Schneider Verlag Hohengehren 2004, S. 1–20

Kinderliteratur, literarische Sozialisation und Schule oder: Vom Vergnügen am Umgang mit kinderliterarischen Texten. In: Gerhard Härle; Bernhard Rank (Hrsg.): Wege zum Lesen und zur Literatur. Baltmannsweiler: Schneider Verlag Hohengehren 2004, S. 187–213

Unterrichtsmodelle in „Lesen in der Schule"

(Lesen in der Schule mit dtv junior, herausgegeben von Gerhard Haas. München: dtv 1980 ff.)

1986:   Elfie Donelly: Servus Opa, sagte ich leise. Primarstufe, S. 29–39

1986:   Ole Schultheis: „Schlipperdibix", sagt der Kasper. Primarstufe, S. 40–51

1987:   Elfie Donelly: Der rote Strumpf. Sekundarstufe, S. 27–38

1987:   Paul Hünerfeld: Der Kampf um Troja. Sekundarstufe, S. 11–26

1988:   Isolde Heyne: Der Krötenkrieg von Selkenau. Primarstufe, S. 37–45

1988:   Hans Dieter Stöver: Quintus geht nach Rom. Sekundarstufe, S. 27–36

1989:   Sybille Kalas: Die Gänsekinder. Primarstufe, S. 25–31

1989:   Astrid Lindgren: Rasmus, Pontus und der Schwertschlucker. Sekundarstufe, S. 9–15

1990:   Nina Rauprich: Laßt den Uhu leben. Primarstufe, S. 31–38

1990:   Jutta Modler: Frieden fängt zu Hause an. Primarstufe, S. 39–50

1991:   Heinrich Maria Denneborg: Das Eselchen Grisella. Taschenbuch 1, Primarstufe, S. 54–69

1992:   Hans Peterson: Anna, 7 Jahre und Anna vor der Tür. Lehrertaschenbuch 2, Primarstufe, S. 21–36

1992:   Gudrun Mebs: Meistens geht's mir gut mit dir. Lehrertaschenbuch 2, Primarstufe, S. 62–79

1992:   Helen E. Waite: Helen Keller – Anne Sullivan: Offne mir das Tor zur Welt. Lehrertaschenbuch 2, Sekundarstufe, S. 107–122

1993:   Ute Andresen: Mama findet alles. Lehrertaschenbuch 5, Primarstufe, S. 19–30

1993:   Cordula Tollmien: La gatta heißt Katze. Lehrertaschenbuch 6. Sekundarstufe, S. 17–30

Beiträge in „Lesezeichen"

(Mitteilungen des Lesezentrums der Pädagogischen Hochschule Heidelberg)

Kinderliteratur im Gespräch: Paul Maar. In: H. 2, 1997, S. 12–26

Kinderliteratur im Gespräch: Kirsten Boie. In: H. 3, 1997, S. 13–34

Kinderliteratur im Gespräch: Fredrik Vahle. In: H. 4, 1998, S. 12–33

Kinderliteratur im Gespräch: Peter Härtling. In: H. 5, 1998, S. 11–33

Kinderliteratur im Gespräch: Jürg Schubiger. In: H. 6, 1999, S. 9–31

Kinderliteratur im Gespräch: Hans-Joachim Gelberg. In: H. 7, 2000, S. 31–57

Kinderliteratur im Gespräch: Willi Fährmann. In: H. 10, 2001, S. 7–33

Kinderliteratur im Gespräch: Zoran Drvenkar (zusammen mit Gina Weinkauff). In: H. 12, 2002, S. 7–34

Informationen zur Forschungsperspektive des Lesezentrums: Das Kolleg für Forschungs- und Nachwuchsförderung „Lesesozialisation, literarische Sozialisation und Umgang mit Texten". In: H. 12, 2002, S. 53–57

Kinderliteratur im Gespräch: Hermann Schulz. In: H. 13, 2003, S. 7–37

Kinderliteratur im Gespräch: Jutta Richter. In: H. 14, 2003, S. 7–33

Tätigkeit als Herausgeber

Mitteilungen des Lesezentrums der Pädagogischen Hochschule Heidelberg. Bisher erschienen: H. 1, 1997 bis H. 15, 2004 und Sonderheft 1, 1999

Mitherausgeber der Reihe „Kinder- und Jugendkultur, -literatur und -medien. Theorie – Geschichte – Didaktik". Frankfurt a. M. u. a.: Lang. Bis Februar 2005 sind 33 Bände erschienen.

Mitarbeit an Lese- und Sprachbüchern

Ab 1982: Mitarbeit an „Lesen – Darstellen – Begreifen". Lese- und Arbeitsbuch für den Literatur- und Sprachunterricht. Herausgegeben von Franz Hebel. Zunächst: Frankfurt: Hirschgraben, dann: Berlin: Cornelsen. Bearbeitung der Kapitel „Untersuchen und Begreifen" und „Rechtschreibung und Zeichensetzung" in den Bänden A5, A6, A7 und A9 (mit entsprechenden Erläuterungen in den Lehrerbänden)

„Lesen – Darstellen – Begreifen": Überarbeitung der Regionalausgabe Baden-Württemberg des Bandes A7 (mit Lehrerhandreichung) – 1989

Als Herausgeber (zusammen mit Hartmut Ebke): „Lesen – Darstellen – Begreifen". Regionalausgabe Baden-Württemberg, Band A5 (neu) bis Band A10 (neu) mit Lehrerhandreichungen. (1993–1998)

Bio-bibliographische Kurzangaben zu den Beiträgerinnen und Beiträgern des Bandes

Prof. Dr. Ulf Abraham. Professor für Didaktik der deutschen Sprache und Literatur an der Julius-Maximilians-Universität Würzburg. Forschungsschwerpunkte: Literarisches Lernen in der Mediengesellschaft, fächerverbindender Literaturunterricht, Lesen / Schreiben und Neue Medien. Veröffentlichungen u. a.: *Lesarten – Schreibarten* (1994); *Stilgestalten. Geschichte und Systematik der Rede vom Stil in der Deutschdidaktik* (1996); *Übergänge. Literatur, Sozialisation und literarisches Lernen* (1998).

Prof. Dr. Hans-Heino Ewers. Professor für Germanistik / Literaturwissenschaft mit dem Schwerpunkt Kinder- und Jugendliteratur an der Johann Wolfgang Goethe-Universität, Frankfurt am Main, geschäftsführender Direktor des Instituts für Jugendbuchforschung. Veröffentlichungen u. a.: *Kindheit als poetische Daseinsform* (1989); Literatur *für Kinder- und Jugendliche* (2000); (Mit-)Herausgeber der Reihe *Jugendliteratur – Theorie und Praxis* (ab 1990), des Jahrbuches *Kinder- und Jugendliteraturforschung* (ab 1995) und der Reihe *Kinder- und Jugendkultur, -literatur und -medien. Theorie – Geschichte – Didaktik* (ab 1998).

Dr. Susanne Gölitzer. Wissenschaftliche Assistentin am Institut für Deutsche Sprache und Literatur und ihre Didaktik an der Pädagogischen Hochschule Heidelberg. Arbeits- und Forschungsschwerpunkte: Literarische Sozialisation / Lesesozialisation, Literaturerwerb, Neue Medien im Deutschunterricht. Forschungsprojekt im Rahmen des Forschungs- und Nachwuchskollegs „Lesesozialisation, literarische Sozialisation und Umgang mit Texten": Praktiken und Normen des Lesens und Verstehens von Literatur im Deutschunterricht der Hauptschule. Veröffentlichungen u. a.: Unterrichtsbesprechungen in der Deutschlehrerausbildung (1999); Deutschdidaktik und Neue Medien (Herausgeberin, darin mehrere Aufsätze 2003).

Prof. Dr. Gerhard Haas, Reutlingen. Zuletzt Professor für Deutsche Sprache und Literatur und ihre Didaktik an der Pädagogischen Hochschule Heidelberg. Arbeitsschwerpunkte: Essay und Essayismus, Kinder- und Jugendliteratur, Literaturdidaktik, Phantastik, Märchen. Veröffentlichungen u. a.: *Handlungs- und produktionsorientierter Literaturunterricht* (1997); *Aspekte der Kinder- und Jugendliteratur* (2003); Mitherausgeber der Zeitschrift *Praxis Deutsch*; Herausgeber der Reihe *Lesen in der Schule mit dtv junior* (1980–1993).

Prof. Dr. Gerhard Härle. Professor für Deutsche Sprache und Literatur und ihre Didaktik an der Pädagogischen Hochschule Heidelberg. Arbeitsgebiete: Literaturwissenschaft und Genderforschung, Mediendidaktik in der Ausbildung von Deutschlehrerinnen und Deutschlehrern, Gespräche über Literatur im

Unterricht, Literarische Bildung – literarisches Verstehen. Veröffentlichungen u. a.: *Die Alm als pädagogische Provinz – oder: Versuch über Johanna Spyris Heidi* (1993); *Wege zum Lesen und zur Literatur* (2004, Hg. mit Bernhard Rank); *Kein endgültiges Wort. Die Wiederentdeckung des Gesprächs im Literaturunterricht* (2004, Hg. mit Marcus Steinbrenner).

Prof. Dr. Eduard Haueis. Zuletzt Professor für Deutsche Sprache und Literatur und ihre Didaktik an der Pädagogischen Hochschule Heidelberg. Arbeitsgebiete: Sprachwissen und Reflexion über Sprache, Textproduktion in der Schule, Schriftlichkeit und Schriftaneignung, Sprachliche Bildung in kulturellen Kontexten. Veröffentlichungen u. a.: *Grammatik entdecken* (1981) – *Muttersprachlicher Unterricht an Europas Schulen. OBST 48* (1994, als Herausgeber).

Prof. Peter Jentzsch, Metzingen. Zuletzt Fachleiter und Fachberater am Staatlichen Seminar für Didaktik und Lehrerbildung sowie Lehrbeauftragter für Fachdidaktik an der Universität Tübingen. Arbeits- und Publikationsschwerpunkte: Arbeitstechniken, Aufsatztraining, Didaktik und Methodik der Aufsatzanalyse; exemplarische Textarbeit; Mediendidaktik und Kurzfilmanalyse; Leseförderung; handlungs- und produktionsorientierte Didaktik; Mitarbeit am Lesebuch *Lesen – Darstellen – Begreifen* (1982 ff.); *Gegenwart und Mittelalter* (1979/1980; Hg. mit Burkhard Wachinger); *Gedichte des Barock. Arbeitstexte für den Unterricht* (Hg., 1992); *Gewalt vert uf der straze. Mobilität im Spiegel mittelalterlicher Dichtung* (2001); *Materialienhandbuch Deutsch* (Mit-Autor, 2004); *Training Deutsch* (2005).

Prof. Dr. Theodor Karst, Reutlingen. Zuletzt Professor für Deutsche Sprache und Literatur und ihre Didaktik an der Pädagogischen Hochschule Heidelberg. Arbeitsbereiche: Literaturgeschichte, neuere deutsche Literatur, Kinder- und Jugendliteratur, interdisziplinäre Themen. Veröffentlichungen u. a.: *Kindheit in der modernen Literatur*, 2 Bde. (mit R. Overbeck und R. Tabbert, 1976/77); *Kinder- und Jugendlektüre im Unterricht*, 2 Bde. (Hg., 1978/79); *Leserunde. Lese- und Arbeitsbuch mit Lehrerband*, 8 Bde. (Mithg. 1980–1991); *Mei Sprooch – dei Red. Mundartdichtung in Baden-Württemberg* (Mithg. 1989); *Richard Salis: Mit der gefiederten Schlange* (Hg. mit R. Tabbert 2001).

Prof. Dr. Maria Lypp, Berlin. Zuletzt Professorin für Deutsche Sprache und Literatur der Universität Dortmund. Forschungsschwerpunkte: Theorie und Poetik der Kinderliteratur. Elementarpoetische Verfahren (Mehrdeutigkeit, Stereotypen, Komik etc.). Literaturerwerb durch Kinderliteratur. Veröffentlichungen u. a.: *Vom Kasper zum König. Studien zur Kinderliteratur* (2000); *Einfachheit als Kategorie der Kinderliteratur* (1987).

Dr. Thomas Möbius. Akademischer Rat am Institut für Deutsche Sprache und Literatur und ihre Didaktik an der Pädagogischen Hochschule Heidelberg. Forschungsschwerpunkte: Literatur- und Mediendidaktik, Literaturgeschichte. Veröffentlichungen u. a.: *Virtuelle Lernumgebungen im Deutschunterricht. Grundlagen, Didaktische Konzepte, Lehreinsatz* (2005).

Dr. Hans-Bernhard Petermann. Oberstudienrat im Fach Philosophie / Ethik an der Pädagogischen Hochschule Heidelberg. Arbeitsschwerpunkte: Didaktik der Philosophie und Ethik, Philosophieren mit Kindern, Religionsphilosophie, Interdisziplinarität und Bildung. Veröffentlichungen u. a.: *Kann ein Hering ertrinken? Philosophieren mit Bilderbüchern* (2004); *Religion zur Erfahrung bringen. Bausteine einer Didaktik des Religiösen* (2003).

Prof. Dr. Martin Rauch, Emmendingen. Zuletzt Professor für Schulpädagogik an der Pädagogischen Hochschule Freiburg, 1992-1996 Leiter der Forschungsstelle. Arbeits- und Publikationsschwerpunkte: Mediendidaktik, Unterrichts- und Medienforschung, Hochschuldidaktik, Lernumgebung (Schulbau und Schulhofgestaltung). Leiter des DFG-Projekts *Vergleichende Praxisevaluation von Unterrichtswerken für den Sachunterricht.*

Prof. Dr. Cornelia Rosebrock. Professorin für Neuere Deutsche Literaturwissenschaft mit den Schwerpunkten Literaturdidaktik, literarisches Lernen und Lesesozialisation an der Johann Wolfgang Goethe-Universität, Frankfurt am Main. Forschungsschwerpunkte: Lesesozialisation / Literarische Sozialisation, Kinderliteratur, Rezeptionsphänomenologie. Veröffentlichungen u. a.: *Lektüre und Wiederholung* (1994); *Kinderliteratur, literarische Sozialisation und Schule* (Hg. mit Bernhard Rank, 1997); *Tumulte. Deutschdidaktik zwischen den Stühlen.* (Hg. mit Martin Fix, 2001); *Lesesozialisation in schriftfernen Lebenswelten* (mit Irene Pieper, Steffen Volz und Heike Wirthwein, 2004).

Jürg Schubiger gehört zu den wenigen Autoren und Autorinnen, die die Kunst beherrschen, Kinder und Erwachsene gleichermaßen zum Staunen und Nachdenken zu verlocken. Seine Geschichten sind „sperrige Wunder": „Um alles, was an ihnen schön ist, zu erfassen, muss man so lesen, wie man früher Weisheitsbücher las: Wort für Wort, und immer wieder" (Maria Lypp). Im Lesezentrum der PH Heidelberg war Jürg Schubiger im Wintersemester 1998/99 schon einmal zu Gast. Das Gespräch mit Bernhard Rank wurde in Heft 6/1999 der Lesezeichen dokumentiert. Werke (Auswahl): *Die vorgezeigten Dinge. Kurzgeschichten* (1971); *Das Löwengebrüll. Märchen, Geschichten* (1988); *Als die Welt noch jung war* (1995); *Haus der Nonna. Eine Kindheit im Tessin* (1996); *Mutter, Vater, ich und sie. Erzählung* (1997); *Wo ist das Meer? Geschichten* (2000); *Das Ausland* (2002); *Haller und Helen* (2002); *Seltsame Abenteuer des Don Quijote* (2003); *Die Geschichte von Wilhelm Tell* (2003). Bei den hier publizierten Texten handelt es sich um Erstveröffentlichungen. Die Rechte liegen beim Autor.

Prof. Dr. Kaspar H. Spinner, Augsburg. Professor für Didaktik der Deutschen Sprache und Literatur an der Universität Augsburg. Forschungsschwerpunkte: Literaturdidaktik, kreatives Schreiben, praktische Rhetorik, „Essen und Trinken" in der Kinder- und Jugendliteratur. Veröffentlichungen u. a. *Umgang mit Lyrik in der Sekundarstufe I* (4. Aufl. 2000); *Kreativer Deutschunterricht* (2001); *SynÄsthetische Bildung in der Grundschule* (2002).

Dr. Jörg Steitz-Kallenbach, Oldenburg. Gymnasiallehrer (Englisch, Deutsch) und Dozent für Didaktik der deutschen Literatur an den Universitäten Oldenburg und Vechta. Arbeits- und Publikationsschwerpunkte: Literarische Sozialisation, Kinder- und Jugendliteratur, Literaturdidaktik, Psychodynamik des Literaturunterrichts. Veröffentlichungen u. a.: *Verstrickungen in Literatur. Literaturunterricht – Interaktion – Identität* (2002); *Handbuch Kinderliteratur* (Hg. mit Jens Thiele 2003).

Prof. Dr. Reinbert Tabbert, Reutlingen. Zuletzt Professor für Englische Sprache und Literatur und ihre Didaktik an der Pädagogischen Hochschule Reutlingen und Lehrbeauftragter für Kinderliteratur an der Fachhochschule für Bibliothekswesen Stuttgart. Arbeits- und Publikationsschwerpunkte: Kinderliteratur des anglophonen Sprachraums, Bilderbuch, Übersetzungswissenschaftliche und komparatistische Aspekte der Kinder- und Jugendliteraturforschung, Deutschunterricht, Englischunterricht. Veröffentlichungen u. a: *Kindheit in der modernen Literatur* (2 Bde. mit Th. Karst, 1976/77); *Kinderbuchanalyse* (2 Bde. 1989, 1991); *Kinderliteratur kreativ* (2004).

Steffen Volz, Mannheim. Sonderschullehrer (Lern- und Geistigbehindertenpädagogik). Interessenschwerpunkt: Lesesozialisation bildungsferner Jugendlicher. Veröffentlichung: *Lesesozialisation in schriftfernen Lebenswelten* (mit Irene Pieper, Cornelia Rosebrock, Heike Wirthwein, 2004).

Dr. Gina Weinkauff. Wissenschaftliche Mitarbeiterin am Institut für Deutsche Sprache und Literatur und ihre Didaktik an der Pädagogischen Hochschule Heidelberg, Geschäftsführerin des Lesezentrums. Publikationsschwerpunkte: Kinder- und Jugendliteratur im interkulturellen Kontext, Kinder- und Jugendliteratur des frühen 20. Jahrhunderts, Puppen- und Figurentheater. Veröffentlichungen u. a.: *Ernst Heinrich Bethges Ästhetik der Akklamation* (1992), *Die Gattung leidet tausend Varietäten* (Hg. mit Olaf Bernstengel und Gerd Taube, 1994); *Konfigurationen des Fremden in der Kinder- und Jugendliteratur nach 1945* (Hg. mit Ulrich Nassen, 2000).

Wege zum Lesen und zur Literatur

Hrsg. von **Gerhard Härle** und **Bernhard Rank**.

2004. VII, 235 Seiten. Kt. ISBN 3896767941. € 19,—

„Lesekompetenz", „literarische Kompetenz" und „Medienkompetenz" gehören zu den Schlüsselbegriffen der gegenwärtigen Diskussion um Zielsetzungen und Aufgaben schulischen Unterrichts. Unter der Themenstellung *Wege zum Lesen und zur Literatur* setzen sich die Autorinnen und Autoren des Sammelbandes mit der aktuellen bildungspolitischen Situation auseinander und leisten einen Beitrag zu zwei aufeinander bezogenen Arbeitsfeldern des Deutschunterrichts: die Leseförderung und das literarische Lernen.

Grundfragen der Sprach- und Literaturdidaktik kommen dabei ebenso zur Sprache wie Anwendungsbeispiele, kontroverse Ansätze zu Erwerbsmodellen ebenso wie didaktisch-methodische Gesichtspunkte für die Entwicklung eines Lesecurriculums. Thematisiert werden Schlussfolgerungen aus den in der Deutschdidaktik viel beachteten Studien PISA und IGLU und Fragestellungen der empirischen Unterrichtsforschung. Einige Beiträge liefern Argumente zu der Debatte um einen literarischen Kanon und um den Stellenwert der spachlich-literarischen Bildung im Medienzeitalter. Die angeführten Beispiele beziehen sich sowohl auf den Bereich der Gebrauchstexte als auch auf die Textauswahl für den schulischen Umgang mit Literatur. Alle Vorschläge zielen darauf ab, aus unterschiedlichen Perspektiven Impulse für die Qualitätssteigerung im Lese- und Literaturunterricht und in der Ausbildung von Deutschlehrerinnen und -lehrern zu geben.

Die Beiträge basieren auf Vorträgen, die namhafte Vertreterinnen und Vertreter der Sprach- und Literaturdidaktik im Rahmen einer Ringvorlesung an der Pädagogischen Hochschule Heidelberg gehalten haben.

Zeitzeugen der Deutschdidaktik

Hrsg. von **Werner Schlotthaus** und **Jörn Stückrath**

2004. VI, 180 Seiten. Kt. ISBN 3896767747. € 18,—

Zeitzeugen der Deutschdidaktik: Die Geschichte des Deutschunterrichts lässt in der Bundesrepublik etwa zeitgleich mit der 68er-Bewegung einen deutlichen Einschnitt erkennen: Deutschdidaktiker fordern von nun an immer nachdrücklicher, dass die nach 1945 eingeführten Lehrpläne und eingespielten Unterrichtspraktiken sowie die Inhalte und Organisationsformen der Lehrerausbildung grundlegend zu reformieren seien. Es fällt auf, dass die älteren Stimmführer dieser Bewegung einer Generation angehören: Sie sind noch in der Weimarer Republik geboren, wachsen im Nazi-Deutschland auf und werden noch kurz vor Kriegsende als junge Soldaten eingezogen („Flakhelfer-Generation"). Nach dem Zusammenbruch studieren sie an Pädagogischen Hochschulen und Universitäten und treten in den Schuldienst ein. Sieben Deutschdidaktiker dieser Generation kommen in diesem Band als Zeitzeugen zu Wort: Malte Dahrendorf, Gerhard Haas, Franz Hebel, Hubert Ivo, Jürgen Kreft, Werner Schlotthaus und Günter Waldmann. Sie stellen ihre seit den sechziger Jahren entwickelten literaturdidaktischen Konzepte rückblickend vor und reflektieren deren Aktualität. Ergänzend zu diesen individuell geprägten Reformversuchen findet der Leser in diesem Band zwei Bestandsaufnahmen kollektiv entwickelter Reformkonzepte: des Bremer Kollektivs von Bodo Lecke und der Literaturdidaktik der siebziger Jahre in der DDR von Hartmut Jonas.

Die **Zeitzeugen der Deutschdidaktik** sollen zukünftigen Deutschlehrerinnen und -lehrern als anschauliche Orientierungshilfe und als informatives Studienbuch dienen, um sich mit der Vielfalt der bis heute aktuellen literaturdidaktischen Reformpositionen seit den sechziger Jahren auseinandersetzen zu können.

 Schneider Verlag Hohengehren
Wilhelmstr. 13; D-73666 Baltmannsweiler

Kein endgültiges Wort

Die Wiederentdeckung des Gesprächs im Literaturunterricht

Hrsg. von **Gerhard Härle** und **Marcus Steinbrenner**

2004. VI, 328 Seiten. Kt. ISBN 3896768751. € 19,80

„Gespräche" sind im Literaturunterricht eine Selbstverständlichkeit. Gleichwohl haben sie in der didaktischen Diskussion der vergangenen Jahrzehnte eine schlechte Presse. Sie gelten geradezu als Motivationskiller, weil sie einseitig kognitiv, lehrerzentriert und für „schwächere" SchülerInnen ungeeignet seien. Das „Gespräch über Literatur" soll vom „Umgang mit Texten" in großer methodischer Vielfalt abgelöst werden, damit „schülerorientierte" Formen der Literaturvermittlung in die Schulen einkehren können.

Trotz berechtigter Einwände gegen eine bestimmte Gesprächspraxis, die weder dem literarischen Text noch den Lernenden angemessen ist, setzen sich namhafte Vertreterinnen und Vertreter der Literaturdidaktik (z. B. Petra Wieler, Hubert Ivo, Valentin Merkelbach, Kaspar H. Spinner, Ute Andresen u. a.) für eine Wiederentdeckung und Neukonturierung des Gesprächs im Literaturunterricht ein, das sie als revisionsbedürftigen, aber doch unverzichtbaren und lebendigen Zugang zu Literatur verstehen. Sie skizzieren in diesem Band unterschiedliche Wege zu neuen Gesprächsformen, diskutieren die Rolle der Lehrenden als Gesprächsleiter, zeigen Lernmöglichkeiten für Schülerinnen und Schüler mit unterschiedlichen Voraussetzungen auf und betonen die Wichtigkeit, Kindern die Kompetenz zur Teilnahme an literarischen Gesprächen zu vermitteln.

Die meisten Beiträge resultieren aus dem von den Herausgebern geleiteten „Ersten Heidelberger Symposion zum Literarischen Unterrichtsgespräch" an der Pädagogischen Hochschule Heidelberg am 15. Dezember 2003. Zusammen mit der Einleitung und der Auswahlbibliographie bilden sie ein aktuelles Handbuch zur Entwicklung und gegenwärtigen Positionierung des Gesprächs im Literaturunterricht, das sich an all jene wendet, die sich für die literarische Gesprächskultur interessieren, insbesondere an Studierende aller Lehrämter und Lehrende an Schulen und Hochschulen.

Marion von der Kammer

Wege zum Text

Sechzehn Unterrichtsmethoden für die Entwicklung der Lesekompetenz

Deutschdidaktik aktuell Band 18.

2004. XII, 343 Seiten. Kt. ISBN 3896768220. € 19,80

Da das Textverstehen ein außerordentlich komplexer Vorgang ist, gibt es kein Allheilmittel, um die Entwicklung der Lesekompetenz zu fördern. Stattdessen sollten wechselweise immer wieder unterschiedliche *Wege zum Text* beschritten werden. Wie das erfolgen kann, dafür will das Buch Anregungen geben.

Es werden insgesamt 16 methodische Ansätze für den Literaturunterricht vorgestellt. Deren Realisierbarkeit wird anhand von zahlreichen Beispielen anschaulich dargestellt. Die Beispiele beziehen sich sowohl auf den Unterricht in der Sekundarstufe I als auch auf den Unterricht in der gymnasialen Oberstufe. Bei jeder Methode wird außerdem gezeigt, wie sich das Textverstehen mit anderen Lernbereichen des Faches verknüpfen lässt.

Das Buch richtet sich sowohl an praktizierende Lehrerinnen und Lehrer als auch an Referendare und Lehramtsstudenten. Aber nicht nur Deutschlehrer werden sich angesprochen fühlen. Lehrer anderer Schulfächer können ebenfalls einen Nutzen daraus ziehen, denn es geht nicht nur um Deutschdidaktik, sondern um Textverstehen generell.

 Schneider Verlag Hohengehren
Wilhelmstr. 13; D-73666 Baltmannsweiler